WTF 태권도 용어정보 사전

이경명 외

세계태권도연맹
WORLD TAEKWONDO FEDERATION

편찬위원장
이경명(태권도문화연구소 소장)

편찬위원
김영관(경희대학교 연구교수)   김우규(동아대학교 교수)
김주연(용인대학교 교수)   서민학(국제대학 겸임교수)
정현도(한민대학교 교수)   조춘환(해군사관학교 교수)
지유선(태권도문화연구소 책임연구원) 허흥택(대뉴욕지구 태권도협회 회장)

태권도용어정보사전

엮 은 이 _ 이경명
발 행 인 _ 문상필
발 행 처 _ 도서출판 상아기획
편집디자인 _ 김환희
그   림 _ 김중균
초판발행 _ 2010년 1월 18일
주   소 _ 서울 영등포구 문래동 1가 39번지 (센터플러스 715호)
대표전화 _ [02]2164-2700
팩   스 _ [02]2164-2999
출판등록번호 _ 제318-1997-000041호

도서출판 상아기획 www.tkdsanga.com

ⓒ 이경명, 2010
작가와 합의하에 인지는 생략합니다.
잘못 만들어진 책은 구입처나 본사에서 교환해 드립니다.

ISBN 978-89-91237-49-0   91690

책값 30,000원

일러두기

1. 표제어 배열은 한글 자모 차례로 하였다.
2. 표제어에 따라 해당하는 부분은 한자어 또는 외국어로 병기했다.
3. 전문 용어는 단어별로 붙여 씀을 택했다.
4. 전문 용어는 세계태권도연맹 및 국기원 교본을 참고하였다.
5. 인용문의 출전은 괄호 속에 밝혔다.
6. 띄어쓰기와 맞춤법은 국립 국어 연구원에서 발행한 「표준국어대사전」을 참고로 하였다.
7. 찾아보기는 한글 자모 차례로 하였고, 특히 분야별 찾아보기에서는 인명과 외래어 약어를 밝혔다.

「WTF태권도용어정보사전」 발간에 즈음하여

오늘날 우리는 정보의 홍수 속에서 살고 있습니다.
그 많은 정보 가운데 내게 필요한 지식을 얻고자할 때 우리는 사전에 의존하게 됩니다.

태권도 학문 및 도장 문화, 그리고 경기 측면에서 관련 정보 및 지식의 세계가 빠른 속도로 확장되고 있습니다. 태권도를 달리 지식 산업 또는 브랜드 가치 산업이라고 일컫는 이유도 그만큼 오늘날에는 정보 및 지식 산업의 가치를 인식하고 있기 때문입니다.

태권도는 「태권도의 기본」, 즉 용어를 비롯하여 철학, 인륜, 인물, 경기, 기구, 역사 등 다방면의 지식 체계로 심화되고 있습니다. 늦은 감이 없지 않으나, 전문 용어집의 범주를 넘어 태권도의 백과전서를 지향하는 의도로 600개의 표제어를 선정해서 펴내는 이 책은 태권도인의 정보, 지식 욕구를 충족해 줄 것입니다.

이 사전(事典)의 폭넓은 활용을 통해 더욱 여러분의 정보, 지식 그리고 지혜가 태권도적 삶의 풍요에 반영되기 바랍니다. 태권도인의 일상적 앎과 삶을 일치시키려는 노력만이 태권도의 이미지 제고로 전통적 가치를 보존하게 될 것입니다.

세계태권도연맹은 전 세계 태권도인의 지적 요구에 상응한 학문적 정립을 위해 『태권도 총서』를 펴내고 있습니다. 특히 태권도 경기의 과학화를 통해 경기 문화 창달에 이바지하고 있습니다.

이 사전이 나오기까지 편찬에 참여한 집필 위원의 노고를 치하하며, 더욱 완벽한 사전으로 나올 수 있도록 기원하는 바입니다.

2010년 정초에

조 정 원
세계태권도연맹 총재

책 머 리 에

사전(事典)이라 함은 「우리말 국어사전」(한글학회 지음, 2008)에 따르면, "여러 가지 사항을 모아서 낱낱이 해설을 한 책"이다. 우리는 정보의 시대에 지식의 샘에서 지혜롭게 삶을 누리고자 함에 이 책을 「WTF태권도용어정보사전」이라 이른다.

사전을 쓰는 일은 저술이 아니라 편찬이다. 개인이 할 수 있는 일이 아니고 수십 명의 전문가가 달라붙거나, 적어도 위원회가 구성되어야 가능한 작업이다.

이 사전은 위원회에 의해 편찬된 결실이다. 태권도의 학문적 발전 가운데서도 아직 관련 전문사전 하나 갖지 못한 실정이다. 이에 사명감에 따라 뜻을 모아, 수년 전부터 편찬을 하게 됐다.

「WTF태권도용어정보사전」의 특징은 태권도 정보를 이해하는데 있어 가장 기본적인 '개념' 600개 표제어 선정을 통해 깊이 있고, 보다 구체적으로 이해할 수 있도록 서술하였다는 점이다.

그렇다고 이 책은 「WTF태권도용어정보사전」으로서 완벽한 것은 못 되며 부족한 점도 없지 않을 것으로 생각되며, 판을 거듭함에 따라 다듬고 보완하고자 한다.
이를 토대로 하여 이제 「WTF태권도용어정보사전」에 담겨 있는 표제어들을 통해, 태권도의 지식세계를 조금이나마 새롭게 체계적으로 인식할 수 있다면 큰 기쁨일 것이다.

이 책이 간행되는데 많은 도움을 받았다. 후원과 격려를 아끼지 아니한 관련 업체는 물론 특히 세계 태권도와 태권도평화봉사에 헌신하시는 조정원 총재님께 감사드리는 바이다.

이 경 명
편찬위원을 대표하여

표제어의 차례

차례

- ㄱ ……………………………………………………… 012
- ㄴ ……………………………………………………… 084
- ㄷ ……………………………………………………… 088
- ㄹ ……………………………………………………… 142
- ㅁ ……………………………………………………… 148
- ㅂ ……………………………………………………… 170
- ㅅ ……………………………………………………… 184
- ㅇ ……………………………………………………… 242
- ㅈ ……………………………………………………… 292
- ㅊ ……………………………………………………… 326
- ㅋ ……………………………………………………… 342
- ㅌ ……………………………………………………… 346
- ㅍ ……………………………………………………… 400
- ㅎ ……………………………………………………… 422
- A~Z ……………………………………………………… 444
- 부록
  품새도(태극 및 고려~일여) ……………………… 454
  찾아보기 ………………………………………… 473
  분야별(인명, 약어) 찾아보기 …………………… 487

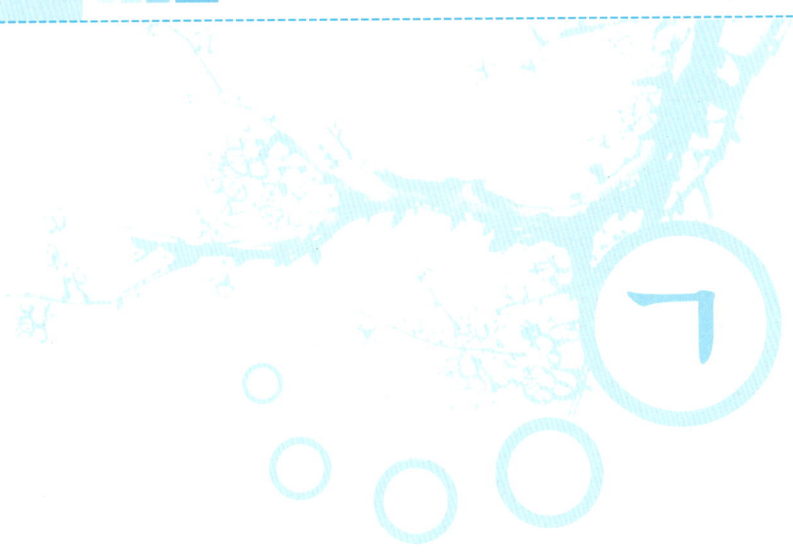

가위막기

Kawimakki, *scissor blocking*

아래막기와 안팔목몸통바깥막기 형태이다.

요령: 아래막기 시작 형태에서 [몸통을] 막는 반대편 팔의 주먹은 팔꿈치를 구부려 허리선에 가져오고 엇갈려 동시에 몸통과 아래막기를 한다. 이때 몸통은 안팔목으로, 아래막기는 바깥팔목으로 각각 막는다.

가위손끝
Kawisonkkeut, *scissor's finger tips*

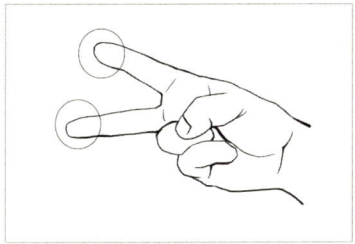

집게손가락과 가운뎃손가락을 v서 벌리고 무명지와 새끼손가락을 말아 쥐고 엄지손가락도 굽혀 무명지 둘째마디 위에 붙인다.

가위차기
Kawi chagi, *scissors kick*

모둠차기와 같이 몸이 공중에 떠서 두 발로 목표를 동시에 차되 두 발을 모으지 않고 넓혀 두 목표를 동시에 공격하는 기술이다.

가위차기 종류
- 가위앞차기
- 가위옆차기
- 가위돌려차기
- 가위밀어앞차기
- 가위밀어옆차기 등이 있다.

가치성

호신술 종목에서 경기자가 표현하는 기술이 교육적 가치로서 쓰임새의 정도를 가리는 범주이다. 기술의 교육적 가치는 경기자의 기술이 태권도 무도의 본질에 충실하고 교육적 가치와 실제 실용성의 수준을 평가하는 것이다.

간접 공격

직접 공격 형태의 반대되는 공격 형태를 말한다. 그 종류는 속임 공격, 꺾어 공격, 짓기 공격 등이다.

갈려 · 그만
Kalyeo/keuman,

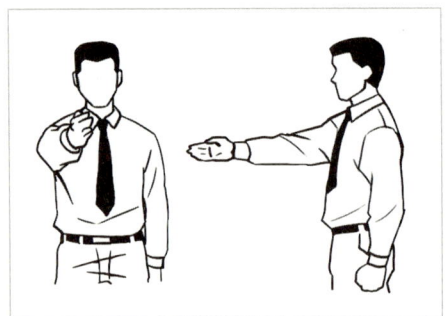

경기 용어로서 왼 앞서기 자세를 취하며 오른손을 명치까지 뻗어 내리며 '갈려' · '그만' 구령을 한다.

감독
Manager

감독은 해당 스포츠 단체의 최고 책임자로서 트레이너와 코치의 임무의 내용을 이해하고 또 활용하는 능력을 가지고 있어야 한다. 감독은 개인이나 팀의 통솔운영을 위해 기술은 물론 인격자로서 교육자의 일면을 가지고 있다는 것이다. 그러기 때문에 인격이나 기술 및 운영 면에서 그 팀의 성격이 좌우되는 바 인간적인 감화력을 줄 수 있어야 한다.

감점 선언
Declaration of Gamjeom

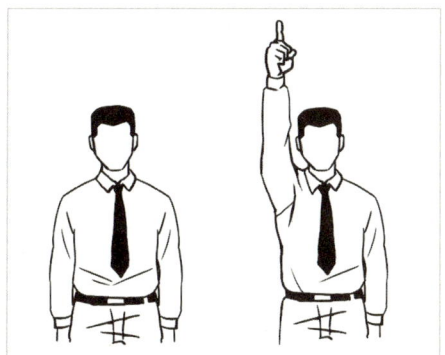

△인지를 편 오른손을 오른 귀 쪽으로 가져간 다음 해당 선수를 가리키며 차렷 자세에서 △오른손 인지를 수직으로 곧게 뻗어 올리며 '감점' 선언한다.

강덕원
講德院

강덕원은 한국전쟁 직후 YMCA권법부에서 수련한 홍정표와 박철희가 1956년 9월 서울 신설동 인근에 강덕원(무도회) 이름으로 창설되었다. 강덕원이 창설하게 된 동기는 한국전쟁 당시 YMCA 권법부에서 함께 수련한 홍정표, 박철희와 이남석, 김순배 간의 이해관계와 뜻이 맞지 않아 강덕원를 창설하게 된 동기였다고 한다.

강덕원 초대 관장 홍정표는 서울대 교직원으로 재직하면서 당수도를 가르쳤고 성격이 대쪽같이 강직했다.

한편, 현역 장교 출신인 박철희 역시 윤병인으로부터 배운 무술을 응용해『파사권법』(1958)이라는 교본을 저술하였다. 강덕원 이름에서 알 수 있듯이 '관' 대신 '원'을 사용하고 있는데, 교본을 저술한 해인사의 경학원의 원을 차용했다. 그 이유는 일본식 관이라는 명칭에서 탈피하고 한 의도였다고 전해진다.

강덕원 관훈은 첫째 '우리는 무도를 수련하여 국민체위향상을 도모하자, 둘째 우리는 무도를 수련하여 정도 선행하자, 셋째 우리는 무도를 수련하여 민족사회의 모범이 되자.' 이다.

강덕원 출신으로는 대한태권도협회 5대 회장을 맡은 정치인 김용채를 비롯, 이금홍, 정화, 이정후, 이강희, 한정일, 김병수, 임복진 등이다. 이금홍은 세계태권도연맹 사무총장을 지냈다.

강유, 완급, 리듬
剛柔-緩急-律動, Strength-Speed-Rhythm

WTF 품새경기규칙, 채점기준 중 표현성(expression)의 한 항목이다. 강유는 힘의 기세(강도)를 뜻하고 빠르게와 서서히(빠름과 느림)는 속도(tempo·speed의 이태리어)에 관련된다. 리듬(율동·rhythm)은 이 모든 것을 아우르는 개념이다. 동작에서 강유와 완급은 필히 수반되는 행위의 조건이 된다. 그것은 하나의 동작에 적용될 때도 있고 강과 유, 완과 급을 구분하여 하나의 동작에 적용되기도 하는 것이다. 하나의 동작을 두고 이렇게 두 가지 방식으로 나뉘어 적용되는 것으로 이 개념에 대한 바른 이해가 요구된다. 하나는 강유 즉 굳셈과 부드러움은 동작 수행에서 예비동작은 부드러움에서 시작되고 본동작은 굳셈으로 끝나게 되는 것이다. 완급 즉 느림과 빠름은 속도로서 동작 수행에 있어 예비동작은 느림에서 본동작은 빠름으로 끝내야 하는 것이고 다른 의미로는 강과 유 또는 완과 급으로 각기 나누어 동작의 속성이 규정되기도 한다. 이에 반해 리듬이란 우리말로 율동 개념인데, 리듬이란 동작군에서 운동과 질서 사이의 관련성이다.

태권도 동작은 복수적 의미로 동작이 모여 일정한 틀 속에서 동작군이 품새를 이룬다. 품새는 동작과 품으로 다시 구분되고 품새선 상의 방향에 따라 위치한 동작은 각기 빠르기(속도), 기세(강도), 기합 등이 규정돼 있고 그것이 품새의 리듬을 결정하게 되는 요소이다. 강유, 완급은 낱낱의 동작을 규정하는 요소가 되는 것인데 반해 리듬은 동작군의 전체의 흐름을 좌우하는 요소라는 것이 다르다. 품새의 리듬은 품새의 종류에 따라 각기 다른 흐름을 갖고 품새의 구조, 그것의 심미적 특성을 드러내준다. 리듬은 특정한 시간 내에서 동일한 요소와 구조의 규칙적 반복을 뜻하며 동작의 강도와 속도에 의한 질서를 의미하는 것이다. 속도의 결정적 기준은 동작규정에 따른 "빠르게" "서서히" "이어서" 등과 강도의 "강하게" "약하게" 등으로 구분되고 있다. 하나의 품새 표현에서 리듬을 통해 그 품새명이 함의하고 있는 사상의 상징적 표현을 드러낼 수 있을 때 리듬의 생명을 찾아볼 수 있게 될 것이다.

거들어몸통(바깥)막기
Godureo momtongmakki, *assisting trunk blocking*

막는 주먹등은 몸 쪽을 향하고 거드는 팔의 주먹등은 아래를 보게 한다. 막는 손은 바깥팔목 몸통막기와 같다. 막기를 하는 팔의 팔꿈치와 거드는 주먹은 붙이지 않는다.

요령: 손날막기와 동일한데 손날이 아니고 주먹을 쥐어 팔목으로 막는다.

거들어아래막기
Godureo araemakki, *assisting underneath blocking*

막는 주먹은 바닥부분을 얼굴방향으로 하여 어깨 앞에 위치하고 거드는 주먹은 등 부분을 얼굴방향으로 하여 귀 높이로 올린 다음 막는다.

거들어칼재비
Godureo khaljaebi, *assist arc hand*

아귀손으로 목의 식도부위를 공격할 때 반대편 팔은 거들며 손등은 위로하고 가격하는 팔의 팔꿈치 아래에 갖다 댄다.

거듭차기
Kodeup chagi, *repeated kick*

한 다리로 서서 두 번 이상 똑같은 차기 기술을 행하는 것이다. 보통 목표는 첫 번째로 아래차기를 하고, 두 번째 차기는 몸통이나 얼굴차기를 한다. 그러나 똑같은 목표를 연속으로 차기도 한다. 대략 첫 번째 차기는 모양만 흉내 내서 상대를 속이는 데 목적을 두고 두 번째 차기를 완전하게 하여 상대를 제압한다.

거듭차기 분류
- 거듭앞차기
- 거듭옆차기
- 거듭돌려차기

겨루기
Kyorugi

겨루기는 태권도 수련 및 기술체계의 하나이다.
겨루기라는 용어는 동사 '겨루다'에서 비롯된 명사이다.
겨루기라 함은 태권도 정신에 입각하여 기본자세와 품새에 토대를 두어 상대방과 더불어 공방의 기술을 수련하고, 상대방과 겨루어 기술의 우열을 가리는 것이다.

1. 겨루기의 특성은 첫째 두 사람 쌍방 간에 똑 같은 조건 아래에서 이뤄지고, 둘째 어디까지나 '~을 대하는 것' 으로서 두 가지로 나뉘고 있다. 하나는 대인, 즉 '사람 대 사람'의 겨룸이고 다른 하나는 대물, 즉 '사람 대 무기' 형식의 겨룸이라는 것이다. 대인적 행위로서 겨루기는 실전 또는 실전을 위한 연습 겨루기로 나뉘고 실전은 시합겨루기와 실전을 위한 연습으로 맞추어 겨루기가 그것이다. 셋째 공격의 목표가 기본동작에서처럼 자신의 신체적 기준을 삼는 것이 아니고 앞에 마주한 상대의 그것을 기준 삼는다는 것이다.
2. 맞추어 겨루기는 전통적으로 한번겨루기와 세 번 겨루기로 나뉜다. 맞추어 겨루기란. 상대방과의 공격과 방어에 대한 사전 약속을 가지고 기본 동작과 품새에서 익힌 기술을 실전에 응용할 수 있도록 숙달시키는 것이다.
3. 대물적 행위로서 겨루기는 호신술적 기술을 수련하는 것으로써 상대가 무기를 들고 공격해 올 때 대처하는 기술을 숙달하고자 하는 겨루기 방식을 말한다. 무기로는 막대, 칼, 권총 또는 총검 등이 사용된다. 그것에 대한 겨루기 구분과 이름은 짧은 막대 겨루기, 긴 막대 겨루기, 짧은 칼 겨루기, 긴 칼 겨루기, 권총 겨루기, 총검 겨루기 등 이다.
4. 오늘날 겨루기 단원은 올림픽 종목으로서 태권도를 대표하는 스포츠로 발전했다. '태권도선수권대회' 라고 할 때 '태권도' 라는 의미는 태권도 전체를 가리키는 것이 아니고 '겨루기' 를 일컫고, 그 중 경기규칙에 따른 겨루기로서 시합을 목적으로 하는 겨루기 방식을 말한다.
전통적으로 겨루기는 도장에서 수련 시 신체비접촉행위로 이뤄졌다. 그러나 1960년대 대한태권도협회가 설립되면서 경기로서 태권도가 발전함에 따라 직접타격의 형식으로 신체접촉행위로 전환되었다. 하지만 상해 예방차원에서 태권도(겨루기) 경기는 보호구(호구)를 착용하게 되었다.

그러나 호구가 전자호구로 개발하게 된 직접적인 원인은 심판 판정의 신뢰성이 상실됨으로써 호구의 변화를 가져오고 있다.

겨루기준비서기

태권도 준비 서기로서 크게 두 가지로 구분할 수 있다. 하나는 품새에서의 준비 서기이고 다른 하나는 겨루기 시 준비서기이다. 앞의 것은 기본준비서기, 통밀기 준비서기, 겹손 준비서기, 보주먹 준비서기, 두주먹허리 준비서기 등 5가지로 구분된다. 겨루기 준비서기는 득점부위(몸통)를 상호 간에 마주하고 열려있는가 또는 닫혀있는가에 따라 열림새, 닫힘새로 구분된다. 이를 달리 맞서기, 엇서기라고 부르기도 한다.

특히, 맞추어 겨루기에서의 준비서기는 기본준비서기를 취하는 것이 전통적으로 내려오고 있는데, 상호간에 예를 표하고 준비자세를 취하게 되면 어긋나게 서게 되기에 공격자만 기본준비서기를 취한다. 이러한 까닭에 공방자 간에, 먼저 공격자는 기본준비서기자세에서 왼발 축으로 하고 오른발 뒤로 물러 왼 앞굽이를 취하며 기합을 넣는다. 방어자는 상대와의 거리조정을 한 후 기본준비서기 자세를 취하고 방어태세가 완료되면 공격해도 좋다는 신호로 기합을 넣는다. 그 후 공격자는 뒷발을 앞으로 나가며 오른 앞굽이로 몸통·얼굴 반대지르기를 한다. 방어자는 왼발 축 오른발 물러 앞굽이·뒷굽이를 취하며 막기와 공격을 동시에 한다.

일반적으로 경기에서는 기본준비서기보다는 쌍방이 왼발 축으로 하고 오른발을 뒤로 약간 물러 오른 겨룸새 또는 왼 겨룸새를 취한다.

겨룸새

겨루기 자세의 준말. 겨루기의 기본자세로서 준비서기 또는 겨루기가 진행되는 동안 선수가 취하는 기본적인 자세를 말한다. 경기자는 먼저 기초훈련에서부터 바른 자세를 몸에 익혀 체중이동을 용이하게 해야 한다. 경기자의 신체적 심리적 특성에 따라 다소 차이를 나타낸다.
겨룸새의 방법으로 주먹을 가볍게 쥐고 두 팔을 굽혀 몸통 앞에 유지한다. 전박과 손등은 가지런히, 바깥을 향하게 한다.
일반적으로 겨룸새의 구비조건은 다음과 같다

- 모든 동작 수행은 필수적으로 유연성을 전제한다.
- 자연스럽고 강요되지 아니한 신체를 유지한다.
- 모든 동작 수행은 최대한 민첩성을 발휘할 것.
- 신체 균형에 있어 적절한 기저면과 중심의 안배를 기할 것.
- 상대방에게 가능한 한 공격 가능성을 엄폐할 것.
- 체중 이동으로 공방의 효율성을 높일 것 등이다.

겨룸새의 유형은 일반적으로 시합 또는 훈련 중 선수가 취하는 몸의 유지 형태로 구분, 겨룸새, 옆겨룸새, 낮춤새 등이다.
경기 자세의 유형으로 두 선수가 서로 맞선 상태에 따라 자세를 구분하여 열림새, 닫힘새가 있다.

겨룸새 구분
열림새: 공격 부위가 서로 상대를 향해 열려(허용되어) 있을 때를 규정하는데 즉 청, 홍 두 선수가 각기 다른 발(청: 오른발, 홍: 왼발)을 앞에 내딛고 있다.
닫힘새: 공격 부위가 서로 상대를 향해 닫혀(숨기고) 있을 때를 규정하는데 즉 청, 홍 두 선수가 같은 쪽의 발을 앞에 내딛고 있다.

격파
擊破, Kyokpa
태권도 수련과정을 통해 연마한 기술 및 위력을 대상물을 통하여 평가해 보는 학습과정으로서 품새, 겨루기와 함께 태권도의 3대 기본이 되는 구성요소이다.

격파란 기술체계의 한 요소로서 학습평가의 한 방법이다. 단단한 물체를 대상으로 격파를 해봄으로써 실제 손이나 발의 위력을 측정해 볼 수 있다. 격파 종목은 오늘날 시범문화의 주역으로 널리 활용되고 있다. 인체의 모든 관절 부위가 격파를 할 수 있는 도구가 된다.

격파의 종류는 위력격파와 고난도 격파로 구분하고 또 격파물의 위치 형태에 따라 바닥에 격파물을 고정시켜 놓고 하는 지면격파와 지상에서 격파물을 부수는 지상격파, 그리고 몸을 공중으로 띄워 손 또는 발로 가격하는 공중격파로 분류할 수 있다.

격파수란 격파 실시 후 파괴된 격파물의 숫자를 말하는 데 깨뜨려진 격파물의 수가 많으면 높은 점수를 받게 되는 기준이 된다. 한마당 등에서 사용하는 용어이다.

격파 구분

격파의 구분은 학자에 따라 다를 수 있다. 하지만 그 기준을 어디에 두느냐가 관건이다. 격파의 물체를 바닥에 놓고 고정하는 경우와 보조자에 의한 격파물 고정 등 두 가지가 있다. 고정된 격파물을 한 발 또는 두 발을 지면에 딛고 격파하는 경우와 뛰어서 격파하는 경우를 구분하여 지상격파와 공중격파로 구분할 수 있다. 이 두 격파의 구분에서 하부 개념으로 위력, 정확도, 회전, 이어격파 등 분류가 가능하다. 아래 격파의 이름은 국기원 한마당의 격파 종목의 구분이다.

뛰어 다 방향 격파: 한번 체공에 의한 손과 발을 통한 격파를 말한다.
수직 축 회전격파: 회전격파는 수직 축을 중심으로 몸의 돌기를 의미하며 한번 체공에 의한 발 격파를 의미한다.

수평 축 회전격파: 보조자를 제외한 시설물을 사용하지 않고 최상의 높이의 격파물을 수평축을 중심으로한 회전을 통해 격파하는 동작을 말한다.

이동 다 방향 격파: 다양한 방향에서 움직이는 목표를 난이도 있는 동작을 통해 격파하는 것으로 격파자가 동시 다발적이거나 차례로 격파하는 것을 말한다.

격파자세
擊破姿勢

격파를 하기 전 또는 그 후의 신체적 움직임의 과정이라 할 수 있다. 자세가 안정되고 균형을 잃지 않아야 좋은 자세가 된다. 자세는 경기자의 숙련도와 무게 중심의 이동과 고도의 정신 집중과도 관계가 있다.

겹손준비서기
Kyopson junbiseogi, *overlapped hands ready stance*

특수품서기의 한 종류이다.
모아서기로 서며 몸가짐은 차렷서기와 같이 한다. 오른손 위에 왼손을 십자로 걸쳐 놓는다. 이때 손은 네 손가락은 펴서 가지런히 붙인다. 두 손에 각각 힘을 넣는다. 몸의 자세, 시선, 정신 상태, 호흡조절 등은 "기본준비서기" 할 때와 같다.

경고 선언
Declaration of Kyonggo

△인지를 편 오른손 주먹을 오른쪽 귀 뒤로 가져간다. △오른팔을 펴면서 인지로 해당선수의 이마를 가리키며 '경고' 선언한다.

경기감독위원
CSB(Competition Supervisory Board)

경기감독위원의 책임은 경기 중 즉시 비디오를 판독, 검토하고 결정을 주심에게 알려주는 것이다. 경기감독위원회는 한 명의 의장과 6명 이하의 위원으로 구성된다. 경기감독위원회는 심판원의 수행능력을 평가한다. 경기감독위원회는 경기 관리 업무에 관하여 경기 동안 현장징계위원회로서의 역할을 동시에 수행한다(WTF경기규칙 및 해설, 제24조 소청 및 상벌).

경기용 품새DVD

경기용 품새DVD란 용어는 대한태권도협회(KTA)에서 처음 사용하였다. KTA는 일선도장들에게 경기용 품새의 흐름을 알리기 위해 2009년 11월 30일 이집트 카이로에서 열렸던 세계태권도품새선수권대회에서 입상한 남녀 선수들이 시연하는 태극, 금강, 고려, 태백, 평원, 십진, 지태, 한수 품새의 모습을 동영상으로 촬영하여 DVD로 제작·배포한다고 밝혔다.

이 DVD에는 경기용 품새와 태권체조, 그리고 성장체조를 이용한 준비 및 정리운동 등 세 가지 동영상을 담게 된다. 늦어도 2010년 1월 중으로 제작·배포한다는 계획이다.

경기장
Competition Area

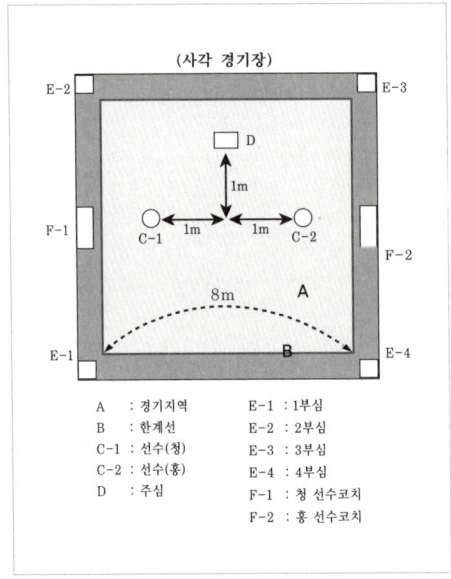

경기지역을 포함한 공간을 경기장이라 한다. 경기장의 구분은 8m × 8m 지역을 경기지역이라 하고, 경기지역은 정사각형으로 장애물이 없는 수평선이어야 하고, 바닥은 탄력성 있는 매트로 한다. 단, 필요에 따라 경기지역은 바닥에서부터 높이 1m로 설치할 수 있으며 선수의 안전을 고려하여 30도 이내의 경사각이 지도록 한다. 경기지역의 끝선을 한계선이라고 한다. 기록석과 임석의사석 앞의 한계선을 제1한계선이라고 하고 시계방향으로 제2, 제3, 제4한계선이라고 한다.

경기지역
8m × 8m지역을 경기지역이라 한다.

경기지도자자격
경기지도자란 일반국민과 국가대표팀 감독, 코치, 학교, 직장팀의 코치로 활동하고 엘리트스포츠의 중추적인 역할을 담당하며 국민의 체력증진을 증가시키고 그에 필요한 전문적인 기술과 지식을 갖춘 인력을 양성하기위해 마련된 공인자격제도이다.

경기지도자 자격은 2급, 1급으로 구분한다. 2급은 6개의 연수기관에서 실시하되 태권도는 국기원에서 실시한다. 단, 1급은 체육과학연구원에서 실시한다.

(1) 태권도 2급 경기지도자

국민체육진흥법 시행령 제23조 제3항의 규정에 따라 태권도 지도자들에게 엘리트스포츠에 대한 과학적인 이론과 실기교육을 통하여 태권도 발전은 물론 한국체육발전에 기여할 태권도경기지도자를 말한다.

① 응시자격(국기원 공인 4단 이상 사범자격 소지자)

– 일반과정(자격취득 절차: 실기심사 ⇒ 연수 ⇒ 자격검정시험)
- 각 과정 모두 18세 이상인 자
- 대학졸업자 또는 동등이상의 학력이 있는 자로서 4년 이상의 경기지도경력이 있는 자
- 체육 분야에 관한 학사학위를 취득한 자
- 전문대학졸업자 또는 이와 동등이상의 학력이 있는 자로서 6년 이상의 경기지도경력이 있는 자
- 고등학교이상의 학교졸업자 또는 이와 동등이상의 학력이 있는 자로서 국가대표선수의 경력이 있는 자

– 자격부여 (자격심사: 실기심사)
- 국기원 공인 4단 이상 사범자격 소지자
- 대학의 경기지도 관련학과 졸업(예정)자로서 전 학년 교과 성적이 70/100 이상인 자
- 학교체육교사로서 해당 전공종목의 경기지도경력 3년 이상인 자
- 2급 경기지도자 필기시험을 이수한 대학교 졸업(예정)자로서 대학교의 교과 성적이 평균 80/100 이상인 자
- 경기지도 분야 종사자로서 해당 전공종목의 경기지도경력 3년 이상인 자

- 추가취득 (취득절차: 실기심사)
• 2급 경기지도자 자격소지자
② 전형방법
- 서류심사: 국민체육진흥법 시행령 제23조 제3항 각호의 해당 사항을 증명할 수 있는 구비 서류심사
- 실기시험 합격기준과 방법: 전공종목 실기시험(기초기술, 응용기술) 및 구술시험(실기이론 및 체육기초이론)실시하며, 부분별 각각 7할 이상 득점해야 한다. 단 국기원 공인4단 이상인 자로서 사범지도자 자격을 취득한 자는 실기심사를 면제 받는다.

(2) 태권도 1급 경기지도자
- 응시자격
• 18세 이상인 자
• 2급 경기지도자 자격을 가진 자로서 1년 이상의 경기지도 경력이 있는 자
• 체육 분야에 관한 박사 또는 석사학위를 취득한 자
- 연수 장소는 체육과학연구원 경기지도자 연수원
- 연수과목(총 590시간)
• 교양 80시간(영어, 컴퓨터, 체육, 논문작성법)
• 일반체육Ⅰ 260시간 (스포츠심리학, 스포츠사회학, 스포츠생리학Ⅱ, 스포츠생리체육학Ⅱ, 체육통계)
• 일반체육Ⅱ 230시간 (트레이닝방법론Ⅱ, 스포츠의학, 코우칭론Ⅱ)
• 특강 20시간(코우칭특강, 논문작성)
- 합격기준 : 매 과목당 4할 이상 득점, 전 과목 평균 6할 이상 득점

경주, 2011년 세계태권도 선수권 대회 유치
2009년 11얼 29일 이집트 카이로에서 개최된 세계태권도연맹(WTF) 집행위

원회는 대한민국 경주를 2011년 대회 개최지로 최종 결정했다.

2년마다 개최되는 세계태권도선수권대회는 세계 150여 개국 선수 및 임원 등 1만여 명이 참가하여 열전을 펼치는 세계적인 행사로 특히 이번 대회는 태권도 종주국이라는 한국의 특수성으로 인해 사상 최대의 태권도 축제가 될 것으로 예상된다.
국내에서는 1, 2회 및 지난 2001년 제주에서 대회를 개최한 이후 10년 만에 두 번째로 경주에서 세계선수권대회를 개최함으로써 대회 위상을 높임은 물론, 태권도 발상지로 자부해온 경주의 역사·문화를 함께 접할 수 있는 좋은 계기를 마련하게 되었다.

경주시는 2011년 열릴 이번 대회의 성공적인 개최를 위해 대한태권도협회, 경북협회와의 상호 협력과 조직위원회 구성, 시설물 정비·점검 등을 위한 MOU를 체결하고 내년부터 본격적인 대회 준비에 들어가게 된다.

곁다리서기

Kyotdari seogi, *assisting stance*

자세:
- 곁들인 발은 앞서 딛고 있는 발바닥의 발날등 중간에 다른 앞축의 엄지발가락 부분이 와서 닿게 하며 그 발의 뒤축은 들고 발목을 펴서 앞축만 땅에 닿게 한다.
- 두 무릎은 주춤서기 높이와 같이 구부려 낮춘다.
- 몸의 중심이 앞서 디딘 발에 있으며, 곁들인 발은 가볍게 디뎌 중심 유지에 도움을 준다.

사용: 곁다리서기는 돌격적으로 앞으로 뛰어 들어가는데 사용된다.

계속
Kyesok, *continue*

'갈려' 선언 자세에서 오른손을 오른 귀 높이까지 들어올리며 '계속' 구령을 한다.

계수
Counting

주먹을 쥔 상태에서 큰소리로 오른손 엄지손가락부터 하나씩 1초 간격으로 편다. '다섯' 과 '열' 에서는 손을 들어 손바닥이 선수를 향하도록 한다.

계시
kyesi

오른팔을 팔의 내각이 135도가 되도록 뻗어내려 오른손 인지로 기록원을 가리킨다.

계체
Weigh-in

계체는 경기 하루 전날에 실시하고, 계체는 1회로 하며, 미달 또는 초과 시는 정해진 시간 내에 1회의 계체를 더 할 수 있다

곰손
Komson, *bear hand*

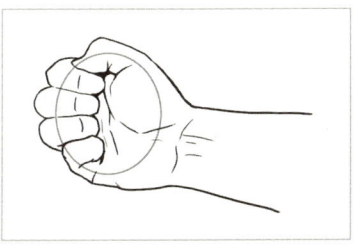

편주먹 쥐는 법과 흡사하나 편주먹보다 엄지를 제외한 네 손가락을 더 오므린다. 사용부위는 손바닥과 셋째마디 부위이다.

공격
攻擊, Attack

공격 기술이란 신체의 사용부위를 이용해 상대의 공격목표를 향하여 지르기, 찌르기, 치기, 차기, 후리기 등의 기술을 가하여 치명적인 타격으로 상대를 제압하는 것이다. 공격목표에 따라 사용부위를 정하게 되고, 또한 사용부위에 따라 공격 기술이 다르게 적용된다. 공격은 방법과 목표, 방향에 따라 각기 이름이 정해진다.

공인
公認, Official approval

공인의 사전적 의미는 나라나 공공단체가 공적으로 인정함이다. 즉 세계태권도연맹, 대한태권도협회, 국기원 등이 공인기관에 해당된다.
세계태권도연맹(WTF)에서는 공인품으로는 현재 도복, 몸통보호대, 머리보호

대, 샅보대, 전자호구, 팔보호대, 다리보호대, 장갑, 마우스피스, 매트 등이 있다. 대한태권도협회 차원에서도 경기에 필요한 장비를 자체적으로 공인하고 있다. 이 세 단체의 공인 품새는 태극 1장~8장과 고려~일여에 이르는 17개 품새를 말한다.

업체에서 경기단체로부터 공인을 받기 위해서는 사양에 적합한 제품이어야 하고 계약에 따른 일정 액수의 계약금을 지불하여야 한다.

공인품은 공식 경기에서 필히 선수가 착용 또는 경기장에 설치되어야 하는 제약성, 즉 의무가 따른다.

공인품새

공인 품새란 대한태권도협회에서 제정하고 세계태권도연맹에서 공인하였으며, 전 세계적으로 통일된 표준아래 수련과 심사 시 적용되고 있는 품새를 말한다, 품새의 구분은 유급자용 품새 태극 1장~8장(場)의 여덟 가지가 있고 유단자용 고려, 금강, 태백, 평원, 십진, 지태, 천권, 한수, 일여 등 아홉 가지 품새로 모두 17개 품새가 있다.

품새의 특성은 품새 이름, 품새선에 상응한 준비서기, 공방의 기본동작과 그 외 동작에 따른 동작과 품의 수, 기합 등 제 요소로 구성되어 있다.

품새 제정은 1968년 대한태권도협회는 품세제정위원회('품세'는 당시의 명칭)를 구성하여 「팔괘」와 「고려」에서 「일여」등 17개 품새를 확정하였고, 1972년 기술심의회의는 다시 품새와 용어제정 소위원회를 구성하여 학교교과 과정에 삽입 할 새로운 품새 「태극」을 1장부터 8장까지 제정하여 총 품새 25개의 완성을 보았다.(태권도교본「품세편」, 대한태권도협회, 1972)

과정동작
Process movement

하나의 단위동작을 행한 자세에서 다음 단위동작을 하기 전에 하나의 과정으로서 막기를 하는 동작으로, 즉 예비동작과 본동작 구분에서 예비동작자체가 방어적 기능을 하게 되는 동작의 과정을 '과정동작'이라 한다. 과정동작은 품으로 간주되지 않는다.

하나의 예를 들자면, 태백 품새에서 순서 6, 7, 8 '몸통바로지르기' 품에서 과정동작이 무엇인가를 보자. 6-1, 7-1, 8-1 즉 '오른 또는 왼 손목을 안으로 젖혀 틀어 상대의 손목을 잡아끌며'까지가 예비동작으로서 과정동작이다. 또 하나의 예를 들어, 천권 품새에서 순서 11, 14의 품명은 '몸통 옆지르기'인데 앞 동작, 즉 '거들어 안팔목 몸통막기' 품에서 11-1, 14-1의 왼/오른 팔목으로 제쳐냈다가 이어서 몸통 옆지르기를 한다. 여기서 과정동작이란 '팔목으로 제쳐냈다'까지의 과정의 동작을 말한다.

관장과 사범
館長과 師範

전통적인 태권도장 관의 계보는 9대관이 중심이었다. 태권도장에서 관장과 사범의 관계는 관장은 관 계보에서 최고단자이며 창설자로서 관의 수장(총본관장)이고 사범은 지도자로 인정받은 자로서 그 칭호를 사범이라 한다. 하지만 관 계보에 따라 지관 형식으로는 지관장이라 일컫지 않고 지관장의 자격으로 관장이라 칭하였다. 사범은 오늘날 사범지도자의 자격이다. 모범을 보이며 수련생들을 지도하는 스승을 일컫는 이름이다.

태권은 예의로서 시종한다고 하듯 예의를 존중한다. 사범에 대한 예의는 물론 선배, 동료, 후배에 대새서도 예의를 엄수해야 한다. 품새와 겨루기를 할 때나 그 시종(始終)에 반드시 경례를 하는 것도 예의를 존중하는 정신의 닦음이기 때문이다. 상호인격의 숭고한 가치를 존중하는 태도로서 자기 자신의 인격을 지키고 상대의 인격도 존중하는 정신의 발로로 이어져야 한다. 이와 같이 항상 예의로서 시종하는 데에서 저절로 정신의 수양이 되고 인격의 도야이기 때문이다. 예의는 무도인의 생명이며 자신의 마음의 형태이며 수련을 통한 자기

완성을 추구하고 지향하는 요소이기 때문이다.

하지만 오늘날 관장과 사범에 대한 호칭은 전통적 그것에 대한 가치와 존경심 등이 인정받지 못하는 듯한 현상이 드러나고 있다. 태권도장을 경영하는 관장이나 사범은 마땅히 사회에서 존경 받는 인격체로 거듭나기 위한 지속적인 노력이 요구된다.

9대관 태권도 관훈

전통적으로 도장에서 수련 시 국기에 대한 경례에 이어 관훈 복창, 스승과 제자와 선후배간의 엄격한 위계질서에 따른 예의 표시, 또한 그에 따른 도제화(徒弟化) 정신 등이 예의와 경(敬)에 대한 정신 함양이며 실천을 중시했다. 국기원(전신 중앙도장)이 개원됨으로써 도장의 일원화, 즉 관 통합(1978)에 의한 관의 개념이 실종되었고 그에 따라 관훈(館訓)마저 사라졌다. 당시 각 문파의 관훈은 이러하다.

강덕원(講德院) 관훈
1. 우리는 무도를 수련하여 국가에 모범이 되자.
2. 우리는 무도를 수련하여 민족의 선봉이 되자.
3. 우리는 무도를 수련하여 정의에 사도가 되자.

무덕관(武德館) 관훈
무실(務實), 신성(信誠), 정의(正義)

송무관(松武館) 관훈
예의 존중, 극기 겸양, 부단 노력, 최웅(最雄) 만부(萬夫), 문성(文成) 겸전(兼全).

오도관(吾道館) 관훈
1. 우리들 관원은 무도정신에 입각하여 심신을 단련함.
2. 우리들 관원은 상호 친애하여 단결을 굳게 함.
3. 우리들 관원은 관칙을 엄수하고 사범 명령에 복종함.

정도관(正道館) 관훈
나는 떳떳하고 부끄러움이 없는 무도인이다.

지도관(智道館) 관훈
1. 나를 위한다(爲己).
2. 관을 위한다(館爲).
3. 나라를 위한다(國爲).

창무관(彰武館) 관훈
충효, 성실, 인내

청도관(靑濤館) 관훈
성실, 창의, 노력

한무관(韓武館) 관훈
1. 자신을 위해 근면 한다.
2. 관을 위해 헌신한다.
3. 사회를 위해 봉사한다.
4. 국가를 위해 충성한다.

구령용어

구령이라 함은 단체 행동의 동작을 일제히 하도록 부르는 호령이다. 태권도 수련 시 구령은 다음과 같이 5가지로 나뉘어 사용되고 있다.

준비:
① 어떤 동작을 하기위한 자세를 취하라는 구령
② 품새에서 준비서기를 취하라는 구령

바로:
① 모든 동작을 끝마칠 때 구령에 맞춰가 없이 '시작' 구령에 동작을 하기 시작하여 동작을 정지하라는 구령
② 품새에서 마지막 동작 후 본디 '준비' 구령의 자세로 되돌아가라는 구령. 준비서기는 기본준비서기, 통밀기준비서기, 겹손준비서기, 보주먹준비서기 등 네 가지

그만: 동작을 정지하라는 구령

차려: 부동자세를 취하라는 구령

경례: 경의를 표하기 위해 인사로 하는 동작. 모아서기 자세에서 허리는 30도

머리는 45도정도 숙여 예를 나타내는 동작

구성동작
Compositional movement

인간행위의 기본인 방향이동, 돌기, 열기와 닫기, 뛰기, 회전 등 신체의 움직임의 기본적 요소에서부터 손이나 발 중 어느 하나의 부분 동작, 즉 서기·막기·치기·지르기 등을 포함하는 자세를 말한다. 「품새 설명 요약」에서 동작(Action) 난에 표시되나 동작수를 계수할 때는 제외된다.

국가올림픽연합회
ANOC(Association of National Olympic Committees)

IOC(International Olympic Committee·국제올림픽위원회)에 가맹한 각국 NOC(National Olympic Committee·국가올림픽위원회)의 회의체로, 1975년 5월 설립되었다. 스포츠의 유엔총회라 불릴 정도로 세계의 모든 나라가 참가하며, 본부는 프랑스 파리에 있다. NOC는 올림픽운동 안에서 그들의 역할을 강화하고 정보와 경험을 교환하기 위해서 적어도 2년에 1번씩 모인다. 이런 방법으로 IOC 집행부와 IOC 안에서 그들의 모임을 준비함으로써 NOC를 돕는다. 또한 NOC에게 줄 텔레비전 중개권료의 이용에 대하여 IOC에게 추천하는 일을 한다. 이 추천은 특히 올림픽 연대 프로그램의 이행에 초점을 맞추어 이루어진다.

아시아의 OCA(Olympic Council of Asia·아시아올림픽평의회), 유럽의 EOC(European Olympic Committees·유럽올림픽위원회), 아프리카의 ANOCA(Association of National Olympic Committees from Africa·아프리카국가올림픽위원회연합), 아메리카의 PASO(Pan-American Sports Organization·범아메리카스포츠조직), 오세아니아의 ONOC(Oceania National Olympic Committees·오세아니아국가올림픽위원회)의 5개 대륙

으로 나뉘어 조직되어 있고, 가맹국은 2008년 205개국이다.
집행기관은 25개 대표국으로 구성된다. 기능은 ①개발도상국에 대한 협력 ② IOC와 협력 ③IOC · NOC · ISF(International Sports Federation:국제경기연맹)으로 구성되는 '올림픽회의'의 대표선출 등이다. 1986년 4월 21일 서울에서 152개국 842명의 대표단이 참석한 가운데 제5차 세계올림픽연합회 총회가 열렸다.

국기원

國技院, Kukkiwon

1972년 11월 30일 대한태권도협회 중앙도장으로 설립된 국기원은 1971년 1월17일 제7대 대한태권도협회장으로 김운용이 취임하면서 모든 태권도인들의 염원이었던 중앙도장의 건립에 착수하게 되었다.
총공사비 1억5천여 만 원과 정부보조금 등으로 만들어진 국기원은 대지 1만 3025㎡(3,947평), 건평 2,369.73㎡(717평)에 지하 1층, 지상 3층으로 건물 내에 태권도 지도자 연수원이 있으며, 3,000명을 수용할 수 있는 경기장과 강의실 · 사무실 · 식당 · 샤워실 · 탈의실 등의 제반시설을 두루 갖추고 서울특별시 강남구 역삼동 635번지(당시 성동구 역삼동 산 76번지) 역삼 공원 내에 건립되었다.
1972년 11월 30일 오후 2시에 중앙도장 개관식을 거행하였으며, 당시 김종필 국무총리를 비롯한 심창유 교육부차관, 양택식 서울특별시장, 김택수 대한체육회장, 김운용 태권도협회장 등 많은 태권도인이 참석하였다.
태권도중앙도장은 1973년 2월 6일 중앙도장에서 태권도의 전당인 '국기원'으로 개명되어 오늘날의 국기원으로 출범하게 되었다.
이후 국기원은 1974년 8월7일 재단법인 국기원으로 설립되었으며, 1979년

12월28일 대한체육회 대강당에서 열린 대한태권도협회 대의원 총회결의에 의해 1980년 2월 5일부터 승단 및 승품 단증 발급업무를 대한태권도협회에서 국기원으로 이관하였다. 같은 해 7월 10일부터 국기원이 주관하여 태권도 사범지도자교육(제28기부터)을 실시하였으며, 1982년 9월 1일 태권도 아카데미(현 태권도지도자연수원)를 개설하고 사범지도자교육을 담당하게 되었으며, 같은 해 11월 30일 체육부(현 문화체육관광부)로부터 태권도 지도자 양성기관으로 지정되었다.

1988년 1월 1일부터 해외 단증 발급업무를 세계태권도연맹으로부터 인수받아 시행하게 되었다.

오늘날 국기원은 세계태권도본부로서 태권도의 위상을 제고하고, 태권도 문화를 정립하는 역할을 수행하고 있다.

한편 2007년 12월 21일 태권도진흥 및 태권도공원 조성 등에 관한 법률이 제정되었다.

태권도진흥법 19조에 의하면 문화체육관광부장관의 인가를 받아 국기원을 설립하게 되었으며, 그 명칭을 '국기원'으로 칭한다. 라고 되어있다.

그래서 태권도진흥법에 의해 국기원은 한국고유문화의 소산인 태권도 정신과 기술을 계승·발전시켜 태권도 문화 창달을 도모하고 태권도의 국제적 위상 강화를 목적으로 하고 있다.

국기원사업 내용을 살펴보면 태권도 기술 및 연구개발, 태권도 승품·승단 심사 및 태권도 보급을 위한 각종 교육사업, 태권도 지도자 연수·교육 등을 통한 태권도 지도자 양성 및 국외 파견, 태권도 시범단 육성 및 국내외 파견, 태권도 관련 국제교류 사업, 태권도인의 복지향상에 관한사업, 그 밖에 문화체육관광부장관이 인정하는 사업, 법인의 목적사업을 달성하기 위하여 필요한 경우 문화체육관광부령으로 정하는 바에 따라 수익사업을 할 수 있다. 국기원은 임원으로 이사장, 원장, 이사 및 감사를 두고 이사장은 이사 중에 선임하며 문화체육관광부장관의 승인을 받아 취임 할 수 있다.

조직의 구성은 국기원과 지도자연수원으로 구분되며 원장(연수원장), 행정부원장, 사무총장, 국제, 사무, 연수 3개 국 등, 지도자연수원은 연수원부원장, 2개의 팀(교학팀, 교육팀)의 사무국 그리고 연구소장(연구팀)으로 되어 있다. 또한, 기술전문위원회는 12개의 위원회(심사집행분과위원회, 경기분과위원회, 심판분과위원회, 의전분과위원회, 질서분과위원회, 연구분과위원회, 홍보분과위원회, 기획분과위원회, 국제분과위원회, 협력분과위원회, 교육분과위원회, 생활체육분과위원회)로 구성 되어있으며, 자문위원과 지도위원을 두고 있다.

홈페이지 주소 www.kukkiwon.or.kr

국기원 25년사
國技阮 25年史

국기원(원장 김운용)은 『세계태권도센터 국기원 25년사 1972-1997』를 1997년 12월 30일에 407쪽 하드카버로 펴냈다. 편찬위원회는 위원장 엄운규(부원장)을 포함 3인과 편찬 실무는 윤현(과장)이 맡았다.

『국기원 25년사』는 407쪽에 이르는 데, 그 가운데 컬러 화보의 제목은 '국기원 25년의 발자취'이다. 본문은 모두 세 장으로 나뉘고, 제1장 태권도 역사 새 장 열리다. 제2장 눈부신 발전, 국제무대응비, 제3장 세계로 미래로 힘찬 전진이고 부록으로 자료 편과 연표를 수록했다.

국기원장의 발간사 가운데 그 당시의 상황을 느낄 수 있는 대목에 따르면, "돌이켜 보면, 25년 전과 지금은 격세지감을 느끼게 합니다. 당시에는 우리나라가 태권도 종주국이면서도 국제적으로 내보일만한 변변한 도장 하나도 없는 형편이었습니다. 그래서 나는 태권도를 더욱 육성·발전시키는 것은 물론, 산재해 있는 군소 도장을 총괄할 수 있는 중앙도장을 세우기로 결심을 굳혔습니다" "개관 하루 전날에야 전기가 들어왔습니다. 비로소 우리 태권도인들의 가슴에도 새로운 희망과 광명의 전기불이 켜진 것입니다" "우리는 미래로, 세계로 남보다 앞서 나가기 위해 더욱 분발, 자기 쇄신을 해야 합니다. 종주국으로서의 주인의식을 가진 강인한 정신력과 더욱 새로운 기량을 창출해야 합니다" 등 '25년사를 거울삼아 보다 나은 미래를' 펼치고자 하는 의지를 담고 있다.
특기할 만 한 기록은 각종 교육수료자 명단(2급 사범지도자 교육 수료자, 3급 사범지도자 연수 수료자 등), 시범단 해외파견 일지, 국가별 유단자 현황, 그리고 6단 이상 유단자 명단 등이 수록돼 있다.
이 국기원 25년사는 언론계 출신 이태신, 채이문(시인), 김석영 3명이 집필했고 그 기간은 6개월이 소요됐다.

국기원 지도자연수원
Kukkiwon Taekwondo Academy

국기원 산하 지도자 연수원은 1972년부터 대한태권도협회에서 주관해 오던 사범 지도자 교육을 1976년 11월 1일부터 국기원으로 장소를 옮겨 실시하였다.
국기원 교육원이 1982년에 발족되었고 1983년 태권도 지도자연수원이 발족되었다. 국기원지도자연수원의 설립목적은 태권도를 범세계적으로 태권도의 전통정신과 기술을 올바르게 보급시켜 신체적, 정신적, 사회적으로 보다나은 이상적인 인간으로 육성시킬 지도자를 배출하여 태권도의 저변확대는 물론 태권도 기술 및 동작을 보급 발전시키며 태권도인의 화합과 협력풍토를 조성하는데 목적이 있다.
국기원 주관으로 교육을 실시하게 된 것은 1980년 제28기부터이며 1983년 11월 29일자로 국민체육진흥법 시행령 제22조 제2항에 의거 국가공인 '태권도지도자연수원'으로 승인을 받아 국가자격제도인 2급 경기지도자연수원(코치아카데미)으로 지정됨으로써 태권도지도자 교육기관으로 승격했다. 당시 코치아카데미는 한국체육대학에 위탁, 44개 종목을 총망라하여 교육하였으나 태권도 종목만 국기원 지도자연수원에서 독립적으로 교육을 전담하게 되었다.

1990년 2월 24일 문화체육부가 지도자연수원을 또다시 '사회체육지도자연수원'으로 추가 지정함으로써 종래의 사범 교육과 3급 생활체육지도자 교육을 병행 또는 통합해 실시하게 되었다.

1992년 3급 사범 및 3급 생활체육지도자 연수과정을 개설했고 1996년에 2급 사범지도자연수과정을 개설했다.

국기원 지도자연수원은 크게 3가지 사업을 주로 전담하고 있다. 하나는 자체 연수교육이고 둘은 정부 위탁 교육으로 2~3급 경기지도자과정과 생활체육지도자 연수과정이다. 셋은 대한태권도협회의 위탁교육으로 2005년부터 경기심판 연수과정과 2006년부터 품새심판 연수과정이 그것이다.

2008년 태권도 장애인 지도자연수과정이 개설되었다.

2009년 6월 현재 제153기 사범 및 제43기 생활체육지도자 연수과정이 실시되고 있다.

국기태권도 휘호
國技跆拳道 揮毫

태권도를 표상하는 수식어는 역대 태권도 수장(首長)에 의해 두 가지로 요약

된다. 하나는 "국기(國技)태권도"이고, 다른 하나는 "태권도는 한국이 세계에 준 선물"이라는 표현이다. 앞의 것은 최홍희, 김운용 전총재에 의해 이뤄진 것이고 뒤의 것은 WTF(세계태권도연맹) 조정원 총재의 표현이다.

앞의 것에서 '국기태권도(國技跆拳道)'라는 휘호는 최홍희와 박정희 대통령의 것으로 나누어진다. 그것의 차이는 두 가지로 다시 구분해 볼 수 있다. 최홍희는 1965년에 '國技跆拳道 蒼軒 崔泓熙'라는 휘호와 박 대통령은 '국기태권도 1971년 3월 20일 대통령 박정희'라는 휘호가 있다.

박 대통령의 국기태권도 휘호는 당시 WTF(세계태권도연맹) 김운용 총재직 때 내려졌다. 1987년 11월 30일에 간행된 국기원 편 교본은 그대로 인용하여 '국기태권도교본'이라고 되어 있었고 33쪽에 게재돼 있다. 그것이 내려진 변(辨)으로 "태권도기술의 우월성은 물론 심신수련, 인격도야, 인격향상이라는 목적이 높이 평가되어 1971년에는 우리나라의 국기로 지정되었다"라는 기록이 보인다.

'국기태권도'라는 표현은 2005년 9월 5일 초판 1쇄(국기원 편)에서부터 삭제되었고 교본의 이름은 '태권도교본'으로 바뀌었다. '국기'라는 표현을 찾아볼 수 없게 되었다. 그 대신 교본의 추천사에서 조정원 총재가 남긴 "태권도는 한국이 세계에 준 선물"이라는 명구가 있다. 엄운규 원장은 교본의 발간사에서 "새롭게 다듬어진 '태권도 교본'은 태권도를 수련하는 전 세계 태권도인들에게 올바른 수련 지침서가 될 것입니다"라고 말했다.

국기(國技)라는 표현을 맨 먼저 남긴 최홍희는 회고록에서 이렇게 말하고 있다. 1965년 당시 대한태권도협회장에 취임한 최홍희는 그해 국기(國技)태권도 친선사절단 명목으로 예산책정을 위해 시범단 인원수와 예정일자 등 기획서를 공보부에 제출했다. 당시 공보부 담당 김현두 공보과장이 "'국기라고요?'라는 물음에 '물론 국기지요. 우리나라에 태권도 이외에 국기가 될 만한 것이 또 어디 있소?' 하고 힘주어 말했더니 그는 아무 소리 없이 그대로 각의에 올려 통과됨으로써 우리 민족사에 처음으로 국기(國技)가 탄생하게 됐다." 하지만 1965년 10월 16일 출국한 시범단의 공식명칭은 〈태권도 구아사절단〉

이지 〈국기태권도친선사절단〉은 결코 아니었다. 사절단의 규모는 최소의 인원, 즉 5명으로 구성되었고 인솔단장은 협회장 최홍희였다.

'태권도' 명칭의 공식화는 1965년 8월 5일 대한태권도협회(회장 최홍희) 제3차 이사회에서 통과됨으로써 '태수도'(跆手道)로부터 개명(改名)되었다. 손수(手)자에서 주먹 권(拳)자의 변화는 발의 쓰임새인 밟을 태(跆)자와의 만남이 역사를 바꾸게 되었고 올림픽 종목에 채택되어 인류평화 번영과 공존에 한 몫을 하고 있다.

국기원 태권도연구소
RIT(Research Institute of Taekwondo)

국기원은 태권도 학술연구의 중추적 역할을 담당할 태권도연구소를 설치했다. 태권도연구소는 2006년 1월 25일 국기원 운영이사회에서 설립계획을 발표했고, 같은 해 3월 16일 태권도연구소의 운영규정을 확정하고 이규석 교수를 연구소 소장에 임명했다.
현재 태권도연구소장은 이봉 교수가 겸직하고 있다.

국제경기연맹
IF(International Federation)

국제경기연맹은 각 종목별 국제경기연맹 또는 그 종합체의 명칭으로 각국의 경기별 단체가 가맹하는 국세 소직이다. 국제경기연맹은 올림픽경기와 세계선수권대회의 경기를 운영하고 선수의 자격심사, 경기규칙의 제정과 개정, 세계기록 공인 등을 관장한다. 국제올림픽위원회에서 공인을 받은 국제연맹의 경기만이 올림픽경기대회에 출전할 수 있으며 국가 경기연맹에 가맹하지 않으면 올림픽대회와 각종 국제경기에 참가하지 못한다.
각국 경기연맹은 국제적으로 적용되는 아마추어 규정 및 경기규칙을 제정하여 국제·국내를 막론하고 공식경기대회는 모두 이 규칙에 따라 운영한다. 아마추어 자격으로 프로와 시합을 금지하는 국제육상경기연맹(IAAF), 이를 허용하는 국제축구연맹(FIFA) 등과 같이 연맹에 따라 다소 차이가 있다. 각종 경기의 국제기록은 국제경기연맹의 인정을 거쳐서 공인기록이 된다.

1921년 스위스 로잔에서 최초의 경기연맹 공인 이후 긴밀한 연락을 위해 국제연맹총회를 개최하여 국제경기연맹간의 협조체제를 유지하기 위한 통괄기구로 국제경기연맹총연합회(GAISF)가 있다.

국제경기연맹총연합회
GAISF(General Association of International Sports Federations)
1967년 스위스 로잔에서 창설되었으며 국제올림픽위원회(IOC)가 공인한 경기연맹들로 구성되어 있다.
국제경기연맹총연합회(이하 GAISF)의 설립목적은 첫째, 국제스포츠연맹의 권위 및 자율적 유지 발전, 둘째, 교육, 과학 및 기술적인 측면에서의 스포츠 발전에 공헌, 셋째는 각 스포츠 단체 간의 협력 및 정보 교환이다. GAISF(회장 Hein Verbruggen)는 국제경기연맹의 총괄기구이며 모든 경기의 기술적인 운영을 담당한다.
총회는 원칙적으로 매년 10월에 모여 개최되며 총연합회가 중심이 되어 올림픽경기대회나 세계선수권대회를 주최한다. 1년에 4번 공식 잡지인 ≪스포트비전(SPORTVISION)≫을 발행하고 있다.
세계태권도연맹은 1975년에 가입하였다. 그로인해 태권도의 세계화를 위한 발판을 마련하였고 GAISF로부터 정식 경기단체로 인정받음으로써 태권도가 올림픽 정식종목으로 채택되는데 유리한 고지를 선점하는 결정적 역할을 한 것으로 평가된다. 세계태권도연맹 총재 김운용은 1986년부터 2004년까지 회장직을 수행했다. 1995년 제29차 총회가 서울에서 개최되었다.

회원으로는 2009년 현재 축구·유도·체조·탁구·하키·아이스하키·핸드볼·펜싱·태권도·카누·보디빌딩·승마·댄스스포츠·볼링·수상스키·롤러스케이팅·트라이애슬론 등 103개 종목이 국제경기연맹에 가입되어 있다.

본부는 1977년 이래 모나코의 몬테카를로에 있다.

홈페이지 주소 www.agafisonline.com

국제군인체육연맹
CISM(International Military Sports Council)

국제군인체육연맹은 1948년 2월 18일 전 세계 군인들이 스포츠를 통해 친목을 다지고, 이를 통해 세계평화를 이끌기 위해 설립된 단체이다. 제2차 세계대전 중 프랑스 니스에서 벨기에·덴마크·프랑스·네덜란드·룩셈부르크가 참가하여 결성하였다. IOC(International Olympic Committee·국제올림픽위원회)에 이어 2번째로 큰 스포츠 경기 단체이다. 1994년 IOC의 공인을 받았다.

조직은 스포츠, 연대(連帶), 재정, 홍보, 마케팅, 규율, 의료 등의 분과위원회가 있다. 주요 활동은 4년마다 세계군인체육대회를 주최한다. 세계군인체육대회는 세계 군인들을 위한 순수한 스포츠 조직이다. 제1회 대회는 1995년 9월 이탈리아 로마에서, 제2회 대회는 1999년 크로아티아 자그레브에서 열렸다. 2003년 제3회 대회는 에스파냐 마드리드에서 개최되었다.

한국은 국방부에서 세계군인체육대회를 주관한다. 제1회 대회 때 유도 종목에서 금메달 1개, 유도·레슬링·사격·배구 종목에서 은메달 5개, 복싱·축구 외 1종목에서 동메달 3개를 따서 종합 16위에 올랐다. 제2회 대회 때는 태권도·레슬링 종목에서 은메달 4개, 레슬링·농구·고공강하 종목에서 동메달 8개를 따서 종합 6위의 성적을 얻었다.

2011년 브라질에서 국제군인체육대회를 개최할 예정이며, 한국은 1995년 가입하였다. 본부는 벨기에 브뤼셀에 있다.

국제대학스포츠연맹
FISU(International University Sports Federation)

1949년에 창설되었다. 유니버시아드의 기원인 학생경기대회는 19세기 초부터 있어 왔다. 당시 영국에는 대학생을 위한 스포츠 경기대회가 조직되었고, 뒤 이어 스위스·미국과 다른 유럽국가에서도 조직되었다. 그러나 이러한 조직이 20세기까지 이어지지는 못하였다.

1905년 NCAA(National Collegiate Athletic Associaton·국립대학선수연합)가 미국에서 조직되었으며, 다른 연합도 헝가리·폴란드·독일·스웨덴·노르웨이에서 생겼다. 제1차 세계대전 중 이러한 스포츠 단체의 활동은 1919년 프랑스에서 CIE(International Confederation of Students·국제학생연맹)가 생길 때까지 중단되었다.

1923년 5월 WUC(World University Championships·세계대학선수권대회)가 조직되었고 제1회 대회는 프랑스 파리에서 열렸다. 이 선수권대회는 선수들을 위한 대회로 당시 10개 국에서 온 학생들이 참여하였으며, 1939년에 연합국과 독재국들이 분열했던 제10회 빈대회를 끝으로 중단되었다.

제2차 세계대전 후 학생경기대회를 개최하자는 움직임이 있었으며 1946년에 비로소 ISU(International Students Union·국제학생연합)가 조직되었다. 그러나 ISU가 계속 정치적으로 흐르자 이에 반대하여 1949년 9월 FISU가 창립되었다.

1957년 동·서 두 진영의 긴장상태가 완화되자 두 진영이 모인 학생 스포츠대회가 파리에서 열렸다. 1959년 토리노대회에서 유니버시아드(Universiad)라는 정식 이름을 쓰기 시작하였다. 유니버시아드란 University와 Olympiad

합성어이다. 이 대회의 참가선수는 17세부터 28세 이하의 순수대학생으로 제한된다.

국제대학스포츠연맹은 기부금, 가입비, 경기 입장료, 텔레비전 중계료 등으로 운영한다. 총회, 집행위원회, 10개의 보조위원회로 이루어져 있으며, 1959년 이후 2년마다 하계·동계 유니버시아드 대회를 개최한다.

한국은 1967년에 가입하였으며, 1997년 동계유니버시아드 대회가 전라북도 무주군 덕유산에서 열렸다. 2008년 현재 145개국이 가입하였으며, 본부는 벨기에 브뤼셀에 있다.

국제심판자격

세계태권도연맹(WTF)이 인정하는 심판을 말하며, 세계연맹이 주최 또는 주관하는 경기와 회원국의 원활한 태권도경기 진행을 위하여 공정한 판정을 할 수 있는 태권도 경기(겨루기)심판, 품새 심판을 양성함으로서 태권도 경기발전에 이바지할 수 있도록 한다.

국제심판 응시자격은 국기원 4단 이상과 이하로 구분되며, 4단 이상자는 3급부터 응시 할 수 있고 2단과 3단은 P급으로 응시할 수 있다. 단, P급대상은 신규가맹국가와 태권도 취약국가 소속일 경우만 가능하다.

- 경기(겨루기)국제심판 응시자격
  1. 25세 이상인 자
  2. 4단 이상 또는 2단, 3단인 자
  3. 소속협회장 추천서를 받은 자
  4. 영어를 구사할 수 있는 자
  5. 국내 경기심판자격 소지자
  6. 신체 건강하고 만성질병이 없는 자(색맹 등)

교육시간은 총24시간 이상이며, 시험과목은 필기시험, 실기시험, 면접시험으로 구분하여 실시한다.

- 품새국제심판 응시자격
    1. 25세 이상인 자
    2. 4단 이상 인자
    3. 소속 국가협회장 추천서를 받은 자
    4. 신체 건강하고 만성질병이 없는 자

교육시간은 30시간 이상이며, 시험은 필기시험, 실기시험(품새와 채점), 면접시험을 구분하여 실시한다.

국제올림픽위원회
IOC(International Olympic Committee)

1894년 프랑스의 피에르 쿠베르탱의 제창에 의해 파리 의회에서 창설된 국제기구로서, 고대올림픽의 전통과 이념을 선양하고 아마추어 경기를 권장하며 올림픽경기대회의 정기적인 개최를 총괄 발전시키는 것을 목적으로 한다.
국제올림픽위원회는 법률상의 지위는 국제법에 의한 법인체이며, 스포츠와 스포츠경기의 조직과 발전을 도모하고, 올림픽의 이상 아래 모든 국가의 경기자 간의 우호 촉진 강화에 힘쓰며, 4년마다 여름 및 겨울올림픽 경기대회를 개최한다. 그리고 제1회 여름청소년올림픽게임을 2010년 8월 14일~26일 간 싱가포르에서 열리는데 참가선수의 연령은 14세~18세로 제한되며 3,200명의 선수와 800명의 임원이 참가하게 된다.
IOC위원은 자연인이다. IOC위원의 총 수는 16조 세칙 규정대로 115명을 넘지 않는다. 스포츠계의 최고의 명예직이며 대부분의 나라에 입국사증 없이 입국이 허용되는 국제적인 예우를 받는다.

올림픽 경기대회는 NOC(National Olympic Committee·국가올림픽 위원회)가 조직되어 있는 나라만이 참가할 수 있으며 경기종목은 국제경기연맹이 소관 하는 종목 중에서 선정한다.

올림픽 상징(심벌)은 엇갈린 동일한 크기의 고리(원) 다섯 개(오륜)로 되어 있다. 오륜은 한 가지 색깔 또는 다섯 가지 색깔- 왼쪽부터 파란색·노란색·검은색·초록색·빨간색 -로 사용된다. 고리는 왼쪽부터 오른쪽으로 엇갈린다. 파란색·검은색·빨간색은 도안의 위에 있다. 노란색과 초록색은 밑에 있다. 올림픽 상징은 올림픽운동의 활동을 표현한다. 또한 5개 대륙의 결속과 올림픽대회에 전 세계의 선수들의 만남을 표현한다.

올림픽기는 흰 바탕에 외곽선은 없다. 다섯 가지 색깔로 된 올림픽 상징은 올림픽기의 가운데에 자리하고 있다.

올림픽 표어(모토)는 '빠르게, 높게, 강하게(Citius, Altius, Fortius)'는 올림픽운동의 열망을 표현한다.

총회는 매년 1회 개최하며, 임원선출, 위원선정, 올림픽개최지 선정, 수입금 배분, 헌장개정 등 올림픽에 관한 사항의 최종적인 결정권을 갖는다.

태권도의 올림픽운동은 1980년 7월 7일 모스크바 제83차 IOC총회에서 승인받음으로써 유래된다.

집행위원회는 위원장과 부위원장 3명, 위원5명으로 구성된다.

가입 국가는 (2008년) 205개국이며 스위스 로잔에 본부를 두고 있다.

홈페이지 주소 www.olympic.org

국제태권도연맹
ITF(International Taekwon-do Federation)

1966년 3월 22일 조선호텔 로즈 룸에서 9개국 협회 대표(월남, 말레이시아, 싱가포르, 서독, 미국, 터키, 이탈리아, 아랍공화국, 한국)가 참석한 가운데 국제태권도연맹(ITF)이 창설되었다.

이날 열린 ITF 발기인 총회는 임원진을 선출하고 앞으로 4개월 안으로 가맹 9개국 대표가 모이는 제1차 정기총회를 갖기로 합의하였다. 이날 발기인 대회는 외국에 배당될 5인석의 이사선출을 보류하는 등 '국제성'을 강조하기도 했다(서울경제신문, 1966년 3월 22일).

ITF는 당시 실력자였던 김종필을 명예총재로 추대하고 최홍희가 총재를 맡았으며 이상희, 노병직, 조하리(말레이시아)를 부총재에 선출했다. 사무총장에 엄운규, 기술심사 회장과 차장에는 이종우, 백준기, 감사에 이남석, 홍종수, 정근식, 총무에 이계훈, 계획에 한차교 그리고 재무에 이성우 등을 각각 선임했다.

1967년 10월 27일 ITF는 문교부 사회단체등록(제27호)을 필했고 이듬해인 1968년 11월 5일 민간친선외교단체등록(제60호)을 마쳤다.

그러나 ITF는 대한태권도협회(KTA)의 동의 없이 기명을 도용하고 최홍희 자신이 말레이시아 대사로 재직하던 당시 친분이 있던 말레이시아 문교상인 '조하리'를 제외하고 모두 한국인으로 집행부를 구성, 국제단체조직의 공익성을 저버린 사설단체로 전락하고 말았다.

이종우는 이와 관련 "국제태권도연맹은 최홍희가 안 돼 보여서, 협회 이사 불신임으로 회장직에서 불명예 퇴진하자 내가 만들어준 것이나 다름없어요, 그런데 결국 '눈엣가시' 되는 아이디어를 제공해 준 셈이 됐어요"라고 증언했다.

ITF 최홍희 총재는 1972년 캐나다로 이주하기 전까지 연맹은 대한태권도협회와 사범의 해외파견, 단증발급건과 형(지금의 품새) 통합문제로 해서 잦은 분규를 빚었다.

1968년 브루셀에서 열린 국제군인체육대회 집행위원회에 참가했던 한국대표단의 세력다툼이 그 대표적인 사례라 할 수 있다. 대한태권도협회와 ITF 간의 갈등은 1968년 8월 1일 브루셀에서 열린 국제군인체육대회 집행위원회에서 표면화되었다. 당시 국내 태권도인이 국제회의 석상에서 보여준 '파벌싸움'은 태권도계의 갈등을 떠나 '나라망신'을 주기에 충분했다. 이날 분규는 이보다 앞선 같은 해(1968) 5월 프랑스에서 열렸던 CISM 학술회의장에서 어느 정도 감지할 수 있었다. 이날 양측은 경기규정을 놓고 거리를 좁히지 못해 체육회와 문교부의 알선으로 단일규정을 겨우 만들었지만 효력을 발휘하지 못했다.

그 뿐만이 아니라 대한태권도협회와 ITF 긴의 싸움은 1966년부터 시작되었다. 이 같은 사태를 간파한 대한체육회와 문교부는 체육단체 일원화를 위해 두 단체의 통합을 끊임없이 종용했으나 이들의 상반된 입장은 첨예하게 얽혀만 갔다.

대한태권도협회는 1968년 8월 28일 가맹단체인 ITF를 제명시키고, 협회 산하에 '국제위원회'를 신설, 모든 국제 업무와 해외에 산재해 있는 파견도장을 자체 내에서 관장키로 결정하였다. 이처럼 두 단체가 해외도장을 둘러싼 관할권과 국제적인 업무를 놓고 대립양상을 보이자 대한체육회 민관식 회장은 업무관계가 뚜렷하지 않아 분규가 일어나고 있다고 판단, 대한태권도협회와 ITF 간의 업무한계를 규정했다.

대한체육회가 1968년 9월 3일 양 단체에 보낸 내용을 보면 △국제연맹은 국제간의 친선을 도모하는 업무와 건전한 국제경기를 관장하고 △대한태권도협회는 국내 도장설립과 감독, 국내 대회관장 및 선수양성 등의 업무를 맡도록 했다. 따라서 ITF는 산하 도장을 갖지 못하도록 못을 박았다. 또 대한체육회는 1968년 9월 5일 양 단체 간의 분규가 노골화되자 직접 재조정에 나서기로 하고 대한체육회에서 4명, 대한태권도협회와 ITF에서 각각 2명 등 8명으로 구성된 수습위원회를 구성, 원만한 타협점을 모색키로 했다(대한일보, 1968년 9월 6일).

1971년 8월에 소집된 전체회의에서 불만을 품은 최홍희가 성명을 발표하고 물러남으로써 수습위원회는 2개월도 못가서 해체되고 말았지만, 대한체육회의 노력으로 양 단체는 진정 국면으로 접어들었다. 그러나 이들은 겉으로는 대립양상을 해소하는 듯했으나, 해외사범 파견문제를 놓고 대한태권도협회와의 고질적인 분규는 해결의 실마리를 찾지 못하고 더 악화되었다.

ITF는 1968년 제1회 아시아태권도선수권대회를 홍콩에서 개최하였고 29개국이 참가하였고, 제2회 대회는 1971년 3월 말레이시아에서 개최하였다. ITF 본부는 1972년 최홍희의 캐나다 토론토 이주로 이전하게 되었다.

굴러차기
Gulleo chagi, *stamping kick*

굴러차기는 앞발을 들었다가 땅을 구르며 추진력을 얻어 앞으로 나가면서 뒤의 발이 앞으로 따라와 딛는 순간 구른 발로 차기를 하는 기술이다.
 ① 굴러 앞차기
 ② 굴러 옆차기
 ③ 굴러 돌려차기
 ④ 굴러 반달차기
 ⑤ 굴러 비틀어차기
 ⑥ 굴러 뻗어차기
 ⑦ 굴러 밀어차기
 ⑧ 굴러 낚아차기
 ⑨ 굴러 내려차기 등이 있다.

굽히기
Flexion

태권도 동작에서 굽히기는 주로 다리 또는 팔 굽히기로서 굽히기는 관절을 굽히는 것이다. 관절간의 사이각을 적당히 굽혀 관절 각도를 이룸. 동작에 따라 굽히기의 각도가 다름. 주춤서기의 경우, 몸통을 반듯하게 하고 두 무릎을 굽히는데, 무릎의 각도는 자세를 취해 바닥을 내려다 봤을 때 무릎과 발끝이 일치되도록 정도로 한다. 몸통막기의 경우, 팔꿈치의 각도는 90°~120° 정도로 한다.

굽힌손목
Kuppinsonmok, *bow wrist*

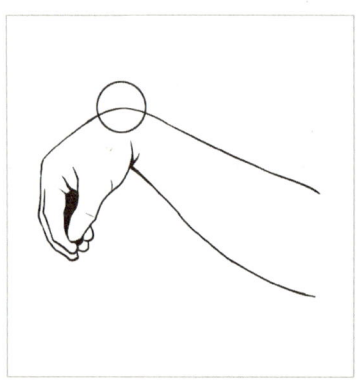

모둠손끝 쥐듯 하며 바탕손 쥐는 법과 반대로 손목을 손바닥 쪽으로 바짝 굽힌다. 굽힌 손목 쪽의 손목을 사용한다.

권법
拳法

『조선왕조실록』에는 권법관련 기사는 8차례 보이고 모두 임진왜란 이후에 나타난다. 『선조실록』 권50 선조 27년(1594) 4월 24일(임신), 권112 선조 32년

(1599년) 4월 4일(임오), 권124 선조 33년(1600) 4월 14일(정해), 권182 선조 37년(1604) 12월 16일(신해) 4번, 『인조실록』권21 인조 7년(1620) 8월 8일(경신), 『현종실록』권16 현종 10년(1699) 3월 6일(기해)에서 각 1번 그리고 『정조실록』권28 정조 13년(1789) 10월 7일(기미), 권30 정조 14년(1790) 4월 29일(기묘)에서 2번이다. 이는 모두 『기효신서』, 또는 『무예도보통지』(1790)와 관련된 기사에서만 언급되고 있다.

조선시대의 권법에 관한 기사는 1599년 선조 32년부터 1790년 정조 14년까지 약 200년까지만 나오고 있다.

권법을 도입하려는 조선 조정에서는 척계광의 『기효신서』(1584)에 있는 권법을 새롭게 수정하고 우리 것 화하려는 노력을 『무예제보』(1598)가 나올 때는 하지 못하였으나 1604년에 권보(拳譜)를 편찬하였고, 이후 『무예신보』『무기신식』(1759)과 『무예도보통지』를 통해 구현하려고 노력하였다.

맨손무예를 가리키는 '권법'이라는 용어가 본격적으로 사용된 것은 선조 33년(1600) 4월부터이다.

『무예도보통지』에 권법은 맨손으로 익히는 무예로 검을 배우기 전에 익혔다. 권법에 대해서는 『무예도보통지』 권법조에 실시 방법과 내용이 자세히 나와 있다(수박편 참조).

권법은 『선조실록』에는 '타권', 광해군 때 편찬된 『무예제보번역속집』에는 '대권'으로 표기되었다. 그러나 선조 33년(1600) 4월 이후로는 '타권(打拳)'이라는 용어가 『선조실록』을 비롯한 다른 기록에 보이지 않는다. 이로보아 '타권' 대신에 '권법'이라는 용어가 공식적으로 맨손무예를 가리키는 용어로 통일되었음을 알 수 있다.

금강막기

Keumgang makki, *diamond blocking*

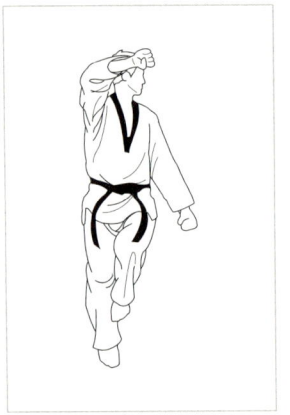

학다리서기 금강막기를 품명으로 금강막기라 한다.
얼굴막기와 아래막기를 동시에 한다

금강몸통막기

Keumgang momtongmakki, *diamond trunk blocking*

얼굴막기와 안팔목몸통바깥막기로 구성되어 있다.

요령: 작은돌쩌귀 상태에서 두 팔을 가슴 앞으로 끌어오다가 얼굴막기와 안팔목바깥막기를 동시에 한다.

금강막기는 반드시 얼굴막기와 다른 막기가 동시에 이뤄져야 한다.

금강앞지르기
Keumgang yopjireugi, *diamond side punch*

왼팔은 얼굴막기 오른손은 몸통앞지르기를 동시에 한다. 얼굴막기 방향과 몸통지르기 방향이 같다.
요령: 몸통반대지르기를 하는 오른쪽 허리에서 작은돌쩌귀를 하고 오른발 내디뎌 오른앞굽이 금강앞지르기를 한다.

Keumgang yopjireugi, *diamond side pnch*

주춤서기로 서며 두 팔은 각각 얼굴막기와 몸통 옆지르기를 동시에 한다. 이때 얼굴막기 방향과 몸통지르기 방향이 다르다.

급
級, Keup

태권도장에 입문하여 첫 심사를 거쳐 급 자격이 부여된다. 현재 급 제도는 국기원에서도 규정된 바 없고 각 도장 관장의 재량에 따른 관습으로 이어지고 있다. 전통적으로 9급제로서, 급은 숫자가 위에서 아래로 하향하는 동양철학적 의미를 따르고 있다.

대한태권도협회 창립 당시의 협회 마크를 보아서도 알 수 있는 데, 그것은 경기단체로 출범하면서 경기는 유단자로서 이뤄진다는 이념아래 마크에도 유단자를 상징하는 검정 띠의 표상이 방패 속에 새겨져 있다.

급소
急所, Vital point

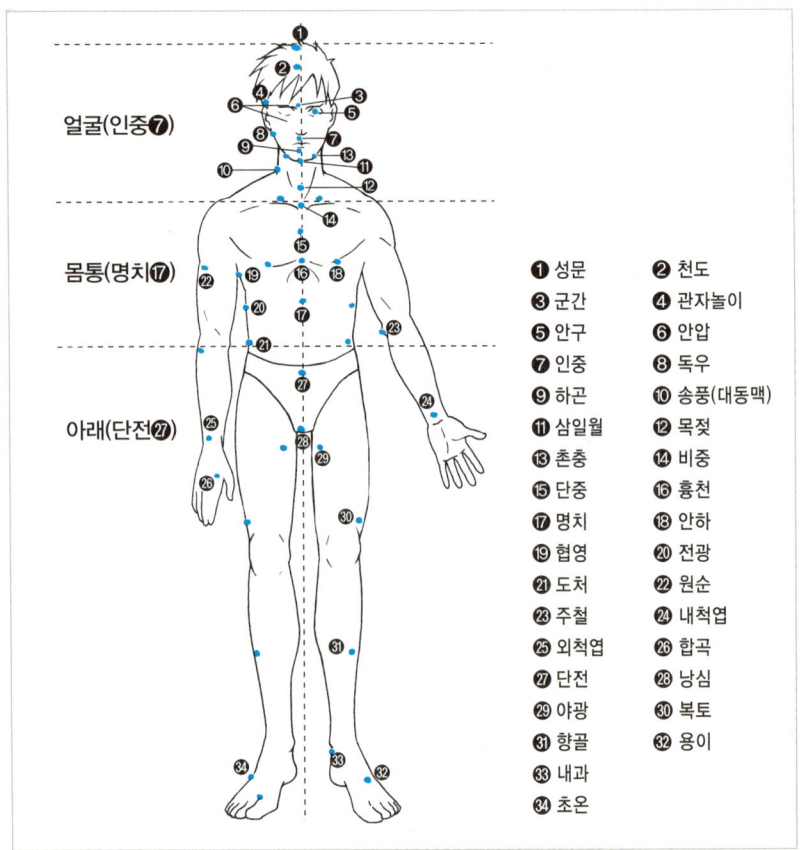

❶ 성문   ❷ 천도
❸ 군간   ❹ 관자놀이
❺ 안구   ❻ 안압
❼ 인중   ❽ 독우
❾ 하곤   ❿ 송풍(대동맥)
⓫ 삼일월 ⓬ 목젖
⓭ 촌충   ⓮ 비중
⓯ 단중   ⓰ 흉천
⓱ 명치   ⓲ 안하
⓳ 협영   ⓴ 전광
㉑ 도처   ㉒ 원순
㉓ 주철   ㉔ 내척엽
㉕ 외척엽 ㉖ 합곡
㉗ 단전   ㉘ 낭심
㉙ 야광   ㉚ 복토
㉛ 항골   ㉜ 용이
㉝ 내과
㉞ 초온

급소란 사람의 신체 중에서 신경이 가장 예민하여 밖으로부터 작은 자극만 받아도 신체의 생리기능에 큰 장애를 일으키게 되는 부분을 말한다. 한의학에서는 이 급소를 혈(穴) 또는 경혈(經穴)이라고 부른다.

혈은 한의에서 침을 놓거나 뜸을 떠서 병을 치료하는 데 이용된다. 혈의 총수는 750여개소가 있으나 한의에서도 일반적으로 중요한 70여 가지만을 사용하고 있다.

태권도에서 급소를 사용하고 있는 혈은 대략 50개 안팎으로서 혈의 해부적, 생리적 성질에 따라 타격의 강도에 따라 사람이 죽게도 되고 또는 정신을 잃게도 되며 또 벙어리가 되는 수도 있다. 이를 사혈(死血), 운혈(暈血), 아열(啞血) 등 여러 가지로 나뉜다.

태권도의 대표적인 급소는 인중, 명치, 단전인데, 이 세 급소는 얼굴, 몸통, 아래의 준거가 되는 급소로서 수련 시 공방의 목표가 된다.

기
氣, Ki

기 개념은 도, 태극과 같은 의미로 쓰이는 철학적 개념이다. 기는 만물의 근원이다. 즉 기가 갈려서 만물을 생성한다. 중국 고대인들은 드넓은 세계 속에서 생명체가 숨을 내뿜고 들이마실 때 또한 유형, 무형으로 존재하는 것이 있었는데, 그것을 기라고 불렀다. 여기서 우리는 기의 개념을 보다 쉽게 이해할 수 있는 정의로서, 첫째 기는 생명력의 근원이며, 생명체에 충만해 있으면서 생명체의 활동을 영위하게 하는 생체 에너지이다. 둘째 기란 눈에 보이지 않고 손에도 만져지지 않는 모든 현상이며, 물질을 발생하며, 생명의 근원이다. 다시 말해 기는 모든 힘의 근원이며, 생명의 원동력이다.

기라는 문자의 원래의 뜻에는 신체의 영양에 의하여 지지되는 일종의 생기(生

氣)가 포함되어 있으며, 이 원래의 뜻을 가장 잘 전하고 있다고 생각되는 개념 이 호흡, 혈기(血氣), 정기(精氣), 식욕 등의 개념이다.

기 개념은 태권도에서 첫째, 기합 용어로 나타난다. 기합이라 함은 기의 모음 (合)이 글자의 의미이다. 기합의 의미는 태권도에서 세 가지로 나뉘고 있다. 첫째, 기합이라 함은 정신과 힘의 집중을 하여 모아진 기를 아랫배(하단전)로 부터 나오는 지르는 소리로 동작의 위력(운동에너지)을 드러내 보이는 것이 다. 둘째, 맞춰겨루기 시 공방의 학습에서 공격사와 방어자 간의 묻고 답하는 형식으로 하는 질서이요 그것은 상호간의 신호를 뜻한다. 셋째, 품새에서 어 느 순서의 동작 시 기합을 넣어 절정의 이루는 동작 특성의 기세를 함축한다. 이 같은 구분은 학습단원의 내용에 따라 구체화한 것이다. 기합의 첫째 의미 는 기합의 본질이고 맞춰겨루기 시나 품새 수련에서 기합의 의미는 기합의 본 질+질서 또는 절정 등 형태를 드러내 보이고 있다. 기란 고정된 실체가 아니 라 흐르고 변화하는 가운데 그 실체의 본질을 특수하게 나타내는 힘으로서, 그것의 포괄적 의미는 도(道) 개념이다. 태권도 동작은 그 하나하나가 움직임 을 통해 목적인을 낳는 과정에서 움직이는 동작의 기세에서 강함과 약함, 힘 의 굳셈과 부드러움, 느림과 빠름, 동작의 높음과 낮음, 동작의 직선과 곡선 운동 등 유기화 된 전체를 이루는 것이다.

기는 힘의 근원이라는 뜻의 실제적 위력을 보고 느낄 수 있는 하나의 예는 격 파 시 정신과 힘의 집중을 하여 격파의 목표물을 산산 조각내는 폭발적인 위 력이 그것이다. 단체 훈련에서 공동으로 소리를 내는 기합은 사기를 북돋우고 경쟁심을 갖게 하는 심리적 효용성이다.

그 뿐만이 아니다. 품새 수련에서 기합을 잊어버린 경우의 결과는 너무도 싱 겁다는 생각을 갖게 한다. 소음일 정도로 들리는 경우는 겨루기 단체 훈련에 서 경쟁적으로 큰 소리를 내며 발차기 연습을 하는 순간이다. 기합 소리가 약하다고 느껴질 때에는 지도하는 감독의 불호령이 떨어진다. 이럴 경우에 감독은 기합이 기압(氣壓)으로 변해, 단체가 공동으로 더 고된 기압을 받게 되는 경우를 말한다.

기합은 호흡과 밀접한 관계를 갖는다. 동작 수행 시 본동작에서 날숨과 함께 기합을 넣어야 하는 경우이다. 주먹 내지르기를 할 때나 차기를 하는 순간 기합으로 소리를 내며 행하는 것이다. 힘의 집중은 느슨한 상태에서 결정적인 순간에 긴장하게 되고, 필요한 순간에 정확하게 온몸의 수축을 유도해 내는 것이 기합의 목적이다.

품새에서 기합은 하나의 구성 요소이다. 기합의 횟수는 1~3번으로 나타나는데, 기합의 원리가 보인다. 하늘수와 땅의 수, 그리고 사람의 수가 그것인데 1은 하늘의 수이고 2는 땅의 수, 그리고 3은 사람의 수로서 기합의 수로 드러난다. 1은 태극 품새에서 보이는 기합의 수이고 2는 고려-일여 품새에서 보이는 기합의 수이다. 3은 십진에서 보이고 십진은 십진에서의 열(10)이란 많다는 뜻으로 인간 장수의 염원을 상징하는 수이다. 태극과 고려-일여 품새에서 예외로 보이는 기합의 수가 있다. 그것이란 태극 8장은 땅을 의미하고 천권은 하늘을 의미하기 때문에 각기 2와 1의 수로서 기합의 수와 일치되어 있다. 3번 기합을 넣게 되는 십진 품새에서 음양 합수이기도 한데, 양의 수직선상에서 1번, 음의 수평선상에서 좌우 각 1번씩, 그 합수가 3이다. 이 기합의 원리도 도의 다스림에 따르는 것으로 이해되고 기합의 철학적 이해가 가능하다.

둘째, 기 개념은 품새 경기규칙에 나타난다. 채점기준 가운데 표현성(Expression)에서 기의 표현(Expression of energy)이 그것이다. 기의 표현이라 함은 품새연무 전체에 걸쳐 나타나는 시선, 호흡, 기합, 기백, 절도, 품위를 함의하는데, 그것을 기준으로 평가된다. 이때 기의 표현은 경기자가 연무하는 동안 몸과 몸짓 속에서 드러나는 생리적 기능을 염두(念頭)에 두고 규정된 것으로 보인다.

기권승
Win by withdrawal

경기결과 판정의 일종, 상대방 경기 포기로 인하여 얻는 승리
① 한 선수가 부상 또는 기타 이유로 혹은 자의로 경기를 포기하였을 때
② 회전 한 휴식을 한 후 계속 경기에 응하지 않을 때
③ 코치가 임의로 자기 소속 선수의 열세로 더 이상 경기를 속행 시킬 필요가 없다고 판단하여 경기장 내로 수건을 던졌을 때

기록원
Recorder

태권도경기에서 경기 시간 등을 계측하고 득, 감점을 기록, 표출한다.

기본, 기초
基本, Fundamentals. 基礎, Basic

2008년 6월 21일 국기원 태권도 용어정립위원회 4차 회의에서 거론된 사항이다. 즉 현행 '기본' 혹은 '기본동작'이라고 표현한 것은 '기본'으로 통일하고, '기본동작'이라고 표현하던 것을 각 영역별 '기초동작'이라고 바꿔 표현하여 혼동을 줄여야 함이라 기록하고 있다.
『우리말사전』(어문각, 2008)에 따르면, 기본(基本)은 사물의 기초와 근본, 기초(基礎)는 기본토대나 바탕을 뜻한다.

기본동작
基本動作, Basic movement

태권도에서 기본동작은 아주 중요한 개념이며 동시에 주요한 학습내용의 기

본이다.

국기원 태권도교본에 기본동작의 항목이 두 가지로 구분되고 있다. 하나는 태권도의 기본동작(Basic motions of Taekwondo)이고 다른 하나는 기본동작(Basic movements)이다.

먼저의 기본동작(Basic motions)에는 다시 하위 개념으로 두 가지로 나뉘는데, 태권도 신체의 사용부위(Applicable parts of the Body)와 태권도의 기본(Fundamentals of Taekwondo)이 그것이다. 신체의 사용부위란 공격목표부위와 공격 및 방어 사용부위로 나뉜다. 공격목표부위는 사람을 큰 목표로 세 곳 얼굴(인중), 몸통(명치), 아래(단전)로 구분하고 사용부위는 주먹, 손, 팔목, 팔굽과 발, 정강이, 무릎으로 구분하고 있다. 태권도의 기본은 각종 서기와 방어는 막기, 특수막기 그리고 잡기이고 공격은 지르기, 치기, 찌르기, 차기, 꺾기, 넘기기 등 여러 가지 기술로 나뉜다.

태권도의 기본을 이렇게 설명하고 있다.

태권도는 작고 큰 부위를 사용하여 아주 작은 목표를 향하여 지르기, 찌르기, 치기, 차기 기술로 공격하여 상대를 쓰러뜨리거나 그 반대로 상대방의 이와 같은 공격을 막기 기술로 막아내는 것이다. 이와 같이 태권도는 독립된 여러 가지 기술의 동작이 모여서 이루어지는 데 이 독립된 동작을 태권도의 기본(Fundamentals of Taekwondo)이라 한다.

나중의 기본동작(Basic movements)은 수많은 기본기술 중에서 그 본이 되는 동작을 선정한 것으로, 다음과 같은 14가지 동작으로 구성·분류할 수 있다. 순서에 따르면 기본준비서기-주춤새몸통지르기-아래막기-몸통반대지르기-앞차기-몸통바깥막기-등주먹치기-옆차기-몸통막기-손날막기-돌려차기-얼굴막기-손날목치기-몸통바로지르기이다.

수련자는 기본동작을 언제나 정확한 자세로 연습에 임해야 한다. 이 기본동작을 할 때 동작을 변화시켜 기본에 벗어나는 지도자가 많으나, 이 또한 삼가 수련자가 유단자가 되기 전까지는 몸에 틀이 잡히도록 기본 본연에 중점을 두어

지도하여야 훌륭한 지도자라 말할 수 있다. 또 기본동작을 지도할 때 위의 14가지를 무급자(입관자)에게 모두 가르치면 몸에 익숙치 않아 동작이 잘 되지 않으므로 쉽게 싫증을 느껴 수련을 중단하게 될 가능성이 있다. 따라서 기본동작을 세 단계로 나누어 단계적으로 지도하는 것이 효과적이다. 주의사항은 첫째, 동작의 변화가 없어야 한다. 둘째, 오랜 시일을 두고 완전히 몸에 익히게 한다. 셋째, 제자리에서 이동(전후좌우)하면서 수련할 수 있게 한다(태권도교본, 2005).

기본동작 14가지 가운데 주로 유급자용 품새 태극 4장까지 나오는 동작들이고 태극 6장(돌려차기)과 고려(손날목치기)에 나오는 동작도 보인다. '기본(基本)'이라 함은 사물의 근본을 말한다. 기본동작의 근거는 첫째는 사용빈도수가 높고 둘째는 수많은 동작 중 보편적인 기술동작의 본이 되어야 하고 익히기 쉬운 동작이어야 하는 것이다. 기본동작의 기술별 분류에 따르면 기본준비서기, 지르기(3), 막기(5), 차기(3), 치기(2)에서 기본이 되는 보편적인 동작들로 선정돼 있다.

무엇보다 사용빈도수가 높다는 것은 본이 되는 동작기술로서 배우기 쉽고 그것으로 해서 응용동작으로의 적용이 용이하다는 것이 장점이라 할 것이다. 그 다음으로 품새를 기준할 때 두 가지 품새 즉 유급자와 유단자 구분에서 유급자 품새에서 주로 사용되는 동작가운데서 선정되어야 하는 것이 보다 합리적일 것이다.

대한태권도협회 태권도 품새 경기규칙(2007)에 따르면 기본동작의 분류는 서기(8), 막기(5), 지르기, 치기, 찌르기, 그리고 차기에서 각각 하나를 택하고 있다. 그 가운데 서기에서 보법(짓기, 발놀림 등)을 포함시키고 있다. '서기'는 태권도의 기본을 이루는 요소로 분류되는 데 여기서는 동작으로 분류되고 있다. 서기는 기본동작이 아니라 동작 구분에서 구성 동작으로 분류돼야 정확한 구분이라 할 것이다.

국기원 태권도교본은 동작의 구분이 명료하지 않다. 동작의 영어표기는 세 가지(Motion, Movement, Action)로 기술하고 있는데 그것에 대한 명확한 설명이 없다. 태권도의 기본동작(Basic motions of taekwondo)은 신체의 사용 부위, 태권도의 기본인 서기, 방어, 공격, 특수품을 일컫고 기본동작(Basic movements)은 14가지로 선정해두고 있고 동작(Action)은 '품새설명요약'에서 보이는 항목으로 여기서는 넓은 의미의 모든 동작을 일컫고 있다.

이 같이 국기원 태권도교본에서는 동작에 대한 분류체계가 명확하지 않다는 것이다. 품새에서 보이는 동작(Action) 항목과 품(Poom)의 구분, 차이에 다른 해의(解義)가 제대로 되지 않은 탓으로 품새 시연 즉 표현에서 동작의 속도와 동작의 연계 등이 명확하지 않아 품새의 획일적 표현에 재미가 없다고 하는 것에 주목할 필요가 있다. 동작의 속도 즉 '빠르게' '서서히' 또는 '천천히' 등 품새편에서 사진과 함께 동작설명이 있으나 한 품이 두 개 또는 그 이상의 동작으로 연계돼 있는 경우에 대한 해의가 전혀 이뤄지지 않고 있다.

이에 반해 세계태권도연맹에서 펴낸 『WTF 품새경기교본』(2008)에 의하면, 동작 그룹의 구분, 동작과 품, 동작의 상징 등 자세한 설명이 보인다. 그 가운데 동작의 구분을 보면 동작을 다섯 가지로 구분하고 있다. 구성동작·단위동작·연계동작·복합동작·과정동작이 그것이다. 구성동작은 단위동작의 구성적 요소의 한 부분이다. 서기나 지르기, 방향이동 등 몸움직임의 일부를 일컫고 있다. 단위동작은 보편적으로 동작이라 칭하는 영어로 Movement를 말하고 있다. 동작과 품의 명료한 설명이 있어 올바른 품새 해의를 가능하게 한다.

기본동작원리

기본동작이란 태권도의 수많은 기본기술 중에서 그 근본이 되는 동작을 선정한 것을 말한다(태권도교본, 국기원 2006).

기본동작 용어에서 사전적 의미를 각각 살펴보자. 기본이라 함은 사물의 기초와 근본이고 동작이라 함은 몸이나 손발의 움직임을 뜻한다.

인간 신체의 움직임은 모두 태권도의 재료가 된다. 걷기, 뛰기, 손짓, 발짓 등 그 모든 동작은 그 자체로 태권도의 구성 요소이다. 태권도는 신체의 동작을 재료로 하지만 단지 움직임의 기술은 아니다. 태권도의 움직임은 분명히 공격 또는 방어의 메시지를 담고 있는 것이고 접촉 시 정도에 상응한 위력이 발휘된다는 것이 내재적 특성이다. 태권도 동작은 신체 움식임을 통해 무적(武的) 힘을 표현한다. 인간의 다양한 신체 활동 중에서 태권도는 의식적으로 형상화된 동작들의 모음이다. 태권도에서 신체의 움직임은 단순한 신체적 근육의 움직임이 아니라, 움직임을 통한 공간의 형성이다. 특히 품새는 공간을 구성하는 신체 움직임의 표현예술이다.

모든 동작은 물론 기본동작은 서기와 공격과 방어 즉 공방으로 나뉘고 공방은 다시 손과 발의 사용부위로 나눌 수 있다. 공격은 손의 지르기·치기·찌르기·꺾기·넘기기 등이며 발의 차기로 나뉜다. 방어는 손의 막기·잡기로 나뉜다. 지르기, 치기는 세부적으로 특수지르기, 특수치기가 있으며 차기는 특수차기로 세분화되고 있다.

신체 움직임의 특성을 요약하면 수축-이완, 구부리기-펴기, 당기기-밀기, 잡기-꺾기, 정지, 돌기, 움직임의 경로, 공중으로 뛰기, 무게를 지탱하는 부분의 변화, 무게 중심을 변화시켜 이동하는 행위로 구분된다.

동작원리는 손의 움직임이 직선 또는 곡선의 움직임이며 방법은 바로와 반대, 아래로, 위로, 앞으로, 옆으로, 밖으로, 안으로 등 다방면의 움직임이 가능하다. 발의 움직임은 직선 또는 곡선 및 회전과 앞, 옆, 뒤 방향과 아래로 등 움직임의 방향이 다양하다. 또한 그 밖에 복합적인 움직임도 가능하다.

동작의 특성은 직선이든 곡선이든 간에 처음과 끝의 모양새가 다르다는 것이다. 다시 말해 회전의 원리가 적용되고 있다는 것이며 그로인해 보다 위협적인 힘을 낼 수 있다는 것이 태권도적 동작의 특성이다. 즉 움직임의 기본적이고 기계적인 요소들이란 굽히기·펴기·비틀기 등이다.

인간의 신체는 척추를 중심으로 오른쪽과 왼쪽이라는 두 개의 공간으로 나누어져 있다. 한쪽이 다른 쪽보다 더 활동적인 비대칭적 움직임은 불균형의 느낌을 갖게 한다. 이와 상반되는 대칭적 움직임은 양쪽을 똑같이 강조하여 균등의 상태를 느끼게 한다. 대칭적 움직임은 행동의 일치, 긴장의 일치, 의도의 일치로 나타날 수도 있다. 비대칭적 움직임은 불균형을 이루기에 균등의 상태를 갖추기 위해서는 약한 쪽을 몇 배 반복하여 연마하는 것이 필요하다.

신체의 특정부위에 대한 관심은 신체 움직임의 기본을 이루는 것으로 이해된다. 즉 팔이 이끄는 몸동작은 어깨·팔꿈치·손목·손 또는 팔의 표면에 관심을 둘 때에 분명해진다. 또 모든 관절이 민첩하고, 리드할 수 있으며 민감할 수 있다. 특히 손바닥·손가락·손등·새끼손가락과 집게손가락 옆면 등은 태권도에서 신체의 사용부위로 사용되며 그 명칭은 바탕손·손끝·등주먹·손날과 손날등 등으로 표현되며 공격 또는 방어 동작의 기능을 다양하게 보일 수 있다.

다리도 둔부·무릎·발꿈치·발을 이용하여 적절한 자세 및 차기와 발짓(스텝)을 이끌어 내기에 적합하다. 특히 신체를 지탱하고 이동하는데 다리는 여러 자세를 서기라는 이름으로 불리며 그 기능이 역시 다양하게 나타낸다. 둔부와 무릎은 굽히고 중심을 좌우하는 것으로써 각종 서기 자세를 이루는 요소가 된다. 직립자세 때문에 인간의 다리는 자연적으로 이동의 수단이 되었다. 무게를 지탱하는 발로 많은 것을 표현할 수 있다. 발가락·발바닥·발뒤꿈치는 이동하거나 차기를 할 때의 과정에서 다양한 짓기의 리듬에 민감해지기도 한다.

이 같이 신체의 각 부위의 관계는 협동이 근본이다. 팔 다리의 움직임을 따로 따로 외우기보다는 상호관계를 생각하며 외울 때 훨씬 더 기억하기 쉽다. 자신의 움직임은 항상 시각에 의해 관찰할 수는 없으며, 신체 각 부위의 표면, 팔, 다리, 관절의 관계를 알려주는 근지각력이 중요한 것이다. 근지각력 (Kinesthetic sense)은 근육·관절·피부·평형·시각 그리고 청각의 자극을 뇌에 전달한다. 이러한 자극들은 움직이는 사람에게 근육의 긴장과 균형 그리고 시선과 소리를 적절하게 전달하고, 이에 따라 움직임과 자세가 변하게 된다.

역동체계의 관점에서 동작의 생성은 말초제어기관인 신경과 근육, 골격 등의 인체의 기관과 환경의 상호작용을 통한 자기조직의 원리로 설명된다. 신체 협응에서 나타나는 변화는 시간에 따라 일관되게 나타나지 않는다. 의도하는 동작의 목적에 맞도록 몸통과 팔다리의 관련성을 조직하고 조절하는 과정에서 여러 운동요소를 통제하여 효율성 있는 신체의 기능적 공방의 동작을 만든다.

동작에 나타나는 세 가지 규칙은 첫째, 신체의 어느 두 부분이 동시에 서로 반대 방향으로 움직이는 것이다. 동양적 개념으로 음양의 교차작용을 말한다. 그것의 힘이 있는 기능적 표현으로 주로 지르기·막기·치기·찌르기 등이 있다. 둘째, 신체의 두 부분이 같은 방향으로 동시에 움직이는 것이다. 음양의 병렬작용을 말하는데 대표적인 동작은 손날막기가 이에 해당된다. 셋째, 어떤 동작이 전 신체를 두루 통과하거나 신체의 어느 부분에서 근육과 뼈와 관절이 유동적이고 자연스럽게 움직이는 것이다.

태권도 기본동작은 14가지 동작으로 분류되고 있다. 기본준비서기▷ 주춤새 몸통지르기▷ 아래막기▷ 몸통반대지르기▷ 앞차기▷ 몸통바깥막기▷ 등주먹치기▷ 앞차기▷ 몸통막기▷ 손날막기/뒷굽이▷ 돌려차기▷ 얼굴막기▷ 손날목치기▷ 몸통바로지르기 순이다. 주춤새와 뒷굽이 외에는 모두 앞굽이 자세를 취한다.

기본동작은 모든 동작의 기초와 근본을 뜻한다. 때문에 언제나 정확한 자세로 연습에 임해야 하는 것이 요구된다. 동작의 변화가 없어야 하고 오랜 시일을 두고 완전히 몸에 익히게 숙련하고자 노력해야 한다.

기본준비서기

Kibon junbiseogi, *basic ready stance*

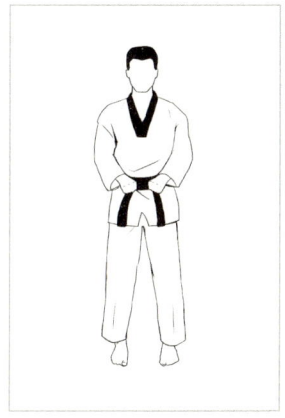

자세:
① 모아서기에서 왼발을 '한발' 길이로 넓히고 손바닥을 하늘로 향하게 하여 두 손을 몸을 스쳐 명치 앞까지 끌어올린다.
② 두 손은 명치 앞에서 손가락을 말아 쥐면서 주먹을 틀어 서서히 아래로 향한다.
③ 왼발을 완전히 디뎌 두 발에 중심이 실리는 순간 아랫배(단전) 앞에 두 주먹을 멈추고, 호흡은 약 2/3정도 내쉬면서 단전에 힘을 주어 선다.
④ 주먹과 주먹 사이 그리고 몸통과 주먹 사이는 세운 한주먹(주먹 폭) 간격으로 띄운다.

사용: 이는 이름 그대로 준비자세이다. 그러나 모든 것을 끝마치고 난 정리자세로도 그 뜻이 내포되어 있다. 정리자세란 다음 또 무엇인가를 시작하기 위한 준비자세나 마찬가지이므로 준비자세 하나로 통일해도 될 것이다.
구령: "기본준비자세"이나 이를 행하게 하기 위하여 부르는 구령은 "준비자세"로 한다. 태권도의 모든 동작은 "준비"로 시작하고 "준비자세"로 끝난다. 그러므로 기본준비서기는 태권도 준비동작의 기본이 된다.

기술격파 부문

2009 대한태권도협회 격파왕 대회의 한 종목 부문이다. 이 종목은 기술적 세밀함과 화려함 그리고 정확성이 평가항목이다. 이 대회에서 새로운 기술로서 540도 역회전 돌려차기와 720도 돌려차기가 선보였다.

기술대표
TD(Technical Delegate)

기술대표는 WTF 사무총장이 임명하고 총재의 인준을 받아야 한다.
기술대표는 WTF 경기규칙 이행 여부를 감독하고 대표자 모임, 대진 추첨, 체중 검사를 주재한다. 기술대표는 비상 대책에 명시되어 있지 않은 돌발 상황 발생 시 최종 결정 권한을 갖는다.

기의 표현
Expression of Energy

품새 경기에서 표현성의 하부 항목으로 평가의 기준이다.
기의 표현은 경기자에게 요구되는 집중, 기백, 절도 및 기의 숙달에서 자연스럽게 나타나는 기품을 의미한다. 평기 기준은 경기자의 시선, 호흡, 기합, 기백, 절도, 표정 등이다.

기합
氣合, Yell

기합(氣合)의 낱말은 기운을 의미하는 '氣' 자와, 한군데로 모이게 하다는 '合' 자로 이뤄졌다. 그 뜻은 자신의 기운, 즉 능력을 한 곳으로 집중한다는 의미다. 기합은 "발성(소리)을 통해 호흡을 조절하고, 정신을 집중하여 흐트러진 얼(기)을 바로 잡아 주는 일련의 행동"이라고 정의할 수 있다.
기합은 특별한 힘을 발휘하기 위한, 정신과 힘의 집중. 우리말로는 '얼차려'

라는 뜻이다. 기합술은 무예에서, 힘과 정신을 온몸에 모아 소리를 지르면서 보통 이상의 힘을 내는 술법을 말한다(우리말 사전, 한글학회 지음, 어문각, 2008).

이처럼 우리가 입을 통해 내는 '소리'는 쓰는 방법에 따라 아주 놀라운 힘을 발휘하게 된다. 몸 이곳저곳에 흩어져 있던 정신과 기를 모아 한 순간에 내지르는 '기합'이란 상대방에게 위협을 가하거나 혹은 자신에게 힘을 불어넣기 위해 동원되는 경우라 하겠다.

박철희(1958)는 기합에 대해 말하기를, "기합은 큰소리(大聲)와 혼동하기 쉬운데, 무도에서 말하는 기합이란 충만한 정신력을 말한다. 따라서 기합이란 고의로 기합을 만들거나 단지 소리만을 내는 것이 아니고 기력이 충만하여 자연히 성대를 통하여 발해지는 것이니 초심자가 이 기합을 체득하기는 어려우므로, 처음에는 크고 강하게 내는 연습부터 해야 된다"(『파사권법』, 1958: 38).

초심자에게 기합은 그리 간단한 문제가 아니다. 처음 기합을 넣을 때는 목에서 소리가 나오지 않을 정도로 약하다. 사범이 큰 소리로 기합을 넣으라고 하지만, 부끄럽기도 하고 기합을 넣는 요령을 모르기 때문에 소리자체에 힘이 실리지 않는다. 수련의 도가 심화되고 기합 넣는 것이 숙달되면 초심자일 때의 성격과는 다른 담대한 성격으로 변화된 자신을 발견하게 되는 것이다.

특히 겨루기를 할 때 기합은 상대방을 공격하고 방어하는 데 있어서 선점의 위치를 차지하기 위한 심리적인 기능이 목적이라는 것이다. 타 무술에서 기합을 어떻게 설명하고 있는가를 보자.
기합을 통해 내뿜는 에너지의 위력은 매우 강하다. 자신의 힘을 더해주는 기합의 효과는 태권도에서도 빼놓을 수 없는 요소이다. 마음과 힘을 닦아서 단련을 할 때에 기합의 사용은 물론이고, 학습단원에서의 경우에 반드시 기합을 넣어야할 때가 있다. 맞춰겨루기나 품새 수련 시 그것이다.

기합은 온몸의 기를 통합하는 것이다. 기합의 목적은 필요한 순간에 정확하게 온몸의 수축을 유도해 내는 데 있다. 특히 격파 시 기합과 함께하는 이유는 목표가 되는 격파물에 의식, 시선을 집중하여 기합의 힘으로 부수고자 하는 것인데, 충돌하는 순간에 온 몸이 긴장히고 그 순산 힘의 집중에 의해 발생되는 타격력의 결과이다. 기합은 육체의 모든 근육을 동시에 수축시키는 데 도움이 되고 힘을 한 곳으로 집중시키는 데 매우 중요한 기능을 수행한다.

기합의 효과와 가치는 네 가지로 요약된다.
첫째, 기합을 통해 순간적으로 근력을 최대한으로 발휘할 수 있다. 둘째, 호흡의 연속성을 통해 호흡조절을 가능하게 함으로써 단전호흡의 효과를 얻음과 동시에 기적 능력을 발휘할 수 있다. 셋째, 기합을 통해 흐트러진 자세를 바로잡는 효과를 가지고 있다. 마지막으로, 심리적 가치로서 자아에게는 자신감 배양 효과가 있다.

기합의 또 다른 기능은 발살바(Valsalva) 운동을 방지하는 것이다. 발살바 운동은 한 사람이 무거운 물체를 옮기는 집중적이고 격렬한 노력에 거의 호흡을 억제하고 근육을 긴장시키는 단계에서 밀폐된 기도에 반(反)하여 강제로 숨을 내쉬려는 노력을 말한다.
발살바 운동의 문제점은 두 가지이다. 첫째, 그 운동은 흉부 내부의 압력을 굉장히 증가시켜 심장으로 연결되는 주요 혈관의 파괴를 유발하여 적게는 무력감을 느끼게 하고, 크게는 심장혈관의 손상을 가져온다. 둘째, 호흡을 중단하고 근육 운동 후에 긴장을 푸는 중에 심장에로의 혈액의 쇄도는, 어떤 사람에게는 인체구조에 과도한 부담을 주어 심장마비를 일으킬 수 있다. 격렬한 근육운동 도중에 격하게 숨을 내쉬어서, 잠재적으로 위험한 발살바 운동을 방지할 수 있다(『태권도지도이론』1987:400).

호흡을 멈추었을 때 발휘되는 힘은 흉부강의 압력을 증가시키고 동맥압을 높인다. 숨을 내쉴 때 동맥압은 빠르게 떨어지고 혈관이 확장된 후 채워지고 좌심실로 가는 혈류가 약해지게 된다. 이러한 증상이 발생할 때, 대상자는 현기증이나 기절하는 느낌을 받을지도 모른다. 힘을 발휘하는 동안에 호흡을 중단함으로써 발생될지도 모른다. 이러한 증상을 발살바 매뉴버(Valsalva maneuver)라 칭한다. 이는 등척성 운동과 중량을 들어올리기에서, 큰 힘을 발휘할 때 피해야 한다. 안정한 운동이란 정상적인 자세, 기술, 정신운동과 함께 수행된 것으로 정의한다.

기합에 따른 운동 뉴런 흥분성의 변화와 등척성 근력의 변화에 대한 연구결과는 두 가지로 요약되고 있다. 첫째, 기합을 사용하였을 때, 더 많은 운동 뉴런이 동원되는 것으로 보아 기합은 운동 신경 효율성에 긍정적인 영향을 미치는 것으로 본다. 둘째, 기합을 사용하였을 때, 근력의 최대 등척성 수축력이 유의하게 증가하는 것으로 보아, 기합은 근력 증대에 긍정적인 영향을 미치는 것으로 본다(강경환, 윤준구, 체육과학연구, 2001).

길이의 단위, 보폭(길이)과 너비
Step length · Step width

각종 서기에서 두발 간의 길이의 단위는 두 가지로서 보폭과 너비이다. 보폭이란 두발지지 상태에서 앞에 위치한 발의 뒤꿈치에서 뒤에 위치한 발의 뒤꿈치까지의 수직거리. 태권도에서 길이의 단위인 보폭은 앞서기 및 뒷굽이의 경우 "한걸음" 그리고 앞굽이 경우는 "한걸음 반" 으로 한다.

너비는 두발을 옆으로 넓혀 설 때 간격을 말한다. 두발 간의 너비 단위를 "발바닥 길이"로 정하고 "한발", "한발 반", "두발"로 표현한다. 예를 들어 범서기, 나란히 서기는 "한발" 길이이고 주춤서기는 "두발" 길이임, 그 외 "주먹 폭" 또는 "발등 폭"의 경우는, 아래막기 품에서 막는 주먹은 앞발의 대퇴부에서 "두 주먹 폭" 정도의 간격이고, 발등 폭의 경우는 앞굽이 시 두발의 뒤꿈치의 간격은 "발등 폭" 등이다.

김운용
金雲龍, Kim Un-yong

1971년 1월 김운용(1931~)은 제7대 대한태권도협회장에 취임한다. 태권도가 세계스포츠로 발돋음하기 위한 기틀이 마련된 것은 1970년대 초이다. 그전까지 태권도는 1961년 9월 태권도협회의 전신인 대한태수도협회를 창립해 초대 채명신(1962~64년) 2대 박종태(1964~65년) 3대 최홍희19(65~66년) 4대 노병직(1966~67년) 5, 6대 김용채(1967~71년) 등 5명의 회장을 맞았다. 이 기간 협회는 1962년 2월 대한체육회 총회에서 28번째 정식 경기단체로 승인 받았고 그해 10월 24일 대구에서 열린 제43회 전국체육대회에 처음으로 시범종목으로 출전했다. 또 그 이듬해(1963) 10월4일 전주 제44회 전국체육대회에 태권도가 정식종목으로 채택되었다.

'태수도' 명칭에서 오늘날 통일된 '태권도'의 명칭은 1965년 8월 최홍희 회장이 총회를 거쳐 개칭했다.

태권도는 협회 창립 이후 10년 동안 나름대로 발전의 길을 걸어왔으나 여러 가지 문제점을 안고 있었다. 특히 관의 난립으로 갈등이 심했고 명칭 문제에서도 오랜 동안의 진통을 겪게 됐다. 1966년 3월 창설한 국제태권도연맹

(ITF)과 해외 사범 파견, 단증발급 및 기술통합문제로 갈등을 빚어왔다.
김운용은 1971년 초 이종우 관장(전 세계연맹 부총재) 등 태권도인들의 권유로 태권도와 인연을 맺게 된다. 협회에 발을 들여놓기 전 그는 박정희 대통령 경호실 보좌관과 학술원장을 잠시 맡고 있었다. 김 회장은 주미 대사관 참사관, UN총회 한국대표부에서 일한 경력이 있다.

김운용은 취임 초부터 의욕적인 사업을 펼쳤다. 1971년 4월 15일 계간「태권도」지 창간호를 발간했다. 그 잡지의 첫 쪽에 박 대통령의「국기태권도」휘호, 정조대왕의 명으로 편찬된『어정무예도보통지』표지와 규장각의「규장지보」라고 새겨진 도장 등을 게재했다. 계간『태권도』지 발간은 당시 1백30만 태권도인에게 기술적인 측면의 이론화와, 최초로 협회 공인『태권도교본(품새편)』(1972) 발간은 통일된 기술의 발전에 밑거름이 되었다. 또한 국기원 건립은 난립되어 있던 태권도 10개관의 통합과 승단업무의 행정 일원화, 세계태권도연맹 창설(1973) 등 세계화를 이루기 위한 기초를 다져갔다. 그리고 태권도의 국기화 작업으로 박 대통령으로부터「국기태권도 1971년 3월 20일 대통령 박정희」라고 직접 쓴 휘호를 받게 되었다.

세계태권도연맹(WTF)은 1975년 10월 국제경기연맹 총연합회(GAISF)에 가입, 태권도 세계화에 중요한 첫발을 내디뎠다. 특히 일본의 가라데와 북한측의 지원을 받고 있는 최홍희의 국제태권도연맹(ITF)에 앞서 인정받음으로써 국제화는 물론 올림픽 정식 종목화 하는데 결정적인 역할을 하게 됐다.
1973년 WTF 창설 후 곧바로 GAISF에 가입한 것은 오랜 외교관 활동으로 국제 흐름에 정통해 있던 김운용 회장이 서둘렀기 때문이다. 당시 대한올림픽위원회(KOC) 부회장 겸 명예총무로 국제업무를 담당했던 김 회장은 태권도를 국제무대에서 공인받기위해 국제올림픽위원회(IOC)와 함께 세계스포츠 양대 기구인 GAISF 가입에 총력을 기울였다.

태권도는 1960년대 중반부터 월남에 파견된 군태권도 교관단의 활동으로 세계 보급에 나선 터였다. ITF와 일본의 가라데 등 유사단체와의 국제무대 주도권싸움에서 승리하기 위해서라도 태권도의 GAISF 가입은 중요한 사안이었다. 물론 올림픽 정식종목이 되기 위한 첫 관문이기도 했다.

김운용은 1975년 8월 제2회 세계태권도선수권대회에 오스카 스테이트 GAISF 사무총장(영국)과 국제체육기자연맹(AIPS) 관계자들을 서울로 초청, 사전 정지작업을 벌였다.

그러나 그는 그해 10월 캐나다 몬트리올 GAISF총회에 도착하자마자 오스카 스테이트 총장으로부터 국제유도연맹 회장이자 GAISF 집행위원인 영국의 찰스 퍼머가 태권도의 가입을 반대하고 있다는 소식을 전해 들었다. GAISF 가입은 만장일치로 결정돼 단 한사람의 반대가 있어도 부결될 수밖에 없는 상황이었다.

김운용은 찰스 퍼머 회장를 만나 태권도의 역사와 차이점을 설명하고 가라데와의 차이점을 끈질기게 이야기했다. 총회 마지막 날 4시간에 걸친 격론 끝에 태권도는 GAISF 가입에 성공했다. 이로 인해 태권도는 이듬해 4월 국제군인체육회(CISM)에 정식 종목으로 인정되고 1980년 모스크바 IOC총회에서는 WTF의 태권도가 정식 승인을 받게 된다. 이처럼 태권도가 국제스포츠로서 눈부신 발전을 가져올 수 있었던 것은 김 회장의 탁월한 스포츠외교력의 결과였다.

김운용은 이 발판을 초석으로 하여 다음 목표는 태권도의 올림픽 종목채택이었다. 그는 태권도를 올림픽종목으로 넣기 위한 노력은 이미 오래 전부터 이뤄져 왔다. 태권도가 올림픽에서 첫 선을 보인 것은 야구와 함께 시범종목으로 채택된 1988 서울 올림픽에서였다. 당시에는 야구와 베드민턴이 시범종목으로 유력했으나 김 집행위원이 부위원장으로 활약했던 서울올림픽조직위원회(SLOOC)의 끈질긴 노력 덕에 배드민턴대신 태권도로 바뀌었다. 이미 태권도는 1986 서울아시안게임 정식 종목이었다. 또 1992년 바르셀로나 올림픽에서는 스페인이 자랑하는 하이라이와 롤러스키를 시범 종목으로 결정했다. 올림픽 헌장에는 2개의 시범종목만을 규정하고 있어 물 건너 간 상황이었다. 그러나 김 집행위원은 바르셀로나올림픽에서 시범 종목으로 채택되지 않으면 2000년 안에 태권도의 올림픽 진입은 불가능하다는 판단아래 사마란치 IOC 위원장을 찾아갔다. 그리고 태권도를 시범 종목이 아닌 올림픽규정에도 없는 전시종목으로 치르게 해달라고 요청했다. 올림픽 역사상 전래가 없는 전시종목은 김 집행위원이 고안해낸 것이었다.

김운용은 가능한 한 체급을 줄이고 경기는 하루만 치르며 경비와 선수보호 등의 문제는 한국에서 책임지겠다며 사마란치 위원장을 설득했다. 결국 위원장의 동의를 얻어낸 김 집행위원은 맨투맨으로 집행위원들을 설득해 아예 태권도를 시범 종목으로 격상시켜 바르셀로나올림픽은 3개의 시범 종목을 실시한 유일한 올림픽이 됐다.

1994히로시마아시안게임에서 일본은 가라데를 정식 종목으로 채택하고 태권도를 제외 시켰다. 그러나 그는 쿠웨이트의 세이크 아매드 아시아올림픽평의회(OCA) 회장을 비롯, 일본과 중국의 체육관계자들을 잇따라 접촉하면서 태권도를 8년 만에 아시안게임에 다시 올려놓았다. 태권도는 1990북경아시안게임에서는 우슈에 밀려 제외됐었다.

그는 국내에서 열리는 스포츠행사에 참가하는 IOC위원 등 국제스포츠 관계자들을 국기원에 초청, 태권도홍보에 정성을 다했다.

태권도의 올림픽채택의 역사적 쾌거는 1994년 9월 4일 파리 제103차 IOC총회에서 예상 밖의 만장일치로 2000년 시드니올림픽 정식종목으로 인정된 것은 김 집행위원이 오랫동안 공들여온 물밑작업의 노력과 그의 IOC내에서의 완벽한 업무능력 인정 그리고 특히 해외 태권도 사범들의 열정 등 총체적 결실이라는 평가이다.

2000년 9월 시드니올림픽에서 태권도가 정식 종목으로 참가, 첫선의 경기결과에 대한 귀국 인터뷰에서 김운용(대한체육회 회장)은 이렇게 말하고 있다. "태권도는 이번에 정식종목으로 처음 선보였는데 연기도 높았고 경기진행도 순조로웠다. 관중석이 매진되는 인기를 보였고 IOC관계자, 각국 위원패밀리 등이 경기장을 찾았다. 우리 선수들도 종주국답게 모범을 보여줬다. 만족스럽다"(스포츠서울 2000. 10. 4). 그리고 올림픽을 치르며 가장 아쉬웠던 점에 대한 기자의 질문에 "태권도에 대해서 사마란치 회장 등 현지 관계자들로부터 호평을 받았는데 정작 국내에서는 평이 좋지 않았던 것 같다. 차기 올림픽에서 룰을 개정하는 문제 등이 언론에 보도된 것으로 알고 있는데 물론 룰은 계속 발전되어야 하는 것이지만 쉽게 결정할 문제는 아니다. 앞으로 태권도를 12체급(현재 8체급)으로 늘리는 방안과 출전제한도 없애는 방안을 강구하고 있다"(스포츠조선 2000. 10. 4).

2001년은 김 회장에게는 악운의 한 해였다.

올림픽 역사상 처음으로 황색인종으로 대권에 도전한 김운용 위원에게 천운은 비켜갔다. 세계 모든 태권도인들이 그의 당선을 가슴 조이며 염원했던 것은 사실이다. 표 대결이란 언제나 그렇듯 결과는 뚜껑을 열어봐야 알 수 있다는 교훈을 실감케 했다. 2001년 7월 16일 모스크바에서 열린 제112차 IOC총회에서 안토니오 사마란치 위원장의 후임자 선거에 그가 나선 것만으로도 그의 역량을 평가해야 한다는 견해가 국내뿐 아니라 외국에서도 많았다. 그러나 그를 반대하는 사람들에게는 이 같은 장점이 별달리 좋게 받아들여지지 않고 있는 것 또한 사실이다. 특히 2000년 4월 16~19일 국기원에서 열린 2001년도 국가대표최종선발전에서 일부 심판의 편파 판정 의혹마저 불거지자 용인대, 경희대 태권도학과 교수·학생들이 이에 항의, 경기장 점거농성을 벌리는 등 시위가 심화되고 결국 태권도 협회 간부들이 비리 혐의로 구속되는 등 구설수에 오른 김 회장에게 불운이 잇따라 일어났다.
그로 인해 김운용은 도덕적 책임을 지고 2001년 11월 15일 대한태권도협회와 국기원장직에서 물러났다. 그리고 솔트레이크 동계올림픽 발언 "이번 동계올림픽은 전 세계선수들을 결속시키는 올림픽 운동의 전통을 이어왔다"며 국민 감정과 동떨어진 말을 해 비난이 확산되자, 2002년 2월 28일 서울 중구 소공동 프라자 호텔에서 열린 대한체육회 정기 대의원총회에서 "회장은 오늘로써 그만두었으면 좋겠다. 이젠 국제무대에서 한국 체육의 위상을 높이는 데 전념하겠다"고 밝히고 회의장을 나갔다. 그리고 3월 12일 오후 여의도 국민일보사 12층 회의실에서 열린 체육회 부회장 및 KOC(대한올림픽위원회) 부위원장단과의 모임에서 회장직 사퇴 의사를 거듭 밝히며 김정행 대한체육회 부회장을 회장 직무대행으로 지명했다.

김운용은 1931년 대구 출생으로 경동고와 연세대 정외과를 졸업하고 만 30세 때인 지난 1961년 당시 허정 내각수반의 비서관으로 관직에 들어선 뒤 영욕의 '출세가도'를 달려왔다.
그는 IOC(국제올림픽위원회)부위원장, GAISF(국제경기연맹 총연합회) 회장, WTF(세계태권도연맹)총재 직을 불명예스럽게 내놓고 야인으로서 생활하고 있다.

김운용은 2008년 10월부터 중앙일보에 '남기고 싶은 이야기'에 5개월 가까이 「올림픽 30년, 태권도 40년」 122회 최종회에서 이렇게 말하고 있다.
"태권도를 위해 한마디 하고 싶다. 대부분의 스포츠가 올림픽에 진입하기까지 100년이 걸렸지만 태권도는 불과 20년 만에 정식종목이 됐다. 그런 과정을 거치며 무도에서 스포츠로의 전환이 덜 된 것은 인정한다. 그러나 대한태권도협회 · 국기원 · 세계태권도연맹(WTF)이라는 세 기구를 적절히 분립함으로써 문제를 극소화해 왔다. 지금 태권도계를 보면 걱정이 앞선다. 일단 올림픽 종목에서 살아남느냐가 급선무다. 2005년 싱가포르 총회에서는 반수를 2표 넘겨 겨우 살아남았다. 득표수는 가라테보다 적었지만 퇴출은 과반, 채택은 3분의 2 찬성이라는 룰에 따라 그렇게 된 것이다. 그러나 이젠 채택도 과반수로 바뀌었고, 올해 다시 투표를 앞두고 있다. 경쟁자가 있다는 것을 잊어서는 안 된다. 태권도계는 룰을 바꾸고, 전자호구를 채택하는 등 많은 노력을 하고 있다. 그렇지만 한 목소리를 내지 못하거나 '한국 사람끼리 다 해 먹는다'는 소리를 듣는다면 불안하다. 대권도 가족의 단결 속에 세계에서 사랑 받는 태권도가 돼야 할 것이다."

그는 연재를 마치고 난 후, 소감을 "그동안 하지 못했던 말을 중앙일보 지면을 통해 할 수 있어 기분이 좋았다." "IOC 위원과 세계태권도연맹(WTF) 총재직 등을 불명예스럽게 내놓고 조용히 있었는데 이번 기회에 명예회복이 된 것 같아 기쁘다"고 말했다.

김운용은 중앙일보에 연재한 〈남기고 싶은 이야기〉를 『미련한 자는 자기 경험에서 길을 찾고, 현명한 사람은 선배에게 길을 찾는다』라는 단행본을 발간, 2009년 8월 26일 출판기념회를 서울 힐튼호텔에서 개최했다.

꺾기
Kkeukki, *breaking*

꺾기라 함은 공격 시 사용하는 기술로서, 한 손으로 상대방의 발뒤축을 잡고 아귀손으로 무릎(슬개골)을 공격하는 것이다.

꼬아서기
Kkoa seogi, *cross stance*

꼬아서는 형태에 따라 두 가지로 구분한다.

앞꼬아서기
자세:
- 주춤서기, 낮추어서기에서 옆으로 이동할 때 만들어지는 순간동작의 자세이다.
- 왼발을 축으로 오른발을 끌어 왼발등을 넘어 새끼발가락 옆에 오른발 앞축을 딛는다. 이때 무릎은 낮춘 상태로 이동하며 왼발정강이와 오른발 장딴지가 서로 엇갈리게(가위표 'x')한다.
- 두 발은 될 수 있는 한 가까이 위치시킨다.
- 앞꼬아서기로 완전히 멈추어 어떠한 동작을 하려면 중심을 유지하기 위해 정강이와 장딴지가 엇갈리면서 오른발 앞축부터 뒤축까지 발바닥 전체를 딛고 체중을 오른발에 완전히 이동시켜 왼발 앞축만 대고 뒤축은 들리게 한다. 이때 장딴지와 정강이는 붙여야 하고, 두 발의 간격이 벌어지거나 무릎이 펴져 몸이 일어나면 안 된다.

사용: 몸을 옆으로 이동할 때 사용된다.

뒤꼬아서기(왼뒤꼬아서기)
자세:
- 오른발이 앞으로 나가는 순간 왼발이 뒤따라와서 오른발 발날쪽에 왼발 발가락이 가까이 왼 정강이가 밀착되면서 엇갈려 꼬아서기로 선다. 그리고 두 다리의 무릎은 굽혀 낮춘다.

사용: 상대의 발등을 짓찧기를 하거나 가깝게 접근하면서 2차 공격에 사용된다.

끌어올리기

Kkeuleo oligii, *pulling up*

앞굽이 상태에서 팔을 어깨 측면으로 약간 벌렸다가 명치 앞에 세운주먹 하나 들어갈 정도의 간격을 두고 끌어올린다.

나란히서기

Naranhiseogi, *parallel stance*

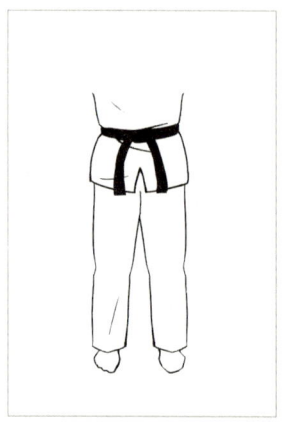

자세: 두발의 너비는 '한발' 이며 나란히 되게 선다. 두 다리의 무릎은 펴고 체중은 두 다리에 똑같이 싣고 중심을 한가운데 둔다.

나래차기

Narae chagi

보편적으로 쓰이는 용어로 자리매김. 나래차기는 몸을 띄워 공중에서 돌려차기를 좌우 번갈아 가면서 차는 동작. 이때 먼저 차는 발은 힘의 강도나 차기 동작이 완전하지 않고 상대를 속이는 동작이며, 나중에 차는 발은 정확하고 강하게 차야 한다.

낚아차기

Nakka chagi, *hooking kick*

① 옆차기를 차는 순간 상대가 피하여 접근하였을 때에 목표가 빗나가고 지나쳤을 때 펴졌던 무릎을 접는 힘으로 상대의 뒤통수 또는 등을 공격한다.
② 몸돌려차기를 하였을 때 목표를 지나치면 무릎을 순간으로 접어 찬다. 사용부위는 뒤꿈치이다.

난이도

難易度, Technical level

격파(회전 신기술)에서 경기자가 표현하는 동작기술의 어려움과 쉬움의 정도를 말하는 데 난이도가 높다는 것은 고난도 기술 구사력이 높다는 의미이다. 동작 기술의 내용이 단순 공방을 벗어나 다양한 실전적 동작을 말한다.

날개펴기

Nalgaepyogi, *wing spreading*

모아서기 겹손에서 두 손을 펴서 서서히 가슴 앞까지 끌어올린다. 두 손이 가슴 앞까지 왔을 때 손바닥을 바깥으로 틀면서 각각 좌우로 내민다. 이때 두 팔은 곧게 펴며 손등은 안쪽으로, 손끝은 위를 향하도록 한다.

낮추어서기

Nachuwo seogi, *lowered riding stance*

주춤서기와 같은 요령이나 두 발을 더 넓히며 더 낮추어 선다. 중심이 낮으므로 서기에서 가장 안정도는 높으나 순발력이 감소되어 모든 동작을 지구력으로 하게 된다. 따라서 지구력을 기르는 데 많이 사용한다.

낮춤새

Natchumsae

낮추어 겨룸새의 준말로서 기본 겨룸새의 변형이다. 몸의 상태는 약간 옆으로, 무릎을 특히 낮게 굽힌다. 윗몸을 약간 앞으로 굽힐 수도 있다. 두발 간격은 어깨 너비의 1.5~2배 정도. 기술의 우선은 돌려차기, 뒤후려차기 등이며 받아차기 기술 수행이 용이하다.

내려차기

Naeryo chagi, *downward kick*

① 차는 다리를 머리 위까지 끌어올려 무릎을 편 채로 아래로 내려 차는 것을 말한다.
② 상대가 별로 가까이 있지 않을 때는 앞차기 때와 같이 몸 가운데로 무릎을 바싹 접어 끌어 올렸다가 차기를 하는 것을 내려차기라 한다.
③ 상대가 가까워서 상대를 피하여 다리를 끌어 올릴 때 몸 안쪽으로 끌어올려 내려차기 할 때는 바깥쪽으로 내려 차므로 이것을 바깥내려차기라 한다. 만일 밖으로부터 끌어올려 안으로 내려 찰 때는 안내려차기라 한다.
④ 사용부위는 뒤꿈치, 발바닥을 사용한다.

내려찍기

Naeryo tzikki

제정 용어는 내려차기. 경기 현장에서 내려차기 용어보다는 내려찍기라는 용어로 통용되고 있다.

넓혀서기

Neolpyo seogi, *left & right opened stance*

두발 중 한발을 옆으로 벌려 또는 앞으로 내밀어 넓혀 서는 것을 말한다. 넓혀서기는 대개 16가지로 구분된다.

넘기기

Neumkiki

넘기기라 함은 공격 시 사용하는 기술로서, 발걸어 넘기기와 발들어 넘기기 등이 있으며 여러 가지 방법으로 응용할 수 있다.

다리
Dari, *leg*

방골 관절 밑으로 발목까지를 말하며 다리는 길고 단단하여 막기 기술에 쓰이나 반면 공격을 당하기 쉬운 부위이다. 정강이는 막기 기술에 사용되나 상대의 차는 힘과 맞부딪혀 막기 때문에 자신도 많은 아픔을 느끼게 된다. 또 무릎은 구부리면 단단하여 치기기술에 사용된다. 주로 '올려치기'를 한다. 다리의 사용부위는 무릎, 정강이이다.

다방향차기
Multi-direction kick

몸을 공중에 띄워 세 개 이상의 목표를 공격함을 말한다. 발기술로 여러 방향의 목표를 공격하기 때문에 다방향차기라 한다. 응용 동작으로 발기술과 손기술을 함께 사용하기도 한다.

단
段, Dan

국기원 심사규정에 따르면, 단은 1단에서부터 최고 10단으로 규정돼 있다. 단, 10단은 응심 자격은 60세 이상자로서, 심사규정 제11조에 심사 심의 위원회에서 심의 의결함으로 되어 있다.

단 심사제도는 몇 가지로 나뉜다. 단 심사, 특별 승단 심사, 명예단 심사 그리고 추서단 심사 등이다. 8단부터 심사는 오직 국기원에서 실기심사를 실시하며, 심사 시기는 매 분기마다(년 4회)실시한다(제7조 4항).

단위동작
Movement unit

발의 서기와 손의 각종 동작을 함께 행하는 완전한 동작을 말한다. 단위동작을 줄여 '동작'이라고 부르는 것이 보편적이다. 「품새 설명 요약」 중 동작난(動作欄)에서 동작수를 계수할 때 단위동작을 말한다.

단일공격

겨루기 시 단일동작으로 공격을 시도하는 것

단전
丹田,
Center of abdomen

일명 기해라고 불린다. 사혈에 속하며, 위치 및 해부는 배꼽에서 4cm 아래로 상복벽동맥과 늑간신경 전천행지가 분포되어 있고 내장신경총이 깊이 있다. 효인은 상복벽동맥의 충격으로 혈행장애가 일어나거나 자극이 내장신경총으로 전해져 미주신경으로 전달되어 심장마비 혹은 심장박동의 장애가 생긴다. 타법은 주먹, 편손끝, 앞차기 등이다.

당겨턱지르기

Dangkyo teokjireugi, *pulling jaw punching*

왼손으로 상대를 잡아끌면서 오른 주먹으로 치지르기를 한다. 끌어당기는 주먹은 오른쪽 어깨 앞에 가져온다. 지르는 주먹은 젖힌 주먹으로 턱 높이로 지르고 반대편 주먹은 지르는 팔의 어깨 앞에 놓고 주먹바닥이 얼굴 쪽을 향한다.

요령: 주먹 등이 몸을 향하게 하여 지르는 팔은 구부려 가슴 높이 몸 쪽으로 붙여서 지르다가 목표 앞에서 젖혀 지른다. 끌어당기는 반대편 팔은 가슴 앞에서 지르는 주먹과 교차하며 어깨 앞으로 오는 순간 손을 젖힌다. 지르기와 당기기를 동시에 하는 것이다.

당겨턱치기

Dangkyo teokchigi, *pulling jaw hitting*

한 손으로 상대를 잡아끌면서 반대편 팔의 등주먹으로 앞치기(턱)를 한다.

대도 인터내셔널
Daedo International

대도 인터내셔널(대표 박천욱)은 1983년 스페인 바르셀로나에서 창업되었다. 처음에는 주로 태권도복 및 관련 장비를 제조·판매하기 시작했다. 대도 인터내셔널(이하 대도)은 1986년 바르셀로나 중심지에 대도 상점을 개설하였으며 그 이듬해인 1987년 바르셀로나에서 열린 WTF세계태권도선수권대회에 공식 스폰서로 참여했다. 1992바르셀로나 올림픽대회 및 2008베이징 올림픽대회 태권도 경기의 장비 공급자로 참여하였다.

대도는 세계대회 공식 스폰서로서 5회(스페인, 아일랜드, 독일, 중국, 덴마크), 8개 국가단위 협회(스페인, 독일, 이탈리아, 네덜란드, 캐나다, 포르투갈, 프랑스 및 베트남) 및 국가 대표팀의 공식후원업체로 참여했다. 이 같은 공식 스폰서 인정은 태권도 산업을 선도하는 대도의 글로벌 브랜드가치에 있다.

대도의 제품 가운데 도복과 보호구는 세계연맹(2002)과 유럽연맹(2007)으로부터 공인업체로 인정받았다. 대도는 태권도 경기문화의 과학화를 위해 이미 전자호구를 개발하여 기술적인 면에서 호평을 받고 있다.

이 회사의 본사는 2007년 바르셀로나 보타니카가 중심지에 이전, 소재하고 있으며 현재 세계 45개국 유통망을 확보하고 있다.

www.daedosport.com

대통령 치사
大統領 致辭

1994년 12월 10일 서울 장충체육관에서 열린 1994 KBS배 국제태권도대회 개회식에 김영삼 대통령이 참석하여 치사를 하였다. 역대 대통령이 국내외 대회에 참석하여 치사를 한 것은 처음이다. 이 대회의 주최는 세계태권도연맹(총재 김운용)이 2000시드니올림픽 태권도 종목채택을 기념하는 국제대회로서 올림픽을 개최한 국가(미국, 한국)와 앞으로 개최할 국가(호주, 스페인) 등 4개국 초청 대회였다. 이 대회에 다수의 IOC위원이 참석했다.
김영삼 대통령의 치사 내용을 옮겨본다.

전 세계 태권도인 여러분!
이 자리에 참석한 각국 선수단과 IOC위원, 그리고 체육계 지도자 여러분!
국제태권도대회가 이곳 서울에서 열리게 된 것을 축하하며, 세계 각국에서 오신 여러분을 진심으로 환영합니다.
특히 세계태권도를 대표하는 여러분이 태권도의 발상지인 한국 땅에서 자리를 함께 하게 된 것은 매우 뜻 깊은 일이 아닐 수 없습니다. 태권도는 지난 2000여 년간 우리 민족과 함께 생활스포츠로서 발전해 왔습니다. 태권도를 통하여 건강한 체력과 건전한 정신력을 길렀습니다. 자신을 극복하고 다른 사람과 조화할 줄 아는 지혜를 배웠습니다. 불굴의 용기와 한없는 너그러움을 체득했습니다.
태권도가 갖는 이러한 덕목이야말로 공존공영의 새로운 시대를 열어가고 있는 「지구촌 가족」 모구가 공유해야 할 소중한 가치라고 생각합니다.

태권도인 여러분!

세계는 지금 민족과 국경을 초월한 교류와 협력의 시대로 돌입하고 있습니다. 이러한 시대의 도래에는 국제올림픽위원회를 비롯한 세계스포츠계의 역할이 매우 컸다고 믿습니다. 한국은 서울올림픽을 비롯한 국제 스포츠 활동을 통해서 세계의 평화와 번영에 기여해 왔습니다.

나와 우리 정부도 국제사회에서의 책임과 역할을 확대하기 위해서 세계화를 위한 개혁에 박차를 가하고 있습니다. 태권도 역시 한국과 세계와의 가교역할뿐만 아니라, 세계 각국 간의 이해와 협력을 증진시켜 왔습니다.

지금 세계140여개 국가에서 5천만 명이 태권도를 수련하고 있는 것은 바로 그것을 말해주고 있습니다. 이러한 사실을 반영하여 2000년에 열리는 시드니 올림픽에는 태권도가 정식 종목으로 채택되었습니다.

이제 태권도를 전 세계인이 즐기는 스포츠로서 더욱 발전시켜야 할 책임이 여러분의 어깨에 지우어져 있습니다.

태권도인의 진취적인 기상과 넓은 포용력으로 태권도의 세계화에 박차를 가합시다. 태권도를 통하여 평화로운 세계, 더불어 잘 사는 세계를 만들어 나갑시다. 그것이 바로 인류의 화합과 전진이라는 올림픽 이념을 구현하는 길이라고 생각합니다.

나는 이 기회를 빌어 그동안 태권도 발전에 기여해온 세계의 모든 태권도인과 특히 각별한 관심과 이해를 보여주신 IOC위원 여러분에게 감사드립니다.

앞으로 태권도가 더욱 발전하여 온 인류의 화합과 번영에 기여해 나갈 수 있도록 더욱 노력해 주실 것을 당부 드립니다.

선수단 여러분!

전 세계 태권도인의 화합과 단결을 다짐하는 이번 대회에서 그동안 여러분이 닦은 기량을 마음껏 발휘하시기 바랍니다. 태권도의 본향인 이곳 한국에서의 체류가 즐겁고 유익한 시간이 되기를 바랍니다.

여러분 모두의 건강과 행운을 기원합니다.

감사합니다.

1994년 12월 10일
대통령 김 영 삼

대한무도학회
大韓武道學會, KAMA(Korean Alliance of Martial Arts)

대한무도학회(회장 김정행)는 1999년 11월 4일 무도의 학문화를 위해 설립되었다. 무도의 학문적 연구 및 정체성을 확보함으로써 민족문화창달에 기여함을 목적으로 삼고, 이에 무도의 연구·무도의 경기력 향상·무도의 교육·무도의 대중화를 목표로 한다.

대한무도학회 회장은 "대한무도학회의 창립 당시를 떠올려보면, 이미 대학에서 무도와 관련된 교과목은 물론이고 학과들도 있었지만, 독립적인 학문의 영역으로 인식되기에는 아직 갈 길이 멀다고 여겨졌습니다. 그래서 무도를 전문적인 학문의 영역으로 구축하는데 가장 필요한 것이 무엇인가에 대한 오랜 논의 끝에 대한무도학회의 창립을 추진하게 되었습니다. 즉, 무도의 학문적인 부분을 보완하기 위해서는 무도 관련 학술단체의 구성이 필수적이며, 학술단체를 중심으로 지속적인 연구가 진행되어야만 무도학이 체계화되고 정립될 수 있음에 초점을 둔 것이었습니다(무예신문, 2009년 4월 2일)"라며 대한무도학회의 활동이 한국 무도학에 기여할 바를 언급하였다.

창립 10주년을 앞두고 대한무도학회에서 발간하는 대한무도학회지가 2008년 한국학술진흥재단의 등재후보지로 선정되어 질적인 측면의 성장에도 박차를 가하게 되었다. 대한무도학회지는 매년 3회(4월, 8월, 12월 말일) 발간하고 있으며, 인문(역사·철학)·사회·자연·경호무도 분과로 나누어 엄정한 심사를 진행하고 있다. 한국 최초의 무도 관련 학회인 대한무도학회는 1999년부터 2008년까지 연1회의 국제학술대회와 전통무예시연회를 개최하였으나, 2009년부터는 연2회의 학술세미나를 개최하는 것으로 변경하는 등 무도의 학문화를 위해 매진하고 있다.

대한태권도협회
KTA(Korea Taekwondo Association)

사단법인 대한태권도협회(KTA)는 대한체육회의 정식 가맹단체로서 한국 태권도계를 통합 관리하는 대표기관이다.
1961년 9월 16일 '대한태수도협회' 라는 이름으로 창립되었고 1963년 2월 23일에 대한체육회 정기 대의원 총회에서 축구·야구·수영 등 기타 종목에 이어 태권도가 28번째로 가맹승인을 받고 같은 해 10월4일 전북 전주에서 개최된 제44회 전국체육대회에 정식종목으로 채택되었다. 1965년 8월 5일 '대한태권도협회' 로 개칭하였다.

대한태권도협회는 태권도를 국민에게 널리 보급하여 국민체력 향상에 이바지하며 건전하고 명랑한 사회기풍을 진작시킴과 아울러 태권도인 및 관련단체를 지원 육성하고 우수한 태권도인 양성을 통한 국위선양 도모 및 국민체육 발전에 이바지함을 목적으로 한다. 대한태권도협회의 사업을 살펴보면 태권도에 관한 기본방침의 결정, 태권도 경기에 관한 자문 및 건의, 국제 태권도 경기대회의 개최 및 참가, 국내 태권도 경기대회의 개최 및 주관, 지부단체의 지도·감독·지원, 일선 태권도 등록도장의 관리, 태권도 교육내용의 개발, 지도자 육성 및 선수의 양성, 태권도 기술의 연구 및 향상에 관한 사업, 태권도 시설 및 용품·용구에 관한 연구개발, 태권도에 관한 자료수집 및 조사통계, 태권도의 홍보 및 계몽, 국기원에서 위임받은 전국 승품·단 심사사업, 기타 본 회의 목적달성에 필요한 사업을 한다.

대한태권도협회는 협회에 가입한 각 시·도 태권도협회와 해외지부를 포함하며, 전국규모의 연맹체를 지부단체로 하여 조직되었다.
선임임원으로 회장 1인, 부회장 약간인, 전무이사 1인, 이사 38인 이내, 감사 2인이며, 대위원은 각 시·도지부 및 전국규모 연맹단체별 1인, 중앙대의원 약간인과 위촉 임원 고문 약간인으로 되어있다.

기술전문위원회는 의장, 부의장, 전문위원, 지도위원과 18개의 분과로 경기, 심판, 기록, 질서대책, 경기력향상, 의무, 품새경기, 품새심판, 품새질서, 기획, 연구, 도장, 홍보, 사업, 국제, 심사, 생활체육위원회를 두고 있다.

대한태권도협회는 서울특별시 송파구 오륜동 88-2번지 벨로드롬경기장 101호에 있다.

홈페이지 주소 www.koreataekwondo.org

도
道

태권도를 비롯하여 유도ㆍ검도 등 무도종목은 '도'자와 함께하여 무술의 특성을 드러내고 있다. 동양의 무술은 서양의 스포츠와는 달리 철학적인 개념 중 그 중심에는 '도'자가 자리매김하고 있다.

도(道) 개념의 사전적 의미는 첫째, 마땅히 지켜야 할 도리, 둘째, 종교상으로 근본이 되는 뜻. 또 깊이 깨달은 지경, 셋째, 기예나 방술(方術)을 행하는 방법이다. 여기서 태권도는 그 중 어느 하나보다는 통합적 개념으로 보는 것이다.

도(道)와 술(術)은 하나로 보는 견해가 지배적이다. 그것은 사리체용(事理體用)에 따라 도와 술로 구분된다고 보는 것이다. 사리는 기술과 이치요, 체용의 체는 만물의 본성, 용은 그 작용을 뜻한다. 사리체용의 다름이 있다고 하는 것은 그럴 때는 술이 용이 되니 기예이다. 따라서 형체의 일을 다 하여 승부를 가린다는 함의이다.

태권도에 있어서 기술이 용이며, 도가 체라고 할 때 체용이 합쳐 하나의 본체가 되는 것이다. 태권은 손과 발을 포함한 신체적 움직임, 즉 그것을 동작이라 하고 도는 동작을 낳고 동작이게 하는 원리를 말한다. 그것의 선후는 아무래도 술일 듯하다. 술을 먼저 습득한 후에 도를 배우는 것이다. 술의 습득을 통해 그 이치를 깨닫고 그것의 내면적 가르침을 터득하여 승부에 집착하지 않는 것을 말한다. 동작이란 신체의 움직임을 통한 공방 행위를 말하고 동작은 그 것의 합리적이게 하는 원리에 따라 드러나는 행위이다. 팔과 다리를 운동 원리를 좇아 목적을 드러내고자 하는 동작 수련이라 함은 원리의 터득과 반복적 수련 없이는 가능하지 않다. 앎과 함은 하나이어야 하듯 동작의 반복적 닦음이라 함은 내면적 반성이 따라야 한다고 할 때는 도란 이(理)이고 마음이며, 기라고 보는 것이다.

태권도는 태권의 도이다. 태권은 동작을 가능하게 하는 움직임의 작용이다. 도는 그것의 방법이요 이치이며 행하는 자의 인격을 갈고 닦게 하는 것이 도의 궁극적인 본체인 것이다.

 도라는 개념이 무도를 가리키는 이름이 된 지는 그리 오래되지 않는다. 도와 술의 만남은 도가 함축하고 있는 정신적인 면과 무도가 갖는 신체적인 면의 상호 보완적인 필요성에서 출발했을 것으로 보인다. 술에서 도로 변하는 과정은 일본의 경우, 1668년 검술에서부터 시작됐다.

도의 인간의 내재적 가르침에 대해서 옛 성현들은 마음, 몸이라고 하고 또 기, 이, 이기 등으로 보고 있다. 몸과 도는 원래 하나이다. 지극히 존귀한 것은 이 도요, 지극히 존귀한 것은 이 몸이라 한다. 그러나 먼저 도를 존귀하게 하고 몸을 존귀하게 여겨야 비로소 지극히 선한 것으로 보는 것이다.

도 개념과 관련, 일찍 최치원(857~?)은 풍류도에서 '현묘한 도'를 말한다. '난랑의 비 서문'에 새겨진 내용은 이러하다.

나라에 깊고 현묘한 도가 있으니 그 이름은 풍류(風流)다. 교(敎 : 가르침)를 만든 근원은 선사(선(仙史)에 자세하거니와, 그 핵심은 유불선 삼교를 포함하고 중생을 교화하는 것이다.

현묘지도(玄妙之道)라 함은 사람을 의롭게 만드는 깊고 오묘한 가르침을 말하는데, 이는 우리의 고유한 도의 뿌리이며 시원사상이다. 한국 무도의 정신은 '현묘지도'로부터 시작해 '오상지도' '풍류도' '화랑도' 등 이름으로 시대를 달리하면서 겨레의 가슴속에 면면히 이어져 오고 있다.

수련에서 태권이 포괄적인 실천행위라면 도는 그에 대한 반성이요 직관이다. 태권도 수련은 대내적 반성, 직관과 대외적 실천을 요구한다. 수련을 통해 심신의 기능과 평균적으로 정상 수준에서 정상 이상의 수준까지 높여 가는 닦음을 통해 인격의 향상과 완성을 지향하는 것인데 이것이 바로 도를 몸소 실천함을 말한다.

태권도 이름에서 도가 함의하는 모든 길은 심신의 제 능력을 인격 완성이라는 것을 추구하며 태권도 수련체계인 품새는 도 개념의 대내적 교시를 학습체계의 단원으로 엮어져 있는 것이다. 즉 태극(太極) 품새가 유급자 수련용으로 먼저 나오고 유단자 품새의 마지막 수련단원인 일여(一如)로 이어지는 과정은 술을 통해 도에 이르게 하는 가르침을 담고 있다. 일여란 사람됨의 지향성으로 그것은 앎과 함(실천)이 하나라는 것, 자연이 인간의 근원이고, 생명의 하나인 인간도 자연이라는 가르침이며, 인간은 자연과의 상생 등 하나됨(한)의 가르침이고 우주의 법칙이라는 것이다.

태권도는 동작이 기술 개념이다. 동작은 방어와 공격의 형태로 드러나며 그것은 규칙적으로 그 모양이 변한다. 방어와 공격 개념을 철학적 개념에 따르면 음과 양 개념이다. 음양은 태극이 스스로의 모습을 숨기면서도 그 작용을 드러내는 법식이다. 음양이 변함에 따라서 동작의 모양도 변한다. 그 변화를 통해서 변화의 규칙성이 드러나는 데 그것이 곧 도이다.

도는 품새에서 전체로서의 순환적 조화와 리듬 그 자체를 의미한다. 리듬이란 동작의 주기적 반복(순환), 율동적인 흐름을 함의한다. 이 도에 따라서 규칙성으로 이어지는 변화를 통해서, 변화 속에 내재한 상성(常性)이 드러나는 데 그

것이 태극이다. 태극이 변화하지 않기 때문에 스스로를 드러내지 않지만 변화를 이끌어 간다. 이러한 관계에서 동작의 상성에서 드러나는 구체적인 모습이 도(道)는 율동(rhythm)이요 태극은 품이라고 보는 것이다.

도복
道服, Taekwondo Uniform

태권도 수련 시 착용하는 의복을 도복이라 한다. 도복은 흰 천으로 바지, 저고리와 띠로 구성된다. 도복의 종류는 세 종류로 유급자, 유품자 그리고 유단자용으로 나뉜다. 도복의 저고리에서 깃의 색상에서 구분이 되고 있는데 흰 깃은 유급자용, 빨강과 검정 두 색상의 깃은 유품자용이고 검정색의 깃은 유단자용이다.

도복 한 벌은 바지, 저고리 그리고 띠, 이 셋을 말한다. 셋이 하나가 될 때 도복 한 벌이라 부른다.

도복의 철학적 의미는 천지인 삼태극(三太極)의 원리에 있다. 하나는 음양의 원리에서 찾아볼 수 있는데 한 벌의 도복에서 저고리는 양의 하늘을 바지는 음의 땅을, 그리고 띠는 하늘과 땅을 연결하는 매개체로서 사람을 상징하는 것이다. 다른 하나는 한복의 재단법과 유사성을 지닌 태권도복은 바지저고리의 형태로 볼 때 원·방·각, 즉 그 재단의 형상이 ○·□·△의 세 가지 모양새를 띠고 있다. 이는 천지인 삼태극을 상징한다. 예로써 바지에서 허리는 ○로, 마루폭은 □, 그리고 사폭은 △의 꼴로 되어 있고 저고리에서도 같은 꼴의 원리가 적용되고 있다는 것이다.

도복과 보호구

세계태권도연맹(WTF)이 주최하는 경기에서 선수는 WTF가 공인한 도복, 몸통 보호구, 머리 보호대, 샅보대, 팔 보호대, 다리 보호대, 장갑, 마우스피스를 경기지역에 들어오기 전에 착용하여야 한다.

도복착용과 간수

도복을 청결하게 하고 매무새(매무시한 뒤의 모양새-필자)를 단정하게 하여야 한다. 수련이나 경기를 하다 도복이 흩뜨려졌을 때는 행동을 중지하고 돌아서서 고쳐 입어야 한다(대한태권도협회 예의규범).

도장출입 시

도장에 들어서면 경건하게 국기에 경례하고(국기 경례는 오른손을 왼편 가슴에 댄다) 관장, 사범, 고단자 순으로 인사를 한다.
도장 내부에서는 조용하고 엄숙한 분위기를 스스로 만들어야 한다.
도복은 언제나 소중하게 간수하여야 한다.
도복 착용으로는 특별한 경우를 제외하고 도장 밖 출입을 삼가야 한다.
도장 내에서는 관장, 사범, 선배에게 노소를 막론하고 꼭 경어를 써야 한다(대한태권도협회 예의규범).

도핑
Doping

도핑은 의도적으로 경기력을 향상시키기 위해 신체적·정신적 측면을 약물로 제어하고자 하는 것이다. 근육을 강화하고 집중력을 오랫동안 지속시키는 등 현저한 경기력의 향상으로 이어지지만, 약물을 습관적으로 사용함으로써 나타나는 폐해는 심각하다. 도핑을 함으로써 경기성적은 올릴 수 있지만, 선수들의 건강을 해치게 되는 것은 말할 것도 없고 인간 본래의 능력으로 겨루어야 할 스포츠의 가치마저 상실하게 된다. 땀과 노력의 결정체라고 할 수 있는 스포츠에서 약물의 힘을 빌린다는 것은 규칙을 어기는 것으로 스포츠를 즐기고 스포츠 스타를 좋아하는 팬들에 대한 배신이다.

도핑은 좋은 성적을 올리게 할 목적으로 선수에게 심장 흥분제, 근육증강제 등의 약물을 먹이거나 주사 또는 특수한 이학적 처치를 하는 일을 말한다. 이 때 사용되는 약물을 도프(dope)라고 한다. 원래는 경주마에 투여하는 약물을 도프라고 했는데, 스포츠계에서도 사용하게 되었다.

이러한 의학적인 이유와, 인간 본래의 능력으로서 겨루어야할 경기장에서 약물의 힘을 이용하려는 그릇된 생각에 대한 도의적인 비판이 따르자 도핑 금지의 의견이 모아졌다.

오늘날은 각종 국제경기에서 특정약물을 검출하는 검사가 실시되는데, 이것을 도프체크라고 한다. 세계태권도연맹에서도 도프체크를 실시하도록 규정돼 있다.

도핑테스트
Doping Test

세계태권도연맹 올림픽 절차에 규정된 도핑테스트(약물검사) 10조 5항목의 전문이다.

1. 올림픽 태권도 경기에는 IOC, WADA, WTF의 반도핑 규정이 모두 적용된다. 도핑테스트는 세계선발전 및 지역선발전에서 시행된다.
2. 세계태권도선발전에서 각 체급별 상위 4순위 안에 든 선수들은 도핑테스트를 의무적으로 응해야 한다. 반도핑규정을 위반한 선수는 최종 순위표에서 삭제되며 올림픽출전자격이 박탈된다. 반도핑규정 위반 선수 발생시, 각 선발전의 차상위 선수가 해당선수를 대체한다. 대체선수가 반도핑규정, WTF규정 또는 WTF경기규칙을 위반했을 경우, 그 다음 순위의 선수를 대체 선수로 한다.
3. 지역선발전의 경우, 도핑테스트는 다음 선수를 대상으로 이뤄진다.
   a. 아시아, 유럽, 팬 아메리카 선발전 각 체급별 8강 전출전선수 모두

b. 아프리카, 오세아니아선발전 각 체급별 준결승전 출전권선수 모두 반도핑규정을 위반한 것으로 밝혀진 선수는 최종 순위에서 삭제되며 올림픽 출전자격이 박탈된다. 각 선발전의 차상위 선수를 대체선수를 두되, 대체선수는 반도핑규정 및 WTF규정, WTF 경기규칙을 위반하지 않은 선수여야 한다.
4. 세계선발전에서 대체선수로 선발된 선수의 도핑테스트 결과가 나오지 않은 상태일 경우, 해당선수는 동일 체급으로 지역 선발전에 참가할 수 있다. 도핑테스트 결과 양성으로 판명된 경우, 해당 대체선수는 세계선발전 대체선수 자격을 갖게 된다. 대체 선수가 지역선발전을 통해 이미 올림픽출전권을 얻었다면 지역선발전의 다음 순위 선수가 올림픽 출전권을 갖는다. 단 해당 선수는 반도핑규정 및 WTF규정 또는 WTF경기규칙을 위반하지 않은 자여야 한다.
5. 올림픽경기 금메달리스트가 반도핑규정을 위반하여 그 자격을 박탈당한 경우, 해당선수는 최종 순위표에서 삭제되고 은메달리스트가 금메달을 수여한다. 최종 순위와 관련, 그 이상의 변동은 없다. 금메달리스트 외에 다른 메달리스트의 자격이 박탈된 경우 최종 순위에는 변함이 없다.

돌개차기
Dolgae chagi

보편적으로 쓰이는 용어로 자리매김. 돌개차기는 앞발을 축으로 뒤로 돌면서 뛰어 공중에서 돌려차기를 하는 동작. 이때 몸이 뒤로 돌 때 시선은 상대의 공격목표를 재빠르게 파악해야 한다.

몸을 공중으로 띄워 좌우의 목표를 향하여 다리를 일자가 되게 벌려 차는 것. 대략 옆차기와 비틀어차기를 동시에 하는 것이다.

돌려차기
Dollyochagi, *roundhouse kick*

축이 되는 앞발에 체중이 실리면서 차는 무릎을 접어 몸을 돌릴 때 접었던 무릎을 펴면서 발이 수평으로 돌아 앞축으로 목표를 찬다. 축이 되는 다리는 발목과 무릎을 펴서 앞축을 축으로 몸의 회전이 잘 되게 한다. 차는 다리는 목표(예: 얼굴)에서 멈추어야 한다.
사용부위: 앞축 또는 발등이다.

동아시아 경기대회
East Asian Games

동아시경기대회는 9개국(한국·중국·북한·홍콩·일본·마카오·몽골·대만·괌) 동아시아 국가들의 단합을 도모하기 위하여 열리는 종합스포츠경기대회이다. 제1회 동아시아대회는 1993년 중국 상하이에서 열렸다. 1997년 제2회 대회는 부산에서 열렸는데, 태권도(5월 17~18일)는 제2회 대회에 처음으로 정식종목으로 참가했다. 동아시아대회는 매 4년마다 개최되고 경기종목은 모두 22개 종목이다.

2009년 제5회 동아시아대회는 홍콩에서 열렸고, 태권도종목은 12월 6일~8일까지 홍콩 섹킵메이공원 체육센터에서 남녀 각 8체급 경기가 열렸다. 이 대회에서 한국은 금13, 은2, 동1를 차지하여 남녀대표 16명이 전원 메달을 땄다. 2013년 제6회 동아시아대회는 중국 텐진에서 개최된다.

동작
Movement, *motion and action*

버즐리(Beardsley)는 인간신체나 신체 부분들의 위치의 변화를 일으키는 의지적인 근육상의 수축이라 정의함. 태권도에서 신체 동작들은 어떤 특정한 방식(공방 또는 이동 등)의 몸짓이라 할 수 있다.

영어 표기의 세 가지 구분은 쉽지 않다. 하지만 태권도교본(국기원)에 따르면, 기본동작(Basic movements), 품새설명 요약 항목에서 동작(Action), 동작응용(Action)이 보인다. 동작(Motion)이라고 할 때는 주로 겨루기 시 사용되고 있다.

동작과 품
Movement & Poom

동작의 종류 가운데 단위동작과 연계동작, 복합동작은 '품'이라 칭할 수 있으나 구성동작은 제외된다. 품이란 이와 같은 기술의 동작을 취하였을 때 그 결과의 모양을 말한다. 동작과 품의 구분은 동작이 동(動)이라면 품은 정(靜)에 해당하고 동작이 동태(動態)이고 품은 정태(靜態)이다. 그러나 동작 중 차기 기술은 품이 될 수 없다. 연계동작의 경우 품은 연계된 동작의 마지막 동작이 품으로 간주된다.

차기란 발을 끌어올려 발의 사용부위로 상대의 목표를 가격하여 제압시키는 것을 말한다. 예를 들어 앞차기의 경우, 앞차기란 "차는 다리의 무릎을 접어 끌어올려 가슴에 가까이 올 때 접었던 무릎을 펴면서 앞으로 내뻗는다. 이때 발의 이동궤도는 목표를 향하여 일직선이어야 하고 발가락은 젖힌 앞축(앞꿈치)으로 목표를 맞춘다. 찬 발은 반작용으로 무릎을 접어 끌면서 먼저 자리에 놓는다."라는 설명에서 그 차기의 과정을 보았듯이, 차는 발/다리는 찬 후 즉시 지면에 놓이게 하기 때문에 그 결과의 모양은 남지 않게 된다. 그리하여 모든 차기 동작은 품이 될 수 없다.

동작과 품의 관계는 품새에서 살펴보아야 하고 그 이해를 위해 「품새 설명 요약」을 참고로 한다. 여섯 항목 난으로 구성되어 있는 데 순서, 시선, 위치, 서기, 동작, 품명이 그것이다.

그 중에서 동작과 품명의 관계를 품새 태극 1장에서 살펴보자.

동작(Actions) 항목 란에는 구성동작으로 "내디뎌" "뒤로 돌아" "돌아" "서기, 그대로" "옮겨 디뎌" "오른발 앞차고 내디뎌" "왼발 끌어 왼쪽으로 돌아" 등이 있다. 품명은 "기본준비서기" "아래막기" "몸통바로지르기" 등이다. 차기로서 앞차기는 동작 란에 표기되어 있는 것이고 그 외 동작의 결과로서 품명으로 표기되어 있다. 순서 14에서 "오른발 앞차고 내디뎌" "몸통반대지르기"는 동작과 품명의 항목 난에 표기되어 있는 의미는 두 동작이 한 품, 즉 연계동작을 이루고 있다.

앞서 언급하였듯이 품은 하나의 동작에서 많게는 다섯 동작으로 구성되어 있다.

다섯 동작의 경우는 태극 8장, 순서 19에서 동작은 "왼발 앞차고 이어 오른발 뛰어 앞차기 차고 대디뎌 몸통막기" 하고 이며, 품명은 "몸통 두 번 지르기"이다. 다섯 동작이란 앞차기, 뛰어 앞차기, 몸통막기, 몸통 두 번 지르기가 그것이다. 몸통 두 번 지르기는 두 동작으로 구성되어 있다.

한 동작의 품과 두 동작 내지 그 이상의 동작을 안고 있는 품의 관계란 무엇일까?

그것은 동작을 행함에 있어서 속도에 관계되며 '빠름'에 영향을 미친다. 속도는 품새 수련 시에 유의해야 할 사항 가운데 하나이다. 유의 사항으로 다섯 가지가 있다. 시선, 몸의 중심이동, 속도의 완급, 힘의 강약(强弱), 강유(剛柔), 호흡 등이 그것이다. 품새에서 속도는 세 가지로 나뉘는 데 정상, 빠름, 느림이다. 한 동작의 속도와 두 동작으로 구성된 연계동작, 즉 품에서는 한 박자와는 달리 그 만큼 빠르게 행해져야 하는 것이 빠르기의 속성이다.

속도의 완급(緩急)에서 빠름은 두 동작 또는 그 이상의 동작으로 구성된 품에서 이뤄지고 느림의 경우, 교본에서 순서에 따라 동작 사진과 설명이 보이는데, "천천히" 또는 "서서히" 라고 명시하고 있다. 예를 들어 품새 금강에서 순서 8, "오른 학다리 서기 금강막기"이다. 사진 아래에 "다" 방향 오른발 "나"의 위치 제자리 오른 학다리 서기 금강막기. 이 동작은 등척성 운동으로 온몸에 힘을 주어 서서히 행하라고 표기되어 있다.
품새에서 속도의 빠름과 느림은 해당되는 품새의 특성을 잘 드러내 주고 있다.

품새에서 수련 시 유의해야 할 사항, 즉 앞서 예시한 다섯 가지 요소는 각 품새의 정체성을 나타내는 요인으로 작용하고 있다. 또 다른 의미는 품새 표현에서 '정확성'에 관련된다. 특히 품새 경기나 심사 시에는 평가 항목에서 '정확성'의 기준이 되는 것이다.
품새의 체계는 어떻게 되는 것인가? 대부분의 태권도인들이 잘 모른다든지 아니면 대수롭지 않게 여기고 있는 것 가운데 하나이고, 특히 동작과 품의 수에 대한 이해 부족은 아주 심각한 편이라 할 것이다. 예를 들어 태극 1장에서 동작수와 품수를 묻는 경우, 다수의 태권도인들은 '순서' 항목의 숫자로 오해하고 있는 듯하다. 태극 1장은 18순서로 되어 있기에 그것이 동작수이고 동시에 품수라고 이해하고 있는 데, 그것은 크게 잘못된 것이다.
정확하게 말해서 태극 1장은 동작 수는 20동작이고 품의 수는 18 품이다. 앞에서 고찰한 바 있듯이 "다3" "라3" 위치에서 순서 14, 16. '앞차고 내디뎌〔동작〕 몸통지르기〔품명〕'에서 보이듯이 두 동작이 한 품을 이룬다. 즉 두 동작이 연결된 연계동작으로 수행 시 속도의 빠름을 보여야 하는 것이다. 순서(order)란 단지 '준비서기에서 바로' 까지로 이어지는 진행과정의 차례가 순서이다. 그 좋은 예가 태극 4장인 데 그것을 살펴보자. 품새 태극 4장에서 순서 7은 '서기와 품명' 이 '공란(空欄)' 으로 되어 있다. 단지 시선, 위치, 동작

만이 명시되어 있다. 왜 그럴까?

태극 4장에서 순서 7의 경우, 동작은 "왼발 옆차기 차고" 라고 표기되어 있다. 이것은 옆차기가 한 동작이고 차기는 동작이지 품명이 될 수 없기에 품명 난에는 공백으로 되어 있는 것이다. 마찬가지로 서기 난에도 비어 있는 것이다.

태극 4장 품새 순서는 20수, 동작의 수는 29이고 품의 수는 19 수이다.

우리들이 유의해야 할 사항은 품새에 있어서 순서, 동작, 품의 수가 대개의 경우 일치하지 않는다. 품새에서 동작의 수를 감안할 때 구성동작의 의미가 아니라 단위동작이라는 것을 명심해야 한다. 동작과 품의 분명한 구분에서 특히 연계동작에서 속도의 빠름의 조정은 그 동작수와 관계되며 빠르기가 이뤄져야 하는 것이다.

동작기술
動作技術

태권도는 독립된 여러 가지 기술의 동작이 모여서 이루어지는데 이 독립된 기술의 동작을 "태권도의 기본"이라 한다. 국기원 교본에 따르면 독립된 기술이라 함은 크게 서기·방어·공격·특수품 등 네 가지로 구분된다. 서기란 태권도의 공격과 방어 동작을 수행하기 위해 지면을 발로 지탱하는 여러 자세들을 일컫는다. 방어는 막기와 특수막기, 그리고 잡기로 분류하고 있는데, 정작 방어에 대한 설명이 없다. 막기란 상대방의 공격부위로부터 중요 신체부위를 보호하는 기술이라는 것이다.

방어(防禦)와 막기 개념의 차이란 무엇일까? 막기란 한자어 '방어'에 대한 우리말 용어라면 틀린 것일까. 공격(攻擊)에 대한 개념 정의는 보이지 않고 공격기술로 시작하고 있다. 즉 공격 기술이란 신체를 이용해 상대의 공격목표를 향하여 지르기·찌르기·치기·차기·후리기 등의 기술을 가하여 치명적인 타격으로 상대를 제압하는 것이다. 공격에 대한 분류는 지르기·치기·찌르기·차기와 그 분류에 특수(예, 특수지르기 등) 기술과 꺾기 등 9 가지가 있다. 그런데 공격 개념에 대한 우리말 표현은 왜 없는 것일까?

우리는 일상 속에서 다음의 표현을 쉽게 접할 수 있다. "주먹으로 때리다" "발로 상대의 몸통을 강하게 때리다" 등 표현인데 공격, 즉 그것에 대한 우리말 표현으로 '때리기'라 하면 좋을 듯하다. 방어-막기, 공격-때리기 등은 한자-우리말 개념으로 짝을 이룰 수 있기 때문이다.

태권도의 기술단위는 곧 동작 개념이다. 여기서 동작 개념이란 [단위]동작을 일컫는다. 그것은 구성동작이 모여 온전한 하나의 동작이 완성된다. 단위동작이 둘 또는 그 이상의 동작이 연계돼 이어지는 동작군을 연계동작이라 하고, 속도에서는 '이어서'로 구분된다. 복합동작이란 공방의 목적 행위가 한 동작에서 복합적 여러 형태로 동시에 표현되는 동작을 말한다(The Book of Taekwondo, WTF, 2007).

단위동작이란 서기+[손의]공방적 행위+시선 등 총체로 그것의 형상화이다. 손의 공방적 행위라 함은 손/팔의 움직임은 아래·몸통·얼굴 세 부위 중 어느 한 목표를 겨냥한 공격 또는 방어의 부분 동작을 말한다. 이때 목표의 기준은 하단전·명치·인중이 된다. 여기서 드러나는 모순점을 보이는데 특히 몸통 [부위]막기 시의 경우이다. 교본에서는 팔목으로 막기를 할 때 주먹은 어깨 높이로 유지해야 한다고 명시하고 있는데 '몸통막기' 품을 보자.

"몸통막기는 팔목이 몸의 중앙에 와야 한다. 팔꿈치의 각도는 90~120° 정도이다. 막는 주먹의 높이는 어깨 높이다." 여기서 두 가지 모순을 드러낸다. 하나는 목표와 부위의 불일치이고 다른 하나는 팔꿈치의 구부린 각도가 그것이다.

얼굴막기 시에도 위와 같은 모순이 결코 없는 것은 아니다. 나중의 경우에서 손의 단위는 '한 뼘' '세운 주먹' 등이 보이는 데, 팔꿈치의 굽힌 자세를 말할 때는 왜 굳이 '각도'가 기준이 돼야 하나? 몸과 막기를 하는 부위 간의 간격을 '한 뼘' 또는 '두 뼘' 정도로 표시하면 될 것이다. 손발에서 길이의 단위로 "대충 얼마라는 단위"가 학습에 보다 효율적이다. 마찬가지로 '목표(대표 급소)와 부위(팔목, 손날 등)의 높이'를 일치하도록 교시(敎示)하는 것이 적절하고 "막는 주먹의 높이는 어깨 높이"라는 불합리는 시정(是正)의 대상이다.

다시 예를 들어보자, 뒷굽이 시 다리의 구부린 무릎 각도를 굳이 "몸을 낮출 때 오른 다리의 무릎은 오른발 끝 방향으로 지면과 60~70° 되게" "왼다리 무릎은 정면으로 지면에서 100~110° 되게 약간 구부린다." 라는 표현은 적절치 못하다. 수련자가 무릎의 굽힌 각도를 어떻게 정확히 가늠할 수 있을까? 이럴 경우 주춤서기 시 자세의 설명은 '표준'이 될 듯하다. 즉 "몸통을 반듯하게 하고 두 무릎을 굽히는데, 서서 땅을 내려다 봤을 때 무릎과 발끝이 일치되도록 하고"라는 지침은 앞굽이, 학다리서기, 뒷굽이 등 무릎 각도의 기준을 삼으면 좋을 듯하다.

동작의 구성

태권도에서 신체는 세 부위로 구분되고 있다. 아래·몸통·얼굴의 세 부위가 그것인데 대표적인 목표로 아래에서 단전, 몸통은 명치, 얼굴은 인중 급소를 택하고 있다. 이 부위의 대표적인 급소는 모두 신체의 중앙선에 위치하고 있다는 것에 주목할 필요가 있다. 일반적 의미로 신체의 모든 움직임 자체를 동작이라고 이르고 있으나 태권도의 동작의 의미는 그것과 같을 수도 있으나 때로는 엄격히 구분하여 사용되고 있는 것이다. 태권도에서 보편적으로 '동작'이라고 표현할 때는 '단위동작'을 의미한다는 것을 전제한다.

동작, 즉 단위동작은 구성동작의 짜임에 따른 동작을 말한다. 구성동작은 단위동작을 이루는 구성요소로서 부분이 되는 동작을 의미한다. 예컨대 다리의 서기, 손과 팔에 의한 막기, 지르기 등 부분을 이루는 동작을 구성동작이라 한다.

하나의 독립된 단위동작의 구성은 신체의 구분에 따른 아래·몸통·얼굴 세 부위가 모여 하나의 동작을 이루는 것을 말한다. 즉 아래는 서기, 몸통은 손과 팔의 행위로서 막기·지르기·치기 등이며 얼굴은 시선으로 이 셋이 하나의 동작이 구성되는 것이다. 달리 표현하자면 한 동작의 구조는 아래·몸통·얼굴 세 부위의 모둠이라 할 것이다.

아래란 아랫도리의 준말로서 두 다리 즉, 두 발을 의미한다. 두 다리 또는 두 발이라고도 하는데 다리는 이동 등 일상적이고 외적인 활동 외에 신체구조상 본질적으로 분명히 몸통을 떠받치는 역할로써 갖가지 서기 자세를 이루는 기둥이라 할 것이다. 집을 짓는 데 있어 필수적인 것은 기둥의 역할이듯, 구성동작인 서기의 역할은 단위동작의 기초로서 튼튼히 지탱해야 하는 것이다. 서기 자세로서 동작은 무게중심을 달리하며 자세의 높낮이, 두 발의 거리와 너비, 두 발의 형태, 즉 꼬아서는 꼬아서기, 한 발로 서는 학다리서기, 두 발을 모아서는 모아서기, 곁다리서기, 오금서기 등 여러 가지로 구분되며 제각기 서기로서의 합목적적 역할을 맡는 것이다.

그 바탕에서 몸통의 자세와 함께 두 팔 또는 두 손의 역할은 도구적 행위를 수행한다. 도구적 행위란 주먹·손날·등주먹·손날등·손끝 등은 공격에 사용되며 지르기·치기·막기·찌르기로 표현되고 팔목은 막기에 사용된다. 도구적 행위에서 한 손에 의한 치기·막기·찌르기가 수행되기도 하고 두 주먹에 의한 쳇다리지르기·솟음지르기·젖혀지르기 등은 두 팔이 동시에 공격에 가담하게 된다. 몸통의 각도는 손과 함께 방향을 제시하며 앞 또는 뒤, 좌우 등 방향의 이정표가 되고 있다.

시선은 의식이 집중된 눈의 길이다. 상대와 마주한 상황에서 서로 간의 일거수일투족은 생명을 좌우하는 결정적 요인이기에 한시도 게을리 해서도 안 되지만 소홀히 할 수 없는 것이다. 의식은 항상 내 앞에 마주한 상대의 전체를 주시할 수 있어야 하며 내적으로는 호흡을 조절하며 동작 구현에 있어 기를 적재적소로 운용할 수 있는 준비된 자세를 말한다.

하나의 동작이 기능하기 위해서 동작의 구성이 따르게 마련이다. 동작 구성이란 동작을 동작이게 하기 위한 기본 구성 요소로서 서로 연계되어 일어나는 구조적 역할이 수반된다. 동작은 그 동작의 규격이 정확해야 하듯이 표준화되어 있다. 동작의 규격이란 완성된 하나의 단위동작을 할 때, 신체 각 부위의 일정한 시간과 공간에 따른 동작의 표준을 말한다.

대개 하나의 단위동작은 삼재적 요인이 따른다. 즉 사지와 몸통 그리고 얼굴이 외면적 구조의 요인이 되고, 중심과 균형, 의식이 내면적 구조의 요인이 되어 양면적 요인의 총체적 작용이 동시에 발생하여 한 동작이 완성되는 것으로 이해할 수 있다. 그렇다고 반드시 모든 동작에 이 원리가 적용되는 것이 아니고 예외적인 경우도 있을 수 있다. 특히 발차기의 경우가 이에 해당될 것이다. 동작이 성실하기 위해서는 무엇보다 동작 구조가 튼튼해야 하는 것이다. 하나의 단위동작은 적어도 두 개의 구성동작이 구조를 이룬다. 첫째, 지지면의 기초가 되는 서기에 있어서 구성요소는 두 발의 길이와 폭·각도·무게중심 등이 정확해야 하고 둘째, 몸통은 몸통의 자세가 바르고 의연해야 하며 그것은 방향에 따른 손의 위치가 공방의 행위에서 상대를 의식하고 항상 상대를 마주한 상태에서 셋째, 의식, 정신집중이 시선으로 드러나고 기의 순차적 전달이 순조로워야 하는 것이다.

이와 같이 동작의 구성은 신체의 세 부위, 즉 얼굴·몸통·아래 삼재가 하나를 이루며 단위동작의 독립성을 나타낸다. 여기서 인체의 삼재적 의미 확장은 하늘, 땅, 사람/천지인 삼재(三才)와 형상과 성질이 같은 관계에 놓여있고 그것은 상호의존적, 보완적 위치에 놓여있다. 상호교감과 삼재동적의 의식은 단위동작으로서 홀연히 나타나 내 앞에 마주한 상대와 일전을 치르기 위한 경건한 의식을 가르치고 있다.

동작의 분류

동작은 모양으로 형성되는 신체언어이다. 태권도에서는 특히 움직임의 표현에 대한 기초가 되고 있다. 동작으로 표현되는 움직임의 본질에는 태권도 기예의 바탕으로 공방적 특성 내지 그것을 합목적적이게 하는 움직임의 형태로 나타나는 것이다. 동작, 즉 움직임은 생명체의 본능적 행위로서 태권도 동작은 무예라는 독특한 특성을 드러내는, 신체적 훈련을 통해서 숙달할 수 있는 호신적이고 스포츠 기능뿐만 아니라 정신적인 합일을 목표로 하는 능력에 가치를 둔다.

태권도에 있어서 표현을 위한 도구가 움직이는 신체이며, 표현의 재료는 형태화된 동작(motion)인 것이다.

동작의 구분은 기본적인 요소와 형태적 행위로 신체를 대상으로 하며 다섯으로 나뉜다.

첫째, 구성동작 : 인간행위의 기본인 방향이동, 돌기, 열기와 닫기, 뛰기, 회전 등 신체의 움직임의 기본적 요소에서부터 손이나 발 중 어느 하나의 부분 동작, 즉 서기·막기·치기·지르기 등을 포함하는 자세를 말한다. 「품새 설명 요약」에서 동작(Action) 난에 표시되나 동작수를 계수할 때는 제외된다.

둘째, 단위동작 : 발의 서기와 손의 각종 동작을 함께 행하는 완전한 동작을 말한다. 단위동작을 줄여 '동작'이라고 부르는 것이 보편적이다. 「품새 설명 요약」 중 동작 난에서 동작수를 계수할 때 단위동작을 말한다.

셋째, 연계동작 : 이는 두 (단위)동작 또는 그 이상의 동작이 연결된 동작의 복수적 의미를 띠고 있다. 이 경우 동작과 품으로 구분되는 데, 연계된 동작 중 마지막 동작이 품으로 간주된다.

넷째, 복합동작 : 이 동작은 다음의 특질과 같이 동시에 이뤄지는 것으로 공격과 방어, 공격과 공격, 방어와 방어 등의 경우로서 동작 내용을 의미한다. 예를 들어 금강앞지르기, 태극 4장, 순서 2에서 동작 '편손끝 세워 찌르기'는 공격과 방어를 동시에 행하는 것이다. 그 외 멍에치기는 공격과 공격에 해당하며 '손날등 몸통 헤쳐막기', '산틀막기' 등은 방어와 방어에 해당하는 복합동작이다.

다섯째, 과정동작 : 하나의 단위동작을 행하는데 있어 두 가지 하부개념의 동작이 성립된다. 예비동작과 본(주)동작이 그것이다. 예를 들어 품새 태극 1장에서 '다3' '라3' 방향에서 앞차기 후 앞서기 몸통반대지르기 시 지르는 주먹은 허리(장골능)에서 목표 몸통을 향해 나가게 된다. 여기서 예비동작이란 '주먹을 허리로 끌어' 까지이며 허리에서 목표를 향해 지르게 되는 예비동작은 기본이다.

그러나 그와 같은 기본적 예비동작을 하지 않고 앞 동작에서 어떠한 형태의 움직임을 통해 막기의 기능을 하며 본 동작으로 이어지는 동작이 주로 유단자 품새에서 나타나고 있다. 예비동작과 본 동작 구분에서 예비동작 자체가 방어적 기능을 하게 되는 동작의 과정을 '과정동작' 이라 한다. 물론 과정동작은 품으로 간주되지 않는다.

하나의 예를 들자면, 태백 품새에서 순서 6, 7, 8 '몸통바로지르기' 품에서 과정동작이 무엇인가를 보자. 6-1, 7-1, 8-1 즉 '오른 또는 왼 손목을 안으로 젖혀 틀어 상대의 손목을 잡아끌며' 까지가 예비동작으로서 과정동작이다. 또하나의 예를 들어, 천권 품새에서 순서 11, 14의 품명은 '몸통 옆지르기' 인데 앞 동작, 즉 '거들어 안팔목 몸통막기' 품에서 11-1, 14-1의 왼/오른 팔목으로 제쳐냈다가 이어서 몸통 옆지르기를 한다. 여기서 과정동작이란 '팔목으로 제쳐냈다' 까지의 과정의 동작을 말한다.

천권 품새에서 새로운 동작으로 과정동작은 '휘둘러막기' '휘둘러 잡아당기기' 등과 일여 품새에서 새로운 동작으로 과정동작은 '외산틀 옆차기' (품명 외산틀막기) '두 손 펴 비틀어 잡아당기기' (품명 엇걸어 얼굴막기) 등이 있고 그 밖에 다른 품새에서도 보인다.

우리는 동작 구분에 유의해야 할 것이 있다. 그것의 분명한 이해 없이는 「품새 설명 요약」에 보이는 서기와 동작, 품명(품의 이름)의 이해에 어려움에 부딪히게 될 것이다. 예를 들어, 『태권도교본』(2006) 「품새 설명 요약」에 보이는 '동작'의 경우는 이러하다.

"내디뎌" "뒤로돌아" "옮겨 디뎌" "돌아" "두 다리 제자리 서기 그대로" 등 동작이 보인다. 이러한 것들은 앞서 예시한 동작의 종류에서 구성동작에 해당되는 것으로써 일상적 행위의 그것과 별반 다름이 없어 보이기도 한다. 이 같은 동작은 태권도의 동작을 이루는 기본요소로서 구성동작이라는 것이다.

특히 "두 다리 제자리 서기(그대로)"의 경우 그 자체는 움직임이 전혀 없는 관계로 해서 왜 동작으로 간주하는가? 라고 의문을 가질 수 있겠으나 그것은 잘못된 생각이다. 예를 들어, 태극 4장에서 순서 16과 같은 경우인데, 품명이 "몸통 바로지르기"이다. 이는 품명이 성립되기 전 몸통 바로지르기 동작이 "두 다리 제자리 서기"의 상태에서 행하여지기 때문에 구성동작으로 보는 것이다.

구성동작의 이해를 위해 예를 들어 하나의 품명, 즉 [왼 앞굽이]아래막기를 설명해 보자.

"[왼 앞굽이]아래막기"가 품명이라고 할 때, 왼 앞굽이를 하기위해 우리는 왼 발을 앞으로 "한 걸음 반"의 길이로 "내디뎌"가 발의 구성[부분]동작이 되고 "왼 팔목으로 아래막기" 하는 움직임이 또한 손의 구성동작이다. 그 동작에서 서기는 왼 앞굽이 자세가 되고 품명은 아래막기로 표기되는 것이다.

이와 같이 교본에 보이는 각종 서기도 엄밀히 말해서 구성동작에 해당되는 것이지만 여기서는 '서기'로 표기해 두고 있다. 그렇다면 단위동작이란 「품새 설명 요약」에서 어느 항목에 해당되는 것일까?

단위동작이란 하나의 동작의 결과에서 품명을 이루는 동작을 이름이다. 예를 들어 품새 설명 요약을 참고하면, 태극 1장의 경우, 순서 1에서 서기는 왼 앞서기. 동작은 내디뎌, 품명은 아래막기에서 동작적인 측면에서 '앞서기' '내디뎌' '아래막기'는 모두 동작이며 구성동작에 해당하는 것인데 '앞서기' '아래막기'의 경우는 동작 이름이 고유하게 부여돼 있기에 동작이라 칭하지 않고 그 명칭을 사용하는 것이 다름이다.

연계동작이란 동작의 복수적 의미를 띤다. 품새에서 보이는 연계동작은 두 개의 동작 또는 그 이상으로 많게는 다섯 개의 동작이 연계되어 있는 경우이다. 이 경우는 품새 수련 시 리듬(율동) 즉 속도의 완급에서 급(急), 즉 빠르기에 해당하는 것으로써 연계동작을 연속적으로 빠르게 수행해야 하는 특성을 지니고 있다. 『태권도교본, 품새 편』(2006)에서는 특수동작이란 용어가 보이는데, "특수동작이란 두 동작 이상 연결한 기본을 하나의 명칭으로 나타낸 것이다." 라는 것은 연계동작을 의미하는 것이다.

품명은 오로지 단위동작과 연계동작, 복합동작에서만 해당된다. 품명이란 그것의 결과의 모양을 의미한다. 연계동작 또는 복합동작의 경우는 최종의 동작결과의 모양을 품으로 간주된다. 하지만 동작의 수는 모두의 합수를 의미한다. 다시 말해, 동작은 움직임의 과정을 말하고 동작 결과의 정적인 모양을 '품'이라 한다. 한자로 표현하자면 동작은 동태(動態)이고 품은 정태(靜態)로서 동과 정의 관계에 있다. 동작과 품의 관계는 다음의 항목에서 상세히 살펴보게 될 것이다.

교본에 보이는 동작 응용이 각 품새의 사진과 설명에 이어 나타난다. 이때의 동작응용이란 품새에서 보이는 동작의 이해와 그것의 실용적 응용을 위해 예(例)로써 보이고 있는 것이다. 품새는 상대 없는 상대와 맞서 품새선 상에서 상대의 공격을 방어하는 것으로써 실전을 가상한 실전(實戰)이다.

동작에는 각기 고유한 이름이 있다. 그것은 품새에서 보이는 "내디뎌" "돌아" "옮겨 디뎌"에서부터 서기, 막기, 지르기, 차기 등 부여된 동작/자세를 각종 이름까지 포괄하고 있는 것이다.

기본동작(Basic movements)은 수많은 기본기술 중에서 그 본(本)이 되는 동작을 선정한 것으로, 14가지 동작으로 구성되어 있다(『태권도교본』 2006). 기본동작이란 태권도의 기본이 되는 동작으로 태권도 초심자는 물론이고 학습에서 기초적으로 반복 연습하는 단원이 되고 있다.

기본동작은 서기와 공격과 방어 즉 공방으로 나뉘고 공방은 다시 손과 발의 사용부위로 나눌 수 있다. 공격은 손의 지르기·치기·찌르기·꺾기·넘기기 등이며 발의 차기로 나뉜다. 방어는 손의 막기, 잡기로 나뉜다. 지르기, 치기는 세부적으로 특수지르기·특수치기가 있으며 차기는 특수차기로 세분되고 있다.

신체 움직임의 특성을 요약하면 수축-이완, 구부리기-펴기, 당기기-밀기, 잡기-꺾기, 정지, 돌기, 움직임의 경로, 공중으로 뛰기, 무게를 지탱하는 부분의 변화, 무게 중심을 변화시켜 이동하는 행위로 구분된다.

동작원리는 손의 움직임이 직선 또는 곡선의 움직임이며 방법은 바로와 반대, 아래로, 위로, 앞으로, 옆으로, 밖으로, 안으로 등 다방면의 움직임이 가능하다. 발의 움직임은 직선 또는 곡선 및 회전과 앞, 옆, 뒤 방향과 아래로 등 움직임의 방향이 다양하다. 또한 그 밖에 복합적인 움직임도 가능하다.

동작의 특성은 직선이든 곡선이든 간에 처음과 끝의 모양새가 다르다는 것이다. 다시 말해 회전의 원리가 적용되고 있다는 것이며 그로인해 보다 위협적인 힘을 낼 수 있다는 것이 태권도적 동작의 특성이다. 즉 움직임의 기본적이고 기계적인 요소들이란 굽히기, 펴기, 비틀기 등이다.

신체의 특정부위에 대한 관심은 신체 움직임의 기본을 이루는 것으로 이해된다. 즉 팔이 이끄는 몸동작은 어깨·팔꿈치·손목·손 또는 팔의 표면에 관심을 둘 때에 분명해진다. 또 모든 관절이 민첩하고, 리드할 수 있으며 민감할 수 있다. 특히 손바닥·손가락·손등·새끼손가락과 집게손가락 옆면 등은 태권도에서 신체의 사용부위로 사용되며 그 이름은 바탕손·손끝·등주먹·손날·손날등 등으로 표현되며 공격 또는 방어 동작의 기능을 다양하게 보일 수 있다.

다리도 둔부, 무릎, 발꿈치, 발을 이용하여 적절한 자세 및 차기와 발짓(스텝)을 이끌어 내기에 적합하다. 특히 신체를 지탱하고 이동하는데 다리는 여러 자세를 서기라는 이름으로 불리며 그 기능이 역시 다양하게 나타낸다. 둔부와 무릎은 굽히고 중심을 좌우하는 것으로써 각종 서기 자세를 이루는 요소가 된다. 직립자세 때문에 인간의 다리는 자연적으로 이동의 수단이 되었다. 무게를 지탱하는 발로 많은 것을 표현할 수 있다. 발가락, 발바닥, 발뒤꿈치는 이동하거나 차기를 할 때의 과정에서 다양한 짓기의 리듬에 민감해지기도 한다. 이 같이 신체의 각 부위의 관계는 협동이 근본이다. 팔 다리의 움직임을 따로 따로 외우기보다는 상호관계를 생각하며 외울 때 훨씬 더 기억하기 쉽다. 자신의 움직임은 항상 시각에 의해 관찰할 수는 없으며, 신체 각 부위의 표면, 팔, 다리, 관절의 관계를 알려주는 근지각력이 중요한 것이다. 근지각력(Kinesthetic sense)은 근육·관절·피부·평형·시각·청각의 자극을 뇌에 전달한다. 이러한 자극들은 움직이는 사람에게 근육의 긴장과 균형 그리고 시선과 소리를 적절하게 전달하고, 이에 따라 움직임과 자세가 변하게 된다.

역동체계의 관점에서 동작의 생성은 말초제어기관인 신경과 근육·골격 등의 인체의 기관과 환경의 상호작용을 통한 자기조직의 원리로 설명된다. 신체 협응에서 나타나는 변화는 시간에 따라 일관되게 나타나지 않는다. 의도하는 동작의 목적에 맞도록 몸통과 팔다리의 관련성을 조직하고 조절하는 과정에서 여러 운동요소를 통제하여 효율성 있는 신체의 기능적 공방의 동작을 만든다.

동작의 상징

단위동작의 구성은 신체의 얼굴·몸통·아래 삼재에 의한다. 신체의 삼재, 즉 얼굴·몸통·아래 부위는 상징부호로서 표기·표현될 수 있다. 다시 말해 이 삼재적 상징은 점(·) 선(│) 면(─)으로 표현되며 이는 운동 원리로 작용하는 것이다. 운동 원리의 작용을 살펴보자.

점(·)은 신체의 어느 한 부위가 움직이기 시작하는 동작의 기점과 마칠 때의 끝점의 위치를 의미한다. 점의 확대는 원이며, 그것은 나선 운동·회전·중심·기가 모인 부위 등 여러 가지 역할을 수행하는 것으로 이해할 수 있다. 그것의 효율성은 의식·마음 등이 수반되어야 바람직하다.

선(│)은 몸통을 지탱하는 중심선을 의미한다. 신체의 움직임을 말할 때는 몸통의 움직임을 말하며, 몸통에서 두 팔의 공방적 행위는 선으로 상징된다. 중심선은 균형이나 점의 이동 위치에 따른 선의 상태로 손과 발이 움직이는 괘도가 영향을 받게 되기에 반드시 명확하고 합리적이어야 한다.

면(─)은 발과 다리의 아래 부위의 역할을 수행하는 평선(平線)에 해당한다. 면(─)은 구성동작, 즉 각종 서기, 이동할 때의 속도, 발의 각 부위의 위치와 각 부위들의 방향 등 역할을 수행하게 되는 것이다. 면과 선은 시간과 공간의 함수적 관계에 있고 여기에 의식, 정신집중으로서 점은 그 이동 위치에 따라 선의 중심, 균형은 면의 안정성, 속도의 완급에 영향을 미치며 선의 불안정, 균형 잃음은 빠른 속도와 강한 폭발력 등에 절대적으로 영향을 미친다.

이같이 동작은 사지를 의식적으로, 그러나 질서에 어긋나지 않게 조작하여 어떠한 운동 형태를 만들어내는 것이다. 그것은 오로지 자기의 몸, 즉 신체만으로 행하여지는 것으로 복잡한 주체 조작의 운동을 특성으로 하고 있다. 그것은 동작의 기본 구조와 수행과제의 해결이 전제되어야 한다.

단위동작으로서 움직임이란 신체의 상징, 즉 점선면의 상호교감과 연계에 따른 삼재원리에 기초한다. 신체의 움직임이란 달리 말해 동작을 수행하는 기의 작용이라 할 것이다. 기란 음과 양의 두 기가 작용함으로써 동작을 낳는 것이다. 동작의 형세는 신체의 삼재적 조화에 따라 갖가지 동작, 즉 양태(樣態)를 낳는 것으로 이해할 수 있다. 동작이란 공격과 방어 또는 그것의 원활한 움직임을 위한 구성동작 등에 의한 합목적적 수행이 이뤄지게 된다.

단위동작은 점선면의 상호교감에 따라 동작의 특성이 드러나는데, 그것은 주로 다섯 가지 성질을 지니고 실제적으로 드러난다. 즉 동작은 무게중심의 빔(虛)과 참(實), 굽힘(屈)과 폄(伸), 빠름과 느림(緩急), 높음과 낮음(高低), 김과 짧음(長短), 강함과 약함(强弱), 균형과 절제(均節)를 말한다. 이러한 성질은 동작의 속도, 동작의 중심선, 동작의 크기, 동작의 위력, 동작의 절도 등에 관계되며, 즉 그것들은 서로가 영향을 미치는 것이다. 이는 신체 내부의 변화에 따라 형체 밖으로 보이는 동작에 정과 동이 만들어지게 된다. 예를 들어 앞굽이〔서기〕에서 보면, 앞다리에 무게가 실려 참이고 굽힘이라면 뒷다리는 빔이고 폄이 되는 것 등을 말한다.

신체의 삼재적 의미의 확대는 대우주로서 하늘, 땅, 사람/천, 지, 인 삼재가 된다. 우리의 신체는 작은 우주로 보는 관점에 말미암기 때문이다. 천지인이란 우주를 주장하는 삼원(三元)인 "하늘·땅·사람"을 아울러 이르는 말이며 달리 삼재(三才)라 칭한다. 삼재의 본래 상징성은 원·방·각이다. 한글창제원리인 모음 천(·) 지(一) 인(ㅣ), 즉 점, 평선, 입선은 이 같은 원, 방, 각을 다시 극소 간편화한 상징성에서 유래하는 것으로 볼 수 있다.

다시 말해 신체의 역학적 운동 원리로서 '·'은 회전과 원운동, '一'은 기저면과 목표선, 'ㅣ'은 신체에 있는 생명 중추(中樞)로서의 생명선과 중심선에 해당한다. 태권도에서 말하는 안정성과 물체의 안정은 매우 다르다. 태권도에 있어서 수련을 하거나 실제로 겨루기를 할 때 상대의 대응에 즉시 자세의 변화를 나타낸다. 중심선이 기저면을 벗어나면 즉시 발을 옮겨 기저면을 재구성하게 된다. 겨루기는 기(氣)와 기(技)의 맞대결로 결국 상대방의 중심을 흐트러뜨리는 것과 관계가 깊다. '一'과 'ㅣ' 그리고 '·'의 상관성에 관한 대목을 보자.

서기의 안정성은 기저면의 넓고 좁음, 몸 중심의 높고 낮음에 따라 변화한다.

두 발을 넓게 벌리면 기저면이 넓어지고, 무릎을 굽혀 몸을 낮추면 중심의 높이가 낮아져 안정성이 높아지고 튼튼한 자세가 되는 반면, 두 발을 모으거나 좁히면 기저면이 좁아지고, 무릎을 펴면 중심 높이가 올라가 운동성이 높아져 중심의 이동이 빨라지며 순발력을 발휘한다. 윗도리(팔의 움직임)는 자유자재로 하여도 관계없으나 몸통은 수직으로 서 있어야 한다. 서기의 기술은 중심의 이동에 많은 영향을 주는 동시에 두 팔의 위치와 움직임에 의하여 여러 가지 기술 변화를 일으킨다(『태권도교본』, 2006).

일반적으로 기저면이 좁고 무게 중심이 높은 인체는 겨루기에서 불안정하나 힘과 속도의 운동 측면에서 바람직한 자세라 하겠다. 그러나 발차기 같은 연속 동작에서는 도리어 기저면을 벗어나는 경우를 볼 수 있다. 연속차기의 직선 운동에서는 빠른 속도를 내기 위해서 무게 중심이 반드시 기저면을 벗어나야만 한다. 그렇게 하여 넘어지기 전에 다음 발을 내디뎌 새로운 기저면을 형성하는 과정이 반복된다.

그러나 품새에서는 안정성을 위해 기저면이 넓고 중심선이 낮아야 한다. 반대의 경우로 차기에서는 한 발로 기저면을 이루고 다른 한 발로 차는데 이때 각 운동과 중심선은 높아야 효율적이다. 이 모든 원리가 ' · ' ' ㅡ ' ' ㅣ '(천지인)의 삼재 사상이 태권도에서 나타나는 것으로 철학적 우주론이며 기(氣)와 기(技)의 상징적 원리이다.

천, 지, 인 삼재 또는 신체의 삼재 가운데 가장 으뜸이 되는 요소는 원이며 점이다. 원은 모가 나지 않아 운동성에서 그 방향을 예측할 수 없다. 그 작용인에 의해 스스로 움직임을 나타낼 뿐이다. 원의 다른 의미는 막힘이 없다는 것이다. 원은 움직임이 회전이다. 원이 시작과 끝점은 역시 점이다. 점은 막힘이 없이 면과의 접촉성에서 이뤄지고 어떠한 자극에 의해 힘의 움직임이 점이라는 사실이다. 물리학에서 말하는 운동성의 특징으로 선(線)운동, 회전, 각운동 등 개념은 우리가 동작에서 말하는 상징적 원리와 크게 다를 바 없다.

동양철학에서 말하는 이기(理氣)의 관점에서 볼 때 원, 즉 점은 이(理)에 해당하고 선, 면은 기(氣)에 해당하는 것이다. 이란 원리, 시초, 근원적 의미이다. 기란 이의 근원에 의해 드러내는 동태적 현상이라고 볼 때, 이가 먼저이고 기는 그 드러남이라는 함의이다. 이는 우리의 시각으로 볼 수 없는 것이나 기의 현상으로 이의 존재를 인식할 수는 있다. 이의 형이상학적 동인은 기와 더불어 동작을 낳는다.

신체에서 사지는 아래와 몸통에 각기 관계되며 그것으로 동작에서 이에 의한 기의 동승(同乘)으로 드러나는데 이는 점이며 기는 선, 면으로써의 움직임의 모양, 즉 동작이다. 이 같은 이와 기는 서로가 떨어질 수 없는 불가분의 관계에 놓여있다. 이로서 점은 모든 선과 면에 두루 막힘없이 영향을 미친다. 예컨대 서기는 구성 동작으로서 무게중심이라는 점의 위치가 요인이다. 선은 각도, 방향, 위치의 이동, 위치의 시작과 끝점이라는 운동성에 의한 점의 연속적 현상으로 드러난다. 우리가 하나의 단위동작을 놓고 볼 때, 그 동작이 동작으로써의 완전성은 균형과 절제에 따르듯이 균형은 선과 면의 범주라면 절제는 선과 면을 통제하는 이에 해당한다. 모든 동작은 이와 기의 상호교감, 상호접촉, 상호보완적 관계에서 생성되고 변화하는 것으로 동작과 품을 낳는다. 점은 비가시적인 것이라면 선과 면은 가시적인 것이다. 퇴계의 표현을 빌리면, "기가 있으면 곧 이가 있다. 오직 기는 각각 치우침이 있으므로, 이가 어떤 사물에 깃들어 있을 때 따라서 치우치지 않을 수 없다"로 하여, 이·기가 서로 떠날 수 없다는 측면을 인정하고 있으며, 동시에 "이는 그 본체가 기에 갇혀있지도 않고 물(物)에 국한되어 있지도 않으므로, 어떤 조그마한 치우침으로 인하여 그 혼륜 되어 있는 큰 전체성을 무너뜨리지 않는다."

달리 말해, 동작은 만물의 형체와 자세, 접촉과 상호 작용들의 조화롭고 효율적인 기술을 말하며, 인간과 우주의 일치성을 반영하는 자연적 상징을 많이 포함하고 있다. 결국, 우주에 있는 모든 것은, 모두 같은 자연 법칙을 따른다는 것으로 이해할 수 있다.

우리가 하나의 완벽한 동작을 하기 위해서는 정적인 본성을 알게 되고, 본성을 알면서 정신을 알게 된다. 동태적 상황 가운데 균형을 보존하여 본성을 기르는 것은 하늘을 섬기는 것이요, 동작의 움직임이 간단하거나 오래 지속되거나 간에 개의치 않고 몸을 부리고 닦아서 목적을 기다림은 동작을 '동작적'이게 온전히 하는 것이다.

동작, 그 상징의 또 다른 의미는 몸의 세 부위, 즉 얼굴·몸통·아래 삼재가 인간이 우주적 구성 요소의 일원으로서 천·지·인 삼재동성을 실현할 수 있고 우주 대화(大化)의 일원으로 존재할 수 있다. 우리는 태권도 수련, 단련 등으로 표현하는 지속적인 닦음을 통해 자아실현을 하고자 하는 것은 유가(儒家)에서 말하는 하늘을 알고(知天) 하늘을 섬기는(事天) 데 달려 있고 인간의 마음(人心)과 하늘의 질서(天道)의 교감은 자연과의 조화로운 관계가 선행되어야 하며, 자연과 조화로운 관계를 유지할 수 있으나 없느냐는 인간의 수양에 달려 있다. 우리는 어떤 방법으로 동작을 숙련하면서 동시에 마음의 수양을 할 수 있는가를 살펴볼 차례이다.

동작의 수양적 덕목

하나의 동작을 숙달하기 위해서는 혼신을 다해 팔다리를 움직이고 정신을 집중하고 머리를 써야 하는 것이다. 동작을 익히고자 하는 신체적 움직임은 마음이 추구하는 지향성과는 무관하지 않고 일치해서 그 동작 표준에 맞게 체화(몸)·체득(마음)하고자 하는 데 있다. 마음이 추구하는 동작다운 동작이란 어떠한 것이어야 하는가. 그러기 위해서는 동작의 닦음이 단지 일회적일 수 없고 지속적이고 반복적 행위가 수반돼야 하는 것이듯 마음·정신·의식 등 정신활동도 함께 따라야 한다. 우리는 그러한 내면의 정신활동을 성실하게 하기 위해 부단히 동작에 관심을 갖고 그 움직임이 동작의 표준에 어긋나지 않도록 절제하기 위해 내면적으로 반성과 성찰을 하는 것이다.

동작의 외면적 지속성이 반복이라면 동작의 내면적 활동은 그것에 대한 반성이요 성찰이다. 그 반성적 행위가 몸과 마음이 추구하고 지향하는 동작 표준이라는 목표를 달성하기 위해서는 연습·훈련이라는 닦음 뒤에는 반성·성찰이라는 피드백이 따라야 하는 것이다.

수련법에는 그것을 돕는 개념들이 있고 그 이해가 따라야 한다. 동양적 개념으로 주자가 구분한 존양(存養: 마음을 보존하고 기르는 것)·성찰·신독(愼獨: 홀로 있을 때 도리에 어긋남이 없도록 삼감)·극기·성의·정심 등인데 그와 같은 다양한 훈련은 다만 인간의 〈자기 자각의 다른 형태 혹은 순간〉일 뿐이다. 퇴계가 강조한 격물(格物)과 궁리(窮理)는 동작의 수양적 덕목일 뿐만 아니라 원리가 될 수 있다. 격물은 격물치지(格物致知)라 불리는데 그것은 "사물의 탐구를 통한 지식의 확장"이 아니라, 방해물들에 덮이고 그리하여 본래의 얼굴을 잊어버린 마음을, 자각을 통해 자기 의식적으로 회복해 나가는 과정이라고 볼 때, 동작의 완성은 궁리하는 과정에서 마음의 수양으로 이어질 것이다.

격물과 치지는 본래부터 수양과 실천을 뜻하는 개념과의 관계 속에서 의미를 갖는 개념이었다. 격물의 '격'을 '바르게 하다(正)'로 '물'을 '동작(事)'으로 보아 격물을 '동작을 바로 잡는 것'으로 해석할 수 있고, 치지의 '치(致)'는 '지극히 하는 것'이고 '지(知)'는 마음의 본체 즉, 지선(至善: 지극히 참함)의 드러남이다. 다시 말해 '치지가 격물에 있다'는 것은 그 본체의 지를 이루는 것이 그 일(동작)하는 바의 바름에 있다는 뜻이 된다.

유학(儒學)은 인간의 본성이 완전하다고 믿는다. 그러한 인간은 인간이 되기 위한 공부·반성·궁리·격물치지하고자 하는 지향성 등 실천해야 하는 끊임없는 자기 교육, 수련의 과정이라는 전제에 입각한다. 동작을 수련하는 자기실현은 이상적으로 완성된 상태가 아니라 끊임없이 반성하고 궁리하는 구체적 실천, 실행의 과정이다. 의식적이고, 반성적이며, 부단히 변화하는 존재로서 자아의 우수성을 실현하는 것은 인간의 수양이라는 관점에 입각, 이해하는 선결 조건이다.

중용(中庸) 1장에서 말하는 인간의 본성이 하늘로부터 부여받았다고 말하는 것은 인간의 본질이 하늘의 본질과 동일하기 때문이다. 그러나 실제로 아무런 노력도 함이 없이 하늘이 부여한 본성만으로 하늘과 완전히 일치를 이룰 수 있는 권리는 주어지지 않는다. 때문에 동작은 품, 즉 완전한 동작의 결과를 낳기 위해서는 도덕적 수양이 요구된다.

유가(儒家)에서 군자(君子)는 하늘에 대한 의무뿐만 아니라 자신에 대한 의무로서 자기 내부의 도덕성을 위해 부단한 노력을 기울여야 한다고 한다. 우리는 동작의 수양적 방법을 어떻게 행해야 하는가?

하나의 동작의 수양적 과정에서 밖으로 닦고 또 닦는다는 것은 그 동작의 체화(體化)를 위한 반복이고 안으로는 동작의 체인(體認)을 위한 반성이요 성찰이다. 안과 밖, 즉 마음과 몸의 닦음에는 균형과 절제에 어긋나지 않아야 한다. 균형과 절제란 중용(中庸)을 함의한다. 우리는 그것을 어떻게 보존하고 기를 수 있는가를 살펴볼 차례이다.

몸의 반복과 마음의 반성, 성찰을 통해 앎이 깊으면 행위가 반드시 따르게 될 것이다. 알면서도 행하지 못하는 것은 다만 그 앎이 얕기 때문이다. 유학의 핵심가치인 '인' '의' '예' '지' '신' 오상(五常)은 아무리 강조해도 지나침이 없다. 이 오상은 동작의 수양적 덕목이요 원리가 될 수 있다. 동작을 숙달함에 있어 그것은 외적으로 수련의 방법적 길잡이가 되기도 하고 내적으로는 인성을 함양하고 특히 인도(人道), 즉 자신이 세상에 도를 세우고 싶으면 먼저 남으로 하여금 세상에 도를 세우게 하고, 자신의 도가 세상에 행해지게 하고자 하면 먼저 남의 도가 세상에 행해지게 하라 를 깨닫게 하는 원리이다.

수련에 있어서 공격이 먼저가 아니고 항상 방어, 즉 막기로 시작하는 것은 인(仁: 共感, sympathy)의 정신을 근본으로 삼고 있는 것이다. 인이란 자기를 남에게 발휘하여 안에서 밖으로, 개인의 차원에서 공공의 차원으로 확장하는 것을 말한다. 이러한 관념은 품새에서나 맞춰겨루기 단원에 분명히 드러나고 있다. 인이란 마음의 덕이다. 품새 수련의 중심개념은 마음의 덕에 있다. 그 마음이란 신체에서 손과 발의 마음이다. 손발의 마음이 동작을 행함에 있어 예를 표하고 바른 길, 즉 의를 따르고 바른 분별, 즉 지를 하고 자신감, 즉 신으로 품을 낳는다는 것은 기술과 정신이 둘이 아니요 하나라는 닦음인 것이다. 품새 수련은 동작이라는 기적 움직임이란 기의 흐름으로서 그렇게 마땅히 구현해야하는 이치란 오덕(五德: 五常)의 마음이 타는 것이다.

'의(義)', 즉 정의란 적당함과 올바름의 척도이다. 특히 품새에서 보이는 의란 품새선을 성실히 좇는 동작 행위에서 정해진 규칙을 준수하는 것을 말한다. 다시 말해 아래막기를 해야 할 위치에서 몸통막기를 한다고 가정해 보면 알 수 있다.

'예(禮)', 즉 겸손의 관념은 오늘날에도 무도정신의 기본원칙이 되고 있다. 아무리 스포츠화 경향을 보이는 현실에서도 무도정신이 계승되고 있다는 것은 태권도의 미덕이 아닐 수 없다. 상대를 존중하고 겸손으로 대하는 정신이 예이다. 품새 수련에서 준비서기는 예의 실천이고 그것은 마음의 집중·궁리·호흡조절 등 자세를 몸으로 표현하는 의식이고 품새선의 영역을 벗어나지 않는 것도 그 한 예(例)일 것이나 순서에 따라 동작과 품의 표준을 성실히 실천해 보일 수 있어야 하는 것이 바로 예의 실천이다.

'지(智)'는 변별력·앎·지혜 등 개념으로 이해될 수 있는 지성을 함의한다. 우리가 당면하고 있는 상황과 곤경을 해결하기 위해서는 동작의 규격과 정보, 지식과 지혜 그리고 특히 품새 수련 시 동작군에서 변별력 등을 분명히 할 필요가 있다. 반복과 반성을 통해 축적된 지식을 적재적소에 활용하는 것이 지에 해당된다. 예컨대 겨루기에서 전술과 상대의 공격을 감안한 받아차기 능력은 지(변별력)의 결과이다.

'신(信)'은 확고한 믿음·자신감이요 용기일 뿐만 아니라 실천력이기도 하다.

의에 따른 믿음의 실천이 자신감으로 확장되고 실제적으로 따르는 행위이다. 격파나 겨루기에서 우리는 많은 시행착오를 겪는 것은 신이 부족하기 때문이다. 동작의 표현에서 강유와 강약을 구별할 줄 아는 지의 상황에서 신이 따르지 못하면 지행합일(知行合一: 앎과 실천의 일치)이 될 수 없다. 이와 같이 우리의 일상생활에서 신의·신뢰·성실이 없고 투명성이 없으며 공동으로 준수해야 할 진정한 기본원칙이 없다면 도덕적인 인간관계를 유지될 수 없다는 사실이다.

동작은 신체적 삼재에서 천, 지, 인 삼재를 이루기 위한 자기 지식과 수양의 덕목이자 원리이다. 유학에서는 하늘이 인간의 본성을 부여했기 때문에 인간은 자기인식을 통해 하늘의 도, 즉 천도(天道)를 알 수 있다고 가르치고 있다. 우리는 천명을 알기 위해 부단히 자기수양을 하고, 이로써 얼굴, 몸통, 아래와 천·지·인 삼재와 같은 덕을 실현할 수 있다고 믿는다. 정태적 존재가 아니라 부단한 변화의 과정인 자연은 잠시도 쉬지 않는 하늘의 창조력을 이해하도록 우리를 끊임없이 일깨운다.

수련자는 동작의 온전함과 그것의 진리, 즉 수양적 원리와 덕목을 위해 부단히 움직여야 하는 것이다. 기본동작을 익히면 첫 관문은 품새 '태극'이다. 태극 1장의 건괘(乾卦)는 영원히 역동적으로 움직이는 하늘을 상징한다. 이것은 우리에게 하늘의 활발한 움직임을 본받아 전인(全人: 지·정·의가 완전히 조화된 원만한 인격자)이라는 인격적 수양과 인류의 번영을 위해 '자강불식' 할 것을 가르치고 있다. 우주에 대한 경외감은 우리의 삶에 목적과 의미를 부여하는 궁극적 존재에 반응하려는 열망에서 생겨난다. 우리의 존재는 천지만물의 은혜를 입고 있다. 이 은혜에 보답하는 길은 자기수양을 통하여 우리가 지닌 본성을 '동작'을 통해 완전히 실현하는 것이다. 마지막 단원 품새에서 일여(一如)는 보(褓)주먹 준비서기에서부터 경외심을 자아내고 동작 하나하나 속에 깃든 정신, 정신과 동작이 일체가 되는 깊은 무예의 진리가 바탕에 깔려 있다. 일여는 마음과 몸, 정신과 물질이 하나이면서 인간과 자연과의 조화 원리는 오직 하나뿐이라는 높은 천리(天理)를 말하고, 이것은 점이나 선이나 면이 하나가 된다는 뜻을 나타낸다. 불교적 표현과 상징으로 본(本), 체(體), 그리고 용(用)이 일치하는 무아의 경지를 뜻한다.

태권도 기술은 바로 동작이요 동작의 여러 가지 기능 가운데서도 으뜸의 가르침은 우리에게 자아실현, 즉 수양의 방법과 원리, 덕목에 있다. 자아실현은 결국 하늘을 알고 하늘을 섬기는 데 달려있고 인심과 천도의 교감은 자연과의 조화로운 관계가 선행되어야 하며, 자연과의 조화로운 관계를 유지할 수 있느냐 없느냐는 인간의 수양에 달려 있다. 이러한 수양을 통해 우리는 신체동작의 삼재와 천, 지, 인 삼재의 동덕(同德)을 실현할 수 있고 나아가 우주 대화(大化: 큰 완전성에 대한 능력)의 일원으로 존재할 수 있다.

동작은 인간의 정신을 정화하고 인성을 풍족케 하는 갖가지 조건을 주는 것으로서, 첫째는 닦음(修)이고 그것은 반복과 성찰을 겸비한 기와 마음의 닦음에 있고, 둘째는 지킴(守)이고 그것은 중심을 잃지 않는 탈(脫)중심으로서의 이(理)와 마음의 중(中)을 지키는 것에 있고, 셋째는 깨달음(覺)이다. 그것은 이와 기, 그리고 마음의 깨달음에 있다(이경명, 2003).

수양과 교육은 인격 형성에 중대한 영향을 미친다. 정신 수양을 하지 않으면 삶의 체계와 질서가 흔들리게 될 것이다. 정신 수양은 자부심을 증진시키고 자제와 습관을 기르며 의무감을 키우는 데 중요하다. 자립적이고 자제력 있는 사람은 항상 수련에 힘쓴다. 보다 완벽히 수련할수록 보다 고결한 정신 상태에 이르게 될 것이다. 욕구를 단련시켜 욕구보다 고차원적인 본성에 복종하도록 만들어야 한다. 인간은 정신세계의 감독관인 양심의 명령에 복종해야 한다. 그렇지 않으면 욕망의 노예, 감정과 충동의 노리개가 될 것이다. 이상적인 인간을 완성시키는 요소 가운데 한 가지는 완벽한 자제, 즉 절제이다. 이상적인 인간은 충동적이지 않으며, 마음에는 욕구에 따라 이리저리 흔들리지 않고, 자아를 억제하고 균형 감각을 유지한다. 절제는 균형을 유지하는 데 이상적인 요소이다. 완벽한 절제는 교육, 즉 정신 교육을 통해 달성하고자 애써야 하는 것이다.

동작이란 품새에서는 우리들에게 전인(全人·자아실현)을 지향하며 '태극'과 '일여' 정신을 깨닫도록 하는 심오한 의미를 지니고 있다는 관점이다.

동작의 원리

다음과 같이 다섯 가지로 원리를 살펴볼 수 있다.

가) 공방(攻防)의 원리: 공격과 방어는 동작의 본질은 기능이다. 이 원리는 인간자위본능과 특히 품새에서 몸을 통한 사람됨을 추구하는 지향성의 원리로 작용한다. 그리고 겨루기경기에서는 역동적 연계에서 자기 성취를 위한 구체성으로 드러나는 것이다.

나) 음양(陰陽)의 원리: 무게중심의 허실(虛實), 속도의 완급(緩急), 힘의 강유(剛柔), 몸의 신축 등 이항(二項)적 개념으로 동작의 총체적, 합목적적 운동성으로 음양의 감응을 함의하는 것이다.

다) 회전(回傳)과 축(軸)의 원리: 공방의 도구적 운동 원리로서 힘을 생성하고 또한 각 방향 이동 시 균형과 조화에 영향을 미치는 서기 동작의 핵심 요소로 작용하게 된다.

라) 천지인(天地人)의 원리: 소우주로서 사람은 태권도에서 얼굴, 아래, 몸통 부위로 '천' '지' '인' 삼재(三才)를 이룬다. 동작의 원리로서 운동성은 '점' '선' '면'으로 상징되며 역동적인 상호교류로 균형과 조화로운 상태를 이루게 된다.

마) '한'의 원리: 정(精)·기(技)·체(體) 일체, 즉 '한'의 원리로서 정(精)은 집

중력·예의 정신·시선 등 정신적 측면이고 기(技)는 정확성·속도의 완급, 중심이동 등 기능적 측면이다. 체(體)는 몸의 신축(장단, 상하), 호흡조절, 기(氣)의 표현 등을 말한다. 우리말 '한'의 어휘 속에 '하나'라는 의미뿐만 아니라 일(一, one)과 다(多, many) 등 개념이 포함돼 있고, 이는 철학의 궁극적 범주의 문제이기도 하다.

동작의 의미

동작의 사전적 의미는 몸과 손발을 움직이는 짓이다.

태권도는 인간의 신체 움직임을 통해 무언가를 표현한다. 동작은 몸에 의해 드러나는 몸짓인데 무(武)를 지향하는 수신의 행위가 그 하나요, 스포츠경기의 행위가 다른 하나이다.

태권도의 동작(이하 동작)은 형식과 내용을 갖는다. 형식은 동작의 수행 방식이고 내용은 무(武)적 술(術)이 되는 공방의 행위가 목적이다. 동작의 형식과 내용은 독창적이고 다양하다.

동작은 상대와의 실전이 주목적이나 수련의 형태는 두 가지 방식으로 나타나고 있다. 하나는 기본동작을 비롯한 품새 수련을 말하고 다른 하나는 겨루기, 격파, 호신술 수련이다. 그것의 다름이란 대상의 유무와 관계된다. 그것의 다른 표현은 가능한 데 그것이 ㉮실상이냐 또는 허상이냐 라는 것이며 ㉯신체의 접촉행위와 비접촉행위로 구분되는 것이다. 그런 가운데서도 상대를 항상 의식하고 전제한다는 것은 같다. 단지 수련 시 목표의 다름이란 가상의 상대를 전제할 때는 목표의 기준은 자기 자신이 되고 상대와 직접 마주할 때에는 목표의 기준은 상대가 되는 것이다. 자기 앞에 마주한 상대의 목표 기준은 신체적 조건에 따라 목표의 높낮이가 일정할 수 없다.

동작이라고 할 때는 일반적으로 단위로 된 움직임으로 완성된 하나의 동작을 단위동작이라 말한다. 달리 말해서 단위동작이란 서기+도구(공방 행위)+시선 등 하나의 단위로 된 동작을 말하는 것이다. 단위동작을 '동작'이라 줄여 말하고, 동작은 내적으로는 일정한 공격과 방어의 의식을 포함하고, 외적으로는 인체의 각 부위가 엄격한 순서와 규격에 배합되어 완성된 동작을 말한다(김광석, 1993).

동작의 형태는 주로 세 가지로 드러나는 것으로서 ㉮기본동작이 그 하나요, ㉯동작군이 이루는 품새가 다른 하나요, ㉰겨루기 · 호신술 · 격파 등에서 대타, 대물의 실전이 또 다른 하나로 구분되는 것이다. 하나의 동작을 놓고 볼 때 동작의 속성은 기본동작이 되기도 하고 동작군의 하나로써 품새의 구성요소가 되는 것이다. 동작이 타인을 상대를 하는 대타적 행위라면 겨루기 또는 호신술이 될 것이며 사물을 대상으로 하는 대물적 행위는 격파로 분류되는 것이다. 동작은 다섯 가지의 속성, 즉 오행적 속성을 가능하게 한다. 기본동작 · 품새 · 겨루기 · 격파 · 호신술을 말하는데 오행이란 다섯 가지의 행(行) 즉 학습 과정을 말한다.

동작에 나타나는 세 가지 규칙은 ㉮신체의 어느 두 부분이 동시에 서로 반대 방향으로 움직이는 것이다. 동양적 개념으로 음양의 교차작용을 말한다. 그것의 힘이 있는 기능적 표현으로 주로 지르기 · 막기 · 치기 · 찌르기 등이 있다. ㉯신체의 두 부분이 같은 방향으로 동시에 움직이는 것이다. 음양의 병렬작용을 일컫고 대표적인 동작은 손날막기가 이에 해당된다. ㉰어떤 동작이 전 신체를 두루 통과하거나 신체의 어느 부분에서 근육과 뼈와 관절이 유동적이고 자연스럽게 움직이는 것이다.

동작이란 동태(動態)로서 동작답기 위한 조건이 따른다. 중심(重心) · 장단(長短) · 고저(高低) · 완급(緩急) · 강유(剛柔) · 강약(强弱) · 방향(方向) 등 제 요인이 균형과 조화, 그리고 일치성이 수행의 합목적성에 부합되는 것이다.

두발당성차기

Dubal dangseong chagi, *two feet alternate kick*

몸을 공중에 띄우며 두 발로 번갈아 차기를 한다. 번갈아 찰 때는 뒤에 있는 발을 먼저 차고 앞의 발은 나중에 찬다. 먼저 차는 뒷발은 비교적 목표를 정확하게 차는 것이 아니라 상대를 속이거나 또는 낮게 차고 나중에 차는 발은 높이 차거나 목표를 정확하게 가격할 때 사용한다.

두발당성차기의 분류
- 두발당성앞차기
- 두발당성옆차기
- 두발당성돌려차기
- 두발당성반달차기
- 두발당성밀어차기 등이 있다.

두발의 길이 · 보폭

Stride · step length

보행에서 동일한 발이 지면에 닿은 후에 이동을 하여 다시 지면에 닿은 곳까지의 직선거리로 주로 보통의 걸음걸이의 거리를 말한다.
앞굽이 동작 시 주로 2개의 보폭 직선거리가 되고 뒷굽이 동작 시 한 걸음 직선거리이다.

두발의 너비 · 보폭

Step width

양발지지 상태에서 앞에 위치한 발의 뒤꿈치에서 뒤에 위한 발의 뒤꿈치까지의 수평거리를 말한다.
앞굽이 동작 시 보폭이 이에 해당한다.

두손펴비틀어잡아당기기
Dusonpyo bitureo japadangigi, *two open hands twist and drawing*

두 팔목으로 엇걸어 막은 후, 두 손을 펴서 손바닥으로 잡아끌어 당긴다.

두주먹젖혀몸통지르기
Dujumeok jeochojireogi, *fists puch away punch*

뒤꼬아서기에서 두 주먹을 젖혀 지른다. 두 주먹 지르기의 목표는 몸통이고, 두 주먹 사이는 주먹 폭 두 개 정도이다.

두주먹허리준비서기
Dujumeokheori junbiseogi, *fists on the waist ready stance*

자세:
① 두 다리는 모아서기로 선다.
② 두 주먹은 손등이 밑으로 향하게 하여 허리에 위치한다.
③ 상체 몸가짐, 시선, 정신상태, 호흡조절 등은 기본준비서기와 같다.
사용: 준비서기에 사용한다.
구령: "두주먹허리준비" 라 하며 "준비" 때 음을 강하게 하여 동령으로서 강조한다.

뒤꼬아서기

Dwikkoaseogi, *backward cross stance*

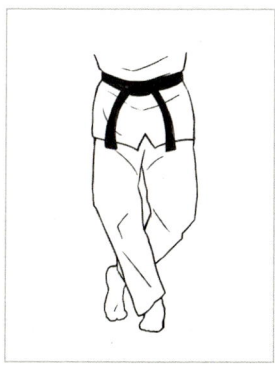

왼뒤꼬아서기라고도 부른다.
오른발이 앞으로 나가는 순간 왼발이 뒤따라와서 오른발 발날 쪽에 왼발 발가락이 가까이 하며 제동을 걸면서 멈추어 선다. 이때 오른 장딴지에 왼 정강이가 밀착되면서 꼬아서기로 선다. 두 다리의 무릎은 굽혀 자세를 낮춘다.
사용: 상대의 발등을 짓찧기를 하거나 가깝게 접근하면서 다음 공격에 사용한다.

뒤꿈치

heel

발의 뒤쪽 아래 부분이다. 주로 내려차기, 몸돌려후려차기(뒤후리기), 낚아차기, 뒤올려차기에 사용한다.

뒤차기

Dwichagi, *back kick*

① 서 있는 위치에서 차는 다리를 끌어올려 뒤쪽으로 뻗어 찬다. 사용부위는 뒤축이다.
② 차기의 끝 모양은 옆차기와 흡사하다.
③ 차는 다리는 앞에 있는 발로 찰 수 있으며 뒤에 있는 발을 끌어들였다가 찰 수도 있다. 뒤에 있는 발로 찰 경우 상대가 가까이 있을 때이며, 앞의 발로 찰 경우에는 상대가 멀리 있을 때이다.
④ 시선은 차는 방향을 바라보며 축이 되는 다리는 옆차기 때와 같이 무릎과 발목을 펴지 않아도 된다.

⑤ 상체는 옆차기 때보다 앞으로 눕혀진다.

뒤축
Dwichuk, *back sole*

발바닥의 뒷부분으로 돌 때 축이 될 수 있다. 짓찧기와 옆차기, 뻗어차기를 한다.

뒤축모아서기
Dwichuk moaseogi, *attention stance*

자세: 모아서기에서 뒤축은 붙이고 두발 앞축만 내각을 60° 벌려 선다.
사용: 서기의 응용동작으로 사용한다.

뒷굽이(오른뒷굽이)
Dwitkubi, *backward inflection stance*

모아서기에서 오른발 축으로 하고 왼발의 앞축을 90° 되게 벌려 선다. 두발 90° 벌려 선 상태에서 왼쪽 발을 한걸음 앞으로 내디디며 척추를 반듯하게 세우고 두 무릎을 굽혀 자세를 낮춘다. 몸을 낮출 때 축이 되는 오른다리의 무릎은 발끝 방향으로 바닥과 60~70° 되게 충분히 굽히고 왼다리 무릎은 정면으로 바닥에서 100~110° 가량 약간 구부린다. 역시 두 무릎도 90° 되게 한다. 예를 들어, 오른 다리가 앞에 있고 왼다리가 뒤에 있으면 왼뒷굽이라 한다. 중심을 두는 발을 기준하여 오른 또는 왼 뒷굽이라 칭한다.

득점 무효선언
Annulment of points scored

경기규칙 제12조 5항과 관련, 주심은 '갈려' 선언을 한 후 즉시 득점 무효를 선언한다.
△ '차렷' 자세에서 오른손바닥을 앞을 향해 이마 앞 20cm 위치까지 올린 후 △오른손바닥을 오른쪽에서 왼쪽으로 어깨너비만큼 2회 흔들어 무효를 나타내되 몸은 자연스럽게 선수를 향한다.
그 후에는 기록석을 향해 '시간' 을 지시한 후 금지행위를 한 선수에게 벌칙선언을 해야 하며, 벌칙선언을 한 후 '계속' 구령을 하는 시점에서부터 경기시간이 다시 시작된다.

등주먹

Deungjumeok, *fist-back fist*

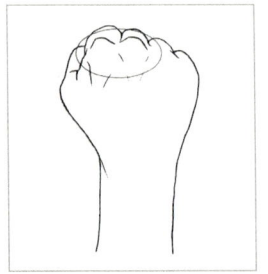

주먹 쥐는 법과 같다. 사용 부위는 집게손가락과 가운뎃손가락의 첫마디 주먹등 쪽 부분이다.

등주먹(얼굴)앞치기

Deungjumeok olgul apchigi, *back-fist face front hitting*

완성 제정용어: 등주먹+얼굴+앞치기=앞치기
등주먹이란 집게손가락과 가운뎃손가락의 주먹등 부위를 말한다. 치는 등주먹의 팔목은 구부리지 않는다.

요령: 치기를 하는 등주먹은 위로 향하게 하여 반대편 허리선에서 겨드랑이를 스치며 올려 인중 높이로 등주먹을 젖혀 친다. 이는 등주먹으로 얼굴 목표를 향하여 앞으로 치기를 하는 것이다.

명치 앞에서 허리로 잡아당기는 팔과 치는 팔이 엇갈리게 하며 치는 손의 주먹이 안쪽에 위치하여 겨드랑이를 빠져나오며 똑바로 앞을 향하여 친다. 몸은 45°측면으로 튼다. 앞치기는 등주먹으로 치는 것이 제일 강하며 목표도 얼굴을 벗어나 몸통까지 내려가면 힘이 약하므로 등주먹얼굴앞치기를 줄여 '앞치기' 라 한다. 이외에 사용부위가 손날, 메주먹일 경우에는 사용부위의 이름을 붙인다.(예: 손날앞치기)

등주먹 : 가운뎃손가락의 첫마디 주먹 등 쪽 부분이다.

등주먹바깥치기
Deungjumeok bakkatchigi, *back-fist outer hitting*

등주먹으로 몸통을 향하여 바깥치기를 한다. 치기를 할 때 반대편 주먹은 당겨 허리에 가져온다.

등주먹얼굴바깥치기
Deungjumeok olgulbakkatchigi, *back-fist face outer hitting*

완성 제정 용어: 등주먹+얼굴+바깥치기=등주먹얼굴바깥치기

바깥막기와 같은 요령이나 등주먹치기의 목표는 턱 측면과 관자놀이. 인중 높이로 등주먹을 세워서 친다.

요령: 치는 등주먹이 반대편 상완 높이에서 시작해 인중 높이로 세운등주먹으로 친다. 치는 등주먹의 팔이 앞치기와 달리, 허리로 끄는 팔의 팔꿈치 밖으로 몸 앞에서 옆 방향으로 원을 그려나가며 친다. 반대편 팔의 주먹은 치는 팔목 어깨선에서 끌어당겨 허리에 가져온다.

등척성
Isometric

정지한 힘에 대한 운동. 정적인 근수축. 장력이 증가되는 근수축이지만 근육의 길이는 변화가 없음. 예를 들어, 품새 일여에서 '옆차기 차면서 외다리서며 외산틀막기' 동작이 이에 해당한다.

딛기
짓기, 스텝, 발놀림, 보법 등과 같은 개념이다.

뛰어넘어차기
Ttwio nomeochagi, *jumping over kick*

장애물을 뛰어넘으면서 차기를 하는 것이다. 장애물을 넣고 차는 기술은 여러 가지가 있다. 이 뛰어넘어차기는 장애물 등을 높게 넘으며 목표를 짧게 차는 법과 높이 뛰어넘지는 않아도 멀리 목표를 차는 기술이 있다.

뛰어앞차기
Ttwioapchagi, *jumping front kick*

몸을 공중에 띄워 한발로 앞차기를 하는 기술이다.

뛰어옆차기
Ttwioyopchagi, *jumpng side kick*

오른발 앞차고 앞으로 한 걸음 내디디며 그 발로 다시 바닥을 밀어 몸을 공중에 띄우면서 오른 쪽으로 돌려 왼발로 옆차기를 한다.

뛰어이어차기
Twio yiochagi, *jumping seccessive kick*

몸을 공중에 날려 한 가지 종류의 차기 기술을 발을 번갈아 가며 행하는 것이다.

뛰어차기
Twio chagi, *jumping kick*

몸을 공중으로 날리어 한쪽발로 차기를 하는 기술이다. 이 차기는 두 발을 모아서기로 섰을 때 차는 방법이 있지만 대략 두 발이 앞뒤로 넓혀 섰을 때 주로 뒷굽이(주춤서기, 낮추어서기 등 옆으로, 범서기 앞주춤)로 서서 두 발을 동시에 땅을 밀고 몸을 공중에 띄울 수 있으며, 앞의 발로만 또는 뒤의 발로만 땅을 밀어 몸을 공중으로 띄워 찰 수 있는 추진력을 가질 수 있다.

몸을 공중에 띄워 찰 때 앞에 있던 발로 차는 것을 뛰어차기라 한다. 몸을 공중에 띄울 때 뒤쪽으로 돌려 뒤에 발로 찰 때는 '뛰어 반몸 돌려차기' 라 한다.

뛰어차기 종류

- 뛰어 앞차기
- 뛰어 옆차기
- 뛰어 돌려차기
- 뛰어 반달차기
- 뛰어 밀어차기
- 뛰어 바꾸어 앞차기
- 뛰어 바꾸어 옆차기
- 뛰어 바꾸어 돌려차기
- 뛰어 바꾸어 반달차기
- 뛰어 바꾸어 밀어차기
- 뛰어 몸돌려 옆차기
- 뛰어 몸돌며 낚아차기
- 뛰어 몸돌며 후려차기
- 뛰어 돌며 내려차기
- 두발당성 차기

몸을 공중에 띄우며 두 발로 번갈아 차기를 한다. 번갈아 찰 때는 뒤에 있는 발을 먼저 차고 앞의 발은 나중에 찬다. 먼저 차는 뒷발은 비교적 목표를 정확하게 차는 것이 아니라 상대를 속이거나 또는 낮게 하고 나중에 차는 발은 높이 차거나 목표를 정확하게 가격할 때 사용한다.

※두발당성은 뛰어 나가며 멀리 있는 상대의 목표를 차는 방법과 높이 뛰어 올라가며 높은 목표를 차는 방법이 있다. 또한 두발당성차기도 여러 가지 동작으로 나눌 수 있다.

띠
Belt

도복 착용 시 띠는 허리띠의 구실도 하고 있으나 일상 복장의 띠(혁대)와는 다른 의미를 가지고 있다. 띠의 의미는 첫째, 바지와 저고리의 연결 관계를 맺는다. 바지의 음기와 저고리의 양기를 연결하는 것이고 허리에 두 번 둘러 허리의 힘을 강화하는 것이다. 두 번째, 위계를 구분 짓는다. 즉 띠는 위계에 따라 유급자의 색상과 품 띠, 그리고 유단자용의 검정 띠로 구분되고 있다.

유급자용 색상은 주로 하양, 노랑, 초록, 파랑, 빨강 등 오방색으로 나뉜다. 품 띠의 색상은 빨강색과 검정색이 반반씩 차지하고 있다. 15세 미만의 청소년에게 적용되는 단 과정의 보유자를 품이라고 부른다. 15세가 되면 바로 유단자로 전환되며 본인의 신청에 의해 국기원에서 유단자 증서가 발급된다.

라운드로빈시스템
Round robin system

경기에서 출전한 팀 모두가 서로 한 번씩 전부 대전하는 방식을 말한다. 대개의 경우 출전 팀이 적을 경우에 이 경기의 방식이 적용된다.

라운드 로빈 시스템(Round robin system)은 달리 리그전(League match)이라고 불린다. 세계태권도연맹 경기규칙에는 두 가지 경기의 방식으로 구분하고 있다. 하나는 일리미네이션 토너먼트 방식(Single elimination tournament system)이고 다른 하나는 라운드 로빈 시스템이다.

WTF는 2009년 6월 11일 ~ 14일 2009 WTF월드컵태권도단체선수권대회에서 총 26개국 남녀 각 23개팀이 참가하였는데, 3일간의 예선전은 총 6개조로 나뉘어 처음으로 라운드 로빈 방식을 적용했다.

라저스트 전자호구
EIDSS(Electronic Impact Detection & Scoring System)

라저스트 전자호구란 태권도 경기용 EIDSS 몸통보호구를 말한다. 태권도인 출신인 이태희 변호사(미국)가 1982년에 최초로 개발하기 시작했다. 이태희는 전자호구를 개발하게 된 동기를 이렇게 말한다. 즉 "도와 예를 중시하는 태권도의 정통성에 스포츠전자공학을 접목하여 전 세계인의 태권도가 될 수 있도록 하고자 하는 것이 개발 동기이며, 나아가 겨루기 경기의 공정성과 체계적이며 과학적인 훈련을 가능하게 하고자 함이 그 목적이다."

라저스트 전자호구의 특질은 세 가지 구성으로 요약된다. 전자식 몸통 채점기, 심판기 그리고 손과 발 보호대가 그것이다. 첫째의 구성은 전자식 몸통 채점기로서, 개인득점표시 및 입력단자가 있는 전파송신기와 선수의 척추 및 장기보호가 가능한 등판으로 구성되었고, 호구의 중앙

과 좌우에 손발 구분이 가능한 센서가 부착되고 내부에는 충격과 강도가 측정되는 센서가 내장되어있다는 것이고, 둘째의 구성은 심판기로서, 전자호구의 충격과 강도를 실시간으로 전광판에 송신하며 동시에 수십 명이 경기를 하여도 혼선이 되지 않고 부심기와 연결 할 수 있는 송수신기, 호스트 컨트롤 박스(host control box), 운영 소프트웨어 등이고, 셋째의 구성은 손과 발 보호대로서, 정확한 타격과 손과 발 구분을 할 수 있는 센서가 부착되어 선수의 부상 방지와 득점을 정확히 감지할 수 있다는 것이다.

라저스트 전자호구는 1982년 이래 기술발전의 진화를 보이고 있으며 현재 올림픽 태권도 모델까지 개발된 상태이다. 라저스트 전자호구는 2006년 세계태권도연맹(총재 조정원)으로부터 여러 관련 업체 중 유일하게 공인받았다. 대한태권도협회는 물론 팬암 및 아시아 대륙연맹에서는 라저스트 전자호구를 태권도대회에 사용하였다. 그리고 세계태권도연맹에서는 2009년 6월 아제르바이잔 바쿠에서 열린 WTF태권도단체전대회와 2009년 10월 14일부터 18일까지 5일 간 코펜하겐(덴마크) 벨라업 슈퍼아레나에서 펼쳐진 2009 WTF세계태권도선수권대회에서 이 회사의 전자호구를 사용하였다.

㈜ 라저스트 스포츠의 기업 모토는 TRADITION + INNOVATION(전통+혁신)이다. 이는 태권도 정통성을 계승·발전을 하며 전 세계인의 사랑을 받는 무도로서 태권도가 올림픽에 영구종목이 되는 것이 회사(대표 김종대)의 좌우명이며 기업 목표이다. 라저스트사는 세계 최초 전자호구 개발 및 상용화에 만족하지 않고 스포츠 과학화를 표방하는 종합용품회사로 새로이 거듭나기 위해 2006년 법인화하였고 이 회사의 소재지는 경기도 군포이다.

리그전
League system
경기에 나온 모든 팀과 서로 한 번씩 겨루는 방식

리듬
律動, Rhythm
리듬(Rhythm) 이란 운동과 질서 사이의 관련성이다. 리듬은 운동·시간·공간에 관계하며 무엇보다도 품새에서는 동작과 동작 상호간의 균형에서 만족스러운 질서를 의미한다. 리듬은 운동주기 때문에 특정한 시간 주기 내에서 동일한 요소와 구조의 규칙적 반복을 뜻한다. 리듬은 동작의 묶음, 동작의 강유·완급 등에 의한 질서를 의미하는 것이다.

하나의 동작은 준비·동작·품의 세 리듬으로 구성되어 있다. 동작은 한 동작의 형태 또는 두 가지, 그 이상의 동작 형태로 이어질 수도 있다. 반복 행동(action)에서 리듬은 준비-동작-품, 동작-품, 동작-동작 -품. 동작-품을 되풀이 하지만 세 부분의 기본 원리는 언제나 존재한다.

태권도에서 리듬이란 동작이라는 움직임, 즉 운동의 발생(recurrence)에서 개념이 성립된다.

즉 리듬의 발생은 '동작'이 '생겨나야' 한다는 것을 뜻한다. 무엇이 되었든 간에 그 무엇이 일단 태어나는 것을 발생이라고 할 수 있다. 영어로 표현하면 어커런스(occurrence)이다. 발생은 반복의 의미를 띠고 있는 리커런스(reccurrence)가 된다.

품새에서 리듬의 본질

첫째, 발생(recurrence) : 품새를 구성하는 요소인 '동작'이 '생겨나야' 한다는 것을 말한다. 리듬은 동작에서 반복적으로 나타나는 것을 전제로 하여 '그 무엇의 발생'을 말하고 있는데, 여기서 말하는 발생은 반복의 의미를 띠고 있다.

둘째, 지속(flowing) : 동작의 리듬이 의식되기 위해서는 일정한 간격으로 지속적으로 현상이 나타나야 한다. 속도·장단·강약·강유, 고저·상하 등이 여기에 속한다.

셋째, 흐름(fluence) : '지속'이 단지 지속적이기만 해서는 충분하지 않고 흐름의 변화가 있어야 하는 것이다. 특히 '이어서' '빠르게' '서서히' 그리고 '강하게 또는 약하게' 등 지속 속의 흐름이다.

넷째, 주기(period) : 품새선에서 좌우 방향성 상의 동작은 일치되고 동일한 주기를 갖는다. 품새에서 리듬과 템포(속도)의 관계는 리듬이 정지하면 동작은 품이 되고, 품이 움직이면 리듬이 되는 관계이다.

다섯째, 배열(ordered) : 동작은 동작이 배열된 것이다. 그 중에서도 두 동작 또는 그 이상의 동작이 한 '품'으로서 품새선 방향에서 위치가 정해져 질서가 된다. 태권도의 리듬은 시간과 공간 모두를 배경으로 삼아 배열이 이루어지고 있다.

리듬은 많은 사람들에게 음악용어인 것처럼 인식되어 왔다. 그러나 리듬은 무용이나 태권도 등에서 '신체의 움직임'으로 설명되고 있다. 태권도에서 리듬은 특히 품새에서 리듬이 무엇인가의 이해는 아주 중요하다. 우리말로 율동이라 불리는 리듬의 어원은 '흐르다'를 의미하는 그리스어의 '리드모스(rhythmos)'이다. 리듬은 '운동의 질서'라고 보는데 즉 운동과 질서 사이의 관련성이라 할 수 있다.

태권도에서 리듬이란 동작으로 표현되는 점·선·면의 세 요소의 반복에 의한 품새의 통일, 다양한 부분의 구조와 통일을 위한 공방 형식의 원리의 하나로서 품새 표현에서는 본질적으로 아주 중요한 역할을 한다. 동작의 속도·강유·고저·장단 등 형태의 리듬은 점·선·면에 의한 것으로 이와 같이 종합에 의해 품새 전체의 리듬이 성립된다.

리듬에 대한 지각은 우선적으로는 미적 감각 기관인 눈과 귀를 통해서가 아니라 인간 육체의 선천적인 운동 감각(심장 박동, 호흡의 리듬)을 통해서 및 전체 생명감각(졸베르거)을 통해서 수행된다.

플라토는 리듬에 대한 감각을 인간이 스스로 우주의 완전한 질서 속에 순응시킬 수 있도록 하는 신의 선물로 본다. 그와는 달리 유물론적인 사상가들은 리듬에 대한 감각을 잘 정돈됨으로써 용이하게 되거나 편안하게 느껴지는 노동 과정으로 환원시키는데(빌러, 루카치), 그러한 과정에는 자연에 대한 사회적 대립의 일정 단계가 각인된다고 한다. 그와 달리 감각주의적 미학은 리듬을 경제성의 원리로 환원시킨다(빌러 - 프라이엔펠스).

마우스피스
Mouthpiece

태권도 경기에서 선수의 입안이나 이를 보호하려고 이에 끼우는 물건

막기
Makki, *blocking*

막기란 상대방의 공격으로부터 중요 신체부위를 보호하는 기술을 말한다. 막기란 낱말은 동사 '막다'에서 비롯한다. 공격을 막아냄, 물리침을 뜻한다. 국기원 태권도교본에서는 방어의 하부 개념으로 되어 있다. 방어에는 막기 · 특수막기 · 잡기로 분류하고 있다.

막기의 설명에서 막기의 시작점을 다음과 같이 정한다. 얼굴 부위를 막을 때는 허리선 상에서, 몸통 부위를 막을 때는 몸통선 상에서, 아래 부위를 막을 때는 어깨선 상에서 시작한다. 단, 높낮이에 있어서 약간의 허용범위를 둔다.

맞서기 자세

겨루기 시 상대선수와의 서기 형태로서 두 선수가 다른 자세를 잡은 자세를 말한다.
예를 들어, 오른 자세 : 왼 자세, 왼 자세 : 오른 자세

맞추어겨루기 시 기합

기합의 의미는 같으나 그 외 맞추어겨루기 시 기합의 특성은 공방자 간에 공격태세에 대한 질문형식과 그에 상응한 방어태세에 대한 응답의 형식을 띠고 있다. 먼저 공격을 하게 되는 자는 기합을 넣으며 동작을 취하고 방어를 하는 자는 준비가 되면 즉시 답신 형식으로 기합을 넣는다. 이렇게 해서 공방자 상호간에 공격과 방어의 동작 기술을 교류하며 숙달하는 것이다. 맞추어겨루기는 엄격한 형식적 약정성에 따른 실전이며 기합으로 묻고 답하는 의식에 따라 타이밍을 놓치지 않고 기술숙달을 하게 된다.

맞추어겨루기 특성

맞추어겨루기는 두 수련자 간 공방의 행위가 정형화한 틀 범주에서 교류되는 일종의 경건한 의식이다. 기본동작 또는 품새에서 숙달한 동작을 실제로 상대방(공격자와 방어자) 간에 '공격에 방어'라는 의식적 행위로서 동작의 '원리적 기술과 방법적 기술'을 깨우치고 습득하고자 하는 닦음이다.
맞추어겨루기의 특성은 다음과 같이 구분할 수 있다.

- **동작 대 동작**: 두 수련자 간에 교류되는 의식적 행위로서 동작은 동작을 구성하는 손과 발 그리고 의식 등 부분 동작이 합목적적으로 이뤄질 수 있게 일회성과 동시성이 요구된다.
- **부위 대 부위**: 동작 실행에서 부위는 신체의 일부분으로서 공방의 합목적인 행위를 위한 도구로서 무기 · 목표가 된다.

- **공격적 형태와 방어적 형태:** 두 수련자 간 한 사람은 공격적 행위를 수행하고 다른 한 사람은 방어적 행위를 수행하여 겨루는 형태를 말한다.
- **의식 대 의식:** 목표에 대한 의식으로서 정신집중, 시선 등으로 드러나며, 그것은 우리의 몸은 마음의 작용에 의해 움직여진다는 사고를 존중하며 지속적·반복적 연습은 인지, 고정화 및 자동화단계에 이를 수 있다.

매트
Mat

경기 시 바닥에 탄력성 있는 매트를 사용한다. 이는 선수의 안전을 위해 사용되는 것으로 세계태권도연맹으로부터 공인받아야 한다. 세계태권도연맹은 최초로 1995년 마닐라 세계대회에 경기장에 매트를 사용하였다. 그 이전에는 경기장은 나무 바닥이었다. 그에 앞서 대한태권도협회는 1990년 10월 제천에서 열린 전국체전에서 조립형 매트를 처음으로 사용하였다.

머리 부위

겨루기 시 신체의 득점 부위의 하나로서 쇄골 위 부위로서 귀와 머리 뒤쪽을 포함하여 얼굴 전체를 말하고 발기술의 공격만이 허용된다. 득점은 머리 3점이다.
세계태권도연맹 경기규칙의 개정(2009년 2월 13일)에 따라 얼굴 부위에서 머리 부위로 득점 부위가 확장되었다.

멍에치기

Meongyechigi, *yoke punch*

자세: 두 주먹이 교차하여 반대편 어깨선 쪽으로 이동하다가 팔굽으로 옆으로 치며, 두 주먹이 가슴 앞에 머문다. 이때 주먹 등은 위를 향하고 손과 몸통 사이는 약간 띄운다.

요령: 특수치기의 한 종류이며, 주먹을 쥐고 가슴높이에서 두 팔굽으로 양옆으로 각각 옆치기를 하는 것이다.

메주먹

Mejumeok, *hammer fist*

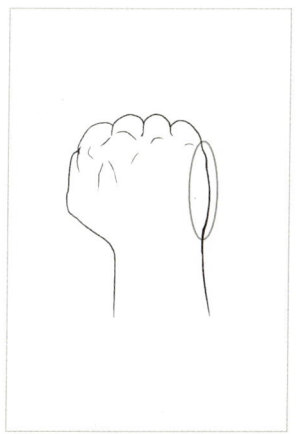

주먹을 말아 쥔 형태에서 새끼손가락 쪽이다. 메주먹은 앞치기, 옆차기, 바깥치기, 안치기 등에 사용한다.

메주먹내려치기

Mejumeok naeryochigi, *hammer fist down hitting*

완성 제정용어: 메주먹+몸통+내려치기=메주먹내려치기

오른 또는 왼서기로 서며, 내려치는 메주먹은 반대편 어깨 측면까지 끌어당겨 크게 원을 그리며 내려친다.

메주먹: 주먹을 쥔 상태에서 새끼손가락과 손목까지의 부위를 말한다.

메주먹아래표적지르기

Mejumeok arae pyojeokchigi, *hammer fist underneath target hitting*

두 팔이 머리 위에서 아래로 내려서 아랫배 앞에서 메주먹으로 표적을 친다. 표적치는 양팔은 완전히 펴지 않으며 표적을 친 손과 아랫배 사이는 세운주먹 하나 정도 폭이다.

메주먹아래표적치기

Mejumeok arae pyojeokckigi, *fist underneath target hitting*

고려 품새에 동작 26번, 품명은 왼메주먹아래표적치기로서, 오른발을 왼발에 모을 때 두 손도 같이 움직여 얼굴 앞으로 올려 머리 위부터 양쪽으로 갈라서 원을 그리면서 천천히 내려 아래표적치기를 한다.

메주먹옆구리치기
Mejumeok yopgurichigi, *two hammer fist side hitting*

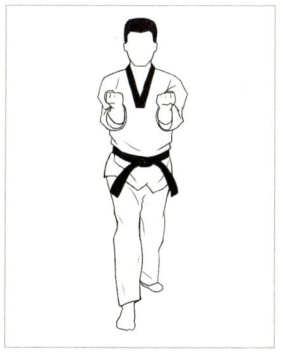

두 주먹을 쥐고 양쪽 어깨 위로 주먹을 올려 세운다. 이때 팔꿈치는 오므려서 주먹 바닥부분이 정면을 향하게 한다. 메주먹으로 상대의 양 옆구리를 친다. 메주먹 바닥이 위를 향하게 하고 두 팔의 동작은 동시에 이루어져야 한다.

메주먹옆치기
Mejumeok yopchigi, *hammer fist side hitting*

옆차기를 할 때 같은 쪽 메주먹으로 팔을 뻗으며 동시에 치는 것이다. 이 동작은 옆차기 하고 내디뎌 팔굽표적치기로 이어진다.

명치
Solar plexus

몸통 부위의 대표적인 목표가 되는 급소

모둠손끝
Modumsonkkeut, *all combined finger tips*

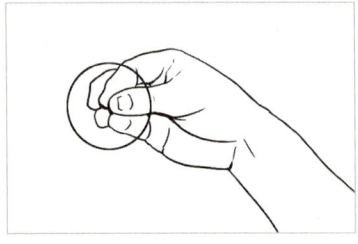

다섯 손가락 끝을 모두 모아 뭉친다. 그러면 자연스럽게 엄지를 제외한 네 손가락의 첫마디가 굽혀진다. 모은 다섯 손가락 끝이 사용 부위이다. 찌르기라 하지 않고 모둠손끝 찍기라 한다.

모둠차기
Modum chagi, *joint feet kick*

뛰어 몸을 공중에 날리어 두 발을 모아 한 목표를 동시에 가격하는 차기 기술이다.

두 발을 땅에서 밀고 몸을 띄울 때 두 발을 가깝게 모아 땅을 민다. 이 모둠차기도 차는 기술에 따라 여러 가지 기술이 생긴다.

모둠차기 종류
- 모둠앞차기
- 모둠옆차기
- 모둠돌려차기
- 모둠반달차기
- 모둠밀어옆차기
- 모둠밀어앞차기 등이 있다.

모서기
Moseogi, *obique angle stance*

나란히 서기에서 어느 한 발을 '한발' 길이로 앞으로 내디뎌 모로 되게 섰을 때, 체중이 두 다리에 똑같이 실려야 하며 중심은 한가운데 둔다.

모아서기
Moaseogi, *close stance*

자세: 두 발을 가지런히 모아 두 무릎은 곧게 펴서는 자세이다.

모은두손끝
Moundussonkkeut, *combined two finger tips*

쥐는 법은 집게손가락 위에 가운뎃손가락을 붙이고 나머지 엄지손가락, 무명지, 새끼손가락은 가위손끝 때와 똑같은 모양으로 쥔다. 사용부위는 모은 두 손가락 끝이고, 한쪽 눈, 미간, 관자놀이, 명치, 천돌 부위 등을 공격 가능하다. 한 손끝보다 두 개의 손끝을 모은 것이므로 더 강한 힘을 낼 수 있다.

모은세손끝
Mounsesonkkeut, *combined three finger tips*

쥐는 법은 집게손가락과 무명지를 붙이고 그 위에 가운뎃손가락을 포개 꼭 붙인다. 나머지 엄지손가락 새끼손가락은 자연스럽게 위치시킨다. 사용부위는 모은 세 손가락의 끝을 사용하고 모은 세 손가락이 삼각형을 이룬다. 사용은 모은두손끝과 같다.

모주춤서기

Mojuchumseogi, *obique angle riding stance*

자세: 주춤서기에서 왼발이나 오른발이 앞으로 한발 길이만큼 내딛을 때이다.
사용: 상대의 공격을 측면으로 비껴서며 방어 및 공격하는데 사용한다.

몸돌려차기

Momdollyo chagi, *turning back kick*

※ 서기를 왼 앞서기로 섰을 때 몸돌려치기를 설명하면 다음과 같다.
① 시선은 왼발 앞쪽을 향한다. 몸을 시계 방향으로 돌리는 순간 시선은 360° 회전하며 몸은 180° 돌아 선다.
② 몸이 돌 때 오른쪽 발도 뒤쪽으로 돌아 차고 앞으로 내디며 오른 앞서기로 설 때를 반몸돌려차기라 한다.
③ 몸돌려차기를 찰 때 몸이 도는 힘을 이용하고 몸과 찬다리를 360° 완전 회전하여 발을 제자리에 내려디딜 때를 몸돌려차기라 한다.

몸돌려차기 분류

- 반몸돌려차기
- 반몸돌려옆차기
- 몸돌려옆차기
- 온몸돌려옆차기
- 온몸돌려후려차기 등 13가지로 분류되고 있다.

몸통두번지르기
Momtong dubeon jireugi, *trunk double punch*

몸통지르기를 하는 요령과 같다. 두 주먹을 번갈아 연속으로 몸통을 지르는 것이다. 몸통의 목표는 명치〔급소〕이다.

몸통바깥막기
Momtong bakkatmakki, *trunk outer blocking*

완성 제정용어: 바깥팔목+몸통+바깥막기=몸통바깥막기

자세: 막는 팔의 주먹 등은 몸 쪽으로 향하게 하고 주먹 끝이 어깨선과 일치하게 한다. 반대편 주먹은 당겨 허리에 가져오고, 주먹 등은 아래로 향한다.

요령: 막는 팔의 주먹은 젖힌 주먹으로 반대편 팔의 팔꿈치보다 주먹 하나 정도 아래에 두고 반대편 팔은 막는 팔 안쪽에서 주먹등 부분이 위쪽을 향하게 하여 막는 팔의 어깨에서 약간 떨어진 상태에서 시작한다.

몸통 부위

장골능 기준하여 그 이상과 횡단선 이하의 부위로서 손기술과 발기술의 공격이 허용된다.
호구(몸통보호구의 준말)의 전체 부분이 공격목표가 되고 있다.

몸통선

몸통 부위의 목표인 명치를 중심으로 한 수평선

몸통안막기

Momtong anmakki, *trunk inner blocking*

완성 제정용어: 바깥팔목+몸통+안막기=몸통안막기

서기의 다리 중 뒤에 있는 다리 쪽의 팔목으로 막을 때를 몸통안막기라 한다.

몸통안막기는 팔목이 몸의 중심선에 와야 하고 팔꿈치의 각도는 90~120° 정도이다. 막는 주먹의 높이는 어깨높이이다. 막는 팔목이 구부려지지 않아야 하고 반대편(젖힌 : 이하 생략) 주먹은 당겨 허리에 가져온다.

요령: 막는 손의 주먹은 어깨선에 가져오고 반대편 손은 엎은 주먹 상태로 뻗어 몸통선에서 교차하여 시작한다.

몸통옆지르기

Momtong yopjireogi, *trunk side punch*

주춤서기에서 주먹으로 옆으로 지르기를 한다. 반대편 주먹은 당겨 허리에 가져온다. 옆지르기는 주춤서기에서 몸의 옆 방향을 지르는 것이다.

몸통지르기

Momtong jireugi, *trunk punch*

아랫도리의 서기와 관련하여 "바로지르기"와 "반대지르기"로 나뉜다. 반대편 주먹은 지르는 주먹의 목표(명치)와 같은 선상에서 당겨 허리에 가져온다.

지르기 : 팔을 이용하여 공격을 가할 때 힘은 몸통의 회전력 즉 원심력을 이용하는데, 이때 팔꿈치를 뻗으며 주먹이 일직선으로 움직여 목표를 가격할 때를 말한다.

바로지르기: 두 발을 앞·뒤로 넓혀 서며(앞굽이·뒷굽이 관계없이) 뒤에 있는 다리 쪽의 주먹으로 지를 때를 말한다.

반대지르기: 서기의 다리 중 앞에 있는 다리 쪽의 주먹으로 지를 때를 말한다.

주먹의 사용부위 : 집게손가락과 가운뎃 손가락의 첫마디 앞부분이다.

몸통헤쳐막기

Momtong hecheomakki, *trunk puch blocking*

완성 제정용어: 바깥팔목+몸통+헤쳐막기=몸통헤쳐막기

두 주먹등 부분은 몸통 쪽으로 향하게 하여 가슴 앞에서 교차하며 바깥팔목으로 몸통바깥막기를 양쪽으로 한다. 어깨선을 벗어나지 않아야 한다.

요령: 두 주먹의 바닥부분은 몸통을 향하게 교차한 다음 몸통바깥막기와 같은 모양으로 한다.

무
武

武자는 戈+止(창 과+지)의 합성어이다. 창 과(戈)는 큰 도끼형의 무기를 그린 글자이다. 하지만 지(止)자의 해석이 두 가지로 나뉜다. 하나는 그치다, 멈추다 등의 의미로, 다른 하나는 발 지(趾)의 원자로 발 족(足)자의 하반부도 이 지(止)를 변형한 것으로, '발자국 지' 로 즉 발로 가는 것을 뜻한다.
이에 따라 오늘날 사람에 따라 해석하는 방법이 두 가지로 나뉘고 있다. 앞의 것은 평화를 지향하다는 뜻으로, 뒤의 것은 창, 즉 무기를 갖고 발로 가는 것, 힘차게 밟으며 진군하는 것을 가리키는 것이다.
무술의 본질에서 보면 뒤의 것에서 무도라는 이름으로 오늘날 평화를 지향하며 무술을 수양의 방편으로 삼아 수련한다는 인간됨의 교육적 차원에 의미를 부여하고 있다.
무(武)는 술(術)·도(道)의 두 측면을 가지고 있다. 예(藝)는 전적으로 동일한 개념이다. 그러니까 무술과 무예는 완벽하게 동일한 개념이다. 술과 도는 용과 체의 관계로 설명이 되기도 한다(김용옥, 2008).

무덕관
武德館

무덕관은 1945년 11월 서울 용산역 부근의 철도국에서 '황기(黃琦, 1914~2002)'에 의해 '운수부우회 당수도부'로 출발했다.

황기는 1935년 남만주 철도국에 재직 당시 양국진에게서 무술을 수련한 후 해방 후 국내에서 서적을 이용해 가라데를 독학한 것으로 알려져 있다. 1946년 각 지방의 기차역 창고에 도장을 개관하면서 전국에 9개의 지관을 신설하고 한·중(韓中)친선 국제 당수도 연무대회를 개최하였으며, 기간도장 중 관세(館勢)가 큰 편이었다. 당시 철도국에서 수련생 지도는 함께 재직했던 현종명(청도관 출신)이 전담하고 황기는 주로 섭외활동을 하였다고 한다.

무덕관의 수련생들은 대부분 철도국 직원들로 구성되어 있으며, 무실, 신성, 정의를 목표로 하여 수련하였다. 홍종수와 지상섭은 대구를 중심으로 한 경북지역에, 전쟁 때문에 부산에 내려간 김인석은 경남지역에, 남삼현, 임명순은 대전 및 충남북 지역에, 오용균은 전북지역에, 박용화는 인천에, 김창진은 전남에, 박영진은 강원도에 세력을 뻗쳤다. 이처럼 전국에 9개의 지관을 신설한 뒤에는 한·중 친선 국제 당수도 연무대회를 개최하기도 했다.

황기는 1950년 4월에 『화수도교본』을 저술했다. 이 책이 무도계에 최초로 간행된 것으로 기록되고 있다.

그는 1956년 『무예도보통지』를 접하고 한국 전통무예인 수박희에 심취하기 시작했다. 그 후 명칭을 수박도로 정착하는 계기가 된다. 그는 당시 복사기가 없던 시절, 2년에 걸쳐 『무예도보통지』를 꼼꼼하게 필사했다. 이렇게 해서 대한수박도협회가 탄생된 것이다.

무덕관 관훈은 무실(務實)과 신성(信誠), 그리고 정의이다.

무덕관 출신으로는 김은창, 김용덕, 최희석, 유화영, 남삼현, 임명순, 오용균, 황진태, 홍종수, 김인석, 김창진, 박영진, 원용범, 정창영, 이복성, 이강익, 박용하, 김풍천, 김재준, 문순선, 오세준, 지상섭, 한영태, 정성현, 김해동 등이다.

무도
武道

무도란 전쟁을 의미하는 무와 길, 방법, 윤리를 뜻하는 도의 합성어로서 무술로부터 유래된 기술체계로서 기술을 통한 철학적 정신추구와 교육적 차원의 수련목적을 강조하고 추상적인 가치들을 집합하여 일컫는다. 체용의 관계에서 볼 때 도는 체이고 술은 용에 해당되는 것이다. 태권도는 무도라고 이른다. 무도는 무예(무술)의 상위개념이다. 도(道)는 형이상의 개념이며 술(術) 또는 예(藝)는 형이하의 개념이다. 하나의 예를 들자면 용인대학교 무도대학에 태권도학과, 동양무예학과, 격기지도학과 등 편성, 분류에서도 무의 개념체계에 대한 기준을 알 수 있다.

무도대학
武道大學

국내 유일한 단과대학인 무도대학은 1994년 9월 5일 용인대학교에서 설립되었다. 용인대학교는 유도학과, 격기학과, 태권도학과의 3개 학과로 구성된 무도대학을 토대로 하여 무도의 교육적·학문적 전문화를 추진하였다.
무도대학의 구성은 1995년 10월 4일에 경호학과가 신설되어 총4개 학과로 변화되었다. 그리고 2000년 8월 18일 격기학과가 격기지도학과와 동양무예학과로 학과명을 분리하면서 총5개 학과로 구성되었다. 또한 2008년부터 유도학과는 유도학과와 유도경기지도학과로, 태권도학과는 태권도학과와 태권도경기지도학과로 분리되는 것으로 조정되었다. 이에 현재 용인대학교 무도대학은 유도학과, 유도경기지도학과, 격기지도학과, 동양무예학과, 태권도학과, 태권도경기지도학과, 경호학과의 총7개 학과로 구성되어 있다. 이 중에서 유도학과와 유도경기지도학과, 태권도학과와 태권도경기지도학과의 분리는 특성화를 염두에 두고 진행되었다. 즉, 유도학과와 태권도학과는 유도학과 태권도학의 이론적인 측면을 교육의 기반으로 삼고, 유도경기지도학과와 태권도경기지도학과는 우수 경기인과 경기지도자의 육성에 중점을 둔 것이다.

무도대학은 각 학과별 전공과목 외에 무도대학 내 총8개의 기초전공과목이라고 일컫는 공통과목을 가지고 있다. 2008년 이전에는 체육사, 체육행정학, 무도론, 스포츠사회학, 스포츠심리학, 운동생리학, 운동역학, 체육측정평가로서 대부분 체육학의 일반적인 기초 과목들로 구성되었다. 그러나 2008년 이후에는 무도사, 무도철학, 무도교육론, 무도산업마케팅, 스포츠사회학, 운동생리학, 운동역학, 체육행정학으로서 무도 관련 과목의 비중을 확대하여 무도대학만의 차별성을 강조하고 있다.

무도대학 소속 학과 중에서 대학원 과정의 개설은 태권도학과에서 시작되었다. 즉, 2006년 특수대학원으로서 태권도대학원(태권도학과, 태권도산업경영학과)이 신설되었음에서 나타난다. 그 이후, 2009년 일반대학원에 무도학과가 개설되면서 무도학의 발전을 염두에 둔 활동은 계속되고 있다.

무릎
Mureup, *knee*

다리 관절을 구부려서 만들어지는 단단한 부분으로 치기기술에 사용한다. 사용 부위는 무릎관절로서 다리가 굽혀지는 부분의 앞쪽 슬개골을 말한다.

무릎꺾기
Mureupkkeokki, *knee breaking*

한 손으로 (상대방의) 뒤축을 잡고 꺾기를 하는 팔의 아귀손으로 무릎(슬개골 부위)을 친다.

무릎치기
Mreupchigi, *knee raise up hitting*

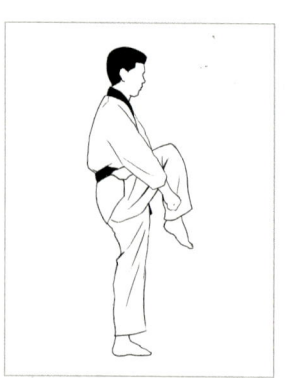

한 발로 딛고서며 다른 무릎을 굽혀들어 올려 친다. 두 손은 주먹을 쥔 상태에서 아래로 끌어 내리며 무릎치기를 하는 다리 복숭아 뼈 양쪽에 머물도록 한다. 허리를 가볍게 구부리고 발목은 자연스럽게 한다.
무릎: 정강이와 넓적다리 아래의 사이에 있는 관절의 앞쪽이다.

무술
武術, Martial Art

사전적 설명은 무기 쓰기 · 주먹질 · 발길질 · 말달리기 따위의 무도에 관한 기술. 즉 기술의 실전적 측면을 강조하여 생사를 건 대인(對人)격투술이라는 본질적 가치를 강조한다.

무술(武術)을 용어해설과 내용을 구분해서 살펴보면, 무(武)는 군사기법, 군사기술·군사체계이고 술(術)은 기법·기술을 이른다. 내용은 기술의 측면에서 싸움기법이 목적이 된다. 즉 기술적인 성질·전략적인 작용·수단적인 방법 등이다.

무술과 무예는 같은 개념인데 선호하는 경향이 다르게 나타나고 있다.

무예
武藝, Martial Art

군대 또는 전쟁의 예(기법, 완성)로서 일반적으로 범위가 넓은 용어로 보이며, 개별무술종목을 포괄적으로 암시하고 있다. 무예에서 예는 법·술 등 의미와 크게 다르지 않다. 오늘날 사람에 따라 예(藝)를 예술·표현·미 등과 관련지어 기능습득 뒤 재주에 대한 가치부여로 보고 있다.

처음 무예 6기(技)가 도입된 것은 선조 27년(1594)으로, 장창 등이 도입된 것을 시작으로 하여, 영조 35년(1759)에 새로이 죽장창 등 12기가 들어와 앞서의 6기와 함께 무예 십팔기가 이뤄졌다. 이후 무예 발달의 최성기를 이루었던 시기는 정조 때로, 다시 기예 등의 6기를 더해 소위 무예 24반이 완성되면서이다.

이와 더불어 무예를 쉽게 익힐 수 있게 할 목적으로 선조 31년(1598)에 『무예제보』, 영조 35년(1759)에는 『무예신보』가 간행되었다. 또한 이어서 간행된 『무예도보통지』는 무예 총 24기에 대하여 도보, 즉 그림과 설명을 첨가 증보하여 만든 무예로서, 이 책은 정조 13년(1789)에 왕명에 의하여 그 이듬해인 1790년에 목판본으로 간행된 무예의 백과전서이다.

이렇듯 우리나라에서는 일찍이 무술, 무도라는 개념보다는 유가사상의 영향으로 무예라는 개념을 선호했던 것을 알 수 있다.

무예도보통지
武藝圖譜通志

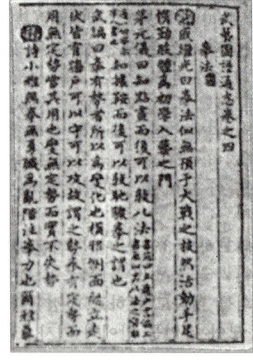

무예도보통지(권법편)

1790년 정조의 명에 의해 간행된 『무예도보통지』는 이덕무(李德懋, 1741~1793), 박제가(朴齊家, 1750~1805), 백동수(白東脩, 1743~1816)에 의해 편찬되었다.

『무예도보통지』는 선조 31년(1598)에 한교(韓嶠)가 편찬한 6가지 무예로 이루어진 『무예제보』와 영조 35년(1759)에 사도세자가 주도하여 편찬한 18가지 무예로 이루어진 『무예신보』를 모체로 한·중·일 삼국의 서적 145종을 참고하여 1790년에 완성된 종합무예서이다.

『무예도보통지』란 이름은 무예(武藝)를 그림(圖)과 설명(譜)을 곁들인 종합서(通志)라는 뜻이다.

규장각의 이덕무, 박제가 이 두 사람은 뛰어난 문장가였고 장용영(壯勇營)의 초관(哨官)인 백동수는 장용영의 무사들과 함께 1년여 간 각고의 노력을 하여 무예의 기법을 체계화하여 만든 작품이다.

『무예도보통지』의 무예는 제1권에서 창류로 장창·죽장창·기창·당파·낭선 등 6기, 제2권에는 도검류로 쌍수도·예도·왜검·교전 등 4기와 제3권에는 제독검·본국검·쌍검·마상쌍검·월도·협도·등패 등 8기의 도검류, 제4권에서 권법·곤봉·편곤·마상편곤·격구·마상제의 6기를 각각 포함하고 있다. 『무예도보통지』는 임진왜란이란 시급한 때를 당하여 『기효신서』에 나오는 단병무예를 중심으로 만든 『무예제보』와 이후의 『권보』『무예제보번

역속집』, 『무예신보』 및 각종 법전과 전거에 나오는 무예들을 싣고 있다.
『무예도보통지』가 처음 일반에게 소개된 것은 1931년 정인보의 동아일보 「조선고서해제」에서이다.
1778년 9월에 정조는 무예의 명칭을 통일하였다. 군영마다 무예의 명칭과 기법에 약간씩 차이가 있어 무예의 명칭에는 통일하였으나, 기법의 차이는 해결하지 못하였다(『조선의 협객 백동수』2002:184).

무예성

기본창작동작, 창작 품새 그리고 호신술에서 전반적 동작의 특성이 태권도적 무예의 본질적 가치 수준을 말한다. 무예성은 예술성과 태권도 정신과 상호 보완적 관계에 있다. 또한 무예성은 태권도 무예의 핵심적 본질을 이루는 역동적 기능성을 보일 수 있어야 한다.

무카스
Mookas

(주)무카스(대표이사 이승환)는 글로벌 태권도 미디어 포털 사이트를 운영하는 회사이다. 1999년 태권 넷으로 법인 설립 후 사업을 시작했고, 2008년 2월에 (주)컬쳐 메이커로부터 분사해 오늘에 이르고 있다.
무카스에서 운영하는 무카스 닷 컴은 태권도계 및 무술계, 피트니스계의 대표 글로벌 문화포털 사이트로서, 현재 국내 같은 업계 시장의 90% 이상을 점유하고 있다.
이 회사의 사업영역은 미디어, 콘텐츠 제작 및 유통, 커뮤니티, 세미나 등 다양하다. 태권도 및 무술, 피트니스 관련 뉴스는 물론 미디어, 쇼핑몰, 전문 커뮤니티, 구인구직 서비스, 오프라인 비즈니스 등 다양한 영역에서 브랜드의 가치를 인정받고 있다. 또한 해외에서 역시 미디어 인지도와 브랜드 가치와 위력을 인정받고 있다.

http://www.mookas.com

미트
Mitt

주로 발차기 훈련의 보조 장비. 여러 종류의 미트가 개발되어 있다. 미트는 판판하고 손을 끼어 넣어 사용할 수 있도록 만들어진 기구로서 정확성을 향상시키는데 사용되며, 주로 차기나 지르기에 이용된다.

체력 훈련 시 지도자는 적당한 힘을 주어 미트가 흔들리지 않게 하고 수련생들은 공격했다가 재빨리 제자리로 되돌아가든지 계속된 발차기나 지르기로 이어지는 연결동작을 수련한다. 또한 미트의 위치와 동작을 다양화하여 반사운동 및 시간조절에 대한 훈련을 쌓기도 한다.

정확성 외 속도와 민첩성 훈련에 최고 효과적인 기구로 널리 이용되고 있다.

민첩성
Agility

신체 전체 또는 일부분의 동작이나 운동의 방향을 신속히 바꿀 수 있는 능력. 동작의 민첩성만이 아니고 그 동작의 정확성의 요소도 포함한 능력, 민첩한 동작이 될 수 있는 요소에는 신경의 전달속도와 근수축의 빠름이 있다. 예를 들면 빠른 발차기를 잘 한다는 것은 민첩성이 뛰어나다는 것이 된다.

민첩성은 근력, 반응속도, 순발력, 협응력, 유연성 등과 관계가 있으며 민첩성은 근육의 수축 속도와 중추신경계의 반사 속도에 의해 결정된다. 특히 민첩성은 태권도 기술 수행에 결정적인 요소이다. 모든 공방의 행위는 재빠른 반응과 동작 수행에 있어 큰 몫을 차지한다. 복합적 반응이 태권도 경기에서 과제이다.

다시 말해 선수는 항상 움직이는 상대의 행위에 반응해야 하고 동시에 적극적 반응 동작(차기, 받아차기, 짓기)을 수행해야 하는 것이다.

속도 증진을 위해 다음의 과제가 해결되어야 한다. 즉 폭발적 전력 동원력을 강화한다. 모든 훈련은 명백히 기술과 연관되어 수행돼야 한다.

밀어차기

Mireo chagi, *pushing kick*

① 차는 요령은 옆차기 또는 뻗어차기와 같으나 다만 속도를 감소시켜 타격을 하지 않고 목표에 대고 밀어내는 방법으로 찬다.
② 이는 상대가 가까이 있을 때 사용된다. 또 공격적이지도 타격으로 치명상을 입히지 않으면서도 넘어뜨리거나 멀리 밀어내는 방법이다.
③ 사용부위는 날카롭지 않은 발날이나 발바닥을 사용한다.

바깥차기

Bakkat chagi, *outer kick*

안차기의 반대로 안에서 바깥으로 차는 기술이다. 비틀어 차기와 비슷하고 발등 부위로 차며 주로 막기 기술에 사용한다. 역시 내려차기 전에 발 끌어 올릴 때 사용한다.

바위밀기
Bawimilgi, *rock pushing*

두 손은 오른쪽 허리에 와서 두 손바닥을 벌려 온몸에 힘을 주어 서서히 앞으로 내민다. 끝에 가서 손 높이는 이마높이로 하고 두 손 사이로 이마가 내다보는 모양이 되어야 한다.

바탕손
Batangson, *palm hand*

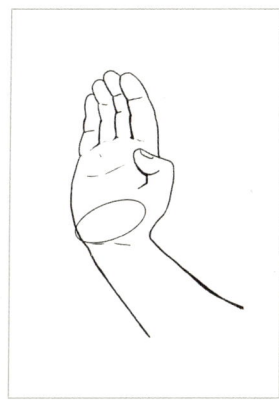

손의 힘을 빼고 손등을 뒤로 젖혀 자연스럽게 굽힌다. 손바닥 밑 부분, 즉 손목 쪽의 부분을 사용한다.

바탕손거들어몸통안막기

Batangson godreuo momtong anmakki, *palm hand assist trunk inner blocking*

막는 팔의 바탕손으로 밖에서 안으로 막는다. 거드는 팔의 주먹등은 위를 향한다. 막는 팔의 팔꿈치와 거드는 주먹은 붙인다.

바탕손눌러막기

Batangson nulleomakki, *palm hand pressing blocking*

완성 제정용어: 바탕손+몸통+눌러막기=바탕손눌러막기

요령: 손등이 위로 향하게 하고, 바탕손은 명치 앞에 머문다. 막는 손과 몸통 사이는 세운 주먹(주먹 폭) 두 개 정도 폭이다. 반대편 팔의 주먹은 끌어당겨 허리에 가져온다.

바탕손몸통막기

Batangson momtongmakki, *palm hand trunk blocking*

완성 제정용어: 바탕손+몸통+안막기=바탕손몸통막기

바탕손 부분이 명치 높이의 중심선에 두고 손끝이 비스듬히 위를 향하게 한다. 반대편 주먹은 당겨 허리에 가져온다.

요령: 바탕손을 어깨선 높이로 올려 뒤로 젖혔다가 명치 앞으로 가져오며 막는다.

바탕손: 손목 쪽의 손바닥 밑 부분을 말한다.

박해만, 용어정립 자문

2008년 7월 18일 국기원 태권도 용어정립위원회 5차 회의에 참석한 박해만 원로의 자문이다.

첫째, "순우리말을 써야 하는가?" 물음에 대하여, 태권도 지도 시 설명에 이해만 시키면 되는 것이지 좋은 우리말을 왜 빼버리는 지 모르겠다. 예를 들어 명에치기·쳇다리 지르기·돌쩌귀 등 좋은 것은 이해시키고 용어를 그대로 사용했으면 좋겠다. 교육을 하는데 가장 중요한 것이 배웠으면 나가서 가르쳐야 한다.

둘째, "현장에서 가장 많이 사용하는 용어를 기준 삼는 것이 좋을 것 같다"는 의견에 대하여, 간단하면서 짧게 돼야 용어가 된다 해설할 때 사용하는 용어는 따로 만들어야 할 것이다. 스텝을 발놀림으로 하는 것이 좋을 것 같다. 몸 돌려차기 시 몸도 180도 돌아가는데 발도 180도 돌아가서 머리가 360도 돌아가면 몸도 360도 돌아가기 때문에 이를 '온몸 돌려차기'라고 했는데, 요즘은 뒤차기, 뒤후려차기와 같이 과거에 없앤 용어를 다시 사용하고 있는데 이러한 용어 때문에 생긴 것이 앞돌려차기이다. 발놀림을 1, 2, 3, 4로 만들어 제시하면 좋을 것 같다.

마지막으로 나래차기에 대하여, 나래차기 이름은 듣기도 좋은데 그게 오른발 왼발이 들어가면 '이어차기'라고 한다. 이것이 떠서 하는 것이니까 뛰어 이어차기, 이단 앞차기가 있는데 이것을 '두발당성 앞차기', 한 다리는 앞차기를 차는데 다른 한 다리는 돌려차기를 찬다든가 하는 것을 그렇게 말한다. '이어 돌려차기'로 하는 것이 좋을 것 같다. 개인적으로 평화스럽고, 아름다운 용어를 썼으면 한다.

반격

상대의 공격에 대한 역습 즉 대응적 행위를 말한다. 반격에는 단일 반격과 복합 반격으로 나뉠 수 있다.

앞의 것은 단일동작으로 역습을 시도하는 기술이고, 뒤의 것은 단일동작 이상의 기술을 연결시켜 연속적으로 역습을 시도하는 기술을 말한다.

반격적 행위

반격적 행위란 상대방의 공격리듬을 차단하는 전술적 수단으로서 특징이다. 상대방의 공격적 행위에 대응한 반격적 행위로서 반격행위는 주로 전진동작에서 수행되는 데, 여기서 전진동작의 의미는 단지 앞으로 나가는 고정관념으로서 의미가 아니고 광의성을 띤 뒤로 물러나는 동작행위 전체를 뜻한다.

반격적 행위의 최선의 수단은 민첩성 · 반응능력 · 예측능력을 동원한 반격이라 할 수 있다. 우수한 선수의 특징을 이용한 반격적 행위에서 경기 주도권을 행사하는 것을 종종 볼 수 있다.

반달차기

Bandal chagi, *dichotomy kick*

앞차기와 돌려차기의 중간을 택하여 비스듬히 원을 그리며 앞축 또는 발등으로 차는 기술이다.

반칙승
Win by referee's punitive declaration

경기결과 판정의 일종. "경고" 8번, "감점" 4번 누적 후 심판이 선언한 또는 경기 규칙 제14조 6항에 따라 심판의 결정으로 선언된 결과이다.

받아차기

겨루기 방어기술의 일종, 받아차기란 상대의 공격에 즉각적으로 대응하는 기술로서 단일받아차기와 복합받아차기 기술로 분류된다.

발
Bal, *foot*

사람의 두 다리와 발은 중심을 잡아 서기와 이동, 돌기, 낮춤과 높임, 높이뛰기와 멀리뛰기 등을 할 수 있다. 또 발의 작고 딱딱한 여러 부위를 무기로 사용하여 주로 차기 기술을 행하고 긴 부분은 막기에 사용한다.

발 기술은 손이나 주먹 기술에 비해 느리고, 정확성이 낮은 반면, 목표에 명중했을 때의 충격은 팔 공격 기술의 약 세 배 정도이다. 따라서 상대의 허점을 찾아 공격할 때 빠르고 정확한 발 기술을 사용하기 위해 오랜 기간 동안 많은 수련이 필요하다. 또한 발은 다른 공격부위보다 힘의 발현이 용이하고, 팔 길이보다 길어 멀리서도 공격이 가능하다.

발걸어넘기기

공격 기술의 일종, 발을 걸어 넘기는 행위

발과 다리의 사용부위

발이라 함은 사람의 다리에 달린 부분을 말하는 데, 발과 다리의 통칭이다. 발은 발가락과 발바닥이 있는 부분을 이른다. 태권도에서 발은 발바닥과 발등으로 상징되고 있다. 발의 다양한 변통성은 이러하다.

사람의 두 다리와 발은 중심을 잡아 서기와 이동, 돌기, 낮춤과 높임, 높이뛰기와 멀리뛰기 등을 수행할 수 있다. 또 발의 작고 딱딱한 여러 부위를 무기로 사용하여 주로 차기 기술을 행하고 긴 부분은 막기에 사용된다.

발기술은 손이나 주먹 기술에 비해 느리고, 정확성이 낮은 반면, 목표에 명중했을 때의 충격은 팔 공격 기술의 약 세 배 정도이다. 따라서 상대의 허점을 찾아 공격할 때 바르고 정확한 발 기술을 사용하기 위해 오랜 기간 동안 많은 수련이 필요하다. 또한 발은 다른 공격 부위보다 힘의 발현이 용이하고, 팔 길이보다 길어 멀리서도 공격이 가능하다(태권도교본, 국기원, 2006).

발의 각 부위는 발등을 중심으로 하여 발끝, 발날, 발날등으로 구분되고 발바닥 부위는 앞꿈치와 뒤꿈치 그리고 뒤축으로 구분되는데, 태권도적 용어로는 앞축, 뒤축, 뒤꿈치로 불리는데, 이는 해부학적 용어와 다르게 보이고 있다.

다리에는 정강이와 무릎으로 나뉜다. 정강이는 길고 단단하여 막기 기술에 쓰이나 공격을 당하기도 쉬운 부위이다. 정강이는 부위의 단련이 없이는 상대의 차는 힘과 맞부딪혔을 때 상처를 입기 쉽다.

겨루기 경기에서 정강이 보호대(shin guard)를 착용하는 것이다. 발기술의 허용기술은 복사뼈 이하의 발 부위를 이용한 공격, 복사뼈 이하의 발 부위를 이용한 타격 기술은 어떤 기술이라도 정당한 기술로서 복사뼈 이상의 다리 부위, 정강이 또는 무릎 등의 부위를 이용한 타격은 허용되지 않는다(WTF 경기규칙).

무릎은 다리 관절을 구부려서 만들어지는 단단한 부분으로 치기 기술에 사용된다. 주로 올려치기를 할 때 자주 사용된다.

발기술

발기술의 대표적인 기술은 공격기술로서 차기가 있다.

발끝
Balkkeut, *tiptoes*

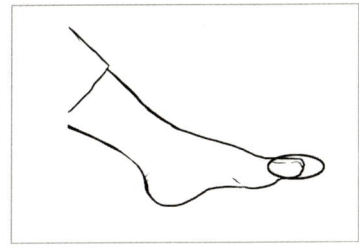

똑바로 편 발가락의 끝 부분. 앞차기와 비틀어차기의 중간 형태로서 무릎을 튕기는 힘으로 뻗어 찬다.

발날
Balnal, *foot blade*

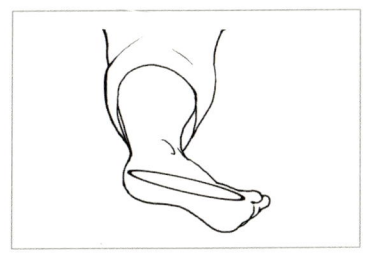

발바닥과 발등의 모서리로서 발바닥 바깥쪽 뒤축 부위부터 새끼발가락까지를 말한다.

발날등
Balnaldeung, *back of the foot blade*

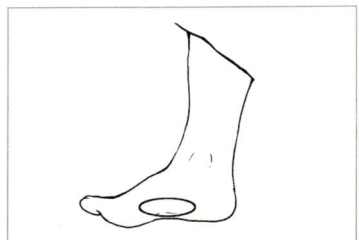

발날의 반대쪽 뒤축부터 앞축 전까지를 말한다. 주로 표적차기에 사용한다.

ㅂ

발놀림
태권도 경기용어. 짓기, 스텝, 딛기, 보법 등과 같은 개념이다. 발놀림은 기술을 연결하기 위한 예비수단으로서 몸을 빠르게 이동시키거나 균형을 유지하는 역할을 한다. 또한 발놀림은 공격과 방어 시 타이밍을 맞추거나 상대선수의 공격력을 저지 또는 약화시킴으로써 역습의 기회를 얻고 상대선수의 허점이나 약점을 노출시켜 효과적인 공격을 유도하기 위한 발로 이루어지는 움직임을 말한다.

발들어넘기기
공격 기술로서 발을 들어 상대를 넘어지게 하는 기술

발등
Baldeung, *the tip of the foot*

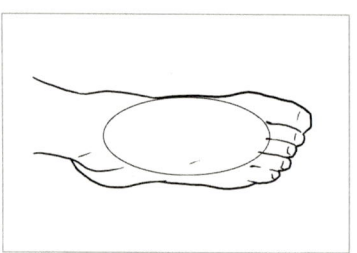

발의 윗부분으로 발가락부터 발목까지이며 사용할 대는 발목을 펴야 한다. 올려차기 · 돌려차기 · 후려차기 · 바깥차기 등에 사용된다.

발바닥
Balbadak, *sole*

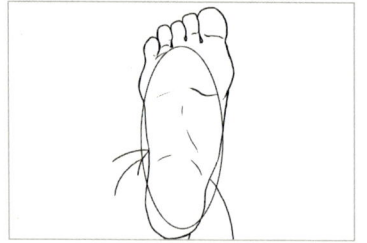

발의 뒤축부터 앞축을 지나 발끝까지.

방어
防禦, block

방어의 사전적 의미는 남이 가격해 오는 것을 막음이다. 태권도에서 막기라는 용어로 사용된다. '막다' 라는 동사에서 명사화한 낱말이다.

막기란 상대방의 공격으로부터 중요 신체부위를 보호하는 기술을 말한다. 막기는 신체의 방어부위, 사용부위, 방향, 방법에 따라 각기 여러 가지 이름으로 표현된다. 예를 들어 방어부위에 따른 얼굴막기, 몸통막기, 아래막기로 이름이 정해진다. 또 하나의 예로 방향에서는 안막기·바깥막기·옆막기로 구분된다.

버락 오바마 미 대통령에 태권도복과 명예단증 선물

버락 오바마 대통령이 2009년 11월 18일 한국을 방문하여 20시간 체류했다. 19일 오전, 정상회담을 마친 후 상춘재 오찬장에서 이명박 대통령은 오바마에게 선물을 주었다.

오바마 대통령은 일리노이주 상원의원 시절인 2001년부터 약 4년 간 태권도를 수련했다. 이에 이 대통령은 우호의 표시로 태권도복을 선물로 직접 고른 것으로 알려져 화제가 됐다.

이 대통령이 선물한 태권도복은 우측소매에 태극기와 성조기가 새겨져있으며 뒷면 위쪽에 '태권도' 라는 문구와 함께 중간에 양국기가 새겨져 있다. 검은 띠와 도복 상하의에는 오바마의 영문성명이 적혀 있다. WTF 명예단증을 수여했다. 오바마 대통령은 도복을 펼쳐본 뒤 '주먹지르기' 동작을 선보였다. 두 정상의 주먹 지르기 사진이 언론지에 게재돼 화제가 됐다.

오바마 대통령이 가져온 선물은 『링컨 전기』 한정판이었다.

범서기(왼범서기의 경우)
Beomseogi, *tiger stance*

모아서기에서 오른발을 30° 정도 넓혀 서며 왼발을 오른발 끝에서 한발 길이로 내디딘다. 체중은 뒷발에 싣고 뒷발을 내려다 봤을 때 무릎과 발끝이 일치되게 한다. 아랫배에 힘을 넣고 체중은 뒷발에 싣는다.

사용: 주로 공격에 사용하며 앞의 발에 체중이 실리지 않았으므로 앞발로 받아 차거나 기습공격을 하고, 또 앞발을 들어 정강이로 차오는 공격을 사전에 제압하며 즉시 두 손으로 역습할 수도 있다.

보주먹
Bojumeok, *hand covered fist*

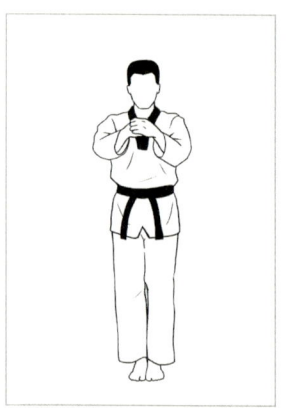

모아서기에서 시작한다. 몸가짐은 기본준비서기 때와 같고 두 손은 아래에서부터 가슴 앞으로 올리며 모은다. 이때 오른손은 주먹을 쥐고 왼손은 엄지손가락을 제외한 네 손가락을 붙여 둥글게 손가락을 말아 오른 주먹등부터 감싼다. 왼손 엄지손가락도 벌려 오른 주먹 엄지손가락 쪽을 감싼다. 두 팔의 팔꿈치는 굽혀 원을 만들어 오른 주먹을 왼손으로 감싼다.

보주먹준비서기
Bojumeok junbiseogi, *hand covered fist ready stance*

두 발은 모아서기를 취한다. 모든 몸가짐은 기본준비서기 때와 같다. 두 손을 아래에서부터 가슴 앞으로 서서히 들어 올리며 모은다. 이때 오른손은 주먹을 쥐고 왼손은 엄지손가락을 제외한 네 손가락을 붙여 둥글게 손가락을 말아 오른 주먹등부터 감싼다. 왼손 엄지손가락도 벌려 오른 주먹엄지손가락 쪽을 감싼다. 두 팔의 팔꿈치는 굽혀 원을 만들어 오른 주먹으로 감싸 연결한다. 두 손은 중심선 상의 인중 높이로 한다.

복장
服裝

태권도 경기의 복장은 도복을 포함하며 일반적으로 용구라고 불리는 안전장비로서 머리보호대 · 샅보대 · 몸통보호구(호구) · 팔다리 보호대 · 장갑 · 마우스피스 등이 있으며 경기 시 반드시 착용하도록 규정돼 있다.

복합공격

복합공격이란 연속공격을 말함. 적어도 두 가지 이상의 기술을 연속으로 수행하여 공격하는 형태이다. 상대방의 경기운영 특성에 따라 개개인의 신체적 소질에 맞는 복합공격을 실시해야 하고 또 실제로 훈련을 통해 숙련도를 높여야 효과적이다.

훈련의 전제는 ▷단일 기술의 완성에서 두 가지 이상 복합기술로 연결하여 숙달 ▷운동학습 능력과 전문 조정능력의 지속적, 점진적 요구 ▷속임 동작을

ㅂ

이용한 기술수행이다. 빈도가 높은 연결동작의 실례로 ①뒷발 몸통 돌려차기와 앞발 얼굴 돌려차기 ②뒷발 몸통 돌려차기와 앞발 몸통 뒤차기 ③뒷발 몸통 돌려차기와 앞발 몸통 돌려차기 등이다.

복합동작
Complex movement

복합동작은 양팔로서 공격과 방어, 공격과 공격, 방어와 방어 등 동시적으로 행하는 동작을 말한다. 예를 들어 품새에 보이는 금강앞지르기는 공격과 방어, 쳇다리지르기는 공격과 공격, 산틀막기는 방어와 방어 등이 복합동작이다.

부심
Judge

태권도경기에서 △득점이라고 인정되면 즉시 채점한다. △주심이 의견을 물었을 때 자기의 소견을 진술한다.

비디오판독위원
RJ(Review Jury)

세계태권도연맹이 주최하는 각종 대회에서 즉시비디오판독을 수행하는 비디오판독위원을 말한다. 비디오판독위원은 "S" 또는 "1" 등급 자격이 있는 국제심판이 비디오판독위원이 될 수 있다.

비틀어차기

Bitureo chagi, *twist kick*

① 왼앞굽이에서 오른발로 찬다고 하면 왼발 축으로 오른발을 앞차기와 같이 무릎을 굽히며 끌어 올릴 때 몸 정면을 지나 왼쪽 바깥으로 나가다가 다시 오른쪽으로 방향을 바꾸어 무릎을 뻗으며 찬다. 사용부위는 앞축, 발등이다.
② 몸도 왼쪽으로 틀었다가 다시 오른쪽으로 튼다.
③ 축이 되는 왼발은 앞차기 때와 같다. 발목을 약간 펴고 무릎은 약간 구부린 채로 찬다.

뻗어치기

Ppodeo chagi, *stretch kick*

① 앞차기와 흡사하나 차는 다리의 무릎을 많이 접지 않으며 발을 끌어올려 정면으로 뻗어찬다.
② 뻗어차기는 앞차기와 같이 발이 위를 향하게 차는 것이 아니라 앞으로 뻗어서 상대가 공격 시 받아 찬다. 그리고 상대가 가까이 접근했을 때 사용가능하다.
③ 사용부위는 발바닥이며 몸통을 차게 된다. 또 발목을 더 젖히면 뒤축으로 차게되어서 타격을 강하게 할 수 있다.
④ 샅을 가격할 때는 발끝을 세워서 뻗어차기를 한다.
⑤ 상체는 앞차기 때보다 약간 뒤로 젖힌다.

사범
師範, Master

전통적인 개념으로는 태권도 등 무도에서 스승을 뜻한다. 사범으로서 호칭되기 위해서는 일정한 단을 보유하고 있어야 하고 국기원에서 인정하는 자격증 소지자를 말한다. 통상 4단 보유자 또는 그 이상이어야 한다.

사범지도자
師範指導者

태권도 4단 또는 그 이상의 보유자로서 소정의 교육과정을 이수하고 사범자격증과 동시에 3급 생활체육교육과정을 이수하고 지도자 자격증을 취득한 자를 이른다.
사범지도자란 전통적으로 무도기술을 가르치는 스승을 뜻하는 사범(師範)과 지도하는 사람을 뜻하는 합성어로서 국기원에서 사용하는 용어이다.

사범지도자자격

국기원의 태권도 지도자연수원에서는 태권도에 대한 이론과 실기를 겸비하고 지도자의 소양과 자질을 갖춘 지도자를 양성할 목적으로 사범지도자 교육을 실시하고 자격시험을 통해 사범자격증을 발급한다. 사범지도자 자격증은 3급, 2급, 1급으로 구분한다.

(1) 3급 사범지도자자격
- 자격요건은 태권도 4단 이상 나이는 22세 이상
- 접수절차는 1차 서류심사 ⇒ 2차 연수 및 자격시험 ⇒ 3차 자격증 배부한다.
- 제출서류 : 지원서(소정의 양식)1부, 칼라사진(3x4)1매

인터넷으로 접수할 경우 작성방법은 다음과 같다.
국기원 ⇒연수원 ⇒지도자교육안내 및 신청 ⇒해당과정선택(모집요강 숙지) 후 연수신청클릭 ⇒과정명 선택 성명 및 주민등록번호 입력 후 교육신청클릭 ⇒개인인적사항 입력 ⇒신청서 제출 버튼클릭 ⇒접수완료.
특히 사범지도자 과정은 인터넷 접수를 원칙으로 하며, 인터넷 접수가 불가능한 연수희망자는 소정의 서류를 갖추어 태권도협회로 제출하면 접수가 가능하다.
연수시간은 40시간 이상(5일간)이며 연수방법은 주간교육(1일 8시간)을 실시한다.
우수 수료자는 연수원장 표창 및 부상을 수여받고 사범지도자자격 취득 후 문화체육관광부에서 시행하는 3급 생활체육지도자 연수대상자격을 획득하게 된다.
국기원 태권도 지도자 연수원은 서울시 강남구 역삼동 635번지 위치하고 있다.

국기원 홈페이지 www.kukkiwon.or.kr

시간표	1 일차	2 일차	3 일차	4 일차	5 일차
1~2 교시 : 09:30 ~ 10:50	오리엔테이션 및 개강식	도장경영론	품새 (유급자)	품새 (유급자)	시범방법론
3~4 교시 : 11:10 ~ 12:30	용어 및 기본동작	특강(지도자 역할과 사명)		경기규칙	품새(유단자)
5~6 교시 : 13:30 ~ 14:50	겨루기론	용어 및 기본동작	태권도사	품새 (유단자)	수료시험 및 수료식
7~8 교시 : 15:10 ~ 16:30		태권도지도법		심사규정	

〈 3급 사범지도자 교육 시간표 〉

(2) 2급 사범지도자자격

- 응시자격
  - 6단 이상 3급 사범지도자자격을 취득한 자
  - 고등학교 이상 졸업자 이와 동등한 학력이 인정되고 자
  - 태권도 도장운영 및 지도경력이 10년 이상인 자 (태권도 도장운영 및 지도경력이 10년 이상인 자는 태권도 사범자격을 취득한 연월일부터 경력 인정 (해당자 경력증명은 각 관계기관 또는 소속단체장이 발급))
- 연수기간은 3일 24시간이상
- 교육내용은 태권도의 원리, 철학, 기술, 태권도와 건강, 특강, 시범론, 품새 교육을 실시 한다.

(3) 1급 사범지도자자격

- 응시자격
  - 8단 이상 2급 사범지도자자격증을 취득자한 자
  - 9단으로서 2급 사범지도자자격증을 취득한 자
  - 9단으로서 1996년 이전의 사범자격증을 취득한 자

- 연수기간은 2일 16시간이상
- 교육내용은 특강, 품새 교육을 실시한다.

사실주의 태권도사

사실주의(수정주의) 태권도사는 '가라테로부터 외부 영향'에 의한 것이라고 보는 데, 이는 '실증주의(實證主義) 사관'을 통해 태권도의 역사서술을 하는 것을 말한다. 실증주의 사관은 문헌을 통해 객관적이면서 과학적으로 역사를 탐구하는 것이 목표이다. 실증주의 사관에 따른 태권도사의 서술은 태권도의 전통성에 흠집으로 여겨질 수 있는 주장(일본 가라테에 영향을 받은 태권도)이 포함되어 있으므로 제도권에서 인정하지 않고 있다. 즉, 해방 이후 한국에 도입된 가라테가 태권도 발생의 계기로 작용되었다는 사실을 기초로 하고 있다. 이른바 '실증주의적' 태권도 역사 인식이 대두하게 되었다.

그런 점에서 태권도 역사 기술에 있어서 은폐하고 왜곡하기보다는 있는 사실을 정확히 파악하고, 잘못 된 것과 잘못 이해된 것을 바로 잡는 노력이 필요하다. 이제 태권도가 가라데의 영향을 받았다는 사실을 진정해야할 시점이라고 본다. 태권도가 가라데의 기술체계, 승급심사, 형의 제정, 수련도구 등 많은 영향을 받기는 받았지만 태권도는 청출어람의 무예라는 점이다. 태권도는 품새 등 가라데로부터 많은 것을 차용하였다. 그러나 기술에 있어서 발기술 위주의 체계를 만들어내고, 겨루기 방식에서 가라데와 전혀 다른 실전 형식을 시도한 것은 한국인의 몸짓인 태권도만의 고유한 것이었다(태권도 역사·정신에 관한 연구, 태권도진흥재단, 2006).

이러한 실증주의 사관에 따른 태권도사의 서술은 한국 태권도에 필요한 실리적인 요구들을 묵과함으로써 나타난 현실과의 괴리를 단점으로 지적할 수 있다.

산틀막기
Santeul makki, *wide open block*

막는 상태에서 두 팔의 주먹이 관자놀이 높이에 위치하도록 하고 두 주먹의 바닥부분이 얼굴 측면에 마주보게 한다. 주춤서기 상태에서 안팔목얼굴옆막기와 바깥팔목얼굴옆막기를 한 상태이다.

삼일신고
三一神誥

삼일신고는 원래 신시에서 나라를 열던 시대에 나왔다. 그 글은 하나를 잡아 셋을 포함하고 셋이 모여서 하나로 돌아간다는 것(執一合三 會三歸一)을 근본 뜻으로 삼고 있으며, 다섯 장으로 나누어져 있어 하느님의 조화와 사람과 사물에 대한 교화의 근본이 자세히 설명되어 있다. 다섯 장은 허공(虛空), 일신(一神), 삼신(三神), 천궁(天宮), 세계(世界), 인물(人物)을 말한다.

삼일신고는 원래 장(章)으로 나누어 있지 않았다. 행촌(杏村) 선생이 처음으로 장을 나누었다. 허공은 하늘의 질량이며, 일신은 하늘의 주재이며, 천궁은 하느님의 조화를 갖춘 곳이며, 세계는 만세를 위한 사람과 사물의 저자(市)이며, 인물은 우주 삼계(三界)의 으뜸가는 가르침이다. 삼일신고의 다섯 가지 큰 뜻은 역시 근본이 있고 삼일신고도 결국 천부 가운데 하나의 이상에서 벗어나지 않은 것이며, 여기에서 비로소 문자의 근원이 오래 됨과 그 뜻이 얼마나 크다는 것을 알 수가 있다.

삼일신고와 천부경은 《환단고기》〈태백일사〉소도경전본훈(蘇塗經典本訓) 제오(第五) 편에 나온다. 《태권도교본》(국기원, 2005: 303)에 따르면, 태극 품새 설명에서 "태극과 무극 그리고 양의는 한민족의 경전 〈삼일신고〉에서 이르듯 셋이면서 하나이기도 하다."

샅보호대
Groin guard

샅을 보호하는 장비로서 경기 시 선수의 안전을 위해 도복 안에 착용토록 규정돼 있음.

생활체육지도자자격

생활체육지도자자격은 체육지도자에 대한 국가공인자격으로 기본적 소양과 전문적 능력을 바탕으로 국민체육진흥을 위한 국민체육활동의 체계적인 지도 및 다양한 프로그램을 보급하는 체육지도자를 말한다.

생활체육지도자는 1급, 2급, 3급으로 구분하고 관련근거는 국민 체육진흥법 제11조(체육지도자 양성) 및 동법 22조(생활체육지도자의 양성과 자질향상)에서 25조의 생활체육지도자연수 및 자격검정에 관한 규칙, 체육시설의 설치 이용에 관한법률 제26조와 동법 시행규칙 28조에 의해 자격을 부여하고 있다. 1급 및 2급은 체육과학연구원을 교육을 실시하며 3급은 전국 21개의 연수기관에서 실시한다. 단, 태권도는 국기원에서 실시한다.

(1) 태권도 3급 생활체육지도자

태권도 전문지도자 인적확보와 생활체육 활동의 활성화 및 다양화에 따른 전문 인력확보를 목적으로 한다.
응시자격과정은 일반과정, 자격부여과정, 특별과정, 추가취득과정으로 구분된다.
① 일반과정

- 응시자격
· 국기원 공인4단 이상인 자로서 사범지도자 자격을 취득한 자
· 만 18세 이상인 자
- 제출서류
지원서(소정양식)-1부, 최종학력 졸업장-1부, 사진(3×4)-2매, 신분증(주민등록증, 운전면허증, 여권 중 1개의 사본)-1부, 국기원단증 사본-1부, 사범자격증 사본-1부
② 자격부여과정
- 응시자격(체육지도자 자격검정에 관한 규칙 제23조의 3항에 해당자)
· 국기원 공인4단 이상인 자로서 사범지도자 자격증 취득한 자
· 대학교의 체육 관련학과 및 전문대학의 사회(생활)체육 관련학과 졸업(예정)자로서 전 학년 교과 성적이 평균 70~100 이상인 자
· 3급 생활체육지도자 필기시험 과목을 이수한 대학교 또는 전문대학의 졸업(예정)자로서 전 학년 교과 성적이 평균 80~100 이상인 자
- 제출서류
· 일반과정 제출서류를 포함
· 대학교 체육 관련학과 및 전문대학 사회(생활)체육 관련학과 졸업(예정)자는 대학교(전문대학) 전 학년 성적증명서(백분율환산)-1부
· 필기시험과목을 이수한 대학교 또는 전문대학 졸업(예정)자는 과목이수 증명서(졸업대학에서 증명)-1부
· 대학교(전문대) 전 학년 성적증명서(백분율환산)-1부
· 수강신청확인서(해당자)-1부
(*최종학기에 필기과목을 수강신청 했을 경우에는 대학교무과에서 2학기 수강신청확인서를 발급받아 첨부해야 한다.)
③ 특별과정
- 응시자격

- 국기원 공인4단 이상인 자로서 사범지도자 자격을 취득한 자
- 2급 경기지도자 자격 소지자, 자원봉사지도자로서 해당 자격종목의 자원봉사 지도자경력 5년 이상인 자
- 체육에 관한 연구, 지도 분야 종사자로서 해당 자격 종목의 종사기간이 10년 이상인 자

④ 추가취득과정
- 응시자격
  - 국기원 공인4단 이상인 자로서 사범지도자 자격취득한 자
  - 3급 생활체육자격을 취득한 자
- 제출서류
  - 타 종목 3급 생활체육지도자 자격증사본-1부
  - 수료증 사본-1부

연수생 선발 시 전형방법은 서류전형⇒실기시험⇒면접으로 이루어진다.
실기시험 평가방법은 전공종목 실기시험(기초기술, 응용기술) 및 구술시험(실기이론 및 체육기초이론)을 실시한다. 단 국기원 공인4단 이상인 자로서 사범지도자 자격증취득한 자는 실기심사를 면제 받는다.
합격기준은 구부(실기시험, 구술시험)별 점수의 각 각 7할 이상 득점, 전공과목 실기시험 점수와 구술시험 점수를 구분하여 평균점수로 결정한다.

구 분	만 점	합 격 기 준	비 고
실기시험	50점	35점 (7할)이상	실기심사 면제자는 미적용
구술시험	30점	21점 (7할)이상	실기심사 후 구술시험을 통하여 채점

〈실기시험 합격기준〉

3급 생활체육지도자 연수는 지역별 연수원에서 실시하며 연수원은 다음과 같다.

지역	연수원	지역	연수원
서 울	서울대	전 남	순천대
	경희대	전 북	전북대
	연세대		군산대
강 원	강원대	전 북	전북대
인 천	인천대		군산대
경 기	용인대	경북, 대구	계명대
대 전	충남대		안동대
충 남	공주대	부 산	동아대
충 북	충청대학		부경대
	건국대		신라대
제 주	제주대	경 남	진주국제대
전국(태권도) 국기원		전국(골프)한국프로골프협회	

연수교과과정에는 교양과목과 일반체육과목으로 되어있으며, 교양과목에는 생활체육론, 건강관리가 있고 체육일반과목에는 운동생리학, 스포츠심리학, 스포츠사회학, 레크리에이션론, 트레이닝방법론, 구급 및 안전관리가 있으며 연수 시간은 총 60시간이다.

(2) 태권도 2급 생활체육지도자자격

2급 생활체육지도자의 응시자격과정은 일반과정, 자격부여과정, 특별과정, 추가취득과정으로 구분된다.

① 일반과정

- 응시자격
  · 18세 이상인 자
  · 3급 생활체육지도자 자격을 가진 자로서 선수 또는 체육에 관한 행정, 연구, 지도 분야의 경력이 3년 이상인 자
  · 체육 분야에 관한 학사학위를 취득한 자
  · 대학 또는 전문대학 체육 관련학과를 졸업하고 선수 또는 체육에 관한 행정, 연구, 지도 분야의 경력이 2년 이상인 자
- 제출서류

· 지원서(소정양식)-1부, 주민등록증 사본-1부, 사진(3×4)-2매, 최종학교 졸업(예정)증명서-1부, 경력증명서-1부, 자격증 사본-1부
② 자격부여과정(자격취득자 : 실기심사)
- 응시자격
· 대학의 사회(생활)체육학과 졸업(예정)자로 전 학년 교과 성적이 평균 70/100 이상인 자
· 2급 생활체육지도자 필기시험과목을 이수한 대학교 졸업(예정)자로서 대학교의 교과 성적이 80/100 이상인 자
- 제출서류
· 지원서(소정양식)-1부, 주민등록증 사본-1부, 사진(3×4)-2매, 대학교 졸업(예정)증명서-1부, 대학교 전 학년 성적증명서(백분율환산)-1부
③ 특별과정
- 응시자격
· 1급 경기지도자 자격 소지자
· 학교체육교사로서 해당 자격종목의 지도경력이 3년 이상인 자
- 제출서류
· 지원서(소정양식)-1부, 소속 학교장 추천서공문-1부, 경력증명서(학교, 교육청 발행증명서(지도 경력표기)-1부, 자격증사본(국기원 공인 4단 이상, 사범자격 소지자)-1부, 1급경기지도자의 경우 자격증사본-1부, 사진(3×4)-1매
④ 추가취득과정
- 응시자격
· 2급 생활체육지도자 자격소지자
- 제출서류
· 2급 생활체육지도자 자격증 사본-1부
연수시간은 일반과정, 자격부여과정, 추가취득과정 모두 160시간으로 교양

12시간(건강교육 12시간), 일반체육 138시간(운동생리학 20시간, 스포츠심리학 16시간, 스포츠사회학 16시간, 인체해부학 18시간, 트레이닝방법론 18시간, 체력검사 12시간, 운동상해 18시간, 운동역학 20시간), 현장실습 4시간(운동처방실습 4시간), 기타 6시간(특강)이다.

특별과정의 연수기간은 62시간으로 교양 4시간(건강교육 4시간), 일반체육 46시간 (운동생리학 8시간, 스포츠심리학 6시간, 스포츠사회학 6시간, 인체해부학 4시간, 트레이닝방법론 6시간, 체력검사 6시간, 운동상해 4시간, 운동역학 6시간), 현장실습 6시간(운동처방실습 6시간), 기타 6시간(세미나, 특강)이다.

(3) 1급 생활체육지도자자격

1급 생활체육지도자는 국민체력센터, 시/도 체력센터, 종합스포츠센터, 종합병원의 스포츠의학센터(운동처방클리닉)등에서 운동처방 분야업무 종사자로서 근무하게 되며, 1급 생활체육지도자는 의료인에 의한 의학적 검진결과 의료인의 치료가 필요하지 아니하다고 인정되는 사람을 대상으로 그 개인의 체력적 특성에 적합한 운동종목, 강도, 빈도, 시간 등의 운동수행방법을 구체적으로 작성, 제시하는 업무를 담당하게 된다.

응시자격과정은 특별과정과 일반과정으로 구분된다.

① 특별과정
- 응시자격
  · 18세 이상인자
  · 운동처방 전공의 박사학위를 취득하고, 운동처방분야의 종사기간 또는 연구, 교육경력이 3년 이상인 자(특별과정 이수 후 전공분야 자격검정 실시)
- 제출서류
  · 지원서-1부, 학위증명서-1부, 주민등록증 사본-1부, 박사학위논문-1부,

학위취득 이후 경력증명서- 1부, 전형료
- 연수시간은 총 30시간
· 이론 강의 20시간(운동심리학 4시간, 운동병리학 16시간, 심전도원리 16시간, 운동부하 16시간, 체력 및 건강검진 16시간, 운동처방 16시간), 실험실습 8시간(운동처방실습 8시간), 기타 2시간
② 일반과정
- 응시자격
· 18세 이상인 자
· 운동처방 전공의 석사학위를 취득한 자(일반과정 이수 후 자격검정 실시)
· 2급 생활체육지도자 자격을 가진 자로서 선수 또는 체육에 관한 행정, 연구, 지도분야의 경력이 3년 이상인 자
· 체육 분야 관한 박사 또는 석사학위를 취득한 자
- 제출서류
· 공통 체육 분야 석사, 박사(지원서-1부, 최종학교 졸업증명서 또는 학위증명서-1부, 주민등록증 사본-1부, 전형료)
· 운동처방전공 석사(석사학위논문-1부)
· 2급 생활체육지도자(2급 생활체육지도자 자격사본-1부, 경력증명서- 1부)
· 건강, 보건, 체육분야 학사(경력증명서-1부)
연수는 총 242시간으로 이론 강의 196시간(운동심리학, 생체역학, 심폐소생술, 운동생리학, 기능해부학, 병리생리학, 심전도원리, 운동부하검사, 체력 및 건강검진, 체력육성지도법, 운동처방론), 실험실습 40시간(운동처방실습 40시간), 기타 6시간(특강, 체육행사)이다.

서기
Seogi, *stance*
서기라 함은 공격 및 방어 동작을 수행하기 위해 지면을 두 발 또는 한 발로

지탱하는 여러 자세들을 일컫는다. 서기의 용어는 '서다'의 동사가 명사화한 것이다.

서기의 종류는 두 발의 형태에 따른 넓혀서기·모아서기·특수품서기로 구분된다. 서기의 기술은 중심의 이동에 많은 영양을 주는 동시에 두 발의 위치와 움직임에 의하여 여러 가지 기술변화를 가져온다.

서든데스
Sudden Death

태권도경기에서 3회전까지 승패를 가리지 못할 경우 1분 휴식 후 4회전 연장전을 실시한다. 연장전은 선(先)득점을 취득한 선수가 승자이다.

서든데스와 우세판정
Sudden Death & Decision of Superiority

태권도경기에서 3회전까지 승패를 가리지 못할 경우 1분 휴식 후 4회전 연장전을 실시한다. 연장전은 선(先)득점을 취득한 선수가 승자이다. 단, 4회전 동점으로 종료될 경우 심판원 전원이 경기의 주도권, 선제공격이 많은 자, 기술발휘 횟수, 고난도 기술 횟수, 경기매너 순으로 한다.

서울선언문

세계태권도연맹(WTF, 총재 조정원)은 2009년 8월 6일 서울 올림픽파크텔에서 열린 '2009 WTF 올림픽 가치교육(OVEP) 국제포럼'에서 태권도인을 위한 새로운 신조, '서울 선언문'에 합의하는데 성공했다.

이 선언문은 전 세계 태권도인의 생활 속에서 OVEP를 실천해나갈 수 있는 조항을 포함하고 있다.

서울 선언문 전문

1. ISF(국제스포츠연맹)인 WTF가 그 특성에 알맞은 OVEP를 개발한 것을 높이 평가하고 이를 전 가맹 회원국을 통하여 실천해 나가도록 권고한다. 2009 WTF 올림픽 가치교육 국제포럼에서 우징궈 IOC위원이 주제 발표를 하고 있다.
2. 한국의 중등학교 체육교사들은 1988 서울올림픽 개최국가로서 학교교육을 통하여 올림픽 이념을 구현해 나갈 것을 다짐하였다.
3. 태권도 정신과 올림픽이념은 동일하며, 다만 그 표현과 실천요령에 있어 문화적 차이가 있을 뿐임을 확인하고 태권도를 통해 OVEP를 실천하는 방법으로 다음과 같이 태권도 수련인의 신조를 채택하여 전 세계 태권도인들이 실천해 나가도록 권고한다.
   ① 나는 몸과 마음을 튼튼하게 가꾸어 의롭게 산다.
   ② 나는 부모에게 효도하고, 가족을 사랑한다.
   ③ 나는 스승과 어른을 공경하고, 친구와의 신의를 지킨다.
   ④ 나는 이웃과 지역사회에 봉사하며, 나라에 충성한다.
   ⑤ 나는 자연과 함께하며, 인류의 평화와 번영에 기여한다.
4. 올림픽 이념의 교육과 청소년을 위한 태권도교육프로그램으로서 세계청소년캠프를 매우 유익한 행사로 평가하고 이를 매년 계속 발전시켜 나가도록 권고한다.

섞어차기
Sokkeo chagi, *mixed kick*

한 발로 두 가지 이상의 차기 기술을 차는 것이다. 보통 첫 번째 차기를 하고 두 번째 차는 발을 접었다가 다시 차게 되는데 땅에 대지 않고 방향과 차기 기술을 바꾸어 차야 한다. 숙달치 못한 사람은 약간 땅에 디뎠다가 두 번째 차기 기술을 행하기도 한다. 상대에게 더 접근하기 위하여 첫 번째 차고 두 번째 찰 때 축이 되는 디딘 발을 미끄럼으로 하여 깊이 들어가며 찬다. 또 다른 방법은 두 번째 찰 때 땅을 약간 디디면서 추진력을 얻어 깊이 들어가며 차기를 한다.

섞어차기의 종류
- 앞차고 돌려차기
- 앞차고 옆차기
- 비틀어차기하고 돌려차기

선수 위치의 색깔 청·홍

태권도(겨루기)경기에서 선수의 위치는 주심의 위치를 중심으로 오른쪽에는 청, 왼쪽에는 홍 선수의 위치로 정해져 있다. 청 또는 홍 선수의 색상은 전통적인 동양의 방위 색상에 따른 유래이다. 좌우 방향 자체에서 오른쪽을 나타내는 색은 청이고 왼쪽을 나타내는 색은 홍이다. 8m×8m 정방형 경기장에서 펼쳐지는 청홍 두 선수의 겨룸의 위치와 태극적 청홍 두 선수의 겨룸의 움직임이 너무도 철학적인 의미를 표상한다.

세계대회 4연패 보유자

태권도경기에서 4연패 최초의 기록 보유자는 2009년 현재 한국의 정국현이다.
4연패란 세계선수권대회의 우승 기록을 기준으로 하고 있으며, 정국현은 현재 한국체육대학교 태권도학과 교수이다. 그는 일찍이 최초로 4연패를 기록함으로써 기네스북에 등재되었다.

세계대회 5연패 보유자

'세계태권도선수권대회 5연패'라는 태권도 사상 초유의 대기록이 스티븐 로페즈(Steven Lopez(31,미국))가 달성했다. 2009년 10월 14일 덴마크 코펜하겐 발러랍 슈퍼아레나(Ballerup Super Arena)에서 열린 제19회 세계태권도선수권대회에서 스티븐 로페즈는 8강전에서 앞니가 부러지는 부상을 당하면서 이룬 쾌거였다.

기존 한국의 정국현 교수가 보유하고 있던 4연패(1982년, 1983년, 1985년, 1987년)를 깨는 신기록 수립이다. 앞서 스티븐은 2001년, 2003년, 2005년, 그리고 2007년도 세계선수권대회에서 우승을 차지했다. 그는 2000년 2004년 올림픽대회에서 금메달과 2008 베이징올림픽대회에서 동메달을 획득했다.

5연패 달성 직후 스티븐은 "베이징올림픽에서의 동메달 획득에 대한 아쉬움을 떨쳐버리고 싶었다. 우승해서 기쁘다. 비록 이빨이 부러지는 일을 겪었지만, 5연패 달성에 비하면 아무것도 아니다. 앞으로 세계선수권 6연패를 달성하기 위해 계속 훈련할 것"이라고 밝혔다.

세계반도핑규정
World Anti-Doping code

세계반도핑규정의 준수는 올림픽 운동에서 의무적인 것이다(올림픽헌장).

세계청소년 태권도캠프
World Youth Taekwondo Camp

세계태권도연맹(WTF)과 태권도진흥재단(TPF)이 공동 주최하는 세계청소년태권도캠프가 2009년 8월 6일~11일 서울과 전라북도 무주에서 개최됐다. 이 캠프에 38개국 207명과 68명의 임원이 참가하였다. 8월 9일 "주니어 친선 겨루기대회"에는 남녀 각 5체급에 약 200명의 선수가 참가하였는데 이는 2010년 싱가포르에서 개최되는 세계청소년올림픽대회를 대비한 리허설 무대였다. 첫째 날인 6일, 오후 2시 부터 서울 올림픽파크텔에서 '2009 WTF 올림픽 가치교육 국제포럼'이 개최됐다. '태권도 정신과 올림픽 이념은 근본적으로 동일하다'는 내용을 담고 있는 서울선언문도 채택됐다. '서울선언문'은 △세계태권도연맹의 올림픽 가치 실현을 위한 교육 프로그램을 개발한 것에 대해 높이 평가하고 △한국 중등학교 체육교사들은 학교 교육을 통해 올림픽 이념을 구현할 것임을 다짐하며 △태권도 정신과 올림픽 이념은 근본적으로 동일하고 △세계청소년태권도캠프를 매년 개최하고 발전시켜 나갈 것을 권고한다는 내용을 담고 있다.

올림픽 가치교육 실현을 목적으로 개최된 OVEP(Olympic Values Education Program) 포럼은 쟈크 로게 IOC 위원장과 이반 디보스(Ivan Dibos) 페루 IOC위원 등의 축하 메시지가 있은 후 우징궈(Wu Jingyu) 대만 IOC위원과 시톨레(Tomas Gana Sithole) 전 짐바브웨 IOC위원이 주제발표를 했다.

우징궈 IOC위원은 '올림픽 가치교육 유스올림픽대회 실천방안'에 대해, 시톨레 전 IOC위원은 '올림픽 정신의 교육적 가치'에 대해 주제발표를 했다. 패널토론은 자오 레이(WTF 심판위원회 부위원장), 신현군 교수(숙명여대 교수, 한국올림픽아카데미 사무총장), 미셀 마다(WTF 집행위원)가 참석했다.

또한 5개 그룹(영어 2그룹, 한국어 3그룹) 분임토의는 첫째 태권도와 올림픽 가치실현, 둘째 태권도와 유스올림픽대회, 셋째 태권도와 올림픽정신, 넷째 태권도와 청소년 교육, 다섯째 태권도와 페어플레이라는 주제로 진행됐다.

세계태권도연맹
WTF(World Taekwondo Federation)

세계태권도연맹은 태권도를 세계 스포츠로 발전시키는 중요한 계기가 되는 제1회 세계태권도선수권대회를 마친 다음날인 1973년 5월28일 국기원에서 19개국 대표35명이 참가한 가운데 세계연맹 창립총회를 개최, 초대 총재에 김운용 씨를 만장일치로 추대하였다.

그 후 1975년 10월 제9차 국제경기연맹총연합회(GAISF · General Assembly of International Sports Federations)총회에 정회원으로 가입하

였다. 그리하여 1976년 국제군인체육연맹(CISM)에서 태권도가 23번째 경기 종목으로 채택 되었고, 1980년7월17일 국제올림픽위원회(IOC)의 승인에 의해 하계올림픽 경기연맹이 되었다.

태권도는 1994년 9월4일 파리에서 개최된 국제올림픽위원회(IOC)에서 2000년 제27회 시드니 하계올림픽시범종목으로 채택되었고, 2004년 제28회 올림픽 정식종목으로 채택되었다.

한편 세계연맹은 김운용 총재의 사표를 제출받아 2004년 2월 15일 방콕에서 특별위원회를 개최하여 이탈리아의 박선재 부총재를 임시 총재로 추대하였다. 그 해 6월11일 인천에서 개최된 임시총회에서 조정원 총재를 선출하고 김운용 총재의 잔여임기를 다하도록 하였으며, 2005년 4월12일 정기총회에서 조정원 총재가 당선되었다.

세계태권도연맹(이하 WTF)의 목적을 보면 "태권도는 고유한 한국문화의 소산이다. 본 연맹을 조직함은 그 고유의 태권도 정신과 더불어 태권도를 전 세계적으로 올바르게 보급시키는데 있다." 라고 되어있다.

태권도 경기를 통해서 올림픽의 정신인 "보다 빠르게, 보다 높게, 보다 강하게" 를 경기의 이상으로 추구하며 국제 올림픽위원회의 승인연맹으로서 올림픽헌장의 정신과 원칙을 준수하고 태권도를 통한 인류평화, 태권도의 세계화, 태권도 경기의 발달, 태권도 기술개발 등에 이바지 한다.

WTF의 사업내용을 보면 세계태권도선수권대회, 세계여자태권도선수권대회, 세계태권도품새선수권대회, 지역태권도선수권대회, 세계대학선수권대회, 세계주니어선수권대회, 각종국제선수권대회, 국제심판강습회, 국제 경기지도자 강습회, 태권도의 올림픽경기종목 채택을 위한 관련사업, 태권도의 기술보급과 발전을 위한 연구 등이다.

WTF의 조직은 189개국의 회원과 총재로 구성된 총회가 있고, 사무국에는 사무총장, 사무차장이 있고, 사무국은 제1사무국과 제2사무국으로 구분되며 제1사무국은 총무, 국제, 홍보, 마케팅을 제2사무국은 경기, 기술을 담당하고 있다.

별도의 자문위원회가 있고, 집행위원회와 17개의 위원회가 있다. 17개 위원회에는 심판기술위원회, 경기기술위원회, 교육기술위원회, 품새기술위원회, 여성위원회, TV 및 뉴미디어위원회, 마케팅위원회, 선수 및 코치위원회, 장애자올림픽위원회, 윤리위원회, 청소년 및 대학위원회, 반도핑 및 의료위원회, 법제위원회, 환경위원회, 과학연구위원회, 프로태권도 이벤트위원회, 발전위원회 등이다. 임원의 임기는 4년이며 총회는 2년마다 열린다.

현재 세계태권도연맹은 세계적인 기구로 대륙별 각 나라의 태권도를 관할하는 기구를 그 회원으로 하며, 2010년 1월 현재 190개 회원국을 관장하고 있다.

회원국 현황을 살펴보면 유럽 49개국, 아시아 43개국, 아프리카 43개국, 오세아니아 13개국, 팬암 42개국이다.

세계연맹 규약에 본부는 대한민국 서울에 영원히 둔다고 명시 되어있으며, 한국어, 영어, 불어, 독어, 서반아어를 공용으로 사용하고 있다.

2010년 1월 현재 세계태권도연맹 공입업체로는 대도인터내셔날, 제우스포츠(아디다스 코리아), 라저스트, Kwon, Xintian Korea, 나이키 스포츠 코리아, 무토코리아, 미즈노 등이 있다.

연맹 사무국은 서울특별시 강남구 삼성동 113번지 조양빌딩 4층에 있다.

홈페이지 주소 www.wtf.org

세계태권도연맹 창립

세계태권도연맹 창립총회는 1973년 5월 28일 국기원에서 19개국 대표 35명이 참석한 가운데 개최되었다. 초대 총재에 김운용을 만장일치로 추대했다. 김운용 총재는 세계연맹 부총재 3명과 사무총장 및 실행위원 19명을 선임, 발표하고 아시아경기대회에 태권도를 정식 종목으로 채택하도록 노력하겠다고 밝혔다.

창립총회는 새로 만든 18조 3항의 규약을 통과시켰다. 또 이 날 총회는 싱가포르가 1974년 아시아태권도선수권대회를 호주에서 열자는 발의에 대해서는 실행위원회에서 결정키로 위임했고 아울러 4년 임기의 세계연맹 부총재 3명, 사무총장 및 실행위원 선임도 총재에게 위임했다.
초대 집행부 명단은 다음과 같다.

부총재(3명): 로랜드 데마르크(미국), 레오 바그너(독일), 김명회(한국). 사무총장: 이종우(한국). 실행위원: 존 M 머피(미국), 막스 하인즈(독일), 토레스 나바레트(멕시코), 웅커 나자르딘(말레이시아), J A 에티마(우간다), 장위국(대만), L. 라코스트(프랑스), 치아트 우스칸(터키), 박건석, 박무승, 노병직, 엄운규, 이남석, 홍종수(이상 한국), 탕 치 유엔(싱가포르) 등이다.

총회에 앞서 같은 해 5월 23일 국기원 사무국에서 창립발기인 모임을 가졌다. 9명으로 구성된 발기인은 김운용(한국), 잭 황, 에듀어드 러셀(이상 미국), 멕시코 2명, 우간다, 제검홍(대만), 마투젝 게오르그, 이경명(이상 오스트리아) 등이다.

▲ 세계태권도연맹 창립발기인 서명

세계태권도연맹 평화봉사재단
TPC(The World Taekwondo Peace Corps Foundation)

세계태권도평화봉사재단(이사장 조정원 세계태권도연맹총재)은 2009년 9월 17일 오후 6시 프라자호텔 그랜드볼룸에서 재단법인 출범식을 갖고 이휴원 초대 총재(신한금융투자 대표이사) 취임식을 가졌다.

이명박 대통령의 '대독'을 시작으로 유명환 외교통상부 장관, 김대기 문화체육관광부 차관, 박진 한나라당 의원, 정병국 한나라당 의원 등을 비롯한 현 정부 인사들의 축하 방문이 이어졌다.

김대기 문화체육관광부 차관은 "진심으로 축하한다. 태권도는 국제적인 무도이자 스포츠다. 태권도를 통해 세계인이 한국을 이해했으며, 글로벌 네트워크를 형성한 공헌도가 크다. 현재는 한국의 10대 문화브랜드에 당당히 선정된 상태다"라고 전하며 "이번에 출범하는 평화봉사재단이 국제사회 봉사에 힘써주기를 바라며 건승을 기원한다"며 이 대통령의 메시지를 전했다.

세계태권도연맹 총재이자 재단 이사장인 조정원은 이날 출범사를 통해 "2016년 올림픽 핵심종목으로 포함시키기로 결정한 이후 이러한 출범식을 갖게 되어 그 의미가 매우 크다. 우리의 훌륭한 문화유산인 태권도를 단순한 스포츠를 너머 세계인과 함께 스포츠의 무한한 가치와 희망을 나누고 봉사를 실천하려는 취지에서 재단을 설립하게 됐다"고 출범목적을 밝혔으며 "초대 총재인 이휴원 신한금융대표이사는 CEO로서 탁월한 능력 뿐 아니라 UN 경제이사회 특별자문기구인 밝은사회클럽 국제본부 이사로서 사회와 국가에 대한 봉사자로서 크게 기여한 사람이다"고 그의 업적과 인성을 높게 평가했다.

이휴원 총재는 취임사에서 "사랑, 우애, 나눔, 봉사를 목적으로 5개 대륙연맹과 189개 회원국에 지부를 설치할 것이다"며 "국내 사회, 시민단체와 유기적 협력을 통해 청년 및 장년문화 간 융합에 앞장설 것이다. 한국의 문화와 태권도 정신을 전 세계에 전파하는 문화외교 사절단의 역할을 수행할 것이다"고 말했다.

태권도평화봉사재단은 대한민국 외교통상부의 정식 인가를 받은 비영리 재단법인으로 매년 2회에 걸쳐 단기 및 중장기 봉사단을 전 세계에 파견하고 앞으로 세계태권도연맹의 5개 대륙연맹 및 189개 회원국에 지부를 설립하고 이를 네트워크화 하여 지구촌 태권도문화운동을 전개, 인류사회의 평화와 상생에 기여함을 목적으로 하고 있다.

재단법인으로 출범하기 이전에 세계태권도연맹이 주최하고, GCS International(밝은사회클럽 국제본부)이 주관하며, 태권도진흥재단이 후원한 태권도평화봉사단은 2008년부터 해외 25개국에 107명을 파견해 태권도 정신과 문화, 한글 한국문화를 전파해왔다

세계품새대회 4연패 기록
세계품새대회 최초의 4연패 기록 보유자는 한국의 서영애이다. 서영애는 2009년 11월 30일~12월 2일 간 이집트 카이로 스타디움에서 열린 제4회 세계태권도품새선수권대회 여자 장년부(41세~50세)에 출전하여 우승, 개인전 4연패의 위업을 달성했다. 이 기록은 태권도(겨루기)대회와 대조를 이룬다. 겨루기 부문의 기록은 정국현이 이룩한 최초의 4연패 기록이 2009년 코펜하겐 제19회(여자 12회)세계태권도선수권대회에서 스티븐 로페즈(미국)가 우승, 5연패 기록을 수립함으로써 깨어졌다.

소청
Arbitration

태권도 경기에서 판정에 이의가 있을 때는 소정의 소청신청서의 소청료를 경기 종료 후 10분 이내에 제출하여야 한다.
경기감독위원회의 심의는 해당국 감독위원은 제외하며 의결은 과반수로 결정한다.
감독위원은 필요에 따라 해당 경기에 관련된 심판원을 소환, 진상을 문의할 수 있다. 감독위원회의 의결은 최종적인 것이며 어느 누구도 이의를 제기할 수 없다.

속도
速度, Speed

품새의 전통적인 다섯 가지 요소는 시선, 몸의 중심이동, 속도의 완급, 힘의 강유, 호흡 등이다.

이 다섯 요소는 품새 수련 시 유의점이기도 하다.

속도(速度)는 '빠른 정도'의 뜻으로서 우리말로 '빠르기'이라 하고 이탈리아어로는 템포(tempo)이다. 템포는 음악에서는 물론 무용 등에서도 아주 주요한 요소이다. 속도의 완급이란 느림과 빠름을 이르는 데, 품새에서 속도는 보통 속도를 제외하고 '이어서' '빠르게' '아주 빠르게' '서서히' 등으로 구분되고 있다. '이어서'는 두 동작 또는 그 이상의 동작, 즉 연계동작 시 단위동작 행위처럼 한 동작씩 끊어서 수행하는 것이 아니고 동작 간의 멈춤이 없이 부드럽게 이어서 하는 속도를 말한다.

연계동작은 무용에서의 프레이즈(phrase)처럼 연이어 있는 동작을 하나로 처리한다는 정도의 의미를 갖는다. 프레이즈를 우리말로 옮길 때 가장 적합한 말은 묶음 또는 다발이다(참고: 동작의 구분).

속임동작
Feint

경기에서 빈번히 사용되는 하나의 기술이다. 경기 중 상대를 속임 동작으로써 효과적 공격을 유도하기 위한 의도적 조작행위로 볼 수 있다. 이는 상대의 허점을 전술 목적으로 수행하는 하나의 경기기술이다. 대개 세 가지 구분이 가능하고, 첫째 몸짓 또는 발을 통해: 상대의 허점을 유도하고자 상체의 움직임 또는 짓기를 수행하여 공격 기회를 포착한다. 둘째 속임 동작을 통해: 속임 동작을 수행하며 상대의 동작변화를 가져오게 한 다음 공격 기회를 포착한다. 셋째 공격 유도를 통해: 상대의 공격을 유인하기 위해 자신의 공격부위를 열려있게 한다.

속임 동작의 주요 과제는 상대 선수에게 심리전을 이용한 의도적 탐색 방법이다. 속임 동작의 습득과 숙달은 훈련이나 경기에서 기술 완성이 과제로 남는다.

손
Hand

태권도에서 손이라 함은 주먹과 반대로 손가락을 두 마디 이상 오므리지 아니하고 주로 펴져 있을 때를 말하며 사용부위가 주먹에 비하여 배 이상이 되며 공격목표에 따라 사용부위도 달라진다.

손과 팔 사용부위

사람의 두 팔과 두 다리를 한문으로 사지(四肢)라 한다. 손이라 함은 사람의 팔목에 달린 부분을 말하는 데, 손과 팔의 통칭이다. 손은 손가락과 손바닥이 있는 부분을 말한다. 하지만 태권도에서 손은 주먹으로 상징되고 있다. 손의 다양한 변통성을 살펴보자.

다섯 손가락의 기능이 독특하고 엄지와 집게손가락을 벌려 V자형의 모양은 아귀손이라 이름하고 상대의 목젖이나 턱을 가격할 때 쓰인다. 집게손가락과 가운뎃손가락의 V자형의 모양은 가위손날, 손날등, 편손끝, 가위손끝, 한손끝, 모은두손끝, 모은세손끝, 모둠손끝, 곰손, 바탕손, 굽힌손목, 아귀손 등 13가지로 나뉜다. 주먹이라 함은 손가락을 오므려 쥔 모양을 말하는 데, 등주먹, 메주먹, 편주먹, 솟음주먹, 집게주먹 등 6가지로 지르기와 치기의 기능을 수행한다.

팔은 크게 팔목과 팔꿈치 관절을 구부려서 만들어지는 모가 지고 단단한 부분을 말하고 팔목의 사용은 막기, 팔굽은 치기 기능을 맡는다.

신체부위의 이름에서 우리가 혼동을 피하기 위해 분명히 해둘 필요가 있는 것은 팔목에서 등, 밑, 안과 밖에서 안팔목은 엄지손가락 쪽의 팔목을 일컫고 새끼손가락 쪽의 팔목을 바깥팔목이라 한다.

이는 해부학적 이름 분류와 정반대의 개념이다.

겨루기 경기에서 손기술의 허용 기술은 바른 주먹의 인지와 중지의 앞부분을 이용한 공격, 여기서 바른 주먹이란 바르게 쥔 주먹이란 뜻으로 바르게 쥔 주먹의 인지와 중지의 앞부분을 이용한 타격이라면 그 각도나 위치에 관계없이 허용된다는 것을 말한다.
손, 팔목 부분을 보호하기 위해 장갑, 팔보호대를 착용한다(WTF 경기규칙).

손기술
손을 사용하여 행하는 모든 공방의 기술이 이에 포함된다.

손날
Sonnal, *hand blade*

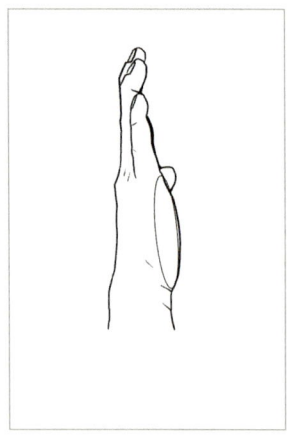

쥐는 법은 네 손가락을 붙이고 끝마디를 약간 안으로 구부린다. 엄지도 끝마디를 약간 오므려 집게손가락 첫마디 부분 옆에 붙인다.
사용부위는 새끼손가락 쪽으로 손목부터 새끼손가락 첫마디까지이다. 손날을 사용할 때는 주먹을 쥐었을 때와 같이 팔목과 손은 일직선으로 하며 손목에서 위, 아래, 안팎으로 꺾어서는 안 된다. 손날은 '치기'와 '막기' 기술에 사용된다.

손날(얼굴)바깥치기
Sonnal bakkat chigi

한손날+얼굴바깥치기=손날얼굴바깥치기

요령: 엎은 손날로 목을 친다. 반대손은 앞으로 뻗었다가 목을 칠 때는 손목을 당겨 허리에 둔다.

손날금강막기
Sonnal keumgang makki

막는 손은 손날이고 아래막기와 얼굴막기로 구성되어 있다. 뒷굽이 시에 아래 막은 손은 대퇴부 위쪽에 위치한다.

손날등
Hand-blade back

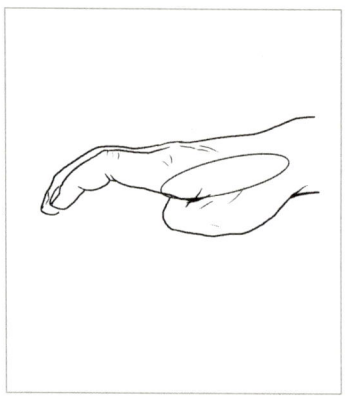

쥐는 법은 손날 때와 같으나 엄지손가락을 첫마디부터 안으로 깊이 파묻어야 한다. 사용부위는 엄지손가락 첫마디부터 집게손가락 첫마디 옆 부분이며 주로 '치기' 기술에만 사용된 손등 쥐는 법은 주로 손날 때와 같으나 힘을 주어 붙이지 않아도 된다. 사용부위는 손등 전부를 사용한다. 주로 '치기' 기술에 사용한다.

손날등몸통막기

손날등+몸통+거들어+바깥막기=손날등몸통막기

요령: 막는 손등을 위로 향하게 하고 반대 손은 손바닥 부분이 몸을 향한 상태에서 시작한다. 반대 손의 손끝이 어깨선에 오고 팔굽을 약간 구부린 상태에서 자연스럽게 내리며, 막는 손은 손끝이 코앞을 지나가게 하고 거들은 손은 명치 쪽으로 당긴다.

손날등몸통헤쳐막기

손날등+몸통+헤쳐막기=손날등몸통헤쳐막기
안팔목몸통헤쳐막기와 동일하다. 손을 펴서 손날등으로 막는다.

손날막기

Sonnalmakki, *hand-blade blocking*

완성 제정용어: 손날+몸통+바깥막기=손날막기(손날막기는 몸통을 기본으로 하기에 몸통을 줄인다.)

자세: 막는 손날의 위치는 어깨 측면과 일치한다. 손끝의 높이는 어깨선 높이이다. 손목이 구부러지지 않아야 하며 손바닥이 정면을 향하게 한다. 거들은 손은 팔목이 명치 앞에 오게 하며 손날과 몸통 사이는 약간 띄운다.

요령: 막는 손의 손바닥을 위로 향하게 하고 반대편 손은 손바닥 부분이 뒤로 향한 상태에서 시작한다. 반대편 손의 손끝이 어깨선에 가져오고 팔꿈치를 약간 구부린 상태에서 자연스럽게 내리며, 막는 손은 손끝이 코앞을 지나가며 막기를 하고

거들은 손은 명치 앞쪽에 가져온다.

손날목치기
Sonnal mokchigi, *one hand-blade neck hitting*

완성 제정용어: 한손날+몸통+안치기=손날목치기

치는 젖힌 손날은 어깨선 높이로 가져오고 반대편 손은 주먹을 쥐고 몸통선에서 시작한다. 목을 목표로 손날로 치는 것으로 치기를 할 때 반대편 주먹은 당겨 허리에 가져온다.

치기: 몸의 회전력을 이용해 팔 공격을 할 때 팔꿈치를 굽힌 채로 손이나 주먹의 이동이 원을 그리며 움직여 목표를 가격하였을 때를 말한다.

손날아래막기
Sonnal araemakki, *hand-blade underneath blocking*

완성 제정용어: 손날+아래+바깥막기=손날아래막기

막는 손날은 손등이 위로 향하게 하여 앞발 대퇴부 위에 가져온다. 그 사이는 주먹 폭 두 개가 들어갈 정도이며 팔목이 구부려지지 않도록 한다. 거들은 손날의 손목부분이 명치 앞
에 가져오고, 손날이 몸통을 붙지 않게 약간 띄운다.

요령: 막는 손바닥을 얼굴 쪽에, 손날 끝은 귀 높이로 하고, 반대편 손은 손바닥이 뒤쪽에서 팔목부분이 어깨선에 오며 팔꿈

치는 약간 구부린 상태에서 자연스럽게 내리면서 시작한다.

손날아래엇걸어막기
Sonnal arae otgoreo makki

아래엇걸어막기 요령과 동일하고 손날을 엇걸어 몸의 중심선 아래로 막는다.

손날아래헤쳐막기
Sonnal arae hecho makki

아래헤쳐막기 요령과 동일하고, 손을 펴서 손날로 막는다.

손날외산틀막기
Sonnal wesanteul makki

외산틀막기 요령과 동일하고 손을 펴서 손날로 막는다.

손바닥
Palm

손의 바닥 전면을 말한다.

손바닥거들어몸통바깥막기
Sonbadak kodureo momtong bakkatmakki, *palm-hand assist trunk outer blocking*

십진 품새에 두 번 나오는 데, 안팔목으로 몸통 바깥막기를 할 때 다른 손의 손바닥으로 막는 손의 손목에 거든다.

솟음주먹
Sosumjumeok, *knuckle-protruding fist*

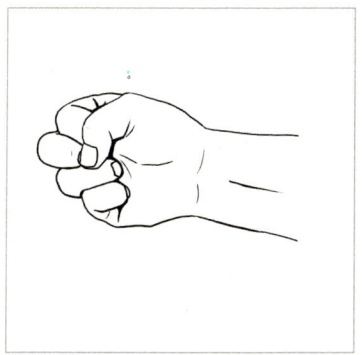

다섯 손가락을 힘 있게 말아 쥐되 가운 뎃손가락 첫마디만 약간 펴서 둘째 마디를 돌출되게 하고 엄지손가락으로 셋째 마디를 밀어 가운뎃손가락이 밀려들지 않게 한다.

솟음지르기
Sosumjireugi, *spring punch*

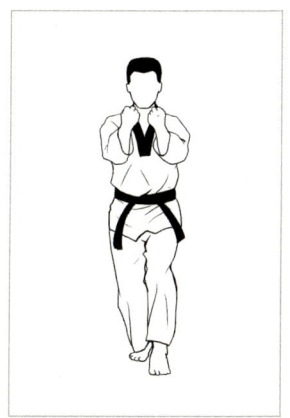

천권 품새에 나오고, 솟음주먹으로 치지르기를 하는 것을 말한다.

송무관
松武館

1946년 5월 개성시 동흥동에서 노병직이 '공수도' 명칭에서 '당수도'로 바꾸어 재개관한 것으로 알려지고 있다.

노병직(1919~　　)은 일본 니혼(日本)대학 유학시절 쇼도칸(松濤館)에서 가라테 4단을 취득했고, 송무관은 1944년 2월에 귀국하여 개성시 자남동 활터였던 '관덕정' 정자 건물에 도장을 개설하기로 하고 관할 경찰청에 허가원을 제출하여 '공수도 송무관' 이름으로 허가를 받았다고 한다. 1944년 3월 20일 제1회 승급심사가 이뤄졌으니 도장의 개관은 그 이전이라는 것으로 추정된다.

송무관(松武館) 이름에 대해 노병직에 의하면, 첫째, 십장생의 하나인 소나무의 항상 푸르고 역동적인 의미를 좋아해 소나무의 '송' 자, 둘째 고려시대 수도인 개성의 옛 지명인 송도(松都)의 '송' 자와 셋째 그가 무도계에 입문한 쇼도칸의 '송' 자를 차용, 작명한 것이다.

노병직은 단신의 체구에 지나치게 카리스마가 강했다고 하며 특히 수련시간을 중시했다. 수련시간이 되면 한 명의 제자가 와도 지도를 했다. 지도 수련 1~2시간 전에는 아령과 역기로 몸을 풀고, 단련주에서 하루를 보통 3백번씩 발차기를 하곤 했다고 전해진다. 당시 송무관은 6개월에 한 번씩 승단 심사를 봤는데, 노병직은 반드시 '격파'를 통과해야만 승단을 인정했다.

1953년 9월에 서울 마포구 아현동에서 당수도 송무관 중앙도장을 재발족했다.

송무관 관훈은 예의존중, 극기겸양, 부단 노력, 최웅 만부(最雄 萬夫), 문성 겸전(文成 兼全)이다.

송무관 출신으로는 이회순, 이영섭, 김홍빈, 한상민, 송태학, 이희진, 조규창,

홍영찬, 최동희, 김일상, 강원식 등을 배출했다.

수기수상작 만화

태권도진흥재단(이사장 이대순)과 (주) 다모라(대표이사 강민수)는 2006해외 한인태권도사범 수기 수상작 "지구촌 끝까지 Ⅰ, Ⅱ"와 2007해외 외국인 태권도사범 수기 수상작 "This is the Life I Have Chosen"를 교육용 만화로 제작 출판하고자 2008년 7월 24일 업무협약을 체결하였다. 첫 사업으로 2006년도 한인 태권도 수기 공모에서 최우수상을 수상한 캐나다 이태은 사범의 수기 "아직도 멈추지 않은 꿈"을 구성작가 고영경씨가 만화 대본을 만들고, 전 청강문화 산업대학 만화창작과 안태성 교수(화백)의 그림으로 약 400(상,하 2권)으로 출판하여 해외수출을 목표로 하고 있다.
태권도진흥재단과 (주)다모라는 향후 3년간 해외 태권도사범 수기 수상작품을 시리즈로 영어만화를 제작하여, 이를 국내외에 보급할 예정이다.

수련
修鍊

수행이련(修行以鍊)의 준말로서, 실천방법을 중심으로 닦음을 표현한 말. 우리말 사전(한글학회, 2009)에서 수련은 몸과 마음을 닦아서 익힘을 뜻함. 태권도의 보편적인 용어로서 수련이 몸을 강건하게 하고 마음을 도덕적으로 무장하게 하는 데 도움이 된다고 한다. 즉 몸의 단련과 마음의 수양을 하기 위한 닦음인 것이다. 몸의 단련은 태권도적 특성인 동작체계의 수련을 의미한다.

수박
手搏

수박은 무기를 사용하지 않는 '맨손무예'를 뜻한다. 이는 손과 발 또는 머리를 이용해 상대를 제압하는 무예이다. 기록에 따르면, 수박(手搏), 수박(手拍),

수벽타(手癖打), 수벽치기 등 다양한 이름으로 표기되어 있다.

수박은 고려시대부터 조선 전기까지 편찬된 문헌에서 확인할 수 있는 무예의 이름이다. '수박'이라는 용어 자체는, 중국 사서인 『한서(漢書)』〈예문지(藝文志)〉에 『수박육편』이라는 책에 보인다.

우리나라 기록에서는 수박이라는 용어가 처음 나타나는 것은 『고려사』(1451)이다.

『고려사』권100 열전(列傳) 13 두경승(?~1197)조에, 두경승은 전주 만경현 사람이다. 성품이 온후하고 도타우며 꾸밈이 적고 용기와 힘이 있었다. 처음에는 공학군에 편입되었는데 수박하는 사람이 경승을 불러 한패로 삼으려 하였다. 그의 외숙 상장군 문유보가 이 말을 듣고 말하기를 '수박이란 천한 기예이니 장사가 할 바 못된다' 라고 하니 경승이 드디어 나아가지 아니하였다.

『고려사』권128 열전 451, 이의민(?~1196)조에, 이의민은 수박을 잘했으므로 의종이 그를 사랑하여 대정으로부터 별장으로 승진시켰다.

『조선왕조실록』의 수박관련 기사는 手搏, 手搏戱, 手拍 등으로 표현되고 있으며 모두 17차례 인용되었다.

1410년 『태종실록』권19 태종 10년 1월 21일(술자)에, 병조와 의흥부에서 수박희로써 사람을 시험하여 방패군을 보충하는데, 세 사람을 이긴 사람을 뽑아썼다.

그 외 『태종실록』, 『세종실록』, 『세조실록』, 『용제총화』, 『신증동국여지승람』 등에서 기록이 보인다.

수박은 고려시대에는 대단히 유행했다. 그러나 조선시대의 수박은 『조선왕조실록』에는 1410년 태종부터 1467년 세조 13년까지 57년까지만 관련 기사가 나오고 그 밖의 자료에서도 1500년을 전후로 그 이후에는 수박에 관한 구체적인 기록이 나타나지 않고 있다(나영일, 1997).

1798년 『재물보』(이만영 편찬)에는 '슈벽' '탁견' '씨름' 과 같은 맨손겨루기의 명칭이 보인다. 이는 조선의 군대 내에서 공식적으로 전수되던 맨손무예와는 다른 종류일 것이다. 군인들이 수련한 맨손무예는 임진왜란이후에는 권법이었다.

숙련도
熟練度, Mastery

숙련도란 기술 숙달의 수준을 말하고 학습과 숙련 연습량과 관계되는 수치로서 외부로부터 객관적으로 관찰, 측정되는 운동의 경과 결과에서 드러나는 수준을 말한다. 숙련도가 높다는 것은 반복적 연습 결과와 비례되며 그에 따른 성취될 수 있는 경기력과 관련된다.

숙련성
熟練性

품새 경기에서 요구되는 평가 기준이 되는 하나의 항목이다.
운동 연습량과 관계되는 것으로서 외부로부터 객관적으로 관찰, 측정되는 운동의 경과, 결과에서 드러나는 성숙도의 수준을 말한다. 숙련도가 높다는 것은 반복적 연습에 의해 성취될 수 있는 경기력과 연관된다.
세부 기준 항목은 세 가지로서 동작의 크기, 균형 그리고 속도와 힘(파워)이다.

스포츠
Sports

스포츠란 개념은 아주 다양한 육체적인 정신적인 활동을 포괄하는데, 스포츠에는 참가자의 목적이나 기대되는 성과에 따라서 운동·놀이·게임·여가·레크레이션이 포함될 수 있고 그 경계는 노동뿐만 아니라 유희와도 통해 있다. 성취를 위한 노력과 정향성은 스포츠를 노동과 결합시키고, 자기 목적적인 특성과 규칙에의 정향성 및 자의성과 만족은 스포츠를 유희와 결합시킨다.

대개의 스포츠는 경기자들에 의해서 결과가 예측될 수 있는 시합을 말한다. 경기스포츠로서의 종류도 다양하다. 보다 멀리, 보다 높이, 보다 빠르게, 보다 강하게, 보다 아름답게, 보다 많이 등의 내용으로 분류되고 내용에 따라 평가의 기준이 설정된다. 스포츠는 대개의 경우 대자적 표현 행위와 대인적 또는 대물적 행위 등으로 구분될 수 있다. 태권도는 대자적 표현행위로서 품새 경기, 대인적 행위로서 겨루기 시합으로 나뉘고 있다.

스포츠 활동의 동기는 스포츠 자체 내에 놓여 있거나(경쟁심, 운동에의 욕망, 난관 극복의 기쁨) 아니면 스포츠의 외부에 놓여 있다(명예심, 돈 벌이 등).

대중문화의 조건들에서(스포츠 관람과 마찬가지로) 스포츠 활동은 상당히 변화되었다. 오락, 선정성, 말초적 쾌감 외에도 스포츠는 심리적이고 정치적인 다양한 기능을 수행한다. 스포츠는 점증하는 사무실 노동과 관리 노동의 운동 결핍을 보충하여 육체의 성취력을 넘어서서 사회적인 통합의 가능성을 제공한다. 세계축구선수권(월드컵)대회나 올림픽 경기와 같은 대규모 스포츠 행사의 개최는 다만 국가적인 과시의 수단일 뿐만 아니라 또한(스폰서 계약, 광고 계약, 외국인 왕래 등에 의하여) 현저한 경제적 요인이 된다(미학사전, 예경, 2002).

스포츠어코드
SportAccord

스포츠어코드는 2003년 스페인 마드리드에서 처음 개최되었고 2004년 로잔, 2005년 베르린, 2006년 베이징, 2007년 아테네 그리고 2006년 서울, 2009년 미국 덴버 그리고 2010. 4월에 두바이에서 개최된다.

스포츠어코드는 국제경기연맹총연합(GAISF), 하계올림픽국제경기연맹연합(ASOIF), 동계올림픽종목협의회(ALOWF)가 공동으로 개최하는 국제회의 및 전시회로서 국제올림픽위원회(IOC) 집행위원회, 국제경기연맹총연합(GAISF) 총회, 하계올림픽국제경기연맹연합(ASOIF)총회, 동계올림픽종목협의회

(ALOWF)총회 및 연석회의 등 각종 회의와 국제학술회의, 스포츠산업전 등의 다채로운 행사가 동시에 개최되는 국제스포츠계의 최대 이벤트 중 하나다.

2006년 4월 3일부터 5일간 제4회 스포츠어코드는 서울 강남구 삼성동 코엑스 컨벤션센터에서 열렸다. 개막식에는 김명곤 문화관광부 장관과 하인 베르부르겐 스포츠어코드 회장, 마리오 바스케냐 라샤 국가올림픽위원회총연합회(ANOC) 회장, 자크 로게 IOC 위원장, 김정길 대한올림픽위원회(KOC)위원장 등 국제경기연맹 관계자, 학술회의 및 전시회 참가자 등 850여명이 참석했다.

스포츠영상상영, 가곡 가야금 연주 등 개막공연에 이어 스포츠어코드 서울조직위원회 위원장 조정원 세계태권도연맹(WTF) 총재는 환영사를 통해 "스포츠어코드는 국제스포츠계의 교류무대 구실을 해냈다"고 말했다.

국제경기연맹총연합(GAISF), 하계올림픽국제경기연맹연합(ASOIF), 국제동계올림픽종목협의회(ALOWF)가 공동 개최하는 스포츠어코드는 3개 단체 총회와 집행위원회 등을 한 곳에서 개최하면서 학술회의와 전시회를 연계시킨 행사였다.

2009년 3월 28일 미국 덴버에서 열린 스포츠어코드에 참석한 IOC 자크 로게 위원장이 "집행위원회에서 7개의 후보종목들을 분석해 이 중 올 여름 베를린에서 개최되는 IOC집행위원회가 두 종목으로 압축할 것이라며, 8월 중순 경에 개최되는 세계육상선수권대회 개회식 이전에 열릴 것"이라고 밝혔다.

이를 위해 IOC는 오는 6월 스위스 로잔에서 있을 집행위원회회의 때 7개 예비종목들의 프리젠테이션을 진행한다. 이어 8월 13일 베를린 집행위원회에서 앞서 7개 종목(야구·골프·가라데·롤로스포츠·럭비·스쿼시·소프트볼) 중 2개를 선별한다. 추가된 2개의 종목은 10월 6일 덴마크 코펜하겐에서 열리는 총회에서 전체 IOC위원들의 찬반 투표에 붙여진다. 나머지 26개 종목전체에 대해서도 정식종목 유지에 대한 비밀투표가 실시된다.

스포츠어코드 무술 및 격투기스포츠대회
SportAccord Martial Arts and Combat Sports Games

2010년 8월 28일부터 9월 4일(8일간) 중국 베이징에서 열리게 되는 스포츠어코드 무술 및 격투스포츠대회(Sportaccord Martial Arts & Combat Sports Games) 에 아이키도·복싱·유도·주짓수·가라데·캔도·킥복싱·무에타이·삼보·스모·레슬링·우슈·태권도 등 13개 종목이 참가한다.

이 대회 창설은 2008년 12월 모스크바에서 열린 GAISF회에서 결정됐고 2009년 3월 미국 덴버(Denver)에서 가진 국제경기연맹총연합회(GAISF)와 스포츠어코드(SportAccord)간의 회의에서 중국 베이징에서 개최키로 결정되었다. 13개 종목에서 1,500명의 엘리트선수가 참가하여 세계에 이들 스포츠의 정수, 아름다움 그리고 우수한 연기를 보일 것이다.

WTF는 이 대회에 2009년부터 시행되는 태권도 랭킹제를 토대로 2009년도 1위부터 8위까지 랭크된 선수들을 이 대회에 출전시킬 예정이다. 태권도 종목은 올림픽체급인 남녀 각 4체급에 64명 선수가 참가하게 된다.

승품·단 심사위원

국기원의 태권도 지도자연수원에서는 태권도 사범지도자들에게 승·품단 심사에 대한 규정, 채점요령 및 실기 연수를 실시한 후 엄정한 평가를 통해 심사위원을 선발하여 공정한 승·품단 심사와 태권도 기술발전에 기여하는데 목적이 있다.

승품단 심사위원은 3급, 2급, 1급으로 구분된다.

① 3급 승품단 심사위원
· 태권도 6단 이상 3급 사범자격증소지자
· 연수에 참가하여 수료 후 이론 및 실기시험 합격자에 자격발급
② 2급 승품단 심사위원

응시자격은 연수과정과 승급과정으로 구분된다.
- 연수과정
· 태권도 8단 이상 2급 사범자격증소지자
· 연수에 참가하여 수료 후 이론 및 실기시험합격자에 대해 자격발급
- 승급과정
· 태권도 8단 이상 2급 사범자격증소지자
· 3급 승품단 심사위원 자격증 소지자
· 승단이후 심사위원 활동경력이 5회 이상인 자
③ 1급 승품단 심사위원
응시자격은 일반과정과 승급과정으로 구분된다.
- 일반과정
· 태권도 9단 이상 1급 사범지도자자격증 소지자
· 태권도 9단자로서 1996년 이전의 사범지도자자격증 소지자
· 연수에 참가하여 수료 후 이론 및 실기시험합격자에 대해 자격발급
- 승급과정
· 태권도 9단 이상 1급 사범지도자자격증소지자
· 2급 승품단 심사위원 자격증 소지자
· 승단이후 심사위원 활동경력이 5회 이상인 자
연수시간은 2일간 16시간 이상이다.

시 · 공간
視 · 空間, Time & Space

공간과 시간은 상호 조건이 되는 관계에 있다. 이는 겨루기, 품새 경기에서도 그 예를 찾아볼 수 있다. 즉 경기 규칙에 따른 시간과 공간을 의미한다. 겨루기 경기에서는 6분 이내의 시간과 8m x 8m 넓이의 공간을 말한다. 시간과 공간은 경기자의 활용도에 따라 채점에 연관된다. 품새에서의 시공간은 품새

에 따라 시공간이 다를 수 있고 시연자의 체형에 따라 다소 차이를 보인다. 품새의 동작수와 품새선이 그러하고 신체조건에서 키가 큰 사람과 키가 작은 사람이 같은 품새를 시연해 보일 때 특히 공간의 경우가 그것이다.

시간
Shigan

양손 인지를 인중 높이에서 왼손 인지를 바깥으로 하여 서로 교차시킨다.

시범
示範, Taekwondo Demonstration

시범의 사전적 의미는 모범을 보임이다. 원래 이 용어는 체육, 무예 등 몸으로 행동하는 종목에서 지도자가 학습자에게 설명을 할 때, 동작을 곁들이며 보인다는 좁은 뜻으로 쓰였다.

태권도 시범은 오늘날 태권도의 기술체계의 한 장르를 이루고 있듯이 의미가 확장되고 있다. 국기원 태권도교본에서 시범에 대한 설명이 보인다.

"태권도 시범이란 태권도를 수련한 사람이 태권도 기술과 묘기를 보여줌으로써 보는 사람으로 하여금 태권도가 무엇인가를 알려주고 신기함과 흥미를 자아내게 하여 배우고자 하는 의욕을 일으켜 주는 것이다. 또한 시범을 보이는 사람은 자기가 연구하고 연마한 태권도 기술에 대해 찬사와 환호를 받을 때 태권도인으로서 긍지와 자부심을 갖게 된다"(『태권도교본』, 국기원, 2006).

국기원 『태권도교본』에도 기본동작 · 품새 · 겨루기 · 시범 등으로 구분하고 있는 데, 태권도 시범이란 기본동작 · 품새 · 겨루기 · 격파 · 호신술 및 특기기술과 묘기 등을 구성하여 짧은 시간 내에 보여 주는 태권도의 종합예술이라고도 말할 수 있다.

시범 종목이라고 할 때는 또 다른 의미를 갖는다. 정식 종목에 대비되는 개념이다.

올림픽에서의 태권도는 처음으로 1988 서울올림픽에 시범종목으로 채택되었다. 그리고 1992 바르셀로나 올림픽에서도 시범종목으로 참가하여 태권도의 우수성을 과시했다. 그와 같은 노력에 의해 2000 시드니올림픽에는 정식종목으로 채택되었고 2004 아테네올림픽, 2008 베이징올림픽에 이어 2012 런던 및 2016 올림픽에도 정식종목으로 채택되어 있다.

이와 같이 시범 종목이라고 부를 때는 정식 종목이 아니고 단지 한시적으로 경기를 치르되 정식에 대비되는 개념으로서 종합전적 또는 메달 등과 관계없이 행해지는 경기를 일컫는다. 시범 경기의 또 다른 이름은 1992 바르셀로나 올림픽에서 태권도 전시 종목이 그것이다.

태권도 시범은 시범단 이름으로 시범의 효과가 극대화되고 있다.

한국의 대표적인 시범단은 국기원 시범단(창단 1974년 9얼 6일, 단원수 76명), 코리아 타이거즈 시범단(K.타이거즈)이 있고 어린이 시범단은 미동초등학교 시범단이 있다. 현재는 여러 대학에 시범단이 구성되어 활발한 활동을 펴고 있다.

2008년 대한태권도협회는 '새로운 시범문화의 창출'을 목표로 하는 시범공연단(창단 5월 5일, 단원수 45명)과 세계태권도연맹의 시범단(창단 5월 2일, 단원수 56명)은 태권도의 우수성 전 세계에 알리고 세계연맹의 이미지를 부각시키기 위해 각각 창단하였다. 물론 그 이전에 서울시 태권도협회 시범단 등 시도협회 차원에서 시범단이 구성되어 있다.

그 중 국기원 시범단은 해외 관광객을 위해 2007년부터 경희궁정기시범을 3월~12월 기간에 매주 수·토요일에 진행하고 있다.

시범단은 태권도 시범의 효과를 목적으로 하는데 태권도 기술의 우수성을 보여줌으로써 보급 확대의 홍보효과를 얻고자 하는 것이 일차적 목적이다. 시범의 효과는 시범단 소속의 단체를 알리는 수단이기도 하고 국가를 대표하여 해외 순방에서의 시범은 태권도를 통한 국위선양에도 기여하게 되는 것이다.
태권도 시범의 내용과 양식에 변화를 가져오고 있다. 태권도에 예술성을 가미한 퍼포먼스는 물론 시범문화공연이라는 예술 공연 형태로 발전되고 있다. 넌버벌(대사가 아닌 몸짓과 소리 즉 리듬과 비트만으로 구성된 비언어) 형식으로 구성돼 정기적으로 공연을 하는 '점프'는 넌버벌 퍼포먼스의 대표적인 단체이다. '점프'의 우수성은 이미 외국에서 확인되었다. 2005, 2006년 영국 에든버러 프린지 페스티벌과 런던 웨스트엔드 장기공연에서 매진 사례를 비롯해, 해외에서 지속적인 러브콜을 받고 있다.

시범의 종류는 단독시범에서 단체시범으로 나뉜다. 단체는 시범단 시범과 매스 게임식 시범, 무용시범으로 다시 구분된다. 시범단의 규모는 대략 20~30명의 시범요원으로 구성되어 태권도의 전반적인 기술을 총망라하여 시범을 구성, 보일 수 있는 시범으로서 해외 순회시범이나 체육관에서 관중들에게 태권도를 소개하는 데 가장 효과적이며, 태권도 시범의 기본이라 말할 수 있다. 매스 게임식 시범의 효시는 1972년 6월 16일 제1회 전국스포츠 소년체육대회 개막식에서 태권도 매스게임이 첫 선을 보인 시범과 국제행사로는 1986년 제10회 아시안게임, 1988년 제24회 서울올림픽 개막식에 펼쳐 보인 태권도 시범이다.

시선

視線, Eye Direction

내 앞에 마주한 상대방의 움직임에 초점을 맞추어 공방적 행위를 용이하게 하는 눈의 역할 영역을 말한다. 눈은 여러 곳에서 쳐들어오는 상대방의 손과 발을 예견한다. 때문에 눈은 사방을 볼 수 있어야 한다. 방향 이동 시 시선과 동작은 일치해야 한다.
품새 진행 중 동작에 따라 보는 시선의 방향과 높낮이를 말한다.

시작

Shijak, *start*

△준비 자세에서 왼발을 끌어당겨 범서기로 서면서 양 손바닥을 펴고 양 팔을 어깨를 중심으로 각 45도 바깥으로 벌린 후 △양 팔을 양 손바닥이 마주 보이도록 양 가슴 앞으로 약 25cm 간격으로 재빨리 끌어당기면서 '시작' 구령을 한다.

신체 사용부위

태권도는 공격과 방어를 위해 온몸을 사용한다. 태권도를 행함에 있어 힘(타격력)은 몸통에서 나오나 실제로 상대방의 목표를 타격하는 것은 주로 팔과 다리이며, 그 중에서도 손과 발의 역할이 크다.

부위(部位)란 신체부위를 이름이고 전체에 대한 부분의 위치를 일컫는다. 태권도 동작은 몸짓인데 그것은 어떠한 목적을 수행하기 위한 것이다. 손발의 움직임을 통해 공방적 행위에는 신체부위의 이해는 필수적이다. 상대에게 어떠한 공격을 하고자 할 때에는 공격목표를 정해 놓고 행해져야 하는 것인데 그 목표는 급소를 택하는 것이다. 이 같은 구체적인 목표란 작은 충격으로도 치명적인 아픔을 느끼는 곳을 "급소" 라 부르고, 이는 신경이 피부 가까이 노출되어 있기 때문이다. 인체에는 공격목표가 될 급소가 수백 개에 이르나 그 중 수련목표의 기준으로서 신체를 크게 세 부위로 정해두고 있다. 태권도인은 모든 급소에 대한 충분한 지식을 가져야만 적절한 공격부위나 막기부위를 이용할 수 있을 뿐만 아니라 불상사를 미연에 방지할 수 있다. 중요한 것은 급소의 특성에 따라 공격부위의 선택과 써야할 힘을 잘 조절함으로써 자기가 필요로 타격을 줄 수 있다는 것을 알아야 한다.

태권도 공격목표는 우리의 몸을 크게 세 부위로 나뉘고 각각 대표적인 급소를 정해두고 있다. 아래(아랫도리의 준말), 몸통, 얼굴부위가 그것이다. 이 세 가지 공격목표는 수련 시에 자기와 똑같은 체격의 가상의 적이 나와 똑같은 자세로 서 있다고 가정하고 그 목표를 공격하는 것이다. 이 세 부위는 방어 및 공격을 할 때 편의상 신체의 높낮이에 해당되는 구분이다. 세 부위는 각각 하나의 급소를 대표적으로 택하고 있다. 각 부위의 대표적인 급소는 단전(공격목표 부위: 아래), 명치(몸통), 인중(얼굴)이다.

태권도의 기술체계는 대자적 목표와 대타적 목표로 나뉠 수 있는데, 여기서 대자적 목표란 자기를 기준으로 한 같은 조건의 가상(假象)을 설정해 놓고 그 가상의 목표를 이름이다. 대타적 목표란 실제 내 앞에 마주한 상대의 목표를 일컫는다. 상대의 신장에 따라 목표의 높낮이가 다른 것은 나의 신장과 다르기 때문이기에 대자적 목표와 동일할 수가 없는 것은 당연하다.

부위의 경계는 두 가지로 나뉜다. 첫째 아래와 몸통의 경계이다. 이는 허리의 해부학적 이름으로 장골능의 좌우 가로선을 말하는 데, 편의상 아래선을 말한다. 다음으로 몸통과 얼굴의 경계는 목 아래에 위치한 빗장뼈(쇄골)을 기준하고 그 이상의 부위는 얼굴에 속한다. 국기원 교본에서는 인체 급소 및 공격목표에 있어 360여 개에 해당하는 많은 급소 중 태권도인이 필히 알고 있어야 하고, 유용한 급소 34개만 표시하고 있다. 공격목표는 부위와 밀접한 관계를 유지한다. 신체 구분에 따른 부위에 직접 사용부위와의 적중은 동작행위의 정확성이라는 결과이다.

신체 사용부위는 첫째, 공격 목표 부위로서 얼굴·몸통·아래 셋의 구분이고, 둘째, 공격 및 방어사용 부위로서 주먹·손·팔목·팔굽·발·무릎 등이다. 좀 더 구체적으로 형태면, 구성면, 기능면에서 살펴볼 것이다.

주먹에는 주먹·등주먹·메주먹·편주먹·솟음주먹·집게주먹으로 세분되고, **손**은 손날·손날등·편손끝·바탕손·아귀·한손날 등으로 구분할 수 있다. **팔**은 팔목과 손 부위로 구분되며, 사용되는 팔목의 부위에 따라 바깥팔목과 안팔목으로 구분한다. 등팔목과 밑팔목은 잘 사용되지 않는 부위이지만 상황에 따라서 예외적으로 사용될 수 있다. 등팔목의 경우는 엇걸어막기에서 사용된다. **발**의 구분은 앞축·뒤축·발날·발날등·뒤꿈치· 발바닥·발등이다. **팔굽**은 팔꿈치 관절을 구부려서 만들어지는 모가 지고 단단한 부분을 말하는 데, 주로 치기 기술에 사용한다.

여기서 우리들이 '팔굽'에 대한 올바른 이해 없이 잘못 표현하는 경우가 많다. 교본에서 '팔굽을 굽혀서' 또는 '팔굽을 펴서'라고 표현하는 것이 그 경우인데 이는 올바른 표현이 아니다. 팔꿈치관절(주관절)을 구부린다 또는 팔꿈치를 편다라고 함이 바른 표현이다. 무릎도 마찬가지로 다리 관절을 구부려서 만들어지는 단단한 부분으로 치기기술에 사용한다.

무릎은 팔굽과 다르게 무릎자체가 관절을 의미하기에 무릎관절(슬관절)을 구부린다. 또는 무릎을 편다. 라고 해도 상관이 없다. 특히 발의 부위에 대한 주목이 필요하다. 해부학 용어와 달리 쓰이고 있기 때문인데, 다음의 경우가 그 것이다. 앞꿈치 부분을 앞축, 뒤꿈치 부분을 뒤축이라고 하는 것은 태권도 동작에서 이동 시 사용하는 축을 강조하기 위해 앞축 또는 뒤축이라 한다. 주먹이라 함은 손가락을 오므려 쥔 모양을 말하며 사용하는 부위에 따라 그 이름과 사용방법이 달라진다. 주먹의 변화에는 젖힌주먹과 세운주먹이 있다 이는 상대와의 거리와 관계되며 가장 가까운 거리라면 젖힌주먹 사용이 적합하다. 팔목의 구체적 구분은 손등(Dorsal Surface)을 앞쪽을 향해 엄지쪽의 팔목을 안팔목, 새끼손가락쪽의 팔목을 바깥팔목이라 하는 데, 이는 해부학적 구분과 정반대의 현상이다. 이는 태권도 자세와 해부학적 자세 구분이 다르기 때문이다. 해부학적 자세는 두발을 자연스럽게 붙이고 두 손의 손바닥이 앞쪽을 향한다. 이와 반대로 태권도 자세에서는 손등이 앞쪽을 향하는 것이 다르다. 해부학적 설명을 하자면 아래팔(下腕)에는 노뼈(요골, Radius)와 자뼈(척골, Ulna)가 있다. 노뼈는 해부학적 자세로 가쪽에 있으며, 자뼈보다 길이가 짧다. 노뼈가 바깥팔목에 해당되고 자뼈가 안팔목에 해당되며 노뼈보다 길이가 길다.

해부학에서 신체를 나누는 면(Planes)을 보자. 신체를 나누는 3방향의 면이 있는데 다음과같다. 신체를 똑같이 오른쪽과 왼쪽으로 나누는 면을 사상면(Sagittal Plane)이라 하고 신체를 위와 아래로 나누는 면을 가로면(Transverse Plane)이라 하고 신체를 앞과 뒤로 나누는 면을 관상면(Coronal Plane) 이라 한다. 사상면, 가로면 그리고 관상면이 그것이다.

손과 발의 부위에서 손날의 반대쪽 부위를 손날등이라 하고 발날의 반대쪽 부위를 발날등이라 이른다. 단지 주먹의 경우 새끼손가락쪽의 부위를 메주먹이라 부르는 것은 우리 민속고유의 용어로서 물건을 칠 때에 쓰는 무거운 방망이인 '메'를 차용하여 메주먹이라 이름이다. 손을 구성하는 뼈를 보면, 손은 손목뼈(수근골) 8개, 손 허리뼈(중수골) 5개, 손가락뼈(지골) 5개로 총 18개로 구성되어 있다.

발을 구성하는 뼈는 발목뼈 7개, 발허리뼈 5개, 발가락뼈 5개이다. 발가락뼈는 발차기를 할 때 지지하는 발의 축이 되어 몸의 균형을 유지시키도록 해 주며, 발을 차는 순간 발이 앞으로 나가도록 지면을 밀어내는 역할도 담당한다. 다시 손의 사용부위와 뼈의 명칭 관계를 살펴보는 것은 의미를 더해 줄 것이다. 우리가 주먹이라고 말할 때는 손가락을 펴지 않고 모두 안쪽 방향으로 오므려 무엇인가를 가볍게 쥐고 있는 듯한 손의 모양을 주먹이라고 한다. **주먹**의 해부학적 뼈의 주 사용 부위는 2, 3번 손가락뼈의 돌출된 첫마디뼈 바닥부위이다. 태권도에서 주먹은 네 개의 손가락을 붙여 힘 있게 말아 쥐는 것으로서 사용부위는 집게손가락과 가운뎃손가락의 첫마디 앞부분이고, 이것은 상대를 목표로 지르는 기술에 이용할 수 있다. 여기서 "힘 있게"말아 쥔다고 해뒀는데, 이는 잘못된 표현이다. 가볍게 주먹을 쥐되 목표를 향해 지를 때 마지막 순간에 주먹에 힘을 넣는 것이 보다 합리적이다. 주먹을 쥐었을 때 손목이 꺾여서는 안 된다. 팔뚝과 손등은 일직선이어야 하고 손등과 구부린 손가락의 첫마디가 직각을 이뤄지도록 해야 한다. 처음에는 누구나 잘 되지 않으나 주먹을 쥘 때마다 의식적으로 노력하고 반듯하고 단단한 주먹으로 단련시켜야 한다.

주먹 단련은 단련대를 이용하는 방법이 최상이겠으나 오늘날 단련대 등 보조기구를 사용하는 곳을 거의 찾아볼 수 없게 되었다. 수련 시 맨 바닥에 주먹을 쥐고 팔굽혀펴기 운동은 주먹과 손목 단련이 도움이 된다. 주먹을 쥔 상태에서의 등을 **등주먹**이라고 한다. 이 부위는 손바닥 반대부위의 손등이며 주로 앞치기, 내려치기 등에 사용한다. 등주먹의 해부학적 뼈의 주 사용부위는 2, 3번 손허리뼈(Metacarpal bones: 중수골)의 머리 부분이다. 실제로 손등 주 타격 부위는 손허리뼈 머리부터 바닥까지와 손목뼈 8개를 포함한다. **메주먹**의 해부학적 뼈의 주 사용부위는 5번 손허리뼈의 머리 부분부터 손목뼈의 갈고리뼈(Hamate: 유구골), 세모뼈(Triquetrium: 삼각골)까지이다. 메주먹의 사용부위는 주먹을 쥔 형태에서 새끼손가락 쪽이다.

태권도에 있어 손이라 함은 주먹과 반대로 손가락을 두 마디 이상 오므리지 아니하고 주로 펴져 있을 때를 말한다. **손날**은 새끼손가락 쪽으로 손목부터 새끼손가락 첫마디까지이다. 손날의 해부학적 뼈의 위치는 5번 손허리뼈의 머리 부분부터 손목뼈의 갈고리뼈, 세모뼈, 콩알뼈(Pisitorm: 두상골)까지이다. 손날에서 '날'이란 '무엇을 베거나 자를 때에 쓰이는 기구의 예리한 한 부위'이며 손에서 가장 날카롭고 예리한 부분을 말한다. 원래 손칼이라는 용어에서 청소년 교육상 어감의 순화를 위해 '날'로 바뀌었다. 손날을 사용할 때는 주먹을 쥐었을 때와 같이 팔목과 손은 일직선으로 하며 손목에서 위, 아래, 안팎으로 꺾여서는 안 된다. 손날은 치기와 막기 기술에 사용된다. 손날의 반대쪽 부위를 손날등이라 한다. **손날등**은 손날 쥐는 법과 같으나 엄지손가락을 첫마디부터 안으로 깊이 파묻어야 한다. 엄지손가락 첫마디부터 집게손가락 옆 부분으로 해부학적 뼈의 주 사용 부위는 1번 손허리뼈 머리부터 바닥까지이고 1, 2번 손바닥뼈는 머리부터 바닥까지며, 손목뼈는 큰마름뼈

(Trapezium: 대능형골), 손배뼈(Scaphoid: 주상골) 등이 복합적으로 사용된다. 손날등 사용은 주로 치기 기술에 사용한다. **바탕손**은 손바닥 밑 부분(손목쪽) 부위이며 쥐는 법은 손의 힘을 빼고 손등을 뒤로 젖힌다. 손가락은 너무 힘을 주지 말고 자연스럽게 굽힌다. 바탕손 뼈의 해부학적 위치는 손배뼈, 반달뼈, 세모뼈, 콩알뼈, 큰마름뼈, 작은마름뼈, 알머리뼈(Capitate: 중심골), 갈고리뼈 8개 손목 관절을 포함하고 2~5번 손허리뼈의 몸통까지가 주 사용부위이다. 태극 6, 7장 품새에서 바탕손막기 동작이 보인다. 팔은 일반적으로 어깨부터 손목까지의 부위, 즉 '손목과 어깨 사이'를 말한다. 팔꿈치(Elbow)는 위팔뼈[上腕]와 노뼈, 자뼈 사이 관절 부위의 바깥쪽에 위치해 있다. 태권도 용어로는 **팔굽**이라 하는데 뼈의 해부학적 위치는 자뼈팔꿈치머리(Olecranon of Ulnar) 부위를 말한다.

앞에서 이미 언급했듯이 팔굽을 편다, 굽힌다 하는 등 표현은 적합하지 않다는 이유를 알 수 있을 것이다. 다시 말하자면 팔굽은 뼈의 부위이지 관절이 아니다. 그러나 팔굽으로 내려치기, 뒤로치기 시에는 자뼈팔꿈치머리와 위팔뼈의 활차 부위로 구성된 팔꿈치관절 부위가 주 사용부위를 이룬다. 다리에서 무릎은 넙다리뼈(Femur: 대퇴골)와 정강뼈(Tibia: 경골), 종아리뼈 사이에 위치한다.

무릎 공격은 공격의 종류, 각도, 상대의 목표물에 따라서 주 사용부위에 변화를 가져온다. 태권도에 있어 무릎 부위란 다리 관절을 구부려서 만들어지는 단단한 부분의 앞쪽 슬개골을 말한다. 발의 사용부위는 손의 사용부위 못지않게 다양하다. 사람의 두 다리와 두 발은 중심을 잡아 서기와 이동, 돌기, 낮춤과 높임, 높이뛰기와 멀리뛰기, 달리기 등을 할 수 있다. 또 발의 작고 딱딱한 여러 부위를 무기로 사용하여 주로 차기 기술을 행하고 긴 부분은 막기에 사용한다. 발 기술의 위력은 손의 그것보다 약 3배 정도 강하고 가동 범위도 아주 넓다. 발의 사용 부위로서 **앞축**은 발가락을 발등 방향으로 젖혀 올릴 때 발바닥 앞부위를 말하고 뼈의 해부학적 위치는 1~5번 발허리뼈의 머리가 주 사용부위이다. **뒤축**은 발바닥 아래 부분이 주 사용부위를 이루는데 뼈의 해부학적 위치는 뒤꿈치 아래 발꿈치뼈(Calcaneus: 종골)의 발굽골융기 내측 외측 돌기(medial process and lateral process of tuberosity of calcaneus)의 발바닥 아래 부분이다. **발날**은 발바닥과 발등이 맞닿은 바깥쪽 모서리 부분으로 발바닥 뒤축 부위부터 새끼발가락까지를 말한다. 뼈의 해부학적 위치는 발꿈치뼈부터 입방뼈(Cuoid), 5번 발허리뼈의 머리까지가 주 사용부위이다. **발등**은 발의 윗부분으로 발가락부터 발목까지이다. 오늘날 겨루기 경기에서 가장 선호도가 높은 기술이다. 뼈의 해부학적 위치는 1~5번 발허리뼈(Metatarsals: 중족골), 3개의 쐐기뼈(Cunoiforms: 설상골), 입방뼈(Cuboid: 입방골), 발배뼈(Navicular: 주상골) 등이 주 사용부위이다.

신체 사용부위는 동작에 앞서 수련자가 필히 알고 있어야하는 기초이다. 사용부위와 뼈의 해부학적 위치, 사용 부위는 다소 다를 수 있기에 여기서 구체적으로 설명해 본 것이다. 특히 고단자 또는 지도자는 해부학적 용어를 이해할 필요가 있다. 부위란 공방을 위한 무기로서 태권도 기술이 가지는 특징이다. 무기로서의 부위는 부단한 단련이 따라야 강한 위력을 발휘할 수 있다. 단련이 되어 있지 않으면 쓰임새에 있어 되레 상처를 입을 가능성이 높기 때문이다. 오늘날 겨루기 경기 시 착용하는 팔다리보호대 등 많은 장비를 볼 수 있다, 하지만 태권도의 본질적 관점에서 볼 때 잘못된 것이다. 단련을 통해 더욱 부위라는 무기를 강하게 해야 하는 것이다. 시범이나 심사 시 단단한 벽돌이나 두꺼운 판자를 깨뜨리고자 할 때 부위의 단련 없이는 가능하지 않듯이 조금도 게을리 할 수 없는 일이다. 수련자들은 언제든지 실전태세를 갖추기 위해 손과 발 부위를 단련하는 습성을 익혀야 한다. 신체 사용부위는 상대방에게 전달되는 부분을 공격부위라고 하며 상대방으로부터 공격을 차단하거나 물리치는 부분을 막기부위라고 이른다. 부위에서 공격과 막기 용어는 일치되지 않는 것은 한문과 순우리말의 혼용이라는 것으로써, 공격은 때리기 용어로 정해두면 좋을 듯하다.

이 같은 신체 사용부위는 공방에 있어 그에 따르는 용어가 제정돼 있다. 우리는 흔히 주먹으로 '때린다' '지른다' 공격한다고 말할 때, 지르기, 치기, 찌르기 또는 차기라는 용어의 뜻을 이해해야 한다. 국기원 교본에서 어떻게 설명하고 있는가를 보자.

공격기술이란 앞의 공격 사용부위에서 설명한 신체를 이용해 상대의 공격목표를 향하여 지르기 · 찌르기 · 치기 · 차기 · 후리기 등의 기술을 가하여 치명적인 타격으로 상대를 제압하는 것이다. 공격목표에 따라 사용부위를 정하게 되고, 또한 사용부위에 따라 공격 기술이 다르게 적용된다. 아울러 똑같은 공격목표일지라도 상대와의 서 있는 위치 각도에 따라 공격 기술이 달라진다.

공격 기술은 헤아릴 수 없을 정도로 많으나 팔을 사용하는 기술은 지르기 · · 찌르기 · 치기 · 찍기 · 훑기 · 꺾기 · 넘기기가 있고, 다리를 사용하는 기술은 차기 · 후리기가 있다.

팔을 사용하는 기술 순으로 중요한 기술에 대한 설명은 이러하다.

지르기란 팔을 이용하여 공격을 가할 때 힘은 몸통의 회전력 즉, 원심력을 이용하는데, 이때 팔꿈치를 뻗으며 주먹이 일직선으로 움직여 목표를 가격할 때를 이른다. **특수지르기**란 양쪽 팔이 함께 사용되어 복합적인 공격상태가 되었을 때의 형태를 말한다. **찌르기** 기술의 요령은 지르기 기술과 같지만, 사용부위가 주먹이 아니라 손끝이 다름이다. **치기**는 몸의 회전력을 이용해 팔 공격을 할 때 팔꿈치를 굽힌 채로 또는 뻗은 채로 손이나 주먹의 이동이 원을 그리며 움직여 목표를 가격하였을 때를 이름이다. 다음으로 발을 이용한 공격 기술, 즉 차기에 대해 알아보자.

차기란 발을 끌어올려 발의 사용부위로 상대의 목표를 가격하여 제압하는 것을 말한다. 이때 무릎을 굽혀 접었다(屈)가 펴는(伸) 힘으로 또는 편 다리로 무릎을 굽히는 힘으로 차기도 하고, 또 편 채로 다리를 돌리거나 몸의 회전력을 이용하여 상대를 가격하기도 한다. 특히 차기는 크게 기본기술과 변화기술로 나뉜다.

기본기술이란 차기를 하는 몸의 방향을 기준하여, 앞차기, 옆차기, 돌려차기, 몸돌려차기가 있다. 변화기술이란 다리와 운동방법에 따라 여러 종류로 구분되고 있다. 사용부위의 구분에서부터 쓰임새의 용어와 의미, 그리고 해부학적 뼈의 위치에 이르기까지 상세하게 살펴보았다. 이렇듯 태권도 기술은 손과 발에 있어 다양하고 공격목표의 선택에 있어서 급소의 이해도 아주 중요하다.

공방의 효과적인 목적 달성은 여러 가지 방법이 따를 수 있겠으나 가장 기본적으로는 신체 사용 부위를 강화하는 방법일 것이다. 규칙적인 신체활동은 뼈 밀도를 유지시키고 골다공증의 위험을 줄이는데 중요하다. 규칙적인 신체활동에는 두 가지를 들 수 있다. 하나는 건강한 뼈를 완성시키고 유지한다는 것이다. 건강한 뼈는 밀도가 높고 강하다. 뼈에 칼슘이 감소하고 밀도가 떨어지면 다공성이 생기며 골절의 위험을 초래한다. 특히 어린이들의 뼈 밀도는 낮지만 청소년기의 뼈 밀도는 인생의 어느 시기보다도 높은 수준으로 증가(뼈 밀도의 정점)한다. 비록 뼈 밀도가 젊은 성인기에 감소하지만 나이든 장년기에 뼈 밀도가 급격하게 감소할 때와는 비교할 수 없다. 뼈를 강하게 만들고 골다공증을 예방할 수 있는 방법들은 다음과 같다.

- 뼈에 자극을 주는 규칙적인 중량운동과 저항운동을 한다. 이러한 운동유형에서 근육에 부하를 주고 근육을 수축시키는 운동은 뼈 밀도를 증진시킨다.
- 칼슘이 풍부한 음식을 섭취한다. 칼슘은 뼈를 강하게 만드는데 필요하고 칼슘 부족인 사람들은 칼슘 보충제를 복용해야 한다.
- 최고의 뼈 밀도는 10대에 형성되기 때문에 뼈를 강하게 만들 수 있도록 어릴 때

부터 신체활동을 시작한다.

다른 하나는 전통적인 단련주에 의한 부위의 단련이다. 하지만 단련주를 설치해둔 도장을 찾아볼 수 없는 현상이 아쉽다. 거주 형태도 마당이 있는 단독주택에서 아파트 생활로 바뀐 현실에 단련주를 설치하고 싶어도 그럴 수 없는 형편이다. 도장에서 지도자의 의지가 있으면 단련할 수 있는 방법도 결코 없는 것은 아니다. 예를 들어, 서로 마주보게 정렬하여 부위 간 부딪혀 단련할 수 있는 방법이다. 좌우 손과 발 등 각 중요 부위를 강하게 연마시킬 수 있는 방법이라 하겠다. 이 같은 방법은 뼈뿐만이 아니라 동시에 부위의 근육을 단련할 수 있다는 이점인 것이다. 이와 같은 방법은 뼈의 발달과 근력 향상이 도움이 될 것이다.

이렇듯 태권도 기술이 다양한 것에 비해 오늘날 태권도 겨루기 종목이 경기화로 인해 기술의 단순화 편향은 바람직한 현상이 아니다. 이럴수록 지도자는 수련생들에게 이해의 폭을 넓혀 기술의 단순화, 사장화(死藏化)에 대한 경각심을 갖고 지도에 임해야 할 사명이 요구된다.

실격승
Win by disqualification
상대선수가 선수 자격의 결격 또는 상실했을 때나 계체에 실격함으로써 내려지는 승리

실전성
實戰性
호신술에서 무예로서의 가치와 실용적인 쓰임새의 정도를 말한다. 실전성의 가치는 결국 교육적 가치와 실용적 기능의 가치를 아우르는 의미이다.

동작구성이 허구성이 없고 실전에서 유용할 수 있는 동작을 말한다.

심리훈련
MT(Mental training)

심리훈련이란 동작 진행과정을 실제 동시적 연습 없이 하여, 단지 그 과정을 의식적 소개로 습득, 향상시키는 심리행위를 말한다. 경기에서 최고 능력을 발휘하는 데 필요한 정신적 능력을 강화하기 위해 개발되었다. 운동을 수행하고 있는 장면을 이미지화 하면 뇌파, 근전도, 피부 전기자극, 호흡 같은 것에 변화가 나타나게 된다는 것이 밝혀졌다. 이점으로서 시간과 장소의 제약이 없고 신체의 피로가 생기지 않은 이상적인 동작의 연습이나 잘못 움직임과의 비교를 쉽게 알 수가 있다는 것 등이다.

달리 멘탈리허설 또는 멘탈프렉티스라고 불린다.

훈련 방법:

-평상시(새로운 기술습득 시)
· 조용하고 편안한 자세를 취한다.
· 두 눈을 감고 천천히 호흡을 길게, 온몸의 힘을 뺀다.
· 각 기술동작의 진행과정을 선명하게 떠올린다.
· 동작 과정을 상상한다.
· 빠른 속도로 동작을 연상한다.

-시합전
· 편안한 자세를 취한다.
· 편안한 마음으로 두 눈을 감는다.
· 시합에 대비해서 상대선수를 상정하여 주도권을 쥐고 경기장면을 그려본다.
· 상대선수의 특기 및 전술을 예측하고 대응전략을 펴본다.
· 회전 간의 분석과 새 전술을 실행한다.

· 실제로 있을 수 있는 경기내용 즉 공격과 반격 등 다양한 경기상황을 가능한 다양하게 떠올리되, 자신의 성공적 경기 수행과정을 그려질 수 있도록 한다.
· 자신의 승리로 끝나는 장면을 상상한다.

품새 경기의 경우도 각 품새의 품새선에 따른 동작 진행 과정 및 정확성, 숙련성, 기의 표현 등 평가 기준에 따라 심리훈련을 강화할 수 있다.

심판자격
대한태권도협회(KTA) 또는 산하 협회의 원활한 경기진행을 위하여 공정한 판정을 할 수 있는 국내 심판을 양성함으로써 태권도 경기발전을 도모하기 위해서 심판자격을 부여한다.
태권도심판은 경기(겨루기)심판과 품새심판으로 구분된다.

(1) 경기심판은 3급, 2급, 1급으로 구분
① 3급 경기심판
- 응시자격
 · 국기원 공인 4단 이상인 자
 · 3급 사범지도자 자격증 소지자
- 연수기간 3일간 24시간이상
- 심판연수 수료 후 이론 및 실기 시험 합격자, 자격증 발급
② 2급 경기심판
- 응시자격은 일반과정과 승급과정으로 구분
 · 일반과정: 태권도 6단 이상 사범자격증 소지자, 3급 심판자격증 소지자 (소지 후 5년 이상 경과))
 · 승급과정: 태권도 6단 이상 사범자격증 소지자, 3급 심판자격증 (소지 후 5년 이상경과, 승단 전후 대한 태권도협회에서 인정하는 대회의 3급 심판활

동 경력이 15회 이상인 자)
③ 1급 경기심판
- 자격과정은 일반과정과 승급과정으로 구분
· 일반과정 : 태권도 7단 이상 사범자격증소지자, 2급 심판자격증 소지자 (소지 후 7년 이상 경과)
· 승급과정 : 태권도 7단 이상 사범자격증 소지자, 2급 심판자격증 소지자 (소지 후 7년 이상경과), 2급 심판활동 경력이 20회 이상인 자(승단 전후 대한태권도협회에서 인정하는 대회의 2급 심판 활동 경력이 20회 이상인 자)
- 심판연수 수료 후 이론 및 실기 시험 합격자 자격증 발급

(2) 품새심판
대한태권도협회(KTA) 또는 산하 태권도협회의 원활한 품새 경기진행을 위하여 공정한 판정을 할 수 있는 국내 태권도 품새심판을 양성함으로써 태권도 품새 경기발전에 이바지함을 목적으로 한다.
품새 심판은 3급, 2급, 1급과 보수과정으로 구분한다.

① 3급 품새심판
- 응시자격
· 태권도 6단 이상자
· 3급 사범지도자 자격증 소지자
- 연수기간(24시간이상) 3일 교육
- 품새심판 연수 수료 후 이론 밀 실기 시험합격자 자격증 발급
- 실기심사 과목은 유급자 품새 1장~8장, 유단자 품새 고려~ 일여 중 지정
- 실기심사 합격자에 한하여 연수 기회를 부여한다.
② 2급 품새심판
- 자격요건은 일반과정과 승급과정으로 구분

· 일반과정 : (태권도 7단 이상 2급 사범자격증 소지자, 3급 품새심판 자격증 소지자(소지 후 2년 이상 경과)
· 승급과정 : (태권도 7단 이상 2급 사범자격증 소지자, 3급 품새심판 자격증 소지자(소지 후 2년 이상경과)(승단 전후 대한태권도협회에서 인정하는 대회의 3급 품새심판 활동경력이 10회 이상인 자)
③ 1급 품새심판
- 응시자격은 일반과정과 승급과정으로 구분
· 일반과정 : (태권도 8단 이상 1급사범자격증 소지자, 2급 품새심판 자격증 소지자(소지 후 3년 이상경과)
· 승급과정 : (태권도 8단 이상 1급사범자격증 소지자, 2급 품새심판 자격증 소지자(소지 후 3년 이상 경과), 2급 품새심판 활동경력이 15회 이상인 자(승단 전후 대한태권도협회에서 인정하는 대회의 2급 품새심판 활동경력이 15회 이상인 자)

아귀손

Agwison, *arc hand*

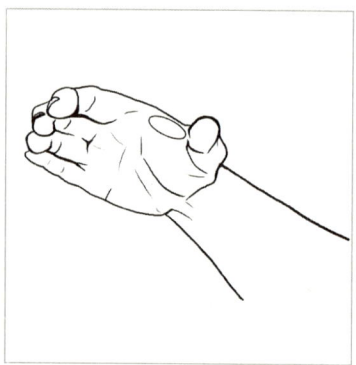

엄지손가락과 집게손가락 사이 오목한 곳. 주로 치기 기술에 사용한다.

아래막기

Araemakki, *underneath blocking*

완성 제정용어: 바깥팔목+아래+바깥막기=아래막기

막는 주먹은 앞발의 대퇴부에서 세운주먹 두 개 정도의 사이이다. 반대편(이하 생략 '젖힌') 주먹은 당겨 허리(이하 생략 '장골능')에 가져온다.

요령: 막는 주먹은 어깨선에 가져오고 손바닥부분은 얼굴을 향하게 한다. 반대편 팔은 엎은 주먹 상태로 뻗어 몸통선에서 시작한다. 막는 팔의 팔꿈치가 들리지 않아야 하며 몸에 붙이지 않는다.

팔목의 사용부위: 손목 마디부터 팔꿈치 쪽으로 네 손가락을 붙여 놓은 만큼의 면적을 말한다. 팔목의 부위에 따라 바깥팔목(새끼손가락 쪽 팔목), 안팔목(엄지손가락 쪽 팔목) 등으로 구성된다.

막기: 상대방의 공격으로부터 중요 신체부위를 보호하는 기술을 말한다.

아래 부위

장골능 기준하여 그 이하의 아래부위로서 일체의 공격이 허용되지 않는다.

아시아무도대회

1st Asian Martial Art Games 2009

아시아올림픽 평의회(OCA)가 제1회 아시아무도대회(1st Asian Martial Art Games 2009, 이하 무도대회)를 2009년 8월 1일부터 9일까지 태국 방콕에서 개최됐다. 태권도 · 유도 · 가라테 · 킥복싱 · 무아이 · 우슈 · 쿵푸 · 펜칵 · 실랏 · 쿠라쉬 등 10개 종목이 참가하는 '무술 올림픽' 이다.

무도대회는 이번이 처음이자 마지막 대회다. 2010년에 열리는 제4회 실내아시아경기대회(인도어 아시안게임)때부터 무도대회가 흡수되기 때문이다. 대한체육회측은 "경기 종목이 겹치는 게 많아 효율성을 위해 아쉽지만 1회 대회로 종료 될 것"이라고 전했다. 앞서 무도대회는 지난 4월 태국에서 열릴 예정이었지만, 건립된 지 900년 된 힌두사원 프레아 비헤아르의 영유권을 놓고 캄보디아와 유혈충돌을 빚어 연기된 바 있다.

2009년 처음 열린 아시아무도대회는 아시아올림픽평의회(OCA)가 개최하는 행사로 아시아 대회는 태권도·가라테(공수도)·킥복싱·우슈·쿵푸·주짓수·유도·무아이·펜칵 실랏 9개 종목으로 치러졌다. OCA는 차기 대회부터는 국제올림픽위원회(IOC) 산하의 세계대회로 진행할 계획이다.

아시아태권도연맹
ATU(Asian Taekwondo Union)

아사아태권도연맹(회장 이대순)은 1978년 9월7일 제3회 대회기간에 홍콩에서 결정되었다.
제1회아시아 태권도선수권대회는 세계태권도연맹과 대한태권도협회 공동 주최로 "태권도를 통한 아시아의 평화와 우정" 이라는 모토로 참가국은 한국을 비롯하여 10개국이며 1974년 10월 18일 서울에서 개최 되었다. 아시아연맹은 1978년 9월 10일 제3회 아시아태권도선수권대회 폐막식 후 홍콩 미라마 호텔에서 11개국 대표가 참석한 총회에서 결정되었으며 초대 회장에는 이란의 사리아 사피(Sariar Shafigh)가 선출되었다.

제2회 대회는 호주 멜버른에서 개최되었으며, 아사아선수권대회는 매 2년마다 개최되고 있다. 제18회 아사아태권도 선수권대회가 2008년4월26일 중국 하이난성 로양시에서 개최되었다.

그리고 제1회 아시아주니어선수권대회는 2001년 8월 대만 장후아(Changhua)에서 개최되었고, 2009년 8월 제5회 아시아태권도주니어선수권대회가 이란에서 개최되었다.

아프리카태권도연맹
AFTU(African Taekwondo Union)

아프리카태권도연맹(회장 Ahmed El-Fouly)은 1979년 4월 코트디브아르(아이보리코스트) 아비장에서 결성되었고, 1979년 4월 12일~13일 양일간에 제1회 아프리카태권도선수권대회가 아비장에서 11개국에서 120명의 선수 및 임원이 참가한 가운데 개최되었다.

안정성
Stability

보행에서 안정상태가 인체의 무게중심이 지지면에 위치할 때와 마찬가지로 동작의 안정성도 무게중심이 두 발의 지지면에 위치할 때를 말한다. 특히 태권도 동작은 서기와 손의 움직임이 일치해야 하고 동작은 무게중심, 완급, 강유 등과 관계된다.
운동역학에서의 안정성은 정지해 있고 평형상태에 있는 모든 물체에 작용하고 있는 모든 힘들이 평형을 이루는 상태를 말한다.

안쫑서기
Antzongseogi, *inward stance*

두발 넓이로 서되 앞축을 안쪽으로 틀어 서는 모양을 말한다.

안쫑주춤서기
Antzong juchumseogi, *inward riding stance*

주춤서기 자세와 같고 발바닥 딛는 모양이 뒤축을 많이 넓혀 안쪽서기 모양으로 선다.

안차기

Anchagi, *inner kick*

반달차기와 같이 차는 발을 밖으로부터 안쪽으로 원을 그리며 차기를 한다. 사용부위는 발날등으로 막기 기술에 많이 쓰이며 내려차기 전 발을 끌어오거나 표적차기를 할 때 사용한다.

안팔목거들어몸통바깥막기

바깥팔목몸통막기 요령과 같으나 안팔목으로 막기를 한다. 이때 거드는 팔의 주먹은 아래를 보게 한다.

안팔목몸통비틀어막기

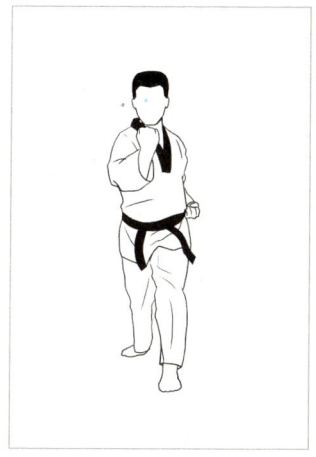

몸통비틀어막기 요령과 같으나 안팔목으로 막는다.

안팔목몸통헤쳐막기

안팔목으로 몸통헤쳐막기를 한다.

앞굽이
Apkubi, *forward inflection stance*

두 발의 길이는 '한걸음 반' 정도이고 너비는 '한발' 이다. 앞발의 발끝은 앞을 향하게 하고 몸을 반듯하게 한다. 앞굽이 자세를 하고 바닥을 내려다 봤을 때 앞에 있는 무릎과 발끝이 수직되도록 무릎을 굽혀 자세를 낮춘다. 뒷발의 내각은 30° 정도가 되게 하고 뒷다리의 무릎을 펴며 체중의 2/3는 앞발에 싣는다.

앞꼬아서기
Apkkoaseogi, *front cross stance*

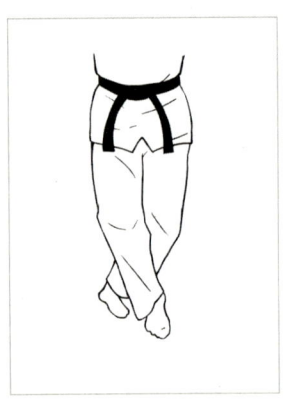

옆으로 이동할 때 순간동작의 자세이다. 예를 들어 왼발 축으로 오른발을 끌어 왼발등을 넘어 새끼발가락 앞에 오른발 앞축을 디딘다. 이때 무릎은 낮춘 상태로 이동하여 왼발정강이와 오른발 장딴지가 서로 엇갈리게 한다. 두 발은 될 수 있는 한 가까이 둔다. 앞꼬아서기로 완전히 멈추어 어떠한 동작을 하려면 중심을 유지하기 위해 정강이와 장딴지가 엇갈리면서 오른발 앞축부터 뒤축까지 발바닥 전체를 딛고 체중을 오른발에 완전히 이동시켜 왼발 앞축만 대고 뒤축은 들리게 한다. 이때 장딴지와 정강이는 단단히 붙이고 무릎을 구부려 자세를 낮춘다.

사용: 몸을 좌우 옆으로 이동할 때 유용하다.

앞서기
Apseogi, *forward stance*

걸어가다 멈췄을 때의 자세이다. 두 발의 길이는 '한걸음'이다. 두 무릎은 펴며 체중을 균등하게 싣는다. 척추를 반듯하게 세우고 가슴은 자연스럽게 정면을 향한다. 뒤에 있는 발의 발바닥 각도는 30° 정도이다.

서기: 태권도의 공격 및 방어 동작을 수행하기 위해 (마룻)바닥을 발로 지탱하는 여러 자세들을 말한다.

앞차기
Apchagi, *front kick*

차는 다리의 무릎을 접어 끌어올려 가슴 가까이 올 때 접었던 무릎을 앞으로 내뻗어 차고 재빨리 다시 원위치로 돌아오게 한다. 발의 사용 부위는 발가락을 젖힌 앞축 부위이다. 목표는 살·단전·명치·턱 등이다. 앞차기를 할 때 딛고 있는 다리는 차기 전이나 찬 후 무릎을 펴면 중심이 위로 떠서 힘이 약하며 넘어지기 쉽다. 또 다음 동작을 하기가 불리하다.

앞축: 발가락을 젖혀 올린 발바닥의 제일 앞쪽(앞꿈치)이다.

차기: 발을 끌어올려 발의 사용부위로 상대의 목표를 가격하여 제압시키는 것을 말한다.

앞축
Apchuk, *fore sole*

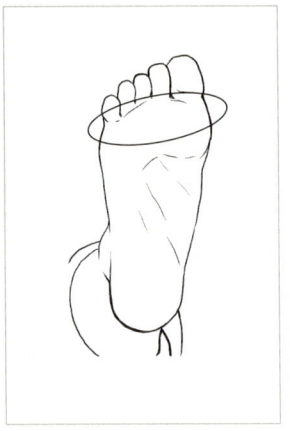

앞차기를 할 때 발가락을 젖혀 올린 발바닥의 제일 앞쪽 부분. 또한 몸이 돌 때 축이 되고, 몸이 이동할 때 제동 역할도 한다.

얼굴막기
Olgul makki, *face blocking*

완성 제정용어: 바깥팔목+얼굴+추켜막기=얼굴막기

막는 팔목은 (얼굴) 중심선에 오게 한다. 막는 팔목과 이마와의 사이는 주먹 폭 하나 정도이고 반대편 주먹은 당겨 허리에 가져온다.

요령: 막는 팔은 젖힌 주먹으로 반대편 허리선에 가져오고 반대편 팔은 주먹등이 몸 쪽을 향하게 하여 반대편 어깨선에서 교차하여 시작한다.

얼굴바깥막기

Olgul bakkatmakki, *face outer blocking*

완성 제정용어: 바깥막기+얼굴+바깥막기=얼굴바깥막기

명칭: 바깥막기는 바깥팔목으로 막는 것을 기본으로 하고 바깥팔목을 줄여 얼굴바깥막기라 한다.

요령: 막는 팔목은 반대쪽 허리선에서 반대편 손은 주먹을 쥐고 명치 높이의 중심선에서 시작한다. 막기를 한 팔목은 몸 밖을 벗어나서는 안 된다.

얼굴반대지르기

Oelgul bandae jireugi, *face opposite punch*

요령: 몸통지르기와 같으나 목표가 얼굴이다. 얼굴의 목표는 인중(급소)이다. 반대지르기란 서기의 다리 중 앞에 있는 다리 쪽의 주먹으로 지르는 것이다.

얼굴 부위

태권도 신체 사용부위의 일종. 얼굴 부위의 대표 급소는 인중이다. 태권도 경기에서 얼굴 부위는 머리 부위로 바뀌었다.

엇걸어아래막기

Otgoreo araemakki, *cross underneath blocking*

완성 제정용어: 바깥팔목+아래+엇걸어막기=엇걸어아래막기
자세: 두 팔의 손등은 마주보게 하며 팔목을 엇갈리게 한다. 뒷발 쪽 허리에서 두 주먹을 엇걸어 몸의 중심선 아래로 등팔목으로 막는다. 앞발과 같은 쪽의 팔은 아래에 놓는다.
등팔목: 손등부위와 연결된 팔목 부위를 말한다.

엇서기 자세

겨루기 시 상대선수와의 서기 형태로서 두 선수가 같은 자세를 잡은 자세를 말한다.
예를 들어, 오른 자세: 오른 자세, 왼 자세: 왼 자세

에너지

Energy

일을 할 수 있는 잠재적인 능력. 역학적 에너지인 운동에너지와 위치에너지는 신체운동을 생각하는데 중요하며 에너지 보존 법칙과 함께 잘 사용되고 있다. 예를 들면 뛰어 발차기 동작에서 뛰었을 때와 위치에너지가 생기고 그 후 지면에 닿을 때 신체는 속도를 지닌 운동에너지를 갖게 된다는 것이다.

에듀미디어
EM(EduMedia)

에듀미디어(대표 조원규)는 2009년 7월 25일 설립되었다. 에듀미디어(EduMedia) 사의 설립목적은 태권도 교육용 소프트웨어 개발이다.

'태권도 교육용 소프트웨어 e-사범'이라 부르는 이 제품은 태권도의 근간을 이루는 도장의 교육적 발전을 위해, 특히 미디어 교육에 익숙한 세대들에게 친근한 영상교육을 실시할 수 있고, 다양한 영상분석 및 편집 기능을 활용하여 사이버 보조사범으로 활용이 가능한 교육용 소프트웨어다.

e-사범 프로그램의 장점은 △빔프로젝터, 모니터 활용 시청각교육 기능 △간편한 영상파일관리기능으로 나만의 시간표 만들기 기능 △영상파일의 다양한 속도 재생과 분석기능 △영상에 다양한 그리기 기능을 활용·요점 정리·강의 기능 △키포지션 기능(품새, 기술동작 분석) △인덱싱 기능(겨루기, 경기분석), 구간반복 및 편집기능, 및 음악삽입 등으로 도장에서 시청각 교육을 실시하고, 인성교육자료를 제작하며, 도장의 역사와 자료를 간편하게 제작, 영구 보존하는 기능도 갖추고 있다.

이 회사의 소재지는 경기도 부평시 부평구 부평4동 431-53에 위치하고 있다.

www.e-master.kr

연계동작
Connective movement

두 (단위)동작 또는 그 이상의 동작이 연결된 동작의 복수적 의미를 띠고 있다. 이 경우 동작과 품으로 구분되는 데, 연계된 동작 중 마지막 동작이 품으로 간주된다.

연습
練習, Practice

운동수행능력을 향상시키기 위해서는 연습을 하여야만 한다. 피드백(Feedback)이 운동 기술의 향상에 필수적이기 때문에 연습만이 절대적이라고 말할 수 없지만 연습을 하지 않고 운동수행능력을 기대할 수 없다.

연습을 조직화하는 과정에서 운동 수행자와 지도자는 여러 가지 선택을 하여야만 한다. 최상의 연습 방법을 선택하기 위해 고려하는 일반적인 조건들을 보면, 첫째 수행하여야 할 기술의 종류, 둘째 연습을 위해 이용 가능한 시간, 셋째 운동 수행의 목적, 넷째 수행자 개개인의 기술 수준, 다섯 째 수행자 개개인의 기타 특징 등이 있다.

스포츠와 시합은 선수들에게 자신들의 한계능력을 점검하고 스스로 운동경기에 도전하기 위한 기회를 제공한다. 연습은 자기 기량을 향상하기 위한 수련에서부터 시합이나 경기를 전제로 하는 연습, 즉 훈련으로 구분된다. 시합은 재주를 겨루어 이기고 짐을 다루는 일이라면, 경기는 일정한 규칙 아래 기량과 기술을 겨루는 일, 특히 운동경기를 가리킨다. 하지만 우리들은 일상적으로 이 둘의 관계를 구분하지 않고 사용하기도 한다.

연습(Practice)은 훈련(Training)과 다른 점이 있다. 엄밀히 말해 훈련은 체력요소를 강화하는 과정이라 하며, 훈련은 가역성이 있으므로 훈련을 중지하면 효과가 점점 소멸되어 제자리로 되돌아가나, 연습은 효과를 오래 유지하게 된다.

훈련은 인간의 고도의 적응력을 이용하여 과학적 기초 위에 합리적인 훈련처방에 의해서 신체의 능력이나 기능을 높이고, 고도의 기술을 숙련하는 몸의 기반을 만들어 경기성적을 향상시키기 위해 훈련이 필요한 것이다.

이에 반해 연습은 기교성과 교치성을 가지는 기술향상의 활동과정을 말하고 최고의 협응(Coordination)과 협조로 이루어지는 동작의 완성이나 그 연결의 능숙함을 목적으로 한다. 운동수행능력을 개선하기 위해서는 건강증진을 위한 훈련보다는 좀 더 특별한 훈련이 필요하다. 높은 수준의 운동수행능력은 운동수행에 필요한 특별한 기술, 이외에 기술관련 체력과 건강관련 체력이 필요하다.

옆겨룸새
기본겨룸새의 변형으로서 몸의 상태는 옆으로, 두발 간격은 어깨 너비의 적어도 1.5~2배 정도, 기술의 우선은 옆차기, 뒤차기 등

옆차기
Yopchagi, *side kick*

차는 다리의 무릎은 접어 끌어올리면서 몸을 차는 반대방향으로 틀면서 접었던 무릎을 뻗으며 발날 또는 뒤축으로 목표를 차는 것이다. 차는 다리는 반작용에 의하여 끌어들여 원위치나 정한 곳(이동할 곳)에 놓는다. 딛고 있는 발은 다리를 끌어올릴 때부터 발목을 충분히 펴 앞축으로 디뎌 회전을 빨리 할 수 있게 도와주며 또 무릎도 펴서 차는 방향에 추진력으로 가속도를 붙게 한다. 차는 다리를 끌어들일 때는 먼저와 같이 발목과 무릎을 낮춘다. 옆차기를 한 순간 윗몸이 차는 방향 반대쪽(뒤 방향)으로 기울어져서는 안 된다. 윗몸을 일으켜 Y자 모양이 되어 차는 방향으로 중심을 이동시켜 추진력을 증가시킨다.

사용부위: 옆차기는 발날과 뒤축을 사용 가격하며 앞차기와 같이 차는 발의 움직임의 궤도는 출발점부터 목표까지 일직선으로 이동해야 한다.

발날: 발바닥과 발등의 모서리로 발바닥 바깥쪽 뒤축 부위부터 새끼발가락까지를 말한다.

예술성
藝術性

뛰어난 기교의 표현에서 미적 태도에 대한 새로운 평가와 연관되어 미와 만족에 대한 규정들을 미학의 맥락 속에서는 예술에 양도된 인식 기능과 연관된다. 미의식을 시공간 예술로 승화시켜 감동을 자아내는 가치를 말하며 주로 숙련도, 통일성, 조화, 리듬, 음악 등의 범주와 연관된다.

예의규범
禮義規範

1971년 5월 7일 대한태권도협회에서 제정한 예의규범은 다음과 같다.
예의는 마음 속에서 우러나와 행동으로 표현되는 높고 값진 인격의 기본이다. 예의규범을 통하여 이 지구 위에 모든 태권도 가족에게 같은 도복과 띠를 두르고, 바르고 품위 있는 높은 인품을 만들어 주어야 하겠다.
이로서 우리는 동방예의지국의 긍지와 태권 한국의 보람을 갖는 것이다. 한 개인으로부터 여럿이 모이는 집단을 이루면 이는 단체이며 조직인 것이다.
조직은 규율이 확립되어야 질서가 유지된다. 더욱이 청소년이 모이는 곳에 더한층 규율과 질서가 필요하기 마련이다.
과잉된 젊음을 선도하는 데는 무엇보다 도의 교육이 필요한 것이다. 도의는 예의에서 첫발이 시작된다. 예의는 단정한 마음과 겸양의 태도라야 한다. 그렇다고 비굴한 태도는 버려야 하며 자존심을 상하지 말아야 하는 것이 예의인 것이다.
고상하고 정확한 말씨와 우아한 몸가짐 단정하고 절도 있는 태도는 건전한 현대 생활인의 지혜이며 공동생활의 화목과 단결의 근원을 이루는 것이다.

상기한 바와 같은 이유와 필요성에 따라 여기 대한태권도협회는 예의 규범을 제정한다.

구체적인 행동규범을 보면, 태권도인의 예의와 각도, 도장, 방, 마루에 앉아 있을 경우, 의식과 자리배정, 음주와 흡연, 지도자(관장 및 사범)의 자세, 수련 과정표에 보이는 행동규범으로는 도장에서, 도복 착용과 간수, 복장 및 용모, 사회와 가정에서 행동규범으로는 대화를 나눌 때, 전화 및 방문, 방문, 식사, 사교장에서 지켜야 할 일은 승차, 수행 등으로 제정되어 있다.

예절
禮節, Etiquette

절은 인사의 수단이며 도장에서는 공경을 표하는 의식이다. 국기에 대한 공경에서부터 수련의 시작과 끝마침에서 사범과 상급자에게 공경을 표하는 것은 물론 동료 간에도 나타내어야 한다.
공경심의 발로는 서로 간에 장소와 시간을 떠나 표현되어야 하는 것이다.

오금서기
Ogeumseogi, *reverse crane stance*

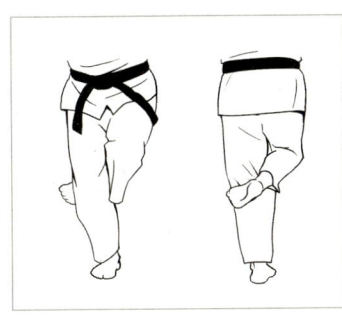

자세: 학다리서기와 같은 요령으로 선다. 다만 끌어올린 발의 발등은 딛고 서있는 다리의 오금에 갖다 댄다.

사용: 오금서기는 앞으로 뛰어 나가는 힘을 딛는 다리 하나로 제동을 걸어 멈추고, 중심을 잡을 때 뒤따라오는 다리의 발등이 오금에 닿으면서 도움을 주는 동작이며 바로 앞으로 또는 옆으로 차기를 할 수 있는 기술 변화를 가능하게 한다.

오도관
吾道館

군(軍)장병 출신의 최홍희가 1954년 제3군단에서 부관 남태희와 함께 오도관을 창설하였으며, '태권도'라는 명칭을 창안해내어 본격적으로 전군(全軍)에 태권도를 보급하였다.

최홍희는 일본 유학시절 가라데를 배웠다고 하는데, 그의 무력에 대해 소상히 밝혀진 것이 없다. 그는 태권도현대사에서 중요한 역할을 했으면서도 그의 공과에 대한 논란이 지속되고 있다. 태권도를 전군에 보급하는데 공이 크며 창헌류 틀(품새)을 만들었다. 일본 중앙대 유학시절 최홍희는 가라데 2단을 보유하다.

1953년 9월 최홍희는 제주도에서 창설한 제29사단 사단장을 맡음으로써 그의 태권도 인생에 결정적인 전기를 맞게 된다. 이듬해 부대 창설 1주년 기념식에서 이승만 대통령을 모시고 시범을 벌렸는데 이것을 계기로 '태권도'라는 명칭을 창안하게 된 것이다. 그는 자신의 사단 내에 오도관을 창설하게 된다. 최홍희를 지근에서 보좌한 남태희는 해방 직후 청도관에 입문해 이원국에게서 가라데를 배운 뒤 1947년 육군통신학교에서 당수도를 가르친 것이 계기가 돼 군과 인연을 맺었으며 결국 최홍희에게 발탁됐다.

1958년에는 초대 월남 대사였던 최덕신(전 육군소장)이 월남 고딘디엠 대통령을 초청하여 태권도 시범을 관람시켰다. 그 후 국군 시범단이 정식으로 월남에 초청됐다. 국방부는 최홍희를 단장으로 남태희를 비롯하여 백준기, 우종림, 최동희, 차수용, 한차교 등을 주축으로 국군 태권도 교관단 21명을 월남에 파견하여 월남 전역을 순회하면서 태권도의 우수성을 펼쳐보였다.

오도관 관명은 첫째, 우리들 관원은 무도정신에 입각하여 심신을 단련함. 둘째, 우리들 관원은 상호 친애하여 단결을 굳게함, 셋째 우리들 관원은 관칙을 엄수하고 사범 명령에 복종함 이다.
오도관 사범양성 1기생인 중사 김수기 3급과 2기생인 7사단의 하사 이응삼 4급, 이희섭 4급을 제9사단에 파견해 전군 보급의 첫발을 디디었다.
오도관의 역대 관장은 남태희, 우종림, 김석규, 현종명, 장태익, 곽병오, 허용, 백준기, 진덕영, 고동준 등이다.

오른겨룸새

겨룸새로서 선수 자신이 서 있는 형태의 서기자세를 말하는데, 오른발을 앞에 놓고 왼발을 뒤에 놓은 자세

오른서기

Oreunseogi, *right-hand stance*

자세: 두 발의 너비는 '두발' 정도로 하여 선다. 왼발은 제자리, 오른발은 뒤축 중심으로 하여 90° 돌려 딛는다.
사용: 메주먹내려치기에 사용하며 [아래막기에서] 낮추었던 몸을 높이며 자세를 잡는다.

오른자세

겨루기 시 선수 자신이 서 있는 형태의 서기자세로서 왼발을 앞에 놓고 오른발을 뒤에 놓은 자세를 말한다.

오세아니아태권도연맹
OUT(Oceania Taekwondo Union)

2005년 7월 16일 시드니에서 10개국 대표가 모여 오세아니아연맹이 창설되었다. 초대회장에 필립 월터 콜스가 선출되었다.
제1회 오세아니아태권도선수권대회는 2005년 7월 시드니에서 개최되었다. 2008오세아니아선수권대회에 13개 회원국 모두 참가했다. 이 대회에 주니어선수권대회와 품새경기도 함께 개최됐다.
2008베이징올림픽에 오세아니아연맹에서 9명의 선수(남5, 여4)가 참가했다. 현 OUT회장인 필립 월터 콜스는 호주 출신 IOC위원이며, 세계태권도연맹(WTF) 부총재이다.

오행
五行

오행은 우주 만물을 이루는 다섯 가지 원소, 즉 금, 수, 목, 화, 토를 이른다. 태권도 무도는 수련자들이 몸과 마음을 갈고 닦는 다섯 가지 기술 및 수련체계는 기본동작·품새·겨루기·격파·호신술이다.
그것들은 닦음에서 차지하는 방법론적 의미를 지니고 있는데, 물질적인 구성 요소가 아니라 '기'가 가진 이런저런 성격상의 요소를 가리킨다. 즉 그것은 기가 가진 움직임의 성격, 그 색깔 등을 설명해주는 구성 요소로서, 기를 대상으로 삼고 있다. 금(쇠)은 수축(모임)의 기운으로 격파에 해당되고 물(水)은 내려오는 기운으로 호신술의 기의 운동성이고 목(나무)은 성장의 기운으로 품새에 해당되고 불(火)은 올림의 기운으로 겨루기라고 보는 것이다. 토는 모든 것의 기본으로 동작, 즉 팽창, 즉 풀림의 기운이라 볼 수 있다. 이렇듯 다섯 가지 운동성으로 태권도의 구성 요소는 닦음에 따른 체득은 인성(人性) 즉 인의예지신이라는 성질로 드러나기도 하고 수련자의 학습평가에 따른 품계로서 드러나는 띠 색깔이 역시 오방색, 즉 청, 황, 적, 백, 흑색의 총칭이다.

오행은 음양오행이기도 하다. 음양은 바로 무도에서 공방을 말하고 오행은 살펴본 바와 같이 기술체계, 인성, 띠의 색깔 등으로 다양하게 드러나고 있다. 태권도는 동양철학 개념의 중심인 도, 음양오행 등 개념에 대비하여 태권도적 사상적 해의가 가능하다는 것이다.

올림피즘
Olympism

올림피즘이라는 용어는 1894년 신 솔본느(New Sorbonne)에서 열렸던 "파리 콩그레스"에서 꾸베르탱의 연설에서 비롯된다. 올림피즘의 기본 원칙은 다음과 같다(Olympic Charter, 2008)

1. 올림피즘은 인간 신체의 질적 균형과 조화를 함양시키는 삶의 철학이다. 문화와 교육이 조화된 스포츠로서 올림피즘은 노력의 기쁨과 교육적 가치를 가지고 있으며 윤리를 기본적 원칙으로 인간의 삶의 길을 추구하는 것이다.
2. 올림피즘의 목적은 스포츠를 통하여 인간의 균형적 발전에 기여하고 인간 존엄성을 유지하고 평화로운 사회를 증진시키는 역할이다.
3. 올림픽 운동은 보편적, 조직적, 협력적이며 영원한 활동으로서 올림픽 운동의 가치를 열망하는 모든 이들을 위해 최고 기관인 국제올림픽위원회의 관리 하에 진행한다. 올림피즘은 5개 대륙을 5개의 링으로 연결하여 상징적 가치를 가지고 위대한 스포츠 페스티벌인 올림픽게임에 전 세계의 운동선수들이 참여한다.
4. 스포츠는 인간의 권리이다. 모든 인간은 어떠한 차별 없이 스포츠를 할 수 있어야 하며 올림픽 정신은 페어플레이, 결속, 우정을 상호 이해시키게 한다. 스포츠 운영 및 행정은 독립적 스포츠 단체에 의해 조정되어야 한다.
5. 국가, 개인 인종, 종교, 정치 그리고 성에 관계한 모든 형태의 차별은 올림픽 운동에 위배되는 것이다.
6. 올림픽 운동에 동참하기 위해서는 국제올림픽위원회와 올림픽 헌장에 명시한 권

한에 따라야 한다.

올림픽게임
Olympic Games

올림픽 게임은 국가를 대표하여 참가하는 것이 아니라 팀 또는 선수들이 개인의 명예를 걸고 참가하는 것이다. 올림픽 게임에 참가하는 선수들은 NOCs에 의해서 선발되어 IOC의 승인을 받아야 한다. 그들은 IFs의 기술적 지침 하에 선발된다.

올림픽 기술위원회

올림픽 절차 제6조에 명시된 세 가지 항목은 다음과 같다.

1. 기술위원회는 기술대표단, WTF가 임명하는 경기감독이사회 및 국제심판원들로 이루어진 국제기술위원회(ITO), 그리고 해당 올림픽조직위원회가 임명하는 국가기술위원회(NTO)로 구성된다. 국가기술위원회의 수는 WTF의 승인을 받아야 한다.
2. 기술대표단은 WTF 경기규칙 이행 여부를 감독하고 대표자 모임, 대진 추첨, 체중 검사를 주재한다. 기술대표단은 비상 대책에 명시되어 있지 않은 돌발 상황 발생 시 최종 결정권한을 갖는다.
3. 경기감독이사회는 이의 검토 및 그에 대한 최종 결정, 오심을 낸 심판원 또는 불법 행위 연루에 대한 징계, 그리고 심판원에 대한 평가를 받는다.

올림픽 솔리더리티
Olympic Solidarity

올림픽 솔리더리티의 목표는 올림픽에 관한 지원을 가장 필요로 하는 NOCs을 지원하는 것이다. 이러한 지원은 IOC 및 NOCs와 연계하여 활동하고 있으며 필요한 경우 IFs로부터 기술적 도움을 받을 수 있다.

올림픽운동
The Olympic Movement

최고의 권한을 가진 국제올림픽위원회 역량 하에 올림픽 운동은 올림픽 헌장 권고안에 동의하는 선수, 단체 그리고 이외의 사람들을 포함하고 있다. 올림픽 운동의 목적은 올림피즘과 그 가치에 부합한 스포츠를 통하여 청소년들을 교육 시키며 보다 풍요롭고 발전된 세상으로 만들어 나가는데 기여하는 것이다.

올림픽 운동의 주된 기관은 국제올림픽위원회(IOC), 국제스포츠연맹(IFs) 그리고 국가올림픽위원회(NOCs) 이다. 올림픽 운동에 참여하고 있는 어떠한 단체나 개인은 올림픽 헌장의 규정을 준수해야 하며 국제올림픽위원회의 결정에 따라야 한다.

이들 주요기관과 더불어 올림픽 운동은 올림픽조직위원회(OCOGs)를 포함하고 있으며 특히 IFs와 NOCs에 가입된 개인, 클럽, 국립협회 그리고 올림픽 운동에 관심이 있는 선수 및 심판, 코치, 감독, 임원 및 이와 관계한 기술인들을 포함하고 있다. 이외에도 IOC가 인정한 단체를 포함한다(올림픽 헌장)

올림픽 태권도
Olympic Taekwondo

세계태권도연맹(WTF)은 국제올림픽위원회(IOC)의 승인 연맹으로서 '태권도'를 총관하는 국제기구(IF)이다. WTF는 태권도 경기를 통해서 "빠르게, 강하게, 정확하게(Swiftly, Powerfully, Accurately)"를 경기의 이상으로 추구한다(규약 제1조 3항).

경기란 선수, 심판, 경기규칙 3박자의 조화와 관중에게 재미를 부여할 수 있어야만 이상적이라 말할 수 있다. 선수는 경기에서 "빠르게, 강하게, 정확하게" 기량을 펼쳐 보일 수 있어야 하고, 심판은 "신속하게, 엄하게, 정확하게"

규칙을 적용해야 하는 것이라면 경기 규칙은 "쉽게, 보편타당하게, 정확하게" 적용, 판정돼야 하는 것이다. 관중은 경기에 흠뻑 빠져 "재미있게, 진하게, 보람 있게" 에 초점이 맞춰져야 하는 것이다.

올림픽 모토(표어)는 "빠르게, 높게, 강하게(Citius, Altius, Fortius)"이고 올림픽 상징은 올림픽운동의 활동을 표현한다. 또한 5개 대륙의 결속과 올림픽 대회에 전 세계의 선수들의 만남을 표현한다.

올림픽 운동의 중요한 요소는 '올림피즘(Olympism)' 이다. 올림픽 헌장에는 올림피즘을 "인간 신체의 질적 균형과 조화를 함양시키는 삶의 철학이다. 문화와 교육이 조화된 스포츠로서 올림피즘은 노력의 기쁨과 교육적 가치를 가지고 있으며 윤리를 기본적 원칙으로 인간의 삶의 길을 추구하는 것이다.

올림피즘의 목적은 스포츠를 통하여 인간의 균형적 발전에 기여하고 인간 존엄성을 유지하고 평화로운 사회를 증진시키는 역할이다.

선수에게 요구되는 페어플레이(Fair Play) 선언에는 두 종류의 성명이 포함되어 있는 데, 첫째 페어플레이는 특히 경쟁자들에 의해서 증명된다. 그것은 그가 최소한 성문화된 규칙을 어김없이 준수하는 일이 필요하다는 요구이다. 주심의 결정에 반론을 펴서는 안 되며, 또한 관중을 그렇게 하도록 선동해서는 안 된다는 것이다. 둘째 페어플레이는 승리했을 때 겸손함과 패배했을 때의 예의바른 태도, 그리고 따뜻하고 지속적인 인간관계를 창조하는 관대함 속에서 구체화되는 것이다.

완성 제정용어
Officially established terms

방어 또는 공격 용어를 구분별로 정하는 하나의 원리가 되고 있다.

막기의 경우는, 막는 부위+목표+방법=완성된 제정용어(품명)로 이어지고, 지르기의 경우는 다섯 가지로서 방법에 의한, 목표에 따른, 방향에 의한 구분, 목표+방법에 의한, 사용부위+목표+방법+지르기 종류 등 이다. 예를 들자면 지르기 방법에 의한 구분으로, 아랫도리의 서기와 관련되어 "바로 지르기"와 "반대 지르기"가 그것이다. 지르기 목표에 의한 구분으로, 얼굴 지르기와 몸통 지르기 그리고 아래 지르기로 나뉜다. 이때의 목표는 두 가지로 구분된다. 하나는 상대 없이 수련 시, 즉 기본동작이나 품새가 그것이고 다른 하나는 직접 상대를 마주하고 겨루기를 할 때의 경우는 목표는 어디까지나 상대의 목표가 기준이 된다.

지르기 방향에 의한 구분은 옆, 내려, 돌려, 치지르기 등이며, 목표+방법=품명의 경우는 얼굴/몸통 반대 지르기, 얼굴/몸통 바로 지르기, 아래 바로/반대 지르기=품명이다.

목표+방법+지르기 종류= 품명의 경우는, 얼굴 옆 지르기, 얼굴 반대 돌려 지르기 등이고, 사용부위+목표+방법+지르기 종류= 품명의 경우는, 편주먹 얼굴/몸통/아래 바로/반대 지르기/옆지르기/세워지르기(종류)= 품명이다.

그 외 치기의 품명은 사용부위+목표+치기 종류에 따르고, 찌르기의 품명은 편손끝 세워/엎어/젖혀(종류) 찌르기 등이다.

외국인태권도사범지도자 수련생 수기수상작

태권도진흥재단(이사장 이대순)은 2007년 10월 18일 외국인태권도사범 지도자수련생 수기수상작을 발표했다. 최우수상(문화관광부장관상)은 세네갈의 Seck Dame이 차지했고 우수상(태권도진흥재단 이사장상)은 요르단의 Heya Q. Karadseh, 네덜란드의 A. Seo-Dornbach, 가나의 Muhktar Kadiril 3명이 차지했다.

외다리서기
Wedariseogi, *single foot stance*

오른발 한 발로 딛고 서는 것을 외다리서기라 칭한다.
왼쪽 그림은 외다리서기에서 두 팔은 외산틀막기를 하면서 동시에 왼발로 옆차기를 하는 것이다.

외산틀막기
Wesanteulmakki, *single hand wide open blocking*

아래 막는 팔은 주먹이 대퇴부 측면으로부터 주먹 두 개 사이이다. 위(얼굴)를 막는 팔은 주먹이 관자놀이 높이로 한다.

요령: 위(얼굴)를 막는 팔은 안팔목바깥막기 준비자세에서 시작하고, 아래 막는 팔은 아래막기 준비자세에서 시작한다.

왼겨룸새

겨룸새로서 선수 자신이 서 있는 형태의 서기자세를 말하는데, 왼발을 앞에 놓고 오른발을 뒤에 놓은 자세

왼서기

Wenseogi, *left-hand stance*

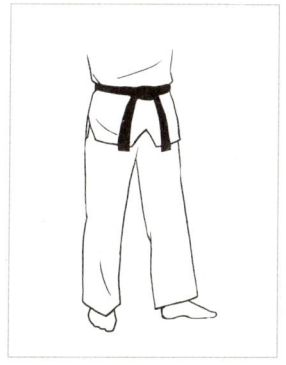

두발의 너비는 '두발'〔길이〕로 벌려 선다. 오른발은 제자리, 왼발은 뒤축 중심으로 하여 90° 돌려 딛는다.

사용: 메주먹내려치기에 사용하며〔아래막기에서〕낮추었던 몸을 높이며 자세를 잡는다.

왼자세

겨루기 시 선수 자신이 서 있는 형태의 서기자세로서 오른발을 앞에 놓고 왼발을 뒤에 놓은 자세를 말한다.

용구

用具, Equipment

겨루기 연습용의 용구로는 대표적인 용구는 미트로서 그것의 구분은 미트, 라운드미트, 쌍미트 그리고 뒤차기미트 등이 있음.

용어와 품명(완성용어)

용어란 사용하는 말을 말한다. 태권도 용어란 태권도에서 사용하는 말이다. 즉 태권도 용어는 태권도 기술의 매체로서 교수와 학습의 효과를 높이는 언어라 하겠다. 용어와 품명(완성용어)의 동이(同異), 즉 같음과 다름을 보인다, 품명은 완성용어이다. 하지만 동작을 두고 구분할 때는 분명해야 하는 것이 있다. 품명이란 완성용어로서 품의 명칭이다. '품'이라 함은 태권도 기술의 동작을 취하였을 때 그 결과의 모양을 말한다(국기원 태권도교본, 2006).

발차기 기술의 동작은 용어로서 '~동작'(예로서 앞차기 동작)이라 부르지 '~품'(앞차기 품)이라 하지 않는다는 것이 다름이다. 발차기 동작은 그 결과의 모양을 낳지 못하기 때문에 품이라 부르지 않는다. 이 개념은 국기원 태권도교본 품새 편에서 "품새 설명 요약"에 보이는 '동작과 품명'의 올바른 이해를 위한 필수적 조건이 되고 있다. 품새는 기본이 되는 '동작과 품'으로 구성되었으며(같은 책, 308쪽)라는 표현에서도 알 수 있다. 용어와 품명은 '동작과 품'의 관계처럼 품새 이해에서 필요한 개념이다.
용어는 될 수 있는 한 간단하게 하면서 동작의 뜻을 충분히 표현할 수 있어야 한다. 따라서 용어가 만들어지는데 기본과 원칙을 정해두고 있다.
태권도 용어는 신체에서 가장 활동적인 손과 발에서 기본과 원칙이 정해지고 적용되는 것이다. 손과 팔, 발과 다리에 있어서 주로 사용부위, 방향, 방법이 기본이고 그것에 준한 원칙이 정해진다.

태권도에서 신체 사용부위는 온몸이다. 태권도 기술, 즉 동작을 행함에 있어 힘, 즉 타격력은 몸통에서 나오나 실제로 상대방의 목표를 타격하는 것은 주로 사지(四肢) 즉 두 팔과 두 다리인데 그 중 두 팔의 역할이 크다(같은 책).
그것(두 팔)의 구체적인 사용부위의 명칭은 크게 두 가지이다. 하나는 목표부위이고 다른 하나는 사용 부위이다. 신체의 목표 부위는 셋으로 구분하고 있다. 얼굴·몸통·아래라 일컫고 신체의 사용부위는 주로 주먹·손·팔목·팔굽)·발·무릎 등이 기본이 된다. 그 가운데 주먹과 손, 발에서 사용부위가 세분화되고 있다.
그것은 주먹은 주먹(바른 주먹의 준말)·등주먹·메주먹·편주먹·솟음주먹·집게주먹 등이고 손은 손날·손날등·손등·편손끝·바탕손·아귀손 등이며 발은 앞축·뒤축·발날·발날등·뒤꿈치·발바닥·발등 등으로 구분되고 있다.

태권도는 신체의 사용 부위의 방법에 따라 공격과 방어 두 가지이다. 공격이란 상대의 어느 한 목표를 향하여 지르기, 찌르기, 치기 그리고 차기 기술로 세분화되고 그 반대로 방어는 상대로부터의 공격을 막아내는 기술을 뜻하며 막기라 한다.
이와 같이 태권도는 독립된 여러 가지 기술의 동작이 모여서 이루어지는데 이 독립된 기술의 동작을 **"태권도의 기본"** 이라 한다.

태권도의 기본은 서기ㆍ막기(방어)ㆍ때리기 : 공격 개념에 대한 순수한 우리말로서 태권도 겨루기 경기현장에서 보편적으로 쓰이고 있는 용어이다.(공격), 그리고 특수품이다.
서기는 크게 넓혀서기, 모아서기, 특수품 서기로 구분되고 막기는 다시 막기, 잡기로 나뉘고 때리기는 지르기ㆍ치기ㆍ찌르기ㆍ차기ㆍ꺾기ㆍ넘기기로 세분화된다.

신체에서 발과 다리는 주로 중심유지에 사용되고 서기라 하고 손과 팔은 공격(때리기)과 방어(막기) 기술에 사용된다.
때리기(공격)에서 지르기는 주먹에 의해, 치기는 손날ㆍ등주먹ㆍ팔굽에 의하고 찌르기는 손끝, 그리고 차기는 발을 사용한다.
지르기란 팔을 이용하여 팔꿈치를 뻗으며 주먹이 일직선으로 움직여 목표를 가격할 때를 말한다. 치기는 손날, 메주먹, 등주먹을 사용할 때를 말하고 팔굽도 이에 해당된다. 찌르기는 송곳과 같이 뾰족한 손가락의 손끝을 사용하여 가격할 때를 말한다. 그리고 차기는 발의 사용부위로 목표를 가격할 때를 의미하고 있다.
막기(방어)에서는 하나의 원칙을 정해두고 적용된다.

막기는 주로 팔목, 손날 부위가 사용되고 팔목의 경우는 한쪽 팔목만 사용하여 막는 것을 원칙으로 한다. 손날막기의 경우는 두 손날을 사용하는 것을 원칙으로 삼는다.

동작(기술의 의미)에는 동작규정이 있고 그 규정을 따라야 한다. 동작규정이란 하나의 동작이 동작이게 하는 표준으로서 합리적인 방법에 의한 목적의 효율성을 높이고자 하는 규칙을 말한다. 예를 들어 막기에서 시작점의 원칙은 이러하다.
즉 얼굴 부위를 막을 때는 허리선 상에서, 몸통 부위를 막을 대는 몸통선 상에서, 그리고 아래 부위를 막을 때는 어깨선 상에서 시작한다. 단, 높낮이에 있어서 약간의 허용범위를 둔다. 하나의 동작은 시작과 마침의 위치가 정해져 있다(같은 책)
태권도에서 완성 제정용어로서 품명은 몇 가지 공식에 따르고 있다.

첫째, 막기의 품명은 막는 부위 +목표 +방법= 완성된 제정용어
둘째, 공격은 지르기 · 치기 · 찌르기 · 차기로 구분된다.
지르기의 품명은 ① 지르기 방법, 목표, 방향에 따라 정해지고, ② 목표 +방법 =품명, 목표+방법+지르기 종류=품명, 사용 부위+목표+방법+지르기 종류= 품명이 정해진다.
치기의 품명은 사용부위+목표+치기종류= 품명(완성 용어)이 정해지고,
찌르기의 품명은 사용부위+방법= 품명이 정해진다.
차기 용어는 기본기술, 즉 앞, 옆, 돌려, 몸 돌려 차기에서 다시 다양한 변화기술로 용어가 만들어 진다.

여기서 공통적으로 적용되는 '특수~' 라고 할 때의 경우이다.
다시 말해 특수품 서기, 특수막기, 특수지르기, 특수찌르기, 그리고 특수차기

등이 그것인 데, 이는 복합적인 행위로서, 예를 들자면 특수품 서기는 팔, 다리, 몸 움직임의 조화된 서기의 전체 모양을 말하고, 특수막기는 두 가지 이상의 부위를 복합적으로 사용하여 막기를 한 경우이며 특수지르기는 양쪽 팔이 함께 사용되어 복합적인 공격상태가 되었을 때의 형태이다.

막기의 품명에서 막는 부위는 신체의 부위에 따라 얼굴·몸통·아래 세 가지가 있다. 방향은 막기를 하는 형태에 따라 안, 바깥, 옆 막기로 구분된다. 막는 방법은 주로 비틀어, 거들어, 헤쳐, 눌러 등 막기이고 사용부위는 바깥팔목, 안 팔목, 손날, 한 손날, 손날 등 등이 주로 사용된다.
팔목 막기의 경우는 한쪽 팔목만 사용하여 막는 것을 원칙으로 하되 보조로 다른 한 팔목이 따라올 때는 거들어 준다 하여 거들어막기라고 한다. 그리고 바깥팔목으로 막는 것을 기본으로 하되 옆막기는 안팔목이 원칙이다. 또 손날 막기는 두 손을 사용하되 다른 손이 언제나 보조로 따라다니는 것을 원칙으로 삼고 한쪽 손날로 막기를 할 때는 한 손날 막기라 한다.
막기, 때리기 순으로 몇 가지 예를 들어 설명하면 다음과 같다.
　① 바깥팔목 + 얼굴 + 바깥 막기 = 얼굴 바깥 막기
　② 안 팔목 + 얼굴 + 안 막기 = 안 팔목 얼굴 안 막기
　③ 손날 + 몸통 + 바깥 막기 = 손날[몸통]막기
　④ 한 손날 + 몸통+ 안 막기= 한 손날 몸통 안 막기
　⑤ 등 팔목 +얼굴 + 엇걸어막기= 얼굴 엇걸어막기
　⑥ 바깥팔목 + 몸통 + 옆막기= 바깥팔목몸통옆막기

때리기에서 먼저 지르기의 품명을 보자.
　① 몸통 + 바로지르기= 몸통바로지르기
　② 얼굴 + 바로 +세워 지르기 = 얼굴바로세워지르기
　③ 두 주먹 +젖혀 지르기= 두 주먹 젖혀 지르기(주먹의 변화인 경우는 '두주먹'

을 명시)

모든 지르기는 주먹을 사용한 동작이기 때문에 특별히 주먹을 강조할 필요가 없으므로 "~지르기"로만 표시한다.

치기, 찌르기의 경우의 예를 보자
 ① 등주먹 + 얼굴 + 앞치기= 앞치기
 ② 한 손날 + 얼굴 + 앞치기= 손날얼굴앞치기
 ③ 편 손끝 + 젖혀찌르기= 편 손끝 젖혀 찌르기
 ④ 학다리 서기 + 찌르기= 학다리 서기 찌르기(특수품의 경우)

이와 같이 신체의 사용부위, 목표, 방법, 방향, 특수품 등에서 각 기술, 즉 동작의 특성에 따른 기본과 원칙을 이해하고 품명이 만들어지는 원리를 이해, 구분할 수 있는 능력이 우선적으로 요구된다. 바른 용어, 품명의 사용은 학습능력을 향상시키는 지름길이다.

운동강도
Exercise Intensity

운동의 강도를 단위시간당의 운동량으로 나타내는 것. 그 표시 방법에는 물리학적인 것과 운동에 요하는 에너지량(ka/분)과 산소섭취량(L/분), 체중 당 산소섭취량(ml/kg/분), 매분 심박수(박/분)라고 하는 생물학적인 것 등이 있다. 또 개인의 최대 강도와 최대산소섭취량을 100%로 하여 그 사람에 따라 운동강도를 %로 표시하기도 하고 안정 시 대사나 기초대사의 몇 배가되어 있는가를 나타내는 MET나 RMR를 쓰이는 경우도 있다.

월드태권도투어 2009 멕시코
World Taekwondo Tour 2009 Mexico

세계태권도연맹(WTF)은 프로 태권도 역사적 새 장을 여는 '월드태권도 투어 2009 멕시코' 대회를 2009년 11월 14일 멕시코시티의 팔라시오 데포르데스(Palcio de Los Deportes)에서 열었다. 이 대회는 남자 3개 체급(-58kg, -68kg, -80kg)과 여자 1개 체급(-57kg) 등 4개 체급에 걸쳐 각 4명씩 16명이 각 체급별 토너먼트 형식으로 최강을 가렸다. 세계 최고 수준의 스타들이 초청되었고 체급별 우승자는 미화 2만 달로, 2위는 1만 달러, 3위(2명)는 5천 달러의 상금을 받았다.

월드태권도투어는 매년 다섯 번의 대회를 각각 다른 대륙에서 개최한 후 연말 각 대륙별 대회의 우승자들이 모여 '왕중왕전'을 갖는 것을 기본구상으로 하고 있다. '월드태권도투어 멕시코대회'는 같은 해 5월 11일 멕시코시티에서 개최할 예정이었으나 멕시코에서의 신종 인플루엔자 발생과 유행으로 연기되었다.

이번 '월드태권도투어'의 경기규칙은 WTF의 기존 경기규칙을 그대로 적용하되, 박진감 넘치는 경기 진행을 위해 서든데스에서 시간제한을 없애고 10초 룰이 적용되고, 감점 3회, 또는 3회 10초 룰 감점시 실격패, 얼굴공격 시 4점 부여되고, 전자호구와 즉석 비디오 판독제는 적용하지 않았다.

우승자(금)
여 -57kg 임수정(한국/수원시청)
남 -58kg 가브리엘 메르세데스(Gabriel Mercedes) 브라질
남 -68kg 이둘리오 이슬라스(Idulio Islas) 멕시코
남 -80kg 아론 큭(Aron Cook) 영국

위력격파 부문

2009 대한태권도협회 격파왕 대회의 한 종목 부문이다. 이 종목은 격파 강도를 측정하는 부문으로 5개 세부 종목으로 손날, 주먹, 앞차기 뒤/옆차기, 돌개

차기가 그것이다. 위력격파는 격파물의 최다 격파수가 평가항목이다.

위험한 상태
Knock Down

태권도경기에서 △타격으로 인하여 발바닥을 제외한 신체의 일부분이 바닥에 닿고 있을 때 △공격이나 방어의 의사 없이 비틀거리고 있을 때 △강한 타격으로 인하여 주심이 대전할 수 없다고 인정했을 때의 경우를 이른다.

유니버시아드
Universiad

1959년 처음으로 열린 유니버시아드는 여름과 겨울로 나뉘어 매 2년 홀수연도에 열리는 지구촌 대학생들의 스포츠 축전이다. 유니버시아드(Universiade)는 University+Olympiade를 합한 말이다.
FISU(국제대학스포츠연맹)가 주관하는 대회로서, 한국에서는 처음으로 2003년 대구에서 개최되었고 두 번째는 2015년 광주에서 열리게 된다. 광주 유니버시아드 대회 유치는 2009년 5월 22일 벨기에 브뤼셀에서 개최된 FISU 집행위원회에서 광주는 예상대로 1차 투표에서 캐나다 에드먼턴과 타이완 타이베이를 압도적인 표 차이로 물리치고 과반수를 얻어 유치하는데 성공했다. 광주시는 2008년에 2013년 대회 실패한 경험을 딛고 재도전에 성공했다.
오는 2015년 '빛고을' 광주가 다시 한 번 전 세계 젊은이들이 우정과 추억을 나누는 화합의 장이 될지 기대된다.
세계 아마추어 대학 선수 만여 명이 참가하는 대표적인 국제대회이다.
지난 2003년 대구에서 여름 대회에서 한국은 전통적인 강세 종목인 태권도와 양궁에서 금메달 15개를 따내는 등, 금메달 26개 은메달 4개 동메달 15개를 획득하여 전체 참가국 174개 나라 가운데 종합 3위에 올라 역대 최고 성적을 거뒀다.

1997년 무주에서 겨울 대회까지 포함하면 우리나라에서 3번째 유니버시아드 대회가 열리게 된다.

2009년 25회 대회는 세르비아 베오그라드에서, 2011년과 2013년 대회는 각각 중국 선전과 러시아 카잔에서 열리게 된다.

2009년 세르비아 베오그라드에서 열리는 여름대회는 세계적인 경제 사정으로 인해 가라데, 레슬링 등 종목이 빠져 15개 종목에서 기량을 겨루게 되었다. 태권도는 겨루기 종목에 이어 이번 2009년 7월 베오그라드대회에 품새 종목이 포함되어 금메달 5개가 걸려있다.

유단자품새 '태극인'
Poomsae Taegeukin

고려 품새: 고려(高麗 : AD 918~1400)는 한민족 역사상 중세를 대표하는 국가로서 세계적인 인류의 문화유산으로 남겼다. 품새선은 선비를 뜻하는 선비 士(사)이다. 선비란 어원적으로 '어질고 지식이 있는 사람'을 뜻한다. 학문과 무예를 고루 갖춘 선비는 인격체를 가리키며 태권도인도 이와 같은 문무를 겸하여 닦고 그 정신을 갖는 것을 이상으로 여긴다.

금강 품새: 금강(金剛)이란 두 가지 뜻을 지니고 있다. 하나는 더할 수 없이 강함과 무거움을 의미하는 인간의 강한 의지를 상징하고, 다른 하나는 한민족의 무사(武士)들은 영산인 금강산 등 명산대천을 찾아 자연을 즐기며 심신을 단련하였다는 곳으로 정신적 고향이며 창조의 터전이다. 품새선은 뫼 산(山)자 형이다. 산의 표현은 화랑이 산수를 찾아 하늘과 신령과 교제를 갖고 호국을 기원하던 곳의 의미이다.

태백 품새: 태백(太白)은 한민족의 고대국가인 단군 조선이 개국한 아사달의

성산(밝산)을 의미하며, 밝은 산은 한민족의 얼과 전통의 근원을 나타내고 홍익인간의 정신을 담고 있다. 단군신화는 하늘(一)의 사상과 땅(_), 그리고 사람(ㅣ)의 사상이 화합하는 사상이요, 태백이라는 산은 한민족의 정신사의 영역에서 하늘과 땅이 만나는 중간지점이다.

평원 품새: 평원(平原)은 평탄한 들판을 뜻하고 있다. 평원 품새는 이 같이 평탄하고 아득한 사방으로 넓게 펼쳐진 큰 땅(음/_)을 의미하며, 품새선을 _로 택했다. 큰 땅은 생물의 모체로서 생명의 보존과 만물의 영장인 사람으로 인한 삶의 터전을 나타내고 본디(本)와 쓰임(用)에 따른 평화와 투쟁을 바탕으로 품새가 이루어졌다.

십진 품새: 십진(十進)은 원래 수(數) 개념에서 유래하는 십진법의 준말이다. 십진법이란 어떤 자리의 1이 10개모일 때마다 바로 위의 자리의 1이 되는 자리 잡기의 방법을 말한다. 십진이란 열에서 백, 천, 만으로 늘어나는 십진법에서 무한대의 숫자를 형성하는 것을 의미한다. 십진사상에서의 십장생을 의미하며 그것은 해·구름·산·물·돌·소나무·불로초·거북·사슴·학이다. 이는 귀한 존재의 기품과 장수를 상징하고 있다.
십진의 품새선 十자형은 동양적 개념으로 음과 양 부호의 만남을 뜻하기도 한다, 품새에서 특히 기합의 수(3)가 제일 많다는 것을 드러내고 있다.

지태 품새: 지태(地跆)란 땅 地자와 밟을 跆자의 합성어이다. '태' 자는 태권도〔이름에서〕글자를 따왔다. 발을 의미하는 태는 항상 땅을 딛고선 사람을 뜻한다. 인간은 땅을 디딘 채 하늘을 이고 있으면서 삶을 살며 때로는 생존을 위해 투쟁을 불사한다. 그러나 남과 물리적으로 힘을 겨루어 이기는 것이 아니라 '도'와 하나가 되는 것으로 얻는 도의 힘, 자애의 힘으로 이기는 것이 완전한 이김이다.

천권 품새: 천권(天拳)은 하늘 천자와 주먹 권자의 합성어이다. '권' 자는 태권도〔이름에서〕글자를 따왔다. 하늘은 위에 있고 땅은 아래에 있다. 음양 개념에서 地(지)는 음이고 天(천)은 양에 해당된다. 하지만 하늘이 땅에 우선하기 때문에 천권이라 한다. 태권도 이름에서 알 수 있듯이 태와 권은 신체의 발과 손을 의미한다. 발은 항상 땅을 근거로 해서 직립하고 손은 자유자재로 구사할 수 있게 된다. 지와 태자는 짝을 이뤄 지태 품새가 만들어졌고 천은 권자와 짝을 이뤄 천권 품새가 제정된 것은 철학적인 사유의 결과라 할 것이다.

한수 품새: 한수(漢水)는 한은 크다(大)와 수는 물을 의미, 즉 큰물〔아리수〕를 말한다. 물은 자연만물의 생명수이듯 인체의 구성에 있어 물의 성분은 절대적이다. 물은 생명의 탄생과 성장, 강함과 약함, 큰 포용력과 융화력 그리고 적응력을 나타낸다.
큰물의 힘은 더욱 강하다. 단단하고 뻣뻣한 것을 다 이기고 물리친다는 것, 단단하고 굳센 것을 무너뜨리는 데 물을 대신할 것이 없다. 몸의 부드러움과 마음의 본래적인 무한성을 드러낸다.

일여 품새: 일여(一如)란 불교 개념으로 범아일여(梵我一如)에서 유래하고, 생사일여, 심신일여 등을 뜻하며 인간과 자연도 '하나' 라는 상대적 진리관의 중심내용을 담고 있다. '하나' 는 곧 '한' 을 뜻하고 그것에 모든 진리가 응결된다는 것이다. '한' 은 우주만물의 근원이요 생명의 본체이고 처음이고 끝이다. 이 '한' 의 정체를 깨달은 사람은 '하나' 가 곧 자신이고 우주만물이기 때문에 시공을 초월할 수 있고 현상계의 오욕칠정에 사로잡히지 않으며 생사를 초월할 수 있다고 본다.
일여란 '한' 사상의 다른 표현이다. '하나가 되고자 하는 정신의 실천적 가치' 를 가르치며 그 정신을 수련자로 하여금 깨달음에로 인도하는 마지막 품새이다.

유럽태권도연맹
ETU(European Taekwondo Union)

유럽태권도연맹은 1976년 5월 2일 스페인 바르셀로나에서 결성되었다. 제1회 유럽선수권대회는1976년 5월 22일~23일 양일간 바르셀로나에서 열렸는데 12개국에서 123명의 선수 및 임원이 참가한 가운데 열렸다.

유럽태권도연맹의 초대회장은 스페인의 안토니오 가르시아(Antonio Garcia de la Fuente)와 사무총장에 역시 스페인의 마르코 사일라(Marco Sailer)가 선출되었으며 초대 기술위원장에 오스트리아의 이경명이 임명됐다.

제18회 유럽태권도선수권대회는 2008년 4월10일 이탈리아 로마에서 개최되었다. 유럽연맹은 품새종목의 대회를 제일 먼저 개최했다. 품새종목의 시범대회는 1987년 터키에서 개최된 유럽선수권대회에 열렸으며 공식적인 첫 대회는 1991년에 팀 경기가 열렸고 1993년 제1회 유럽테크니컬선수권대회를 개최했다. '품새' 대신 '테크니컬'이라는 이름이 독특하다. 겨루기 종목이 태권도를 대표하는 이름으로 호칭되기에 품새 종목은 기술이라는 이름으로 호칭되고 있다.

- 회   장 : Mr. Athanasios Pragalos (그리스)
- 사무총장 : Mr. Gerrit Eissink (네덜란드)
- 회원국가 : 49개국

유연성
Flexibility

인체의 하나 또는 복수의 관절과 근육에 관계된 관절을 둘러싼 근육이 최대한 어디 범위까지 관절을 움직일 수 있는가를 나타내는 능력을 말한다. 동작을 원활히 한다든가 부상을 예방 하는 것에 중요한 역할을 하는 능력이라고도 한다.

일반적으로 유연성의 크기는 관절의 가동범위에 의해서 결정된다. 유연성이 높아질수록 특정 동작범위 내에서의 재빠른 피하기, 발차기, 거리조절 등 기능이 향상된다.

태권도에 있어 유연성은 특히 어깨, 허리(고관절), 무릎, 발목 등에 중점을 둔다. 유연성 증대를 위한 연습에 있어서 대체로 주의할 것은 선수는 준비운동(워밍업)을 충분히 해야 한다. 유연성 향상은 유연성을 촉진하는 유연체조 연습을 통해 일반적으로 육체적 발육을 기하고 인대 및 근육 계통의 스트레칭이 도움이 된다.

유연성 훈련은 매일 수행돼야 하고 오랜 중지 없이 이어져야 한다. 오직 한 동작 내지 한 번의 최대 신장(stretching) 작용으로는 훈련 효과를 얻을 수 없다. 스트레칭은 10~20초 간 정지한 상태유지와 해당 근육에 의식을 집중하여 한 동작은 적어도 3~5회 연속 반복을 해야 한다. 스트레칭 중의 호흡은 자연 그대로 멈추지 않고, 천천히 리드미컬하게 수행한다.

만일 윗몸을 앞으로 굽히는 스트레칭 시에는 앞으로 굽히며 자연스럽게 숨을 내쉬며, 스트레칭을 유지하면서 천천히 숨을 들여 마시도록 한다. 스트레칭은 준비 또는 정리운동으로 널리 사용되고 있는데 특히 태권도에서 쓰는 근과 건을 충분히 이해한 뒤 스트레칭을 하는 것이 효과적이다.

음악성
音樂性

창작 품새 표현에서 음악을 신체 운동으로 충실히 바꾸어 놓는 수법으로 사용되며 음악의 시각화적 효과의 범주를 말한다. 음악은 음향의 효과적인 사용으로 기술의 표현을 용이하게 하고 동시에 관중들에게 예술적 감정을 한껏 고취시켜 줄 것이다.

특히 음악적 성질은 관중들의 마음을 사로잡을 수 있는 경쾌한 리듬이 좋을 것이고 또 수행자의 연무하고자 하는 창작 품새와 시공간적 차이를 보여서는 안 된다.

이대순
李大淳, Dai-Soon Lee

이대순(1932~)은 태권도인, 전남 고흥 출신이며 서울대학교 법과대학 법학과(1957)와 동 대학 행정대학원 행정학과를 졸업(1973). 1994년 경남대학교로부터 명예법학박사, 1996년에는 미국 York대학으로부터 명예문학박사 학위를 받았다. 문교부(현 교육과학기술부)에서 사무관을 거쳐 체육계장, 체육국장, 고등교육국장을 역임한 체육행정 전문가 출신으로 당시 태권도와 처음 인연을 맺었으며, 40대의 젊은 나이에 전라남도 교육감을 역임하였다.

고흥·보성 지역구에서 제11, 12대 국회의원을 지냈으며 소속했던 당의 사무차장 및 원내총무, 국회 운영위원회 위원장을 맡아 대통령선거 직선제 개헌을 주도하는 등 정치적 역량을 폈다. 뿐만 아니라 체신부 장관과 대학 총장 및 한국대학총장협회 회장을 역임했다. 호남대학교와 경원대학교의 총장을 지냈듯이 정치인으로서 뿐만 아니라 교육자로서 우리나라의 대학교육 발전에도 많은 기여를 하였다. 국민훈장 모란장, 청조근정훈장 그리고 일본 정부로부터 훈이등욱일중광장(勳二等旭日重光章)을 수상했다.

1999년 9월 경원대학교 총장 재임 시 아시아태권도연맹 회장으로 추대되었으며, 현재 그가 맡고 있는 태권도 관련 직책은 아시아태권도연맹 회장, 세계태권도연맹 부총재 그리고 태권도진흥재단 이사장 등이다.

아시아태권도연맹 회장으로서 2008년 아시아태권도선수권대회에 처음으로 전자호구를 사용하였고, 세계태권도연맹 부총재로서 WTF-ITF 통합논의 회의를 다섯차례 주재하였다.

특히 이대순 이사장(태권도진흥재단 · TPF)은 태권도 발상지의 미래 청사진이 걸려있는 태권도공원 건립을 숙원사업으로 여기고 열성을 쏟고 있다. 2009년 9월 4일 태권도의 날에 첫 삽을 뜬 태권도공원은 2013년 완공예정이다. 그는 태권도공원의 완공은 2020년 올림픽 정식종목 유지에 큰 도움이 될 것으로 전망하고 있다.

이대순 이사장은 "태권도공원 조성이 한국의 전통무도인 태권도를 세계적인 문화브랜드로 성장시킬 수 있는 계기가 될 것으로 확신하며, 태권도공원의 핵심적인 기능은 당연히 연구 및 교육 사업이다. 올림픽 발상지인 그리스에 있는 올림픽 정신이 담긴 올림픽 아카데미(IOA)처럼 태권도공원은 태권도 정신을 대표하는 아카데미와 같다. 따라서 전 세계 태권도지도자들의 교육은 물론 청소년캠프, 고단자 교육프로그램을 운영할 계획이며 이를 위해 태권도연구소와 체험관 등이 들어선다"고 한다.

올림픽 발상지인 그리스에 올림픽아카데미(IOA)가 있다면 태권도 발상지인 한국에 세계태권도아카데미(WTA)가 있으며, 세계태권도연맹(WTF)은 WTA를 공식 교육기관으로 인정하였다.

태권도 정신과 문화를 함께 교류하고 세계 태권도의 교육·수련·연구의 중심지가 될 태권도공원은 1994년 9월 4일 파리 국제올림픽위원회(IOC) 총회에서 태권도가 올림픽 정식종목으로 채택되면서 태권도계는 태권도 모국의 위상에 걸맞은 태권도 수련시설의 필요성을 제기하였고, 정부도 태권도계의 제안을 받아들여 태권도공원 건립을 추진하기 시작하였다. 정부가 이 사업을 검토한 때로부터 11년, 부지를 확정한 때로부터 5년 만에 드디어 태권도공원 기공식을 갖고 본격적인 사업에 박차를 가하게 되었다. 태권도공원이 들어서는 전북 무주군 설천면 소천리는 백두대간의 장쾌한 영봉들이 감싸 대자연의 호연지기가 느껴지는 곳으로 이곳을 세계 189개국 태권도인들의 심신도량으로 만들기 위하여 2009년 '태권도의 날'을 기해 역사적인 착공식을 거행하였다.

이대순은 2013년 태권도공원이 완공되면 바로 각종 교육 사업을 펼 수 있기 위해 만반의 준비를 하고 있다. 실례로 2005년 태권도공원의 기본 개념 및 공간구성 등에 관한 연구용역, 2006년 전주에서 태권도공원 조성을 위한 국제심포지움 개최, 2007년 태권도공원 운영마케팅 연구, 태권도 청소년 육성 프로그램 개발 연구, 2008년 태권도 진흥 기본 계획 수립 등을 들 수 있다. 2007년 미국 캘리포니아 버클리대학교에서 '태권도의 역사와 정신 및 발전방향' 에 관한 국제심포지움, 2009년 동 대학교에서 '태권도 커리큘럼 개발' 에 관한 국제심포지움을 개최하였고, 2009년 10월 덴마크 코펜하겐에서 세계태권도연맹이 주최하는 국제심포지움에서 동 연구의 결과를 발표하였다.

또한 해마다 무주와 전주 지역에서 태권도 문화엑스포를 개최하고 있다. 태권도 문화엑스포는 전 세계 태권도인의 참여를 통해 우정과 인류 평화에의 의지를 실천하는 장이다.

2009년 8월 태권도진흥재단은 세계태권도연맹(총재 조정원)과 세계청소년태권도캠프(World Youth Taekwondo Camp)를 공동 개최했다. 이 캠프는 태권도가 2010년 싱가포르에서 개최되는 제1회 청소년 올림픽대회(Youth Olympic Games)를 대비한 26개 올림픽 종목 가운데 유일한 시험무대였다. 올림픽 이념의 교육과 청소년을 위한 태권도 교육프로그램으로서 세계청소년태권도캠프는 매우 유익한 행사였다.

주요저서로는 『벽오동 심은 뜻은』, 『벽오동을 가꾸며』 등이 있다.

이미지훈련
Mental Training

Harris에 의하면, 이미지 훈련은 동기유발의 잠재적 요소로 작용하며 자기통제 기술과 자기인식능력 그리고 자기 평가능력과 자기조정 능력을 향상 시켜준다. 이 기법은 정신적 시각화 기술로서 반복연습을 통해 경기력을 향상시킨다. 즉 ▷가상의 상대를 설정한다. ▷경기장 코드 및 상대의 공격 목표를 이미지에 묘사한다. ▷태권도 경기의 과제를 이미지에 묘사한다. ▷적극적, 긍정적 사고력을 향상시킨다.

이어섞어차기
Yio sokkeochagi, *successive mixed kick*

이어차기와 같이 왼발, 오른발 번갈아 가면서 차기를 하되 왼발차기와 오른발 차기를 서로 다른 차기 기술로 한다.

이어차기
Yio chagi, *successive kick*

똑같은 차기 기술을 왼발, 오른발을 번갈아 가면서 차기를 하는 것을 말한다.

이원국
李元國

최초의 관계보로서 청도관 창설자인 이원국(1907~2003)의 명함에는 '한국태권도 창시주(創始主) 태권도 청도관 총재'라고 씌어 있다. 그는 충북 영동의 유복한 집안에서 태어났다. 집안이 넉넉한 부모의 덕분에 영동소학교를 졸업한 뒤 일찍이 일본에 건너가 와세다 중·고교를 거쳐 중앙대 법과를 마쳤다.

이원국은 대학생 시절 일본 공수도의 본관인 쇼도관(松濤館)에서 후나고시 기친(船越義珍)으로부터 가라데를 수련하여 4단 보유자다. 그 후 그는 일본 고등문관시험에 합격, 동경도청 공무원으로 근무하다가 1944년 조선총독부 법무부 법무관으로 전근하면서 자신이 연마한 공수도를 우리나라에 최초로 보급하게 되었다.

창시주 또는 창설자라 자칭하는 이원국은 한국에 공수도를 가지고 온 동기에 대해 이렇게 말한다.

일본 동경에 재학 시 일제의 갖은 야만적 행동과 인간적 차별, 멸시, 만행 등에 너무도 뼈저리게 느낀바 우리 민족에게 천추에 쌓인 한을 언제 풀어볼까

하는 염원을 간직하고 있던 차 1944년 가을 일제치하 당시 조선총독 아베(阿部)를 만나-2차 대전이 치열하던 시기-민족차별을 말고 우린 민족에게도 당수(唐手)를 가르칠 수 있도록 간원(懇願)한바 3차에 비로소 허락을 받아 가르치게 되었다. 당시 일제시대 식민지의 통치하에서는 언론과 군중집회의 부자유는 물론 무기 소지를 금했고 따라서 당수를 멸시하는 풍조였다.

이원국은 당수도장 개관에 반대했던 조선총독부 아베 총독을 설득하기 위해 다섯 가지 약속을 했다고 한다. 첫째, 청도관 관원은 절대로 불량한 행동을 하지 않겠다. 둘째, 해당 경찰서의 치안에 절대로 누를 끼치지 않겠다. 셋째, 다른 지역의 공안이나 치안유지에도 협조를 아끼지 않겠다. 넷째, 건전하고 충실한 무도인으로 육성하겠다. 다섯 째, 아녀자와 노인 등 연약한 자를 돕는데 앞장서겠다가 그것이다.

이원국은 해방 전 1944년 8월에 서울 서대문구 옥천동에 1차로 영신(永信)학교 강당에 청도관을 발족했고 2차로 1년 후 1945년 8월 15일 되던 해에 시내 종로구 관수동 화강교원(華崗敎院)으로 이전, 3차로 시내 불교 태고사 별원으로 이전, 그리고 4차로 시내 종로구 견지동 80번지 전 시천교당(侍天敎堂) 이전 등 네 차례 장소로 옮기 가며 무술을 보급했다고 한다. 당시 어려움에 대해 그는, 일제 36년간 유도와 검도 위주로 각 요소마다 보급이 되어 왔음으로 그들 세력에 따라 여러 가지 비방을 받았다고 하며, 그럴수록 그것을 극복하며 입관생에게 인간적인 애정을 갖고 경제적인 면을 떠나 정신적으로나 시간적인 투자에 헌신했다고 한다.

'청도관'의 청도(靑壽)란 글자 그대로 푸른 파도를 뜻하며, 그것은 젊은 청년의 꿈과 기개를 파도처럼 퍼져 나가라는 의미에서 관명을 만들었다고 한다. 청도관의 '도(壽)'는 자신이 무술을 익힌 일본 송도관 도장의 '도' 자를 차용했다.

이원국은 무술을 접하게 된 수련의 동기는 1929년 일본 동경 중앙대학 법과 수학 시였었고 10여 년을 수련하였다고 한다. 또한 무술연구를 위해 일본과 중국 각지 그리고 오키나와(沖繩) 일본 발원지까지 찾아다니며 견학하였다고 한다.

8·15 해방의 되자 이원국은 청도관 제자들을 중심으로 치안대를 결성, 해방 직후 혼란수습에 일익을 담당했다고 한다. 제일관구(第一管區) 경찰청, 철도경찰청의 협조로 경찰학교에 보급하게 되었다. 제일관구 경찰청장 장택상(張澤相)과 고문 최연(崔燕), 철도경찰청장 백학권(白學權) 등 내조가 많았다고 한다. 그는 경찰전문학교에서 각 경찰서 유도사범에게 보신(保身·호신)에 대한 기술을 일주일 간 지도하였다.

오늘날 태권도의 본질에 대해 이원국은 태권도는 장소와 도구도 필요치 않고 어느 곳이라도 마음이 일어날 시 자유자재로 수련할 수 있다. 유연성을 가지고 인체의 전신을 단련하며 건강에도 적절하게 조정됨으로 장수하고 체격이 강직하게 되며 보신기술면에도 능히 수십 명을 상대할 수 있어 무기를 소지함과 동일한 실력을 가지게 된다고 한다.

그는 《跆拳道敎範(태권도교범)》(진수당, 1968)을 저술하였다. 교범의 한 대목을 인용하면, 올바른 태권도의 정신을 체득하여 올바르게 지도하고 수련한다면 태권도는 위험하기는커녕 '군자의 무술'이며 오늘날의 교양 있는 신사가 갖추어야 할 호신술로서 이보다 더 훌륭한 무도는 없을 것이다. 태권도 정신을 체득하는 데는 오랜 기술의 수련이 필요하다. 태권도 수련자는 기술수련에 의해서 신체를 단련함과 아울러 정신도 수양함으로써 덕을 배양하는 것을 잊지 않는다. 기술을 통해서 정신을 체득한다는 것, 이것이 곧 술(術) 즉 도(道)이다.

이원국으로부터 양성된 초창기 제자로는 손덕성, 엄운규, 남태희, 백준기, 우종림, 고재천, 이용우 등이다. 미국에서 거주하다 2003년 2월 2일에 워싱턴 알링턴병원에서 향년 97세로 지병인 폐암으로 타계했다. 청도관의 분관으로 인천 강서종의 국무관(國武館), 서대문 이용우의 정도관(正道館), 광주 고재천의 청룡관(靑龍館)이 있으며, 최홍희의 군(軍)을 중심으로 한 오도관(吾道館)

이 있다.

이원국을 두고 태권도 시주 또는 창시자라고 부르는 것에 많은 의견이 있다. 그리고 그의 일부 행적에 대한 좋지 않은 여론도 없지 않다. 특히 6·25 전쟁(1950) 중에 일본으로 내쫓기듯 황급히 밀항(密航)해야만 했던 사실 등이 그것에 대한 의문이다.

안근아(한국체대 교수)는 「태권도와 이원국」(2001) 연구논문에서, 이원국은 태권도 근대사에서 태권도의 가라데 기원설과 전통설을 주장하는 학자들 사이의 가장 핵심적인 논의 대상이다. 그가 현재의 태권도와 관련이 있는지 없는지 또는 그가 설립했던 도장이 태권도장이었는지, 가라테 도장이었는지를 판가름하는 것은 역사를 정립하는 데 주요 사안이 될 수 있다. 분명한 것은 이원국이 우리나라 근대 무술도장의 최초 설립자인 것만큼은 사실이다. 무술도 역시 그 시대의 문화와 문명의 진화 과정의 산물이라는 점을 감안하면 오늘날 태권도가 우리 민족 고유의 무술로서 가라데의 영향을 받을 수밖에 없었음을 인정해야만 한다고 주장하고 있다.

2009 제1회 세계태권도시범공연대회

국기원(이사장 이승완)은 22일 국기원경기장에서 '2009 제1회 세계 태권도 시범 경연대회'를 열고, 유소년, 청소년부, 일반부 총 20개팀이 참석한 가운데 예선전을, 23일 오전 9시부터 유소년, 청소년 5개팀, 일반부 5개팀 총 10개팀을 선정해 결승전을 벌였다.

이번 대회는 새로운 시범기술 및 공연 패러다임을 발굴하고, 국·내외 시범공연단 육성 및 지원을 통해 태권도 시범공연의 가치를 제고, 태권도 시범공연을 대한민국 대표문화로 발전시키는 데 목적이 있다.

본선 진출팀은 1차 영상 심사를 통해 유소년·청소년부 및 일반부에서 총 20개 팀이 확정됐다. 23일 결승전에 출전한 유소년, 청소년 5개팀에서 K-타이거즈(단장 안학선)의 '비련' 공연이 우승을 차지했고, 한편 일반부에서는 마지막으로 나선 전주우석대학교 태권도시범단(지도교수 최상진)이 96.50이라는 높은 점수를 획득하며, 89.50으로 선두를 지키던 용인대학교 태권도시범단을 따돌리고 우승을 차지했다. 우석대의 공연 주제는 '사랑' 이었다.
우승팀에게는 각각 500만원, 300만원의 상금이 주어졌다.

2009 태권도의 날 및 태권도공원 기공식
The Ceremony of Taekwondo Day 2009 and a ground-breaking of The Taekwondo Park

태권도진흥재단과 세계태권도연맹, 대한태권도협회, 국기원 등 태권도 4개 단체와 문화체육관광부, 전라북도, 무주군이 공동으로 2009년 9월 4일 태권도의 날 및 태권도공원 기공식을 태권도공원이 조성될 무주군 소천리에서 오후 3시에 행사를 가졌다.

이날 행사에는 이대순 태권도진흥재단 이사장, 조정원 세계태권도연맹 총재, 홍준표 대한태권도협회장, 송상근 국기원 부원장 등 태권도 4개 단체 대표 외에 한승수 국무총리, 김대기 문화체육관광부 차관, 김완주 전북지사, 홍낙표 무주군수, 정세균 민주당 대표, 어윤대 국가브랜드위원장, 이상대 삼성물산 대표이사 부회장 등 정·관·재계 주요인사, 문대성(한국), 이반 디보스(페루), 필립 콜스(호주), 사미 무달랄(시리아) 등 각국 IOC 위원이 참석해 자리를 빛냈다.

태권도진흥재단 이대순 이사장은 태권도의 날 제정 및 태권도공원 건립경과 보고를 통해 "태권도공원을 태권도 순례와 수련의 장으로 조성하여 태권도 발전과 태권도 종주국의 위상을 제고하고, 대한민국 대표 문화브랜드이자 세계적 관광자원으로 만들어 나갈 것"이라며 앞으로의 계획을 밝히고 "태권도공원은 231만㎡ 부지에 체험공간, 수련공간, 상징공간으로 조성되고, 5천석 규모의 태권도 전용경기장, 세계태권도아카데미(WTA)가 운영될 연수원, 체험관, 숙박시설 등이 조성되며 국고, 지방비, 민간자본 등 총 사업비 약 6천억

원이 투자된다"고 설명했다.

한승수 국무총리도 치사를 통해 "태권도가 오늘날처럼 전 세계에 보급될 수 있었던 것은 국내외 태권도지도자들의 많은 노력의 결과이며 이에 감사한다"며 "앞으로 태권도공원이 태권도 중흥의 중심으로서 한국의 새로운 문예부흥의 발상지가 될 수 있도록 태권도 종주국의 태권도인들이 앞장서서 열정적으로 노력해주시기를 부탁한다"고 말했다.

기공식은 식전행사로 "태권도의 혼을 소망하다"라는 주제로 성공기원 풍물길놀이, 무주어린이태권도시범단의 시범 등이 이어졌고 공식행사로 "태권도 혼을 깨우다, 태권의 혼 나래를 펴다"라는 주제로 국기원시범단의 태권도 시범공연과 홍보영상 상영, 태권도의 날 및 태권도공원 건립 경과보고, 환영사, 치사, 휘호 및 발파 퍼포먼스 등의 순으로 진행됐다.

2012 세계태권도대학선수권대회 한국 유치

2009년 11월 13일 터키 에루주름에서 열린 세계대학스포츠연맹(FISU) 총회 2012 세계대학선수권 유치 투표에서 경기도 포천시가 확정되었다.

경기도 포천시(시장 서장원)와 한국대학태권도연맹(회장 오경호)이 2012년 세계태권도대학선수권대회(이하 세계대학선수권) 유치에 성공했다. 막판까지 경쟁을 벌였던 중국을 단 1표 차로 제치고 유치에 성공했다.

세계대학선수권은 1986년부터 2년마다 7일간의 일정으로 열리며, 55개국 이상에서 선수, 임원 등 1,500여 명이 참가하는 국제대회다.

2013 지중해게임 '태권도' 종목 채택
Mediterranean Games

그리스 올림픽위원회는 2009년 11월 2013년 지중해게임에 태권도가 정식종목으로 채택되었다고 발표했다. 2013년에 열리게 되는 제17회 지중해게임은 올림픽의 본고장인 그리스에서 개최된다. 지중해게임은 IOC(국제올림픽위원회)의 후원아래 매 4년마다 열리는 데, 유럽, 아프리카 그리고 아시아지역에 속하는 22개 지중해연안 국가들의 최대 스포츠대회이다. 제1회 지중해게임은 1951년 이집트 알렉산드리아(Alexandria)에서 열렸고, 제16회 지중해게임은 24개 종목이 포함돼 있는데 2009년 7월 이태리 페스카라(Pescara)에서 개최됐다.

2016 리우데자네이루 올림픽 28개 종목결정

7인제 럭비가 최종후보 종목에 올랐다. 국제올림픽위원회(IOC)는 2009년 8월 13일 독일 베를린에서 집행위원회를 열고 2016년 여름올림픽 추천 종목을 심의한 결과 골프와 7인제 럭비를 총회에 상정하기로 했다.

이날 추천 종목은 15명의 집행위원이 무기명 투표를 실시해 최저 득표 종목을 하나씩 탈락시키는 방식으로 진행됐으며 골프와 럭비가 가장 많은 지지를 받았다.

이날 IOC 집행위원회는 2012년 런던 올림픽에 여자복싱을 추가하기로 했다. 복싱은 올림픽 종목 중 유일하게 여자 종목이 없는 스포츠였다.

골프는 1904년 미국 세인트루이스 올림픽 이후 112년 만에, 럭비는 1924년 프랑스 파리 올림픽 이후 자진 탈퇴한 이후 92년 만에 올림픽에 재등장하게 됐다.

2009년 10월 9일 덴마크 코펜하겐에서 열린 제121차 IOC총회에서 "태권도를 비롯한 기존 26개 종목에 골프와 럭비가 추가된 총 28개 종목을 2016년 브라질 리우데자네이루 올림픽에서 치르기로 최종 결정됐다"고 발표했다. 이들 두 종목은 2020년 올림픽까지 정식종목으로 유지된다.

2017 U대회 '태권도' 기본종목 채택
Universiad Games

FISU(국제대학스포츠연맹)은 2009년 11월 13~14일 터키 에르주룸(Erzurum)에서 열린 집행위원회에서 태권도 종목을 2017년 하계 유니버시아드 기본종목(compulsory sport)으로 채택하기로 결정했다. U대회 경기종목은 육상·농구·펜싱·축구·체조·수영·다이빙·수구·테니스·배구 등 10개의 기본종목과 개최국이 선정하는 최대 3개의 선택종목(optional sport)으로 이뤄져 있다.

태권도는 2003년 대구 유니버시아드를 시작으로 현재까지 선택종목으로 채택되어 있다. 2015년 하계 유니버시아드대회는 전북 광주에서 개최된다.

인중
人中, Philtrum

코와 윗입술의 한가운데로 외약동맥분지와 상순동맥이 순환하고 하안와신경, 안면신경분지가 분포되어 있다. 인중은 사혈에 속하며 효인은 충격으로 뇌진탕을 일으키거나 자극이 뇌부로 전달되어 운동 및 감각 기능을 잃게 되며, 타격이 약할 때에는 안면신경의 마비 혹은 경련을 일으키며 이가 빠지기도 한다. 타법은 손날, 편주먹, 손날등, 주먹 등이다.

일리미네이션 로빈방식
Single elimination system

토너먼트 방식을 말한다. →토너먼트

일자차기
Ilja chagi, *single line kick*

몸을 공중으로 날리면서 좌우의 적(목표)을 향하여 다리를 일자가 되게 벌려 차는 것이다. 대략 옆차기와 비틀어차기를 동시에 하는 것이다. 일명 가위차기라고도 하나 이는 잘못된 표현이다. 이 일자차기는 다음 두 가지 종류가 있다.
- **수평일자차기**: 이는 차는 두 목표가 양옆으로 수평일 때 일차차기를 하는 것이다. 즉, 찼을 때 두 다리가 수평으로 일자가 된다.
- **빗겨 일자차기**: 두 목표가 높이의 차이가 있어 일자로 차되 한발은 높고 다른 한 발은 낮게 찬다. 즉, 두 발이 비스듬히 되어 일자차기를 하게 되는 모양이다.

입례
立禮

선수는 주심의 "차렷" "경례" 구령에 따라 입례한다. 입례는 주먹을 쥔 상태에서 양다리 옆에 붙인 자연스런 차렷 자세로 서서 허리는 30도, 머리는 45도 이상의 각도로 숙여 예를 표한다(WTF경기규칙 제 10조 경기진행 5항)

자크 로게 IOC위원장, 명예 10단

2006년 4월 7일 자크 로게(Jacques Rogge) IOC위원장은 WTF 본부를 직접 방문하고 스포트어코드 행사(4월 3일~7일)를 주관한 WTF 및 조정원 총재에게 감사를 전했고, 태권도에 대해 많은 관심을 가지고 있음을 표현했다.

이날 방문에서 조정원 WTF총재는 자크 로게 IOC 위원장에게 태권도 명예 10단증을 수여했다. 명예 10단증 수여는 안토니오 사마란치 전 IOC 위원장에 이어 로게 위원장이 두 번째다.

작은돌쩌귀
Jageun doltzeogwi, *smaller hinge*

허리에 있는 손은 바닥부분이 위로 향하게 하고 바로 위에 메주먹을 포갠다. 손과 손 사이는 약간 간격을 둔다. 즉 엎은 주먹 형태로 손바닥 부분이 마주보게 한다.

잡고차기
Japko chagi, *holding kick*

상대가 피하지 못하게 팔이나 도복 또는 몸을 잡아 끌면서 차는 기술이다. 이와 같이 상대를 잡아끌면서 차므로 타격력은 더욱 강하여 상대를 제압시키는 효과가 크다.
① 잡고 앞차기
② 잡고 옆차기
③ 잡고 돌려차기
④ 잡고 반달차기
⑤ 잡고 비틀어차기
⑥ 잡고 낚아차기

잡기
Jabki, *grasp*

태권도의 대표적인 잡기기술은 아귀손팔목잡기, 손목잡기, 팔목비틀어잡기,

발목잡기, 머리잡기, 어깨잡기, 목잡기 등이 있으며 방어기술로 분류할 수 있으나, 공격예비동작 역할도 수행하며, 공격으로도 활용할 수 있다.

잡힌손목빼기

태백 품새 동작 21순서에 나온다. 몸 왼쪽을 돌아 밑으로 빼기를 한다. 몸 왼쪽으로 돌 때 뒤에 있는 발을 "나" 선상에 옮겨 디디며 빼기를 행한다.

장골능
Iliac spine

허리 부분을 이루는 뼈의 하나로서 장골의 가장 위쪽 자리인 돌출된 부분.

장애인 사범지도자자격

국기원 지도자 연수원에서는 신체적, 정신적, 행동적 영역의 손상으로 인해 일반적인 신체활동 및 스포츠 운동참여가 어려운 장애인들의 대상과 특성에 맞추어 태권도를 통하여 단련할 수 있는 태권도 장애인 지도자를 양성하고자 함을 목적으로 2008년 7월에 처음으로 실시하였다.

3급 장애인 사범지도자자격

응시자격요건은 일반과정으로 국기원 태권도 4단 이상 1986년(포함) 이전 출생자이다.

실기심사는 품새 및 면접으로 구분하고 품새 실기는 태극1장부터 십진까지 (2~3개 지정)이다. 면접은 지도자로서의 자질 관계(태권도 사범자격자 우대), 실기 및 면접에 합격한 자를 대상으로 연수를 실시하며, 연수는 5일간 40시간 이상이다.

전략
戰略, Strategy

전략이라 함은 경기 규칙에 의한 자신과 상대선수의 가능한 모든 행동양식과 자신과 상대선수의 장단점 등을 고려하여 시합을 어떻게 진행할 것인가 결정 내리는 것을 말한다.

전술
戰術, Tactics

전술이란 경기과제에서 경기상황의 예측, 판단을 내리고 신속한 행동 반응을 실행시켜 상대를 효과적으로 공략하기 위한 하나의 수단이라 할 수 있음. 전술의 실제적 요소는 △경기규칙에 따른 경기운영에 필요한 시합동작의 구성과 변화 △경기시간에 상응한 반복 연습을 통해 최적의 힘의 배분 △상대에 대한 심리적 작용과 의도적 행동의 수법 등이다.

스포츠에서의 전술은 항상 상대적이기 때문에 상대팀과 개인의 특성에 따라서 변화를 줘야 하며 이 변화에 작전을 다양하게 구사할 수 있는 능력을 키워야 한다. 전술은 매 경기마다 그 경기의 목표를 성취하기 위해 세우는 실행계획을 의미한다. 이 실행계획은 경기를 수행하는데 필요한 기술적, 심리적 방법이 포함되어야 하는 데 이때에 가장 기본이 되는 단위별 실행계획은 작전이라고 한다.

전자호구
Electronic Body Protect

전자 호구란 상대방의 공격으로부터 몸과 얼굴을 보호하는 호구에 전자센서 시스템을 장착한 호구를 뜻하고, 태권도 경기에서 상대방을 가격했을 때 센서가 이를 인식하고 점수를 측정하도록 되어 있다.

몸통호구(보호대)와 머리보호대로 구분한다. 현재는 몸통호구만을 사용하는 단계이다.

태권도 전자호구의 원조는 이종우 원로일 듯하다. WTF 사무총장 재직 시 그에 의하면 "태권도의 과학화를 기하고 경기 때마다 시비가 되고 있는 심판 판정의 공정성 문제를 어떻게 해소할까하고 골똘히 생각하다가 전자호구 개발을 착수하게 되었다." 그는 1991년 5월 자그레브 월드컵과 1993년 8월 뉴욕 세계대회 시 개발품에 대한 설명회를 가졌다.

해외에서도 전자호구에 대한 연구가 진행되었는데 미국과 오스트리아가 선두주자였다. 그 후 스페인, 프랑스 등 여러 나라에서 전자호구가 개발되었다.

현재 거론되고 있는 전자호구의 업체는 크게 세 회사 제품이다. 하나는 미국에서 개발된 라저스트(LaJust)사(社)이고 다른 하나는 오스트리아에서 개발된 아디다스(Adidas)사 제품이고 나머지는 스페인 대도(Daedo)사 제품이다. 그 중 맨 앞의 것은 WTF로부터 이미 공인을 득했다. WTF는 2006년 전자호구특별위원회(위원장 박수남 부총재)를 구성, 검증을 거쳐 당시 3개 업체 중 유일하게 라저스트사 제품을 공인하였다.

2006년 9월 11일 WTF와 라저스트사 간 전자호구에 관한 '공인 협정(Recognition Agreement)'을 체결했다.

WTF는 2008년 12월 전자호구특별위원회(위원장 이반 디보스, IOC위원)를 구성하고 다시 전자호구에 대한 검증 작업에 착수했다.

WTF는 2009년 5월 6일 스위스 로잔에 있는 사무소에서 전자호구 테스트이벤트를 개최했다. 이미 WTF의 공인을 받은 라저스트 이 외의 용품업체들에게도 공인받을 기회를 제공한다는 취지다. 이번 테스트에는 스페인 업체 대도와 한국 업체인 KP&P 등 2개사가 참가했다. 아디다스는 테스트 이벤트를 얼마 앞둔 시점에서 불참을 통보했다.

공인제품 라저스트사의 전자호구는 2008년 5월 중국에서 열린 아시아선수권대회에 처음으로 공식적으로 사용되었고, 팬암대회에서도 물론이고 국내에서는 KTA(대한태권도협회)가 역시 2008년 국가대표 1차 선발전에서 사용하였다.
세계태권도연맹(WTF) 경기규칙 및 해설 제13조 3. 전자호구 사용 시, 1) 몸통부위의 채점은 전자호구에 부착된 발신기에 의해 자동 채점된다. 2) 얼굴 부위의 채점은 채점기 또는 채점표에 의해 부심이 채점한다.
WTF는 처음으로 전자호구를 착용하여 2009년 6월 10일 아제르바이잔 바쿠에서 열린 제1회 WTF세계장애인태권도선수권대회 및 같은 해 6월 11일부터 14일 2009 WTF월드컵태권도단체선수권대회에서였다.

WTF 조정원 총재는 6월 29일 바쿠에서 열린 전자호구특별위원회의 권고를 충분히 고려하여 10월 14일부터 18일까지 덴마크 코펜하겐에서 열리는 2009 세계태권도선수권대회에 전자호구를 공식 사용하게 된다고 발표했다.
전자 호구란 상대방의 공격으로부터 몸과 얼굴을 보호하는 호구에 전자센서 시스템을 장착한 호구를 뜻하고, 태권도 경기에서 상대방을 가격했을 때 센서가 이를 인식하고 점수를 측정하도록 되어 있다.

전통무도
傳統武道

태권도특별법에서 태권도를 전통무도로 규정하고 있다. 태권도 정의에 따르면 태권도라 함은 다른 무기를 사용하지 않고 발기술과 손기술을 사용하여 공격과 방어를 하는 무술로서 인격형성과 정신수양을 돕는 우리나라의 전통무도를 말한다(태권도 진흥 및 공원조성 등에 관한 법률안).

전통무예
傳統武藝

전통무예라 함은 국내에서 자생되어 체계화되었거나 외부에서 유입되어 국내에서 독창적으로 정형화되고 체계화된 무(武)적 공법·기법, 격투체계로서 국가적 차원에서 진흥할 전통적, 문화적 가치가 있다고 인정되는 무예를 말한다(전통무예진흥법).

전통무예진흥법

전통무예진흥법안은 2005년 10월 12일 국회 이시종 의원 등 31인의 의원들에 의해 발의되었다.
제안 이유는 현재 국내에는 택견·씨름·격구 등 삼국시대 전·후부터 전래되어온 무예와 조선조 정조때 완성된 무예도보통지에 기록된 24반 무예, 그리고 그 이후 우리 선조들로부터 전래되어 온 무예 등 전통무예가 수십 종에 이르고 있으며 이를 지키고 보급하는 전통무예인들도 수백만 명에 이르고 있다.
이러한 전통무예는 역사적으로 수많은 외침을 받았을 때 나라를 지키고 민족을 단합시킨 호국정신과 민족정기가 면면히 배어있는 전통문화임에도, 최근 서양에서 들어온 스포츠문화에 가려져 전통무예는 아무런 국가적 지원과 관심 없이 방치된 상태로 남아있다.
이에 우리의 전통무예를 "민족의 뿌리 찾기" 차원에서 보존하고 계승하여 우리의 문화유산을 떳떳이 이어갈 때가 왔다고 판단되어 전통무예진흥법안을 발의하게 되었다.

국회문화관광위원회(문광위)는 2007년 11월 13일 문광위 회의실(본청 626호실)에서 공청회를 가졌다.
법률 제 9006호에 의해 제정된 이 법은 모두 6조목과 부칙으로 되어 있다. 이 법의 시행은 2009년 3월 22일부터이다.
이 법의 중요내용은 가. 우리나라에 문화적 가치가 있는 전통무예를 진흥하여 국민의 건강증진과 문화생활 향상 및 문화국가 지향에 기여함을 목적으로 한다(제1조). 나. ① "전통무예(「문화재보호법」에 따라 중요무형문화재로 지정된 무예종목을 포함한다)"란 국내에서 자생되어 체계화되었거나 외부에서 유입되어 국내에서 독창적으로 정형화되고 체계화된 무(武)적 공법·기법·격투체계로서 국가적 차원에서 진흥할 전통적·문화적 가치가 있다고 인정되는 것을 말한다.
② "전통무예지도자"란 학교, 직장, 지역사회 등에서 전통무예를 가르치는 자를 말한다(제2조).
다. (전통무예단체의 육성) 국가 및 지방자치단체는 전통무예의 진흥을 위하여 전통무예단체를 육성·지원하여야 한다(제5조).
라.(전통무예지도자의 육성 등) ① 문화체육관광부장관은 전통무예의 진흥을 위한 전통무예지도자의 육성과 자질향상을 위하여 필요한 시책을 강구하여야 한다.
② 전통무예지도자의 종류, 등급, 자격기준, 연수, 검정 및 자격부여 등에 관하여 필요한 사항은 대통령령으로 정한다(제6조).

전통주의 태권도사

전통주의(민족주의) 태권도사는 '전통적인 기원설'이라는 명칭으로 불리기도 하는데, 이는 '민족주의(民族主義) 사관'에 의해 태권도의 역사를 서술한 것이다. 민족주의 사관은 제국주의에 대한 강열한 저항의식과 함께 민족의식을 고취시켜, 민족의 우월성을 강조하는데 목적을 둔다. 민족주의 사관에 따른 태권도사의 서술은 1970년대 세계화를 진행시키는데 필요한 주장(한국의 고유한 전통무예로서 태권도)이 내포되어 있으므로 강한 실천의식을 가지고 통설(通說)로서 확고한 입장을 고수할 수 있었다. 즉, 태권도가 고대 삼국시대부터 발생하여 오늘날까지 전승되었기에 한국의 순수한 전통무예라는 점을 강조하는 서술로, 태권도의 전통성을 홍보하고자 대다수의 교본은 이를 따르고 있다고 할 것이다. 태권도사에 관한 전통주의적 입장은 역사적인 근거를 바탕으로 하여 이루어진 것이라기보다는 태권도의 사회, 문화적 의미규정에 대한 요구에 대응한 측면이 강하였다(안용규, 2006).

그러나 민족주의 사관은 민족적인 자부심이 지나치게 강조되어 진실을 왜곡할 가능성이 높다는 단점을 가진다. 즉 역사를 왜곡할 가능성이 있다.

정강이
Shin

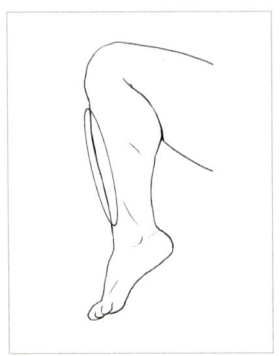

길고 단단하여 막기 기술에 쓰이나 반면 공격을 당하기도 쉬운 부위이다. 정강이는 막기기술에 사용되나 상대의 차는 힘과 맞부딪혀 막기 때문에 자신도 많은 아픔을 느낄 수 있다.
다리 안쪽의 뼈(경골, 비골)가 있는 부위를 말한다. 받아막기에 사용한다.

정관장배 2009 KTA격파왕대회
대한태권도협회는 '정관장배 2009 KTA 격파왕대회'를 신설, 2009년 9월

13일 용인대학교 종합체육관에서 예선을, 본선은 같은 해 10월 28일 서울 장충체육관에서 열렸다.

격파왕대회 종목은 위력격파와 기술격파 두 부문으로 나뉜다.

위력격파부문은 주먹, 손날, 앞차기, 옆차기와 뒤차기(택1), 뛰어 돌개차기 등 5개 세부종목으로 구분되고, 기술격파부문은 멀리뛰어차기, 높이뛰어차기, 체공 3단차기(3종), 연속 뒤후려차기, 체공회전 3단차기, 뛰어 돌아 넘어 2단차기, 체공연속 다단차기, 투척물격파, 자유구성 기술격파 등 9개 세부종목이다.

9월 13일 용인대학교 종합체육관에서 열린 이번 대회는 위력격파부문 117명, 기술격파부문 70명 등 총 187명의 국내에서 내로라하는 격파의 고수들이 참가해 그 동안 갈고 닦은 기량을 마음껏 발휘했다.

위력격파부문은 1차로 주먹격파를 통해 성적 30위(동점자 포함 55명)를 가려낸 뒤, 2차로 1차 선발자 55명이 옆차기 또는 뒤차기(택 1)격파를 실시, 1·2차 성적을 합산해 16명의 본선 진출자를 확정했다. 격파왕대회는 1개 부문만 선택 참가, 중복 출전이 불가능하며 도전기회도 단 1번뿐이다.

대회에서 사용한 격파물 대부분은 송판으로 일반 격파시범에 쓰이는 것보다 다소 두꺼운 것이고, 주먹은 기왓장, 손날의 경우 특수 제작한 격파물을 사용하는 한편 격파의 최고수를 가리는 만큼 격파물의 밀도와 두께를 높인 것도 특징이다.

격파왕 입상자에게 부상으로 상금(1위 5백만 원, 2위 2백만 원, 3위 백만 원)이 주어졌다.

정관장배 2009 KTA 태권도 격파왕대회 결과
위력격파부문
1위 - 김태상(성균관대학교 대학원) 총점 490점
2위 - 이상진(송포예절태권도장) 총점 430점

3위 - 김익환(용인대대영태권도체육관) 총점 340점

기술격파부문
1위 - 신호철(독수리시범단) 총점 796점
2위 - 강동권(TIA태권도선교단) 총점 765
3위 - 박동영(전주대학교) 총점 757점

경기력향상지원금 시상
김태상(성균관대학교대학원) 이효철(독수리시범단)
부문별 1위 5백만원 2위 2백만원 3위 1백만원

정도관
正道館

정도관은 한국전쟁 직후 1954년 청도관 출신인 이용우에 의해 서울 서대문 로터리에 중앙본관이 개관되었으며, 1960년대 중반부터 마산, 울산, 창원, 목포, 김제 등지에 지관을 개관하며 관세를 확장하였다.
정도관 관명에 이용우는 이렇게 말한다.
"도장을 개관하려고 하는데 선뜻 마땅한 이름이 떠오르지 않았어요. 그 때 청도관에서 함께 수련한 엄운규가 청도관의 '청'자에서 점 하나를 빼면 어떠냐는 기발한 말에 가만히 생각해보니 '바른 길을 걷는다' 라는 뜻이 무도정신과 일치해 '정도관' 이라고 명명했습니다."
정도관은 다른 도장과는 차별된 독특한 수련프로그램을 가지고 있어 한때 5부로 나누어서 밤늦게까지 수련을 하였다고 한다.
정도관의 초창기 수련생으로는 장용갑, 김재기, 김기동, 오부웅, 주계문, 박태현 등이고, 그 뒤를 이어 박경선, 심명구, 김명환, 김학근, 전영근, 전성용, 이종오가 도장의 명맥을 이었다.

정리운동
Cool down

정리운동은 운동·스포츠 활동에 의해서 높여진 심신의 흥분을 가라앉히고 피로 회복시킬 목적으로 하여진다. 정리운동으로서 가벼운 전신운동을 한다는 것은 혈액이나 림프액의 환류를 촉진하고 축적한 피로물질인 초성포도산이나 젖산 같은 대사산물을 배제하는 활동이 있다. 즉 피로회복을 촉진하는데 있다.
태권도에서는 정적 스트레칭이 많이 사용된다.

정신
精神, Spirit

태권도정신의 하부 개념으로서 수행자의 표현의 자태가 외부로 드러내는 예의바름, 복장의 단정, 절제된 행위, 자신감 등이 이에 속한다. 태권도 정신은 기술이 만들어 낸 소산물이라 할 수 있듯이 정신은 숙련된 기술의 표현에서 수반되는 내면의 표출이기도 하다.

정신집중

정신집중을 통해 도에 가까워질 수도 있다고 한다. 정신을 '하나'에 집중하여 꾸준히 파고들면 반드시 성공할 수 있다. '지혜가 깊어지면 모든 것에 통달하게 되고 하나를 파고들면 신묘한 지경에 이르게 된다'는 말이 있다. 정진집중이란 자기가 하고자 하는 일에 관심과 마음을 하나에 집중해 보라고 한다. 의지를 흩뜨리지 않고 정신을 집중하면 어떠한 일이라도 완벽하게 해낼 수 있으며 경지에 도달할 수 있다고 한다.

《도덕경》을 보면 '도는 하나(一)를 낳았고 하나는 둘을 낳았으며 둘은 셋을 낳았다. 그리고 셋은 만물을 낳았다'고 했으며 '하늘은 하나를 얻음으로 맑고 땅은 하나를 얻음으로 평안하다. 정신은 하나를 얻음으로 신령해지고 골짜기는 하나를 얻음으로 가득 차며, 만물은 하나를 얻음으로 살아나고 임금은 하나를 얻음으로 천하를 바르게 한다'고 했다.

도가의 내공수련법 중 상당수는 이렇게 마음을 고요히 가라앉히는 것부터 시작된다. 고요한 상태로 정좌를 하고 단전에 기를 모아 내공수련의 기초를 다지는 것이다. 도가에서 말하는 포원수일(抱元守一)이란, 원은 가장 원시적이고 가장 근본적인 사물이다. 포에는 뒤섞임과 융합이라는 뜻이 있다. 일은 '원'과 비슷한 개념이라고 볼 수 있다. 포원수일은 도가의 전통적인 수련방법이다. 포원수일을 통해 얻는 고요함이 우리가 더 높은 경지로 나아갈 수 있는 기반이 된다.

하나는 최소나 무(無)는 아니다. 하지만 도에 가깝다. 태권도 수련은 동적인 움직임이다. 그 움직임 하나에 정신을 집중하여 행할 때 완벽한 동작을 낳을 수 있다.

정확성

正確性, Accuracy

사전적 풀이는 정확한 정도를 뜻한다.

동작 표현에 있어서 처음과 마침이 동작 규정에 따른 적응도를 말하고, 적응도가 높다는 것은 그만큼 기술의 정확성이 높다는 것을 의미한다. 동작 규격(표준)에 따른 합목적성에 충실하고 수행자의 몸 움직임이 균형과 (공방적 행위에서) 조화를 이루는 것을 말한다.

동작의 정확성 또는 완성도라 함은 서기, 공방의 행위 및 시선의 일치 등이 구조적 요구이며 특히 공방의 행위는 시작과 마침의 규정에 따라 수행돼야 하는 것을 의미한다.

제1회 세계장애인태권도선수권대회
The 1st WTF World Para-Taekwondo Championships

세계태권도연맹은 2009년 6월 아제르바이잔 바쿠(Baku)에서 제1회 세계장애인태권도선수권대회를 개최했다. 전자호구가 처음으로 사용된 이 대회에는 아제르바이잔, 과테말라, 프랑스, 이란, 이스라엘, 터키, 영국, 러시아, 스페인, 몽골, 대만, 우즈베키스탄, 호주, 캐나다, 필리핀, 한국 등 총 16개국에서 36명의 선수 및 임원 18명이 참가했다. 팔 절단 장애인이 참가한 이 행사에는 남자 7체급, 여자 1체급 등 8개 체급의 겨루기경기로 열렸다. 장애 선수의 안전을 감안하여, 머리 공격은 허용하지 않았고 경기시간은 1분 3회전을 적용했다.

프랑스가 종합 우승을 차지했고 이어서 아제르바이잔 2위, 터키 3위, 스페인 4위, 러시아 5위를 차지했다. 2010년 제2회 세계장애인태권도선수권대회를 개최할 예정이며 2016년 장애인올림픽에 참가하기 위한 최선의 노력을 하고 있다고 밝혔다.

제1회 유스올림픽대회
2010 First Youth Olympic Games

제1회 유스올림픽대회가 2010년 8월 14일~26일 간 싱가포르에서 열린다. 이 대회에는 205개 국가올림픽위원회로부터 약 3,500명선수와 800명 임원이 참가하게 될 것이다. 또한 800여 미디어와 20,000 국내외 자원봉사자들과 50만 명의 관람객이 참가할 것으로 전망하고 있다. 26개 종목 및 문화와 교육 프로그램이 참가하게 된다.

제1회 유스올림픽대회를 준비하기 위해 태권도진흥재단(TPF)과 세계태권도연맹(WTF)이 공동으로 2009년 8월 6일~11일간 서울과 무주에서 세계청소년태권도캠프를 개최했다. 이 캠프의 목적은 다섯 가지로 요약된다.

1) "Singapore 2010 Youth Olympic Games" 대비 Junior 태권도 경기 대회 운영 준비
2) 태권도 캠프를 통한 태권도 문화가치 제고 및 공동체 의식 함양
3) 청소년의 건전 육성과 가치관 형성 및 올림픽 정신, 이념 실천
4) 세계 청소년 태권도 문화교류 확대 및 네트워크 구축
5) 성공적인 캠프 개최로 전 세계 청소년들에게 태권도 수련 동기 부여

제21회 세계농아인올림픽대회
21st Deaflympic

제21회 세계농아인 올림픽이 타이베이에서 2009년 9월5일부터 열렸다. 81개국 참가국이 19종목에서 경기를 펼치게 된 이 대회는 태권도와 유도 두 종목이 처음으로 정식종목으로 채택되었다. 태권도 경기는 9월 7일부터 9일간 열렸는데 한국팀은 태권도 종목에서 금메달 3개, 은메달 1개, 동메달 1개를 획득 종합우승을 차지했다.

제비품목치기
Jebipoom mokchigi, *swallow-poom neck hitting*

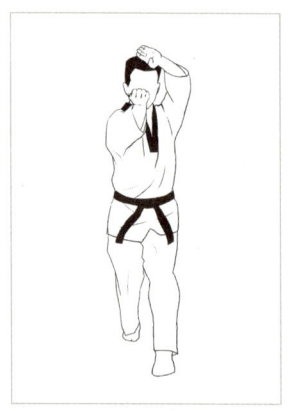

왼 앞굽이일 경우 왼 한손날얼굴막기를 하고 몸을 비틀어 오른 한손날안치기로 목을 목표로 하고 친다. 앞발 쪽의 손은 손날로 얼굴을 막고 뒷발 쪽의 손날로 목 부위를 치는 것이다. 목 치기를 하는 팔의 팔꿈치는 거의 다 편다.

요령: 얼굴 막는 손날의 손바닥이 위를 향하게 하여 반대편 허리에 가져오고, 손날목치기를 하는 손은 손등이 어깨 쪽을 향하게 하고 시작한다. 치기를 하는 쪽 어깨가 앞쪽으로 향하도록

허리를 충분히 틀어준다. 제비품이란 몸을 비틀어 제비의 몸과 꼬리 사이가 잘록한 것 같이 허리를 잘록하게 보이도록 하며 두 손을 벌려 날개와 같은 모양이 되게 하는 것을 말한다.

조선연무관 권법부
朝鮮研武館 拳法部

지도관(智道舘)은 1946년 3월 3일 전상섭(1921~ ?)에 의해 '조선연무관 공수도부'로 출발했다.

그는 청소년시설 조선연무관에서 유도를 수련했으며, 일본 척식대학 유학시절 공수도의 개조로 알려진 미야기 쵸준(宮明長順)문하에서 전수받았다고 한다. 그 후 그는 1945년 광복 전에 귀국하여 서울 중구 현 조선호텔 건너편에 위치한 대한유도회관에서 처음 권법부 간판을 걸고 문하생을 지도하기 시작했다고 하지만, 본격적으로 문하생을 양성한 시기는 1946년 3월부터라는 것이 지배적이다. 그와 친분이 두터웠던 윤쾌병(윤희병이라고도 함)이 일본 동경에서 한무관을 창설하고 지도하다가 광복 후 7단으로 귀국하여 잠깐 조선연무관에서 봉술을 지도하기도 했다. 그 후 6·25전쟁 이후 행방불명되자 윤쾌병, 이종우가 이끄는 지도관과 이교윤이 이끄는 한무관으로 분리되었다.

조선연무관은 서울에서 태동했지만 단계적이고 체계적인 발전은 전북 전주를 중심으로 한 지관을 통해 이뤄졌다. 연무관의 첫 지관은 1947년 5월 17일 전일섭이 개관한 지도관 군산체육관이었다.

지도관은 '지혜로운 길'을 의미하며, 다른 관에 비해 대련(겨루기)을 중시해 70년대까지 각종 대회에서 두각을 나타내었다. 무급에서 8급까지 상, 중, 하로 나눠 관원을 지도하였으며, 관번은 입관일만을 기준으로 삼지 않고 급(級)을 고려하여 관번이 지정되었다.

지도관 관시는 나를 위한다, 관을 위한다, 나라를 위한다. 조선연무관 출신으로는 배영기, 전일섭, 김복남, 이종우, 엄기윤, 홍창길, 박현종, 이병로, 이교윤, 박운영, 최창열, 김덕순, 고홍명, 이영덕, 김수진, 정진영, 장연진 등이다.

조정력
Coordination

자기 자신이 지니고 있는 여러 가지 체력요소를 조절해서 정확한 동작을 할 수 있는 능력.

인간의 동작을 조절하고 있는 상태라는 것은 대근군·소근군·신경을 비롯한 모든 기능이 통합되어 있지 않으면 안 되는데, 조정력의 테스트는 민첩성(발끝 덧치 점프)·근력(복근운동)·파워(넓이 뛰기)·근지구력(V자형 자세 유지)의 순으로 진행된다.

조정원
趙正源 Chungwon Choue

조정원(1947~   )은 경희대학교 경제학과를 졸업하고, 미국 Fairleigh Dickinson 대학교에서 국제정치학 석사를 거쳐, 벨기에 루벤 대학교에서 국제정치학 박사를 취득했다. 경희대학교 총장을 두 번 역임한 학자 출신의 조정원은 2004년 6월 세계태권도연맹(WTF) 전임 총재의 잔여 임기 수장으로 선출된 후 2005년 스페인 마드리드 세계태권도선수권대회 기간의 정기 총회에서 4년 임기로 재선되었다. 그리고 2009년 코펜하겐 총회에서 인드라파나 IOC 위원(태국)과의 경합에서 104대 45 표차로 당선되었다.

조정원 총재(이하 생략)의 다른 주요 직책으로는 대한올림픽위원회 고문, 태평양아시아협회 이사장, 한국페어플레이위원회 초대 회장, 중국 인민대학교 객좌 교수 등 이며, 조 총재는 대한체육회 부회장, 대한태권도협회 고문을 역임했다.

태권도와의 인연은 오래된다. 1983년 경희대학교 기획실장 때 태권도를 4년제 대학에 처음으로 경희대학교에 태권도 학과를 개설하였으며, 1995년부터 경희대학교 국제태권도아카데미 원장을 맡고 있다.

국제올림픽위원회 (IOC)가 인정한 올림픽 종목인 태권도를 관장하는 국제기구의 수장이 된 이후 그는 바로 경기 및 심판 그리고 세계태권도연맹(WTF)의 운영 등에 관한 전반적인 분야에 강력한 개혁의 바람을 불러 일으켰다. 이 같은 노력의 결과, 2005년 싱가포르에서 열린 국제올림픽위원회 (IOC) 총회에서 태권도가 2012년 런던 올림픽 정식 종목으로 포함되었으며, 이어 2009년 10월 덴마크 코펜하겐 IOC 총회에서 2016년 리우데자네이루 올림픽에도 정식 종목이 되었다.

그는 세계태권도연맹 규약을 개정하여 2009년 아제르바이잔 바쿠에서 열린 세계태권도 단체 선수권대회에서 처음으로 즉석 비디오 판독제를 도입하고 전자호구를 사용함으로써 태권도 경기를 보다 공정하게 만들었으며, 경기장 규모를 대폭 축소하고 머리 공격의 경우 한 번 공격에 3점을 주는 새로운 차등 점수제를 도입하여 경기를 더욱 박진감 넘치게 만들었다.

2006년 세계태권도품새선수권대회를 신설하였고 2009년 세계장애인태권도 선수권대회를 만들어 남녀노소 및 소외당한 모든 사람들이 태권도를 즐길 수 있도록 만들어 전 세계 태권도 저변 확대에 크게 기여했다.

조정원은 2005년 삼성 그리고 2008년 호주 맥쿼리사와 글로벌 파트너십을 체결하였으며, 연맹 윤리 규정을 채택했다. 재임 기간 중 세계태권도연맹 회원국 수를 16개를 늘려 현재 189개에 이르고 있다. 태권도가 단순한 경기를 넘어 올림픽 이념인 세계 평화에 기여하도록 하기 위해 태권도평화봉사단을 2008년 여름 창설하였으며, 2009년 8월 서울 파크텔에서 올림픽가치교육(OVEP) 포럼을 포함한 세계청소년태권도캠프를 개최하는 등 청소년 교육에도 힘을 쏟고 있다.

태권도평화봉사단 발족의 배경은 이러하다. 태권도를 통해 세계인들과 함께 스포츠의 무한한 가치와 희망을 나누고 봉사를 실천한다는 취지에서 출발하여 그간 여름, 겨울방학을 이용하여 총 59명의 봉사단원들이 총 13개국에서 봉사활동을 펼쳤다. 태권도를 통한 평화봉사단 구상은 2007년 9월 20일 벨기에 루벤대학에서 열린 '국제 스포츠 평화 워크숍'에서 처음 구상을 발표한 이후, 같은 해 12월 6일 모나코에서 개최된 '제1회 국제평화와 스포츠포럼'에서 보다 확대된 모든 올림픽 종목을 포함하는 '스포츠평화봉사단' 구상을 제안하였다.

조정원의 태권도에 대한 열정은 학자 출신답게 태권도의 학문화에 잘 드러나고 있다. WTF는 2007년부터 태권도저작물을 간행하고 있다. 같은 해에 영문 교본 『The Book of Taekwondo』를 간행했고 이어 태권도 시리즈 발간에 착수하여 이미 6권의 장르별 단행본을 내놓았다. 태권도 시리즈 1 『태권도 심리기술훈련』을 시작으로 『태권도 호신술』, 『태권도 동작학』, 『태권도 품새학』, 『태권도 품새경기교본』, 『태권도학』 등 잇달아 발간하고 있다. 그리고 2008년 연맹창립 35주년을 기념하여 태권도 화보집 발간을 추진, 그 결과물로 나온 것이 2009년 『Taekwondo & The Olympics』 영문 화보집이다. 연맹이 올림픽 태권도 화보집을 발간한 것은 이번이 처음이었다.

『Taekwondo & The Olympics』 화보집은 총 208 페이지에 달하며 어문각 출판사에서 제작됐다. 태권도가 1994년 9월 4일 올림픽 종목으로 포함된 올림픽 종목 채택 추진 과정에 이르는 역사적 사실부터, 1988년 서울올림픽 및 1992년 바르셀로나올림픽 두 차례 태권도 시범 종목 채택, 그리고 2000년 시드니올림픽, 2004년 아테네올림픽, 2008년 베이징올림픽 정식 종목 관련 주요 사진 및 결과를 수록하였다.

주요 저서는 스포츠평론집 『Peace in Mind, Sports at Heart』, 칼럼집 『대학이 미래의 펀드다』 등이 있다.

조합

組合, Preparation

호신술에서 표현되는 여럿의 공·방 기술을 모아 합하여 한 덩어리가 되게 하는 것을 함의한다. 조합이 잘 되었다는 것은 기술의 구성이 창의적이다 라는 것과 직결되고 기술의 실용적 가치성을 높여줄 것이다.

조화

調和, Harmony

품새(공인·창작) 표현에 있어서 동작 기술 구성의 조합(창작), 동작의 균형과 조화, 동작과 음악의 조화 등이다. 조화는 여럿이 하나를 이뤄 어울림이라는 시각적 효과를 극대화하는 요인이다.
동작의 조화란 발의 서기자세에 의한 중심이동 중에서 공방적 도구로서의 팔의 조화, 즉 시공간 상의 어울림을 말하는 것이다.
품새 동작 연결의 어울림, 원활함과 통일성을 말한다.

주먹

Jumeok, fist

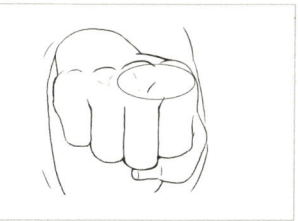

손바닥을 편 상태에서 네 개의 손가락을 붙여 말아 쥐고 엄지손가락으로 집게손가락과 가운뎃손가락을 감싼다.

주심

Referee

태권도경기에서 주심은 △경기 전반에 걸쳐 주도권을 갖는다. △경기의 "시작", "그만", "갈려", "계시", 승패의 선언, 감점 선언, 경고 선언, 퇴장 선언 등을 한다. 모든 선언은 결과가 확인된 후 선언된다. △규정에 따라 판정권을 독자적으로 행사할 수 있다. △득점의 채점은 하지 않는다. △경기 결과가 동점이거나 무득점일 경우, 15조 2항에 따라 전 심판원이 승패를 결정한다.

주심 수신호
Referee's Hand Signals

태권도(겨루기) 경기에서 경기규칙에 따라 주심이 경기운영 전반에 걸쳐 하여야 할 손짓을 말한다.
손짓의 구분은 청·홍 선수 위치, 차렷·경례, 준비, 시작, 갈려·그만, 계속, 판정선언, 계시, 계수, 경고 선언, 감점 선언, 주의, 득점무효 선언 등이다.

주심직권승
Win by Referee Stops Contest(RSC)

경기결과 판정의 일종. 주심의 판단으로나 또는 의사의 자문에 의해 한 선수가 경기를 더 이상 속행할 수 없다고 판단했을 때, 또는 1분 제시 이후에도 경기 속행이 불가능 했을 때, 또는 주심의 경기 속해지시를 따르지 않을 때 선언하는 승리.

주춤새몸통지르기
Juchumsae momtong jireugi, *riding stance trunk punching*

준비서기 자세에서 왼 발을 옮겨 주춤서기 자세를 취하며 동시에 왼 주먹으로 몸통지르기를 한다.

주춤서기

Juchumseogi, *riding stance*

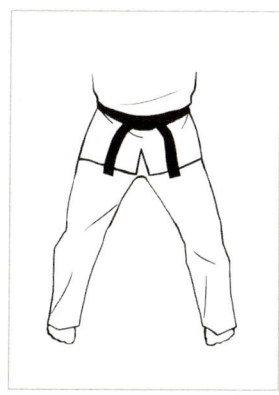

주춤서기는 태권도 서기의 기본을 이룬다.

태권도의 기본자세가 되는 주춤서기는 신체의 균형을 유지하는 자세로서 도교 수련의 한 방법으로 알려져 있는 정좌(定座)에 해당된다. 바른 자세 유지는 신체의 균형을 유지할 뿐만 아니라 바른 호흡을 할 수 있고 전신이 안정되게 하기 때문이다.

우리는 스스로 심신을 움직이기도 하는데, 이것을 동작이라 한다. 태권도에서 말하는 동작의 의미는 다르다. 주춤서기 동작은 '주춤' 이라는 단어의 의미처럼 서 있는 자세도 아니고 그렇다고 바닥에 앉은 자세도 아니다. 엉거주춤이라는 뜻은 서있는 자세도 아니고 그렇다고 앉아있는 자세도 아닌 그 중간의 자세로 그야말로 동양적 표현을 빌려 중용(中庸)의 자세로서 엉거주춤한 자세를 말한다.

주춤서기자세의 요구는 두 발의 너비, 무릎을 구부리는 각도, 무게 중심을 신체의 아랫배, 즉 단전에 두고 양발에 똑같이 무게를 싣는 것이며 윗몸을 곧게 세워야한다.

태권도교본(2006, 국기원)에 따르면, 주춤서기의 자세는 다음과 같이 설명되고 있다.

바른 자세의 방법으로 발과 발의 너비는 두 발 길이 정도로 선다. 발날등이 서로 나란히 되게 한다. 몸통을 반듯하게 하고 두 무릎을 굽히는데, 서서 땅을 내려다 봤을 대 무릎과 발끝이 일치되도록 하고, 정강이를 반듯하게 세운다. 무릎(정강이)은 안으로 조이듯 한다. 내적으로는 단전, 즉 아랫배에 의식을 집중하고 전신의 중심을 그곳에 모은다. 구부린 두 다리의 대퇴부에 근육에 탄력이 생겨 여기에 차 있던 혈액을 쉽게 심장으로 되돌려 보낼 수 있다.

주춤서기는 중추신경을 고요히 안정시켜 그 지휘기능을 강화시킴으로써 혈액순환, 호흡조정 및 신진대사 작용을 원활히 할 수 있도록 하고 아울러 그 효율도 극대화시킨다. 주춤서기를 유지할 때 마음의 조정이 중요하다. 끊임없이 떠오르는 삿된 생각을 제거해야 한다. 그러기 위해 수련자는 의식을 단전에 집중하라는 요구를 받게 되는 것이다. 눈은 똑바로 내 앞에 마주한 상대를 가정하고 앞을 보되 단전에 힘을 넣고 의식을 호흡에 맞춰 주먹을 내지를 때 기를 실어 보낸다는 마음의 훈련도 함께해야 한다. "정신을 단전에 갈무리한다" "의식으로 단전을 지킨다" "기를 단전으로 가라앉힌다" 는 말은 모두 이를 두고 하는 말이다. 단전(하단전)은 한의학의 침술이나 혈도에 관련된 이론에 의하면, 하단전 앞부분에는 기해(氣海)혈이, 뒷부분에는 명문(命門)혈이 위치하고 있는 곳이다. 이 위치가 생명 활동의 핵심적인 곳이라 하겠다.

　주춤서기 자세에서 몸통을 지르는 동작을 계속하다보면 자연히 의식의 집중을 놓치는 경우가 허다하다. 정신을 집중하여 전일(專一)하게 하는 것은 결코 쉽지 않은 법이다. 때문에 정신집중이 요구되는 것이고 마음의 안정이 필요한 것이다. 수련 중 지켜야 할 마음의 자세는 태극권의 원칙이 되고 있는 "기를 단전으로 가라앉힌다(氣沈丹田)" 라는 자세가 아주 중요하다.

김용옥의 설명에 의하면, 주춤서기를 태권도의 기본자세로 삼는 것은 바로 나의 몸의 중정(中正)의 상하운동의 탄성을 주기위한 것이다. 이 탄성이란 미래적 운동에 대한 가능성을 함장하는 상태라 한다. 구부려져 있을 때만이 곧바로 펼 수 있는 것이며, 펴 있을 때는 탄성이 없기 때문에 다시 구부려야만 하는 시간의 낭비를 초래한다. 무술의 모든 자세는 그러한 탄성을 유지키 위하여 일정한 구부림을 유지하는 것이다. 그는 이것을 노자가 말하는 허의 가능성을 증대키 위한 것이라고 말한다. 그의 설명을 좀 더 살펴보자.

주춤서기는 양발의 허실(虛實)상태가 평형을 이루고 있는 상태다. 이 상태에서 몸의 중심을 뒤로 이동하면 뒷굽이자세가 되고, 몸의 중심을 앞으로 이동하면 앞굽이자세가 된다. 중심을 어느 발에 두느냐에 따라 허와 실의 관계가 바뀌게 되는 것이다. 주춤서기는 허실의 평형이며, 앞굽이는 실이 앞으로가서 뒤에 허가 생긴 상태며, 뒷굽이는 실이 뒤로 가서 허가 앞에 생긴 상태다. 이 허와 실의 운동은 반복하게 마련이며 이 허실의 반복상은 우리 몸의 운동의 태극상(太極相)(허실의 원운동)을 형성하는 것이다.

주춤서기에서의 무릎각도는 앞굽이, 뒷굽이뿐 아니라 학다리서기 등 여러 서기의 기본을 이룬다. 그렇기 때문에 올바른 주춤서기자세를 몸에 익히는 것을 원칙으로 삼아야한다. 수련 시 지도자가 강요하는 기본자세로 주춤서기를 숙달하는 이유는 다른 곳에 있는 것이 아니다. 주춤서기는 기본기(基本技)로서 다른 서기의 기준이 되기 때문에 주춤서기를 취하며, 그 올바른 자세에서 무게 중심을 어느 발에 얼마만큼의 힘을 실리게 하는가에 따라 서기 동작의 바른 숙달을 할 수 있는 것이다.

주춤서기를 기본으로 하여 다른 서기에서 무게중심을 이동하며 자세를 취한다고 할 때 마음으로 다스림이 따라야 하는 것이다. 예를 들어 앞굽이를 취한다고 할 때 앞 다리에 무게중심을 둔다는 것은 의식, 즉 마음이 그곳에 집중되어야 하기 때문이다. 몸의 움직임이 마음의 작용에 따라야 하는 것이다. 즉 마음은 몸을 움직이게 하며 숨은 마음을 조정하며 결국 몸〔생리〕과 마음〔심리〕의 상호관계를 갖는다. 수련 시 호흡이란 단지 폐의 작용에 국한된 것 이상의 작용이 요구된다. 아랫배에 힘을 주고 복식호흡을 하면 허리를 곧게 유지하는데 도움이 되고 또한 복식호흡을 통해 기를 단련한다는 의식이 중요하다. 호흡도 주춤서기 수련을 거치게 되면 점차 고요해지고 완만해진다. 기란 이 상태를 가리킨다.

주춤서기 수련은 초보자에게 무척이나 힘든 일이다. 바른 자세를 취한다는 것은 용이하지 않을 뿐만 아니라 단지 몇 초가 지나면 대퇴부의 긴장으로 견디기 힘들어진다. 반복 수련을 통해 의지를 굳히고 힘든 자세를 유지하는 가운데 자신도 모르게 인내심이 길러지고 오래도록 유지할 수 있게 단련되는 것이다. 수련을 하는 동안 정신은 무위의 상태를 유지하며 주춤새 몸통지르기를 하면은 평소에 가슴과 허리가 구부정한 사람이라 하더라도 이때가 되면 자연 가슴이 활짝 펴지고 허리가 곧아져 호흡이 막힘없이 순조롭게 되며, 뱃속과 입안이 매우 상쾌해진다.

주춤서기 훈련은 몸의 단련이 전부는 아니다. 심신의 단련이며 장수와 건강을 추구하는 심리상태를 잊지 말아야 한다. 도교 수련에서 말하는 정기신(精氣神) 단련인 것이다. 정기를 보존하고 기르기 위해서는, "마음을 깨끗이 하고 서둔다든지 욕심을 줄이는 것"에서부터 시작하지 않을 수 없다. 신은 정신을 말하며 정신은 마음이기도 하고 정은 몸보다 먼저 생긴 것을 정(精)이라 한다. 도교에서는 정을 양생(養生)의 핵심으로 파악하고 있다. "정을 돌이켜 뇌를 보충" 하는 것을 불로장생의 핵심원리로 삼고 있기도 한다. 남희근은 정기신을 쉽게 이해시키기 위해 물리적인 빛, 열, 힘에 비유하여 설명하기를, 즉 정(精)은 생명의 열(熱)에, 기(氣)는 힘에, 신(神)은 빛에 비유될 수 있다고 말한다. 인체의 생명작용에 있어 정기신은 우주의 물리적 현상과 마찬가지로 단계적으로 나뉘어 지며 또 상호 혼합되기도 한다. 신(神)의 주요 작용은 두뇌 부분에서 일어나며, 기(氣)의 주요 작용은 가슴과 위 부분에서, 정(精)의 주요 작용은 신장과 아랫배 이하의 고환과 생식기 부위에서 일어난다. 정과 기는 신으로부터 생긴다는 것이다.

인체 내의 쾌감은 정으로부터 생기며, 의지와 결단력은 기력이 충만해짐으로써 생기며, 지혜는 신의 고요한 정(定)으로부터 생긴다는 사실이다. 불교에서는 수심양성(修心養性)을 중시하는데, 이는 사유를 통해 마음자리를 바꾸는 것을 수련의 근본적인 출발점으로 삼는 것을 의미한다. 사람의 생명이란 몸과 마음의 결합 외에 아무것도 아니다. 생리적인 주요 작용도 결국 정(精), 기(氣) 두 종류의 작용에 지나지 않는 것으로, 이들은 모두 감각의 범주에 속한다. 마음의 기능은 지각의 범주에 속하는 것으로, 신(神)의 작용이다.

결국 주춤서기 수련은 도교에서 또는 불교에서 중히 여기는 정좌수련의 원칙과 조금도 다를 바 없고 단지 정(靜) 가운데서 동(動)을 행하는 또는 그 반대의 행위로 장수와 건강을 추구하는 것으로 볼 수 있다.

준비
Junbi, *ready*

△오른팔을 어깨를 중심으로 45도 굽혀 오른손을 귀 높이까지 올렸다가 △왼앞굽이 자세를 취하면서 오른손을 명치 높이로 뻗어 내리며 '준비' 구령을 한다. 이때 왼손은 주먹을 가볍게 쥐고, 옆구리 아래로 뻗는다.

중심이동
重心移動, Movements of valance

중심의 이동이란 몸의 무게중심이동을 말한다.

동작 시 중심의 이동을 정확히 해야만 위력은 물론 중심을 잃지 않게 되고 또한 다음 동작을 용이하게 할 수 있는 것이다. 힘을 구사할 수 있는 조건은 자세에 달려 있다. 몸의 중심을 잘 잡는다는 것은 균형을 잃지 않고 안정하다는 것이며 바른 자세를 취한다는 뜻이다. 몸의 중심은 동작 시 고정적이지 않고 몸의 자세와 움직임에 따라 변하게 마련이다. 특히나 지르기를 하는 팔이나 서기 시 발쪽에 무게 중심이 치우치기 쉬우므로 주의해야 한다.

태권도 동작은 수많은 종류가 있다. 특히 중심과 관계되는 동작이란 서기가 이에 해당되며 서기의 높낮이와도 관계된다.

태권도 서기는 앞굽이 · 뒷굽이 · 앞서기 · 범서기 · 꼬아서기 · 학다리서기 등 여러 가지로 구분된다. 동작 시 몸의 중심이동은 아주 중요하다. 서기에서 서기로 이동, 서기와 손의 공방행위 관계, 서기에서 차기 등에서 중심의 위치가 변하게 되며 중심이동에 영향을 미치게 된다.

몸의 안정성은 중심과 관계된다. 안정성을 크게 하기 위해서는 중심을 낮추고 기저면을 넓혀야 하며, 또한 중심선이 기저면의 중앙에 가깝게 위치하도록 하여야 한다. 하지만 태권도의 서기는 두 발의 폭과 너비가 규격화되어 있다는 것에 유의해야 한다. 안정성보다는 신속한 이동이 용이하도록 되어 있다. 서기의 자세는 균형 유지가 가능한 범위 내에서 기동성을 고려하여 구성돼 있다. 중심선은 인체나 물체의 중심으로부터 중력의 방향과 동일 방향으로 그은 수직선을 말하며 기저면이란 신체가 지면에 접촉되어 있을 때 그 접촉면들을 상호 연결시킨 넓이를 말한다.

인체의 중심(中心)은 앞, 뒤, 좌우, 상하의 중심점을 말하며 인체의 경우 척추(등뼈)가 중심선(中心線)에 해당된다. 다른 또 하나의 중심(重心)은 물체가 움직임에 따라 이동하는 중심으로서, 차렷 자세 때에 선골앞부분에 해당한다(태권도교본, 1972).

동작 시 중심이동을 정확히 하지 못하고 중심을 잃는 경우는 다음의 네 가지 경우에 발생되는 것이다.

첫째는 관성의 법칙에 따른 것으로, 예를 들어 앞으로 이동하면서 지르기를 할 경우 너무 팔에 힘의 증가로 지르는 순간 중심고(中心高)가 높아져 상체가 흔들리는 경우이다. 위력 있는 강한 공격은 골반과 어깨 머리를 이용하여야 완전한 몸의 무게가 한 점(주먹이나 발끝에)에 집중되는 경우에는 큰 힘을 내는 것이 된다.

둘째는 가속도의 법칙에 따른 것으로, 예를 들어 연계동작 시 발생되는 경우이다. 연계동작의 마지막 동작 시 멈추게 될 때 가속에 의해 제동이 제대로 이뤄지지 않을 때 발생되는 경우이다. 태극 8장, 순서 3, 두발당성 앞차기-몸통막기-몸통두번지르기 동작이 해당된다.
셋째는 서기동작과 손의 공방 또는 발차기 등에서 하나의 동작 수행이 일치하지 못할 때 중심이 흔들리는 경우이다. 이 경우는 태극 5장, 순서 20, '오른발 앞차고 내디뎌 뒤꼬아서기 등주먹 앞치기'가 해당된다.
마지막으로 중심을 잃게 되는 경우는 고난도의 동작과 얼굴차기의 경우에 중심유지에 불리하다.

태권도 기술은 손기술과 발기술로서 다양한 움직임 즉 동작을 포함한다. 다양한 동작은 복잡하게 구성되어 있는 관절과 근육의 수축기전에 의해 수행된다. 태권도의 막기, 지르기, 치기, 차기 등을 할 때 손목, 발목 또는 무릎관절이 빠른 폄(신전), 굽힘(굴곡), 젖힘(과신전), 엎침(회내), 뒤침(회외) 운동이 일어나는 것이 스냅(Snap)에 해당하며 특히 차기에서는 발바닥굽힘(족저굴곡)과 발등굽힘(배측굴곡)이 일어나 스냅을 발생 시킨다. 이 모든 관절의 굴신과 더불어 힘의 질량에 따른 움직임이 중심이동에 영향을 미치게 된다.

이와 같이 중심과 중심의 이동을 용이하게 그리고 정확하게 하기 위해서는 동작 시 정확한 자세(신체의 신축)와 합리적인 기의 완급과 힘의 강유, 합리적인 호흡 등에 유의하여 숙달함으로써 중심과 중심의 이동이 동작과 함께 정확히 해낼 수 있게 되는 것이다.

중앙기독교청년회(YMCA) 권법부(창무관)

중앙기독교청년회(YMCA) 권법부는 윤병인에 의해 1946년 9월 서울 종로에 위치한 기독교청년회관(YMCA)에서 'YMCA 권법부'라고 창설되었다. 그는 어린 시절을 만주에서 보내면서 중국무술인 '주안파'를 익혔다. 그 후 일본으로 건너가 니혼대학 유학시절에 가라테를 배웠다. 당시 니혼대학에는 가라데의 달인 도야마 간켄(遠山寬賢, 1888~1966)이 있었는데, 윤병인의 중국무술을 보고 공수도 4단을 인정해 주었다고 전해지고 있다.

윤병인은 일본 재학 당시 공수도부 지도사범으로 있으면서 학생들에게 무술을 지도했었다고 한다. 그는 1945년 광복 후 귀국하여 경성농업학교에서 체육교사로 재직하면서 무술을 가르친 윤병인은 전상섭과 친분이 두터워 그의 조선연무관에서 운동을 하다 1946년 서울 종로 YMCA에 권법부(창무관)을 창설해 독립하게 되었다.

1949년 11월에 첫 승단심사를 실시했다. 권법부는 1950년 6월 24일 '연무대회'를 개최했는데 당시 박철희는 '작두권' 시범을, 박기태는 '봉권' 시범을 각각 선보였다. 이때 청도관의 손덕성, 엄운규, 이용우 등이 찬조시범에 나섰던 것으로 전해진다.

YMCA권법부의 수련은 오후 4시 30분부터 시작하였으며, 초창기 수련생 광고로 5백여 명이나 모집되었으나, 워낙에 수련 강도가 높아 3개월 후에는 1백 80여명으로 줄었다고 한다.

한편, 한국전쟁 이후 이남석과 김순배는 중앙기독교청년회 권법부 재건을 위해 관원들을 모으고 운동을 시작했으나, 창설자 윤병인이 남북돼 내부 갈등을 빚다가 이남석, 김순배를 중심으로 한 창무관과 홍정표, 박철희를 중심으로 한 강덕원으로 분열됐다. 이남석과 김순배는 1953년 10월에 현 종합청사 자리에 창무관중앙도장을 개설하고 관장은 이남석, 부관장은 김순배가 맡게 된다. 그 후 1986년 6월 이남석이 미국으로 이민을 가게 되면서 김순배가 창무관장을 맡게 되었다.

창무관(彰武舘) 이름은 영창고등학교의 '창' 자와 무도인의 '무' 자를 합해 명명한 것으로, 두 마리의 용을 상징물로 삼았으며, 관훈은 충효, 성실, 인내였다.

YMCA 권법부 출신으로는 이남석, 홍정표, 박철희, 김순배, 김선구, 김득환, 김주갑, 송석주, 이주호, 박규응, 문대식, 김동휘, 이종주, 이찬용 등이다.

중앙선
신체의 중앙, 즉 좌우 한 가운데를 지나는 수직선

즉시 비디오판독
Instant Video Replay

겨루기경기 중 코치가 요청하면 현장에서 즉시 녹화된 장면을 확인해 볼 수 있는 시스템이다. 이 시스템의 도입은 국내에서는 처음으로 2009년 4월 1일~4일간 경북 영천에서 열린 제3회 한국실업연맹회장기 전국대회에서 시행했다.
세계연맹에서는 2009년 6월 10일~14일 아제르바이젠 바쿠에서 열린 제1회 WTF세계장애인태권도선수권대회 및 2009 WTF월드컵 태권도단체선수권대회에서 처음으로 도입했다.

즉시 비디오판독절차
1) 경기 도중 심판원의 판정에 이의가 있는 경우 팀 코치는 주심에게 즉시 비디오판독을 요청할 수 있다.

2) 코치가 요청하면 주심은 코치에게 다가가 요청의 사유를 묻는다. 비디오판독요청의 범위는 주심의 경기규칙 적용에서의 실수, 득점 및 주심의 벌칙선언과 관련된 사항이다.

3) 주심은 비디오판독위원에게 즉시 비디오 판독을 요구한다. 선수와 동일한 국적이 아닌 경기감독위원회 위원 한 명이 관련 코트에 가서 비디오판독에 참여한다.

4) 비디오판독위원은 즉시 비디오를 판독한 후 주심에게 최종 판정을 알린다.

비디오판독위원과 관련 경기감독위원이 판정을 내릴 수 없는 경우 최종 판정은 기술 대표가 한다.

5) 비디오판독위원의 판정은 판독 요청접수 후 2분 이내에 이루어져야 한다.

6) 코치는 경기 마다 1회에 한해 비디오판독을 요청할 수 있다. 판독 요청이 받아들여지고 점수가 시정되는 경우에 코치는 1회의 판독요청기회를 계속 가질 수 있다.

7) 한 번의 대회 동안 한 선수 당 코치가 제기할 수 있는 항의의 총 수의 제한은 없다. 단, 한 선수에 대해 비디오판독요청이 세 번 거절 당하면 그 선수에 한해서는 해당 대회에서 추가적인 비디오판독을 요청할 권리를 상실한다.

8) 비디오판독위원의 결정은 최종이다. 경기 동안 및 경기 후 더 이상의 항의는 수용되지 않는다. 단, 경기 결과 판정 과정에서의 실수, 경기 점수 계산 착오 등의 실수는 제외한다. 그러한 경우에 주-(2) "소청절차"에 따라 공식 소청서를 제출한다.

9) 비디오판독 후 심판의 판정이 수정된 경우 경기감독위원회는 경기일 종료 후 해당 경기를 조사하고 필요하다면 관련 심판원에 대해 징계 조치를 취할 수 있다(WTF경기규칙 및 해설, 제24조 소청 및 상벌).

지도자(관장 및 사범)의 자세

다음은 대한태권도협회에서 제정한 예의규범으로 모두 14가지 사례를 예시하고 있다.

- 관장이나 사범은 문하생들에게 존경받을 수 있는 모범된 인격을 갖추어야 한다.
- 문하생은 관장이나 사범의 언행 하나하나를 본보기로 행동하기 때문에 각별히 주의해야 한다.
- 동료나 윗사람을 문하생 앞에서 험담이나 비방을 하지 말아야 한다.
- 문하생 앞에서 예의에 어긋난 언행을 일체 삼가야 한다.
- 관장, 사범은 태도가 명백하여야 한다.
- 거짓말과 순간적인 기교를 부리지 말아야 한다.
- 문하생 앞에서 말이 많으면 안 된다.
- 문하생의 가정환경 또는 고충을 주의 깊게 살펴 성의껏 도와야 한다.
- 명령보다는 의논하는 태도를 가져야 한다.
- 공과 사를 정확하게 구분하여야 한다.
- 관장, 사범은 사치, 허영, 도박, 과음을 억제하고 근면 검소한 생활을 보여야 한다.
- 관장, 사범은 지역사회 개발에 앞장선 실천자가 되어야 한다.
- 관장, 사범 고단자, 유단자 전 태권도인은 도덕적인 의협심과 정의, 의리, 겸양으로 배신을 버리고 실천할 수 있는 교육과 자세를 자기 주변에서부터 하나하나 실천해 나아가야 한다.

지르기

Jireugi, *Punch*

지르기라 함은 팔을 이용하여 공격을 가할 때 몸통의 회전력, 즉 원심력을 이용하는 데, 이 때 팔꿈치를 뻗으며 주먹이 일직선으로 움직여 목표를 가격할 때를 말한다.

집게주먹
Jipkejumeok, *pincers-fist*

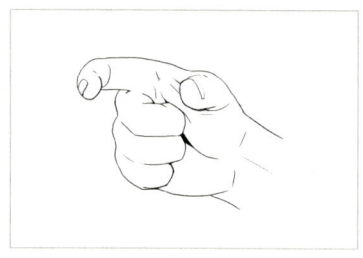

엄지손가락과 집게손가락을 벌려 아귀손과 같이 하고 나머지 가운뎃손가락, 무명지, 새끼손가락을 붙여 말아 쥔다. 집게주먹은 지르기를 하지만 바로 엄지손가락과 집게손가락으로 잡아 뜯는다. 주로 목젖(식도)을 지르고 바로 집게로 목젖을 뜯을 때 사용한다.

짓기
Step

발짓기의 준말로서 영어로 스텝이라고 칭함. 일명 발놀림, 딛기 등 다양하게 불리고 있다. 겨루기에서 공방의 합목적성을 효과적으로 수행하기 위해 한발 또는 양발을 움직여 체중을 옮기는 동작을 말한다. 이는 겨루기의 기술로서 거리조정 시 또는 전술적 목적으로 널리 사용되고 있다.
짓기의 유형은 나가짓기, 물러짓기, 비켜짓기, 뒤돌아짓기, 끌어짓기 등이 있다

나가짓기: 앞으로 나가는 발의 이동 동작에 따라 구분. 그 방법은 한발 축 이동 동작과 두발 이동 동작인데, 한발 축 이동 동작이란 뒷발을 앞발 앞으로 옮기며 이동하는 동작형태이고 두발 이동 동작은 몸의 상태는 그대로 유지하고 두발을 앞으로 동시에 나가며 이동하는 동작형태이다. 기술의 우선은 돌려차기, 뒤차기 등이다.

물러짓기: 뒷발 축 이동 동작과 두발 동시 이동 동작으로 구분. 뒷발 축 이동

동작이란 앞발이 뒷발 뒤로 물러 이동하는 동작형태이고 두발 동시 이동 동작은 몸의 상태는 그대로 유지하고 두발을 뒤로 동시에 물러 이동하는 동작형태이다. 기술의 우선은 돌려차기, 뒤차기, 뒤후려차기 등이다.

비켜짓기: 한발(앞발 또는 뒷발)을 축으로 하여 옆 방향으로 이동하는 동작과 두발동시 이동하는 동작으로 구분. 한발 축 이동 동작이란 앞발 축으로 하여 뒷발을 대략 45°로 옆으로 이동하는 동작형태이고 두발 동시 이동 동작은 앞발이 먼저 옆으로 이동하는 동작형태이다.
기술의 우선은 돌려차기, 내려차기, 뒤돌려차기 등이다.

뒤돌아짓기: 앞발 축으로 몸을 뒤로 돌려 뒷발을 앞에 옮기는 동작형태. 기술의 우선은 돌려차기, 내려차기, 후려차기 등이다.

끌어짓기: 앞발을 뒷발 쪽으로 (또는 반대로) 끌어 모으는 형태로 동작을 수행. 기술의 우선은 돌려차기, 내려차기, 후려차기 등이다.

찌르기
tzireugi, *thrusting*
찌르기 기술은 지르기 기술과 같지만 사용부위가 손끝이다.

차기

Chagi, *kick*

차기라 함은 발을 끌어올려 발의 사용부위로 상대의 목표를 가격하여 제압하는 것을 말한다. 이 때 무릎을 굽혀 접었다가 펴는 힘으로 또는 편 다리로 무릎을 굽히는 힘으로 차기도 한다. 또한 다리를 편 채로 다리를 돌리거나 몸의 회전력을 이용하여 상대를 가격하기도 한다.

차기 복합기술

Composite techniques of kicking

잡고차기, 굴러차기, 뛰어차기, 두발당성차기, 모둠차기, 가위차기, 거듭차기, 섞어차기, 뛰어이어차기, 뛰어넘어차기, 일자차기, 다방향차기 등이 차기 복합기술에 속한다.

차등점수제

태권도경기에서 득점 부위의 구분에 따라 차등의 점수를 부여하는 제도를 말한다. 득점 부위는 몸통과 머리 부위로 구분하고 몸통은 몸통보호대에 표시된 청·홍 색깔로 표시된 부위이고 머리는 쇄골 위 부위 즉 귀와 머리 뒤쪽을 포함하여 얼굴 전체를 말한다. 득점의 차등이란 몸통 1점, 몸통 회전차기 2점, 머리 3점으로 분류된다. 회전 차기란 뒤차기 및 뒤후려차기 기술 등을 이른다 (WTF경기규칙 및 해설, 제12조 득점).

차렷 · 경례
Charyot · kyongrye, *attention* · *bow*

△양 손바닥이 마주 보도록 하여 양손을 수직으로 세운 후 양쪽 어깨를 중심으로 각각 45도 바깥쪽으로 팔을 벌린 상태에서 손끝을 눈썹높이까지 올리며 '차렷' 구령을 한 다음, △양 손바닥을 명치 앞에 수평이 되도록 동시에 내리면서 '경례' 구령을 한다. 이때 양손과 명치 사이 그리고 양손 끝 사이는 주먹 하나 간격이다.

착지

격파를 마치고 신체의 일부 또는 그 전체가 지면에 닿는 순간의 자세를 말한다. 착지자세가 좋다는 것은 균형을 잃지 않는 상태를 말한다. 착지자세가 좋다는 것은 격파 연습의 숙련과 연관되며 격파 후 한 치의 흔들림이 없는 안정된 자세를 뜻한다.

창작성
Creativity

창작 품새, 격파, 호신술에서 창의적인 사고에 의한 독창적이고 새로운 기술을 만드는 기능적인 내용을 일컫는다. 창작성은 태권도의 기존의 기술성의 범위를 너머 동작의 구성, 기술적인 문제의 해결의 능력 등 신기술 개념을 만들어 내는 작품성의 범주가 이에 포함된다. 특히 품새 창작에서 창작성이 뛰어나다는 것은 구성적인 측면에서 품새 문화의 새 영역을 확장하는 가치성을 드러내는 표현형식이기도 하다.

동의어로서 구성력이라는 단어가 있다.

창작 품새
Creative Poomsae

창작품새의 구성은 태권도의 공격과 방어의 기본 동작 토대에서 새로운 동작을 개발하여 품새 이름과 품새선을 정한다. 품새 이름과 품새선에 상응한 상징적 기세를 드러내고 품새의 정점에 기합을 배치하여 체계적으로 연결, 구성한다.

창작 품새란 태권도의 정신과 기술적인 동작의 실용성과 가치성이 있는 품새로 창작된 작품을 말한다. 태권도 한마당에서 요구하는 구성 조건에 부합해야 하는 제약이 따른다.

'창작 품새' 용어는 1992년 대한태권도협회에서 개최한 제1회 태권도한마당 대회 때 처음으로 사용되었다.

천부경
天符經

천부경은 환국(桓國)에서 입으로 전해 내려오던 경으로 9자 1구로 하여 9중 81자로 구성되어 있다. 원래 환웅 1세 거발환(서기전 3898-3805)이 천산(天山)에서 지상의 태백산 신시(神市)에 내려와 도읍하고, 신지(神誌: 神志)이던 혁덕을 시켜 이를 기록 보존하게 하시어 신지가 전자(篆字)로 빗돌에 새겨 알아볼 수 없게 된 것을 고운(孤雲) 최치원(崔致遠) 선생이 한문으로 번역하여 서첩(書帖)으로 꾸며 세상에 전한 것인데, 4250(서기 1917)년에 지금의 묘향산(妙香山)에서 수도 중이던 스님 계연수(桂延壽)에 의해 세상에 알려진 오래된 경전(經典)이다.

경전을 요약하면, 하나에서 아홉까지의 숫자를 가지고 천지창조와 그 운행의 묘리를 만물의 생장 성쇠의 원리를 설파하고 있다. 그 전문의 일부를 풀이하여 옮겨본다.

"하나로 시작하되 시작이 아니고, 하나를 쪼개니 삼극이 되네. 천하의 근본은 다함이 없고, 하늘은 언제나 하나로 양이 되네, 땅은 하나에서 둘로 나눠 음이 되고, 사람은 하나에서 셋이 되어 양이라네.(중략) 사람이 하늘과 땅에 맞춰 하나 되니, 하나로 끝내되 끝이 아니네." 전문 81자 중 1자가 11회 나올 만큼 "하나(一)"를 중시한 한(一・多・大・白・全・韓)사상과 삼신사상을 동시에 밝힌 것이다.

청・홍 선수위치
Blue & red contestant's mark

△양 주먹을 말아 쥐며 엄지는 중지 위에 놓고 인지를 곧게 편 주먹을 좌우 가슴높이까지 올린다. △팔을 뻗으며 먼저 '청' 선수위치를 오른손 인지로 가리킨 후, '홍' 선수위치를 왼손인지로 가리킨다.

청도관
青濤館

청도관은 9개 모체관 가운데서 가장 먼저 1944년에 개설되었다. 청도관은 '푸른 파도'를 의미하고 청년 기상과 활동력을 상징으로 삼았으며, 청도관의 '도(濤)'는 이원국 자신이 무술을 익힌 쇼도칸(松濤館)의 '도(濤)'를 차용하고 있다. 창설자인 이원국(1907~2003)은 일본 주오(中央) 대학 법학과 재학당시 쇼도칸에 입문하여 공수도의 개조로 알려진 후나고시 기친(船越義珍) 문하에서 5년 동안 수련을 받아 4단을 취득했다. 그 후 그는 일제말기인 1944년 1월에 귀국하여 서울 서대문구 옥천동 소재 당시 영신중학교 강당에서 '당수도'라는 이름으로 가르치기 시작했다고 하나 본격적으로 당수도를 보급하고 문하생을 양성한 시기는 1946년 2월 서울 종로구에 있는 시천교당 자리에 '당수도 청도관' 간판을 내걸고 본격적으로 가라데 보급에 나섰다.

당시 시천교당을 수련장으로 사용했던 청도관 수련생들은 예배시간을 피해 오후 5시경부터 밤늦게까지 수련을 했다고 한다. 그 후 안국동으로 청도관을 옮긴 이원국은 얼마 있지 않아 당수도 연무대회를 개최했다. 명동의 시공관에서 열린 이 연무대회는 한국 최초의 근대적 무술대회로 일컬어진다. 연무시범은 당수도 기술체계를 답습한 형과 권법이 주류를 이뤘다. 이원국이 사회활동을 했기 때문에 수련 지도는 주로 유응준과 손덕성이 맡았다.

1946년 노병직이 고향인 개성에 정식으로 송무관 간판을 내걸자 이원국은 손덕성, 엄운규 등 제자들을 이끌고 개성에 가 연무시범을 보이기도 했던 것이다.

1951년 초 이원국이 일본으로 밀항을 하면서 청도관 관장직을 둘러싸고 손덕성은 내분에 휘말린다. 최홍희와 엄운규는 연계하여 손덕성을 압박하였다. 최홍희는 1959년 9월 3일 대한태권도협회를 창립하면서 이사에 손덕성을 제외하고 엄운규를 임명했다. 이런 과정을 거쳐 손덕성은 청도관과 태권도계에서 소외되어 1963년 3월에 미국으로 이민을 가게 되었다. 이후에 관장은 엄운규에게 이어졌다.

청도관의 분관은 이용우의 정도관, 광주를 중심으로 한 고재천의 청룡관, 인천을 중심으로 한 강서종의 국무관 등이 있다. 최홍희의 오도관도 청도관에서 파생된 관의 하나로 볼 수 있다는 것이 보편적이다.

청도관 출신으로는 유응준, 손덕성, 엄운규, 이용우, 현종명, 민운식, 남태회, 백준기, 고재천, 우종림, 정영택, 이준구, 한인숙, 김서종, 곽근식, 김석규, 한차교, 조성일, 김봉식, 최기용, 이사만 등이 배출되었다.

체급

體級, Weight Division

세계태권도연맹의 경기규칙 및 해설에 따른 체급은 다음과 같다.

1. 체급은 남자, 여자부로 구분한다. 성별 각 8체급은 기본적으로 다음과 같이 분류된다.

체급	남자부	여자부
핀급	−54kg	−47kg
플라이급	54kg−58kg	47kg−51kg
밴텀급	58kg−62kg	51kg−55kg
페더급	62kg−67kg	55kg−59kg
라이트급	67kg−72kg	59kg−63kg
웰터급	72kg−78kg	63kg−67kg
미들급	78kg−84kg	67kg−72kg
헤비급	+84kg	+72kg

2. 올림픽 경기 성별 각 4체급은 다음과 같다.

남자부	여자부
-58kg	-49kg
58kg-68kg	49kg-57kg
68kg-80kg	57kg-67kg
+80kg	+67kg

3. 세계주니어선수권대회 성별 각 10체급은 다음과 같다.

체급	남자부	여자부
핀급	-45kg	-42kg
플라이급	45kg-48kg	42kg-44kg
밴텀급	48kg-51kg	44kg-46kg
페더급	51kg-55kg	46kg-49kg
라이트급	55kg-59kg	49kg-52kg
웰터급	59kg-63kg	52kg-55kg
라이트미들급	63kg-68kg	55kg-59kg
미들급	68kg-73kg	59kg-63kg
라이트헤비급	73kg-78kg	63kg-68kg
헤비급	+78kg	+68kg

4. Youth Olympic Games 체급은 다음과 같다.

남자부		여자부	
48kg 이하	48kg까지	44kg 이하	44kg까지
55kg 이하	48kg 초과 55kg까지	49kg 이하	44kg초과 49까지
63kg 이하	55kg 초과 63kg까지	55kg 이하	49kg초과 55kg까지
73kg 이하	63kg 초과 73kg까지	63kg 이하	55kg초과 63kg까지
73kg 초과	73kg 초과	63kg 초과	63kg 초과

체력

體力, Physical fitness

체력이란 넓은 의미로 생존을 위하여 환경이나 생산적 작업에 적응하는 능력을 말한다.

닉슨(John E. Nixon)은 개인이 피로 없이 매일 매일 생활의 과업을 수행하고 나아가서 그가 비상시에 처했을 때, 잘 대처할 수 있는 유기체의 능력을 말하고, 큐리톤(Cureton)은 삶을 보람찬 인생으로 만들어 주는 모든 활동의 근원으로 생각하여 인생을 지적인 생활, 정신적인 생활, 직장 생활, 성 생활, 사회 생활 등과 같이 많은 가지로 되어 있는 나무로 비유하면서, 이 많은 가지를 지탱하여 주는 나무의 본체(trunk of a tree)가 바로 체력이라고 한다.

이렇게 볼 때, 체력이란 무거운 물건을 든다든지, 빨리 뛴다든지 하는 물리적인 힘과 체내에 어떤 해로운 물질이 들어와도 그 자체를 보호할 수 있는 화학적 힘 그리고 질병으로부터 버티고 각종 스트레스에 이겨내는 생리적, 정신적인 힘 등의 요소가 합해진 것이라 할 것이다.

태권도에서 체력이란 시합에서 상대와의 대전에서 물리적인 힘과 정신적인 힘, 그리고 생리적인 힘 등 복합적인 요소의 힘을 의미한다.

인간의 체력은 신체의 행동력(행동체력)과 신체의 저항력(방어체력)으로 나누어진다. 체력요인이라는 것은 행동체력의 구성요소로서 근력과 순발력이라고 하는 행동을 일으키는 능력, 행동을 지속시키는 능력인 근지구력과 전신지구력 그리고 행동을 조절하는 능력의 민첩성, 기교, 평형성, 유연성을 밀한다. 방어체력에도 체력요인으로서 생리적, 물리화학적, 생물학적, 정신적인 스트레스 등에 대한 능력이 있는데 일반적으로 행동체력의 구성요소를 체력요인으로 부른다.

체육
體育, Physical Education

체육이란 운동경기·야외 운동 등 신체 활동을 통하여 건전한 신체와 정신을 기르고 여가를 선용하는 것을 말한다(국민체육진흥법).

체중
weight Body

체중은 몸무게를 말한다. 몸무게는 인체의 체형을 나타내는 요소. 각종 서기에서 어느 발에 체중을 싣는 가에 따라 서기의 특성이 드러난다. 앞굽이는 앞발에 체중을 2/3 실리며 뒷굽이는 그 반대로 뒷발에 실린다.

태권도 경기에서 체중은 몸의 무게로서 ~kg로 표시함. 체급은 체중에 따라 구분된다.

쳇다리지르기
Chetdaru jireugi, *sieve-frame legs punch*

두 주먹을 몸통 높이로 지르는데 두 팔의 모양이 눕혀놓은 "ㄷ"자 모양이 된다. 즉 오른발이 앞에 있을 때 오른 주먹은 몸통반대지르기가 되며, 왼주먹은 몸통바로지르기 모양이 된다. 이때 두 주먹을 동시에 지르며 뒷굽이 시 몸이 45도 측면으로 되어 오른쪽 어깨가 앞으로 나가게 된다. 왼팔꿈치를 약간 굽히며 왼주먹은 오른팔뚝과 두 주먹 간격 정도로 가까이 놓는다. 앞굽이 시는 왼주먹이 앞팔의 팔목 위치 정도까지 지른다.

초기태권도관별 창설자 및 원로태권도인 영상기록제작

태권도진흥재단(이사장 이대순)과 (주)무카스(대표 이승환)는 2009년 9월 25일 태권도의 보급·발전에 크게 기여한 초기 태권도 관별 창설자, 원로지도

사범(엄운규 외 17), 태권도 세계화에 기여한 김운용 전 WTF 총재(국기원장)를 포함하여 19명의 국내 거주 원로에 대한 영상 기록 제작에 관한 업무협약을 체결하고 2009년 12월 말까지 제작 완료하기로 하였다.
이는 초기 태권도 수련·보급과 9대 모체관의 창설 운영 및 국기원(1978)으로 관을 통합하여 올림픽 정식종목으로 채택 등 세계적인 스포츠로 발전되기까지 원로들이 일생 동안 태권도 수련, 보급 활동에 헌신한 공적을 영상 기록으로 담아 태권도공원에 영구히 보존하기 위함이다.

초기 태권도 5대 모체관 등 창설 원로 및 지도 사범들이 고령으로 유명을 달리하는 안타까움을 해소하고, 생전에 그들의 국내·외 태권도 수련·보급 활동 일대기를 육성 인터뷰와 동작실연 등 현장 증언을 영상으로 기록하여 후학(배)들이 이를 전수받아 더욱 연구·발전시키고 길이 보존하여 태권도가 세계적인 무도 스포츠로서 인류의 건강과 행복 증진에 기여하게 하는데 의의를 두고 있다.

이번에 제작되는 태권도 원로 영상기록 사업은 태권도진흥재단이 세계태권도 성지가 될 태권도공원 조성을 계기로 국기원과 대한태권도협회 등 태권도 단체와 사전 협의 및 의견 수렴을 거쳐 진행하였으며 원로 태권도인들의 조언을 받아 무카스와 공동비용으로 기획·제작하게 되었다.
또한 태권도진흥재단은 이번에 제작되는 영상 자료 외에 해외에 거주하는 원로 사범들의 활동 공적에 대하여도 연차적으로 영상기록을 제작 할 계획이며, 제작된 자료는 향후 조성될 태권도공원에 영구보존 할 뿐만 아니라, 태권도와 관련 된 각종 문화 콘텐츠 제작과 태권도 연구·발전 및 시청각 교육 자료로 활용할 계획이다.

최초교본
最初 敎本

태권도와 관련된 교본으로서 최초로 간행된 교본은 황기의 『화수도교본』(조선문화교육, 1949)이다. 권법 이름으로는 최석남의 『파사권법』(동서문화사, 1955)이며 태권도 이름으로 간행된 최초의 교본은 이교윤의 『백만인의 태권도교본』(1965)이다.

최홍희의 최초 저서는 『태권도지침』(정연사, 1966)이다.

대한태권도협회는 1972년 12월 1일 『태권도교본, 품세편』을 간행했다. 국기원은 1987년 11월 20일 『국기 태권도교본』을, 세계태권도연맹은 영어판으로 2007년 『The Book of Taekwondo』를 펴냈다.

최초의 박사논문

최초의 박사논문은 1986년도 서울대학교 대학원 심동영 박사의 저작 〈태권도 차기 동작의 역학적 에너지 변화에 관한 생체역학적 분석〉 논문이다. 그리고 최초의 박사학위 논문은 1991년도 고려대학교 대학원 김창국의 저작의 〈태권도 돌려차기 동작의 운동역학적 분석〉 논문이다.

최초의 석·박사 학위과정

"태권도에 대한 높은 열정 세계를 향한 발차기, 세계에서 첫 번째로 태권도의 미래를 열어가는" 동아대학교(부산광역시 사하구 하단동) 대학원에 태권도학과 석·박사과정이 신설됐다.

동아대학교 대학원의 교육목적은
- 전문연구 인력으로서의 독창적 능력개발
- 지역사회 및 국가발전에 기여할 수 있는 인재양성

교육목표
- 학문의 개방적 태도 함양
- 새로운 이론의 창출능력 및 실무 적용능력 배양
- 21세기의 정보화 및 국제화를 선도하는 고급인력 양성

2010학년도 학생모집에 들어간 석·박사과정의 태권도학과 전공은 세 분야로, 태권도학 전공, 국제태권도학 전공, 그리고 태권도과학 전공으로 나뉜다. 전형 방법은 서류심사 및 전공구술고사(경력, 연구실적 인정)로 구분되고, 특히 외국인, 시민권자 및 국외 태권도 파견지도자의 경우 원격수업, 방송통신 등의 수업방법을 병행할 수 있다고 한다.

http://gra.donga.ac.kr

최홍희
崔泓熙, Choi Hong-hee

1965년 1월 최홍희(1918~2002)는 제3대 대한태수도협회장을 맡게 된다. 최 회장의 협회 재임 기간은 만 일 년이었다. 그러나 그의 짧은 재임 기간에 비하면 역대 어느 회장과는 다른 엄청난 업적을 이룩했다. 그 첫째는 그 해 8월 5일 태수도에서 '태권도'로 공식 명칭 개정이며, 둘째는 「태권도 구·아사절단」(1965. 10) 파견이었다.

최홍희의『태권도교본』(1959:33)에 따르면, "연이나 사적이나 술적 면에 부합되는 적절한 명칭을 선택하기까지에는 많은 애로와 암운이 가로막힌 채로

1955년에 개최된 명칭제정회의를 맞이하게 되었다. 이 회의에서 각 회원이 무기명으로 제출된 여러가지 명칭이 논의되었던바 필자가 제출한「태권」이 자가 만장일치로 채택되어 이로부터 태권도라 호칭하게된 것인데…." 라는 기록이 보인다.

그는 이렇게 말한다. "태권은 자신을 보호하기 위해 발과 손으로 뛰고, 찌르고, 때리고, 막고 또는 피하는 등의 변화무쌍한 이 무도의 성격과 현상을 그대로 묘사하는 이름" "나는 내 지휘 하에 있는 오도관 청도관에 걸려 있는 당수도 간판을 태권도로 바꾸어 놓았다. 또 태권도를 수련하는 군인들이 경례를 할 때는 반드시 '태권' 하도록 남태희 사범에게 지시했다. 그리고 무도인으로서의 인격 도야를 위해 예의, 염치, 인내, 극기, 백절불굴을 태권도 정신으로 제정하여 수련 전에 외우도록 하고,(…)"(최홍희 1997).

1966년 1월 협회장에서 물러난 최홍희는 그해 3월에 구(舊)조선 호텔에서 9개국 협회로 구성된 국제태권도연맹(ITF)을 창설했다. 국제연맹의 행로는 순탄하지 못했다. 특히 대한태권도협회와 심한 마찰이 빚게 됐는데, 그것은 해외사범 파견·승단 업무 등 권한 문제로 해서 갈등과 반목의 분규가 있었다.

최홍희는 1959년 9월 '태권도' 이름으로 대한태권도협회를 설립하여 당시 대한체육회 가입절차를 밟고 있던 중 그 이듬해 4·19 의거로 인해 결실을 보지 못했다.

최홍희의 태권도 보급은 군에서 활발히 전개되었는데, 1959년 12월 그는 신병교육 대장으로 부임하여 태권도를 보급하기 시작했고 1962년 후반기 육군본부 방첩부대(CIC)에서 오도관 출신을 주축으로 10명의 태권도선수단을 조직(백준기, 남태희, 고재천, 우종림, 한차교, 차수영 등)하여 오늘날의 국군체육부대식의 모체가 되게 된다(하태은 1999).

최홍희의 29사단 '익크 부대' 창설(1953)은 유명하다. 이 익크와 주먹에 관한 설명에서 "일반 사람들은 29사단을 줄여 익크, 또는 부대의 강함을 알리기 위해 익크라 지칭한 줄 알지만, 실은 신익희 선생을 존경하는데서 비롯된 것이다. 신익희의 「익희」 두 자를 연상한 것이며, 주먹은 9자를 의미하는 동시에 내 주먹으로 38선 때려부수겠다는 데 그 진의가 있었다."고 한다.

5·16 군사혁명이 일어나고 박정희 신정부가 들어서자 최홍희는 장성 승진을 못하고 육군 소장을 끝으로 결국 예편되고 만다. 그리고 잠시 초대 말레이시아 대사로 나가게 된다. 그의 본격적인 태권도 활동은 대사직을 그만둔 후부터였다. 그리고 태권도 기술 창안에 전념하게 된다. 물론 군대 생활 중에서도 현재 「창헌류」라고 불리는 '틀'을 만들고 있었으나 1964년 가을 24개 틀 중 나머지 4개 틀은 1966년 완성을 보았다. 최홍희는 사실상 말레이시아에서 태권도 기술이 정립되었다고 말 할 정도로 대사직 수행보다 태권도 기술창안에 심혈을 기울이었다는 것은 널리 알려진 사실이다.

"틀"이란 요약하면, 예술적 미를 맛보면서 전후좌우에 있는 가상의 적을 상대로 싸우는 방법과 상대에게 돌연히 잡혔을 때 이론적으로 푸는 방법을 혼자서 연습할 수 있도록 공격과 방어의 동작들을 합리적으로 연결한 것이다. 24개 틀은 24시간을 하루를, 그리고 하루는 나의 생애를 의미하는 것으로 말하자면 이 무도를 보급하기 위해 새벽 0시에 떠났다가 집에 돌아와 벽을 쳐다보니 시계바늘은 어느새 24시를 가리키고 었더라는 뜻이다"(최홍희 1998).

1964년 2월말에 이르러 연구한 틀들이 어느 정도 완성되자 국내와 월남에 보급할 생각에서 원고 한 부는 오도관장인 우종림 중령에게 보내 오도관은 물론 청도관도 무조건 이것을 하도록 지시했다. 그는 당시 제1차 파월 태권도 교관단장인 백준기 소령에게 "일본 가라데 기술을 배우면서 한국태권도라고 한다는 자체가 모순되고 염치없는 짓이니 민족적 긍지를 위해 지금까지의 가라데 형은 일절 폐지하고 새로 제정한 고유의 기술과 틀을 베트남 땅에 반드시 보급하겠다."고 결심을 밝혔다고 또한 묵묵히 실천에 옮겼다.

최홍희는 조국을 버리고 빈손으로 망명길에 나서 1972년 3월 4일 토론토에 도착했다. 그는 이민국에 가서 수속을 밟던 중 이민관의 질문을 가로막고 "죄송합니다." 하고 들고 간 태권도 책을 보이면서 우선 자신이 캐나다를 제2의 고향으로 선정하게 된 경위부터 설명하고 앞으로 태권도가 캐나다 발전에 크게 기여할 것이라고 강조했다고 한다.

국제태권도연맹 이름으로 1974년 7월 4~5일 몬트리올에서 역사적인 제1회 세계태권도선수권대회를 개최하게 되었다. 충분한 재정을 보증하겠다는 스폰서가 계약단계에 이르자 재정적 능력이나 수지면으로 볼 때 20개국 이상은 받지 못하겠다는 것을 이해시켜 23개국으로 결정지었다.

최홍희는 1978년 시범단을 인솔하고 동구라파부터 방문하며 태권도를 알렸다. 그리고 1979년 평양을 방문, 김일성 주석과도 만나게 된다. 그 후 1980년 10월 처음으로 해외한인 사범(8명)을 주축으로 한 15명의 태권도 시범단을 인솔하고 북한을 방문 평양에서 시범을 보였다. 1981년 5월에 제1기 태권도사범요원교육을 시작으로 네 차례 한인사범(임원섭, 이석희, 이기하, 박정태, 최중하, 김석준, 한삼수 등)을 보내 북한에 태권도사범요원을 모두 350명을 양성했다. 제1기 태권도사범요원 교육결과 승단심사를 하고 심사결과는 사범들의 건의대로 하자면 전원 다 4단이 될 수 있는 실력이지만 아직 연조가 없어 정책상 44명 중 19명만 4단, 그리고 나머지는 3단으로 결정지었다.

그는 자신의 여러 태권도 저서 중에서도 『태권도 백과사전 15권』(1985 평양)에 자긍심을 갖는다. 1972년에 집필하여 1981년에 탈고하였으며, 1984년에 출판이 시작되어 1985년에 발간되었으니 집필한지 13년에 햇빛을 보게 됐다. 그 후 '태권도 창시자 최홍희의 회고록 3편' 『태권도와 나』(1997/8 · 영어판 2001)를 저술했다.

최홍희는 1918년 함경북도 화대에서 태어났다. 그는 어릴 때부터 한일동 선생에게 서도를 배워 사실은 당대에 뛰어난 서도가이다. 그는 2002년 6월 15일 평양에서 "나는 일평생 태권도 창시와 보급을 위해 힘들게 싸워 왔지만 피곤하지 않고 행복하다. 민족고유의 무도인 태권도를 하나로 만들어라(…)" 등 유언을 남기고 태권도적 일생을 마감했다.

최홍희의 평양에 있는 묘소의 비석에는 "최홍희 선생, 1918년 11월 9일생

2002년 6월 15일 서거"로 새겨져 있다.

추첨
Drawing of Lots

경기 시작 1일 전에 세계연맹(WTF) 임원과 참가국 대표의 참석 아래 집행하며, 추첨 순위는 경량급에서 중량급으로 대회 참가국 공식명의 영어 알파벳순으로 한다. 추첨에 불참한 참가국에 대해서는 추첨 임원이 이를 대행한다. 대표자회의 결정에 의해 추첨 순위를 변경할 수 있다.

치기
Chigi, *hitting*

치기라 함은 몸의 회전력을 이용해 팔 공격을 할 때 팔꿈치를 굽힌 채로, 또는 뻗은 채로 손이나 주먹의 이동이 원을 그리며 움직여 목표를 가격하였을 때를 말한다.

칼재비

Khaljaebi, *arc hand*

고려 품새에 나온다. 아귀손으로 목을 지르는 것을 칼재비라 한다.

컷오프방식
Cut off system

품새 경기에서 경기 방식의 하나로서 컷 오프 방식은 예선, 본선, 결승전으로 이루어진다.

예선에서는 제1 지정 품새 중 하나를 시연하여 참가 선수 중 50% 높은 점수 순으로 선발한다. 본선은 제2 지정 품새 중 하나를 시연하며, 예선전에서 선발한 선수 중 높은 점수 순으로 8명을 선발한다. 결승은 제2 지정 품새 중 시연하지 않은 3가지 중 두 가지를 시연하여 8명 중 1, 2, 3위를 결정한다.

케이오승
Win by K.O

정당한 공격에 의해 녹다운 되어 주심이 "여덟"을 셀 때까지 위험한 상태에 처한 선수가 재대전의 의사를 취하지 못할 때, 또는 경과 시간에 관계없이 주심의 판단으로 경기 속행이 어렵다고 판단되었을 때 주심이 선언하는 승리

코리아오픈국제태권도대회

제5회 코리아오픈국제태권도대회(이하 코리아오픈)가 2009년 8월 18일부터 인천 삼산월드체육관에서 5일간의 열전에 돌입했다. 세계 51개국 1,825명의 선수단이 참가했으며, 겨루기와 품새 부문으로 나눠 진행됐다.

오후 4시 30분부터 열린 개회식에는 홍준표 대한태권도협회(KTA) 회장, 조정원 세계태권도연맹(WTF) 총재, 낫 인드라파나 IOC 위원 등 태권도 관련 단체 관계자들이 참가했다.

홍준표 회장은 개회사에서 "코리아오픈대회는 창설 이래 세계 각국의 선수들에게 최고 수준의 경기 경험을 제공하는 것은 물론, 더 나아가서 좋은 훈련과 기술향상의 기회가 돼 왔다. 이번 코리아오픈대회를 통해서는 강도감지호구 방식과 팔각경기장 등 일부 새로운 경기 방식을 선보일 것"이라고 말했다.

이번 대회는 Senior 1(시니어 1 : 국가대표급 선수 출전)을 제외한 겨루기, 품새 부문에서 내국인과 외국인을 구분, 경기를 통해 순위를 결정한다. 이중 1, 2위자들은 별도의 통합 챔피언 경기(Champion's Match)를 실시해 진정한 최강자를 가렸다

코치
Coach

코치의 임무는 선수의 기술을 합리적으로 단계를 밟아 숙달하게 하는 것이다. 코치는 선수의 소질과 장래성을 발견할 것, 코치는 합리적이고 능률적인 트레이닝 계획을 입안할 것, 코치는 스포츠에 대한 선수의 심리적 적성을 파악해야 한다. 코치의 최상의 임무는 연습의욕을 환기시키는 데 있다.

코치는 선수의 운동기술뿐만 아니라 일반적인 태도에도 영향을 미친다. 코치는 폭넓은 지식을 갖추고 선수들로부터 존경을 받을수록 그들에게 미치는 영향력은 더욱 커진다. 능률적인 코치는 선수들을 운동에 동기화시킬 수 있다. 능률적인 코치는 선수 개개인을 어떻게 도와주고, 어떻게 칭찬하여, 어떻게 자신감을 키워줄 수 있는가를 알고 있으며, 이러한 모든 방법을 통하여 그들은 유모어 감각을 유지할 수 있는 능력을 가지고 있다.

코치와 선수와의 관계는 코치가 감정적으로 훈련을 수행하는지 아닌지에 대한 평가에 의해 알 수 있다. 코치의 지도비결은 몇 가지로 생각해볼 수 있다. △선수와 개별적으로 대화하는 것이다. △선수의 단점과 장점이 무엇이고 자신의 발전에 도움이 되는 것이 있다면 그것이 무엇인지를 확인할 필요가 있다. △선수들 모두와 함께 토론을 하는 것이다. 특히 발전에 도움이 되는 것에 관해 토론한다. △연습과 관련하여 선수들의 기호를 파악하여 선수들이 좋아하는 것들은 강화시키는 것이다.

큰돌쩌귀

Kheun doltzeogwi, *large hinge*

허리에 있는 주먹은 바닥부분이 위로 향한다. 몸통선상을 가로지른 주먹은 엎은 주먹 형태로 한다. 명치 앞에 놓인 팔은 몸통과 약간 띄운다.

태권도

跆拳道, Taekwondo

태권도라 함은 다른 무기를 사용하지 않고 발기술과 손기술을 사용하여 공격과 방어를 하는 무술로서 인격형성과 정신수양을 돕는 우리나라의 전통무도를 말한다(전통무예진흥법 정의).

태권도 경기의 채점

태권도 경기는 현재 두 가지로 구분되고 있다. 하나는 겨루기 종목이고, 다른 하나는 품새 종목이다. 이 두 종목의 특성은 앞의 것은 대인 관계에서 성립되고, 뒤의 것은 대자 관계적 성질을 갖는다.

겨루기 종목의 경기방식은 1:1 대인 방식이며 시간과 공간적 규정 아래 누가 많이 규정에 의한 타격방식으로 다득점에 의해 승패가 가려진다. 이에 반해 품새 종목은 품새를 표현하는 방식으로 정확성, 숙련성 그리고 표현성의 정도를 가려 완성도, 숙련도 그리고 표현력 점수에 따른 채점 방식에 따라 승패가 가려진다.

겨루기 종목은 일반호구 또는 전자호구 사용에 따른 심판의 구성이 조금 차이를 보인다. 일반호구 사용 시 네(4) 부심과 주심이 그것이라면, 전자호구 사용 시는 세(3) 부심과 주심에 의해 경기가 이뤄진다. 채점 방식은 주심은 경고, 감점 행위를 선언하며 부심이 채점을 맡는다. 어느 선수가 '강하고 정확하게' 허용된 공격부위를 가격했을 시 1초간에 세 부심이 동시에 득점 시 전광판에 표출된다. 전자 호구 사용 시 ①몸통 부위의 채점은 전자호구에 부착된 발신기에 의해 자동 채점된다. ②머리 부위의 채점은 채점기 또는 채점표에 의해 부심이 채점한다. 득점은 몸통 1점, 몸통 회전차기 2점, 머리 3점으로 차등득점제이다.

품새 경기의 경우, 종합점수는 10.0 점이다.
품새 채점 방법은 정확성 5.0점, 연출력(기본 점수 5.0, 숙련성, 표현성)으로 구분하고 채점 방식은 각 항목이 요구하는 항목에서 '경미한 실수'의 경우 1회마다 0.1 감점하고 '명확한 큰 실수'의 경우 1회마다 0.5 감점한다. 여기에 경기 중 벌점사항이 따른다. ①경기시간 초과 시 최종점수에서 0.5점을 감한다, ②경기장 경계선을 넘을 경우 최종점수에서 0.5점을 감한다.
점수 계산은 ①정확성과 연출성을 각각 표시한다. ②정확성과 연출성 각각의 최상위, 최하위 점수를 제외한 나머지 점수를 평균 산출한다. 경기 중 발생한 벌점사항은 최종점수에서 감한다.
겨루기의 채점 방식은 부심에 의해 +점을 가산하는 방식이라면 품새의 경우는 기본 배점에 따라 −점을 더해가는 방식이 다르다.
대한태권도협회는 특히 품새 경기에서 채점 방법이 세계연맹의 그것과 다소 차이를 드러내고 있다.

태권도공원 기공식 및 태권도의 날 기념우표

지식경제부 우정사업본부(본부장 남궁민)는 2009년 9월 4일 전북 무주군에서 열리는 태권도공원 기공식에 맞춰 '태권도공원 기공식 및 태권도의 날 기념우표' 1종 총 160만장을 발행하였다.

9월 4일 태권도의 날은 세계 태권도인들이 태권도의 위상 강화를 위해 1994년 프랑스 파리에서 열린 제103차 국제올림픽위원회(IOC) 총회에서 태권도가 올림픽 정식종목(2000 시드니올림픽)으로 채택된 9월 4일을 기념하기 위해 세계태권도연맹에 의해 제정되었고, 2007년 '태권도 진흥 및 공원 조성에 관한 법률'에 의해 법정 기념일로 지정 됐다.

태권도공원 스토리텔링 수상자

태권도진흥재단(이사장 이대순)은 2009년 6월 15일 태권도와 태권도공원에 관한 독창적이고 창의적인 스토리 발굴을 위하여 실시한 '태권도공원 스토리텔링 공모전'의 수상작을 발표했다. 공모전은 지난 3월2일부터 5월8일까지 '스토리 부문'과 '상상그리기 부문'으로 나눠 진행됐다. 총 579점(스토리 부문 115편, 상상 그리기 부문 464점)의 작품이 응모한 가운데 스토리 부문 18편(최우수1, 우수3, 장려4, 가작10), 상상 그리기 부문 41점(최우수1, 우수3, 장려5, 입선30, 우수 도장상2) 등 모두 59편의 수상작이 최종 선정됐다. 스토리 부문의 대상 수상작은 이번 공모전의 취지와 수준에 부합되는 작품이 없어 선정하지 못하고, 대신 우수상 1점을 추가 시상하기로 결정했다. 최우수상에는 스토리 부문에 이기완(경기도 용인)이 응모한 '청정 무주와 청정에너지 태권도공원의 만남'이, 상상 그리기 부문은 김영은(용흥초 3학년, 상무태권도)의 작품이 각각 차지했다.

우수상은 엄은상의 '수박희', 신철욱의 '태권 소년 승리!', 김서희, 고은애, 신소희, 한승희 공동의 '품새와 도를 바탕으로 한 태권도공원 스토리텔링' – "하늘의 키만큼 훌쩍 자랄거예요, 태! 권!" 등이며 장려상에는 최혜진, 권나현 공동의 '세계 속의 대한민국 무주 태권도공원', 김성삼, 김찬권 공동의 '태권도의 혼과 그 길을 찾아서', 전철우의 '태권도공원 스토리텔링', 조정아의 '내 인생의 필살기' 등이 각각 차지했다.

태권도 9대관 마크

태권도의 모체관으로 9대관을 꼽는다. 강덕원·무덕관·송무관, 오도관, 정도관·지도관·창무관·청도관·한무관 9대관을 일컫는다. 9대관의 마크는 지도관과 한무관을 제외하고는 공통적으로 바른 주먹, 즉 오른 주먹을 상징적으로 택하고 있다. 표기에 있어 무덕관과 지도관을 제외하고는 모두 한글과 영어, 2개국어 표기를 선호하고 있다.

태권도 기념관
Taekwondo Museum

국기원의 태권도 기념관은 1991년 11월 30일에 개관되었다. 이 역사적인 기념관 개관식에는 국기원 김운용 원장, 미국태권도협회 안경원 회장 및 제우교역 김현우 사장 등 태권도 인사 1백 50여 명이 참석, 테이프를 끊음으로써 일반에게 공개되기 시작했다.

초기 기념관에 소장된 자료들을 보면 △사진, 액자 포스터가 346점 △트로피 40점 △메달 156점 △기념패 147점 △기념품 270점 △영상자료(태권도 관련

테이프, 올림픽 국내 경기관련 비디오 테이프 및 필름) 400여점, 출판물로는 △태권도 관련 정기간행물 171점 △신문기사철 30점 △태권도 관련 도서 250점 △스포츠 일반도서 335점 등이 있다. 그리고 멀티 비디오가 설치돼 있어 각종 주요 국제대회 경기장면을 관람할 수 있고, 기네스북에 등재된 세계대회 4연패의 정국현 선수의 사진, 당시 착용했던 도복을 비롯한 역대 챔피언의 사진 등 기념물 등이 전시되어 있다.

태권도 기념우표

최초의 태권도 기념우표는 한국에서 1969년 제50회 전국체육대회기념으로 발행되었다. 우표값은 10원이여 모티브는 두 사람이 겨루는 발차기 장면이다. 그에 앞서 태권도 기념우표의 발행 시도는 1964년으로, 1963년 정식종목으로 채택된 이듬해인 1964년 제45회 전국체육대회 때 발행되지 못한 태권도 기념우표 초안은 우표수집가 김영선이 갖고 있다.

세계태권도연맹(WTF)이 제작한 '태권도의 날' 기념우표를 비롯해 북한에서 제작한 태권도 우표, 태권도 올림픽종목 채택 기념우표, 태권도공원 기공식 및 태권도의 날 기념우표(2009) 등 160 여종이 세계 각국에서 발행되었다.

태권도대학원
Graduate school of Taekwondo

우리나라에서 처음으로 2007년 용인대학교에 태권도대학원이 설립되었다. 이 대학 태권도대학원(원장 윤상화)은 전통적인 무도정신을 계승하고 태권도의 학문적 발전과 기술을 개발하고, 세계적인 무도스포츠 산업으로 특화·발전시키기 위한 전문적인 지도자를 양성하기 위하여 국내 처음으로 설립되었다.

태권도대학원에서는 태권도의 학문적 정립과 올바른 가치 함양 및 태권도 지도자로서의 자질과 소양을 배양하고, 나아가 우리나라의 국기인 태권도의 위상을 높이는 것을 목적으로 대학원에서는 교수진의 열성적인 강의 및 지도를 통하여 차세대 태권도지도자로서 선도적 역할을 해 나아갈 수 있게 육성해 나아갈 것이다(태권도대학원장 윤상화).

태권도학과와 태권도산업경영학과가 개설돼 있다.

태권도문화연구소
ITC(Institute of Taekwondo Culture)

2000년 10월 2일 설립된 태권도문화연구소(소장 이경명)는 2000 시드니 올림픽 이후 국제 스포츠로 도약할 국기태권도의 철학과 정신을 연구 함양하고 기술체계를 보급함을 그 목적으로 한다. 연구소의 목적을 달성하기 위하여 첫째, 태권도의 기술체계와 정신과 동작에 내재해 있는 원리를 연구하고 인터넷을 통해 일선 지도자들에게 보급한다. 둘째, 태권도 발전을 위한 연구, 세미나, 토론회 개최 등의 사업을 한다.

태권도문화연구소에서 펴낸 연구 저서로는 『한국전통무예의 철학과 문화』(2000), 『태권도의 어제와 오늘』(2002), 『태권도의 정신세계』(2003), 『태권도 무예 닦음과 깨달음의 길』(2004), 『태권도 품새론』(2005), 『태권도 가치의 재발견』(2009) 등 다수가 있다.

연구소는 서울특별시 강남구 강남대로 동 35길 29-6(논현동 160-4 번지)에 소재한다.

태권도문화 콘텐츠

태권도문화 콘텐츠개발을 통한 태권도브랜드 가치제고에 불을 지폈다. 국기원은 2009년 12월 2일 글로벌 게임포털 엠게임과 함께 일선도장에 지원할 충·효·예 등 테마별로 분류한 인성교육용 문화콘텐츠 공동개발 양해각서를 체결했다. 이 사업은 캐릭터·애니메이션·게임 산업과의 연계를 통해 한국의 대표적인 문화브랜드 태권도의 위상을 확립하고 태권도의 가치를 극대화 시키고자 추진 되었다. 두 업체 간 협력관계 체결에 따르면, 1단계로 2010년까지 태권도 캐릭터, 충·효·예 등 시리즈로 인성교육용 애니메이션개발을 완료하고, 2단계로 2012년까지 애니메이션개발과 태권도 캐릭터를 주인공으로 한 온라인게임 제작을 목표 하고 있다.

태권도 뮤지컬

Taekwondo Musical 'TaTa in Buddha'

2009년 10월 21일 서울 국립극장 KBS청소년 하늘극장에서 태권도를 소재로 한 뮤지컬 퍼포먼스 '타타 인 붓다' 제작발표회가 열렸다. '타타 인 붓다'의 연출진은 모두 우석대 태권도학과 학생들이고 대중적인 스타에 의존하지 않는 뮤지컬이다. '타타 인 붓다(TaTa in Buddha)'는 2500년 전 인도에서 싯다르타가 보리수 밑에서 깨달음을 얻기까지의 과정을 태권도 동작을 이용해 그려낸 최초의 태권도 창작 뮤지컬이다.

연출 및 제작은 개그맨 출신 백재현이 맡았고, 이 뮤지컬은 해외 홍보를 위해 만들어졌다.

태권도 비석
A Stone monument of taekwondo

국기원 뜰에 태권도의 역사적 기념비석 세 개가 세워져 있다. 돌비의 순서는 이러하다. 하나는 "축 제1회 세계태권도선수권대회. 서기 1973년 5월 25일~27일. 세계태권도연맹 창립. 서기 1973년 5월 28일. 세계태권도연맹. 총재 김운용" 이라 한문으로 새겨져 있고 둘째는 "축, 88 서울 올림픽 시범종목 채택, 86서울 아시아 경기대회 종목채택, 87 판 아메리칸게임 종목채택. 1985년 6월 6일 세계태권도연맹 총재 김운용" 이라고 한글과 영어 2개 국어로 새겨져 있다. 그리고 세 번째 비석은 제일기획이 2000시드니 올림픽 종목채택 1주년을 기념하여 기증한 것으로서 "올림픽 상징(심벌)과 그 아래 세계연맹 로고"가 위치하고, 비문은 "Celebration of the Conclusion Taekwondo as an Official Sports in 2000 Sydney Olympic Games. September 4, 1995. Contributed by Cheil Communications, Inc."라고 새겨져 있다.

태권도사관
跆拳道史觀

태권도의 역사를 보는 관점을 태권도의 사관이라고 한다.

태권도사(跆拳道史)는 태권도의 사관에 따라 태권도사의 서술 방식이 달라진다. 즉, 태권도를 바라보는 역사가의 관점에 따라 태권도의 사관은 기술될 것이고 또 어느 관점이 옳다고 말할 수는 없다. 역사는 지나간 과거에 속하지만 수많은 사람들의 문화 행위와 이해관계가 엇갈려 있기 때문에 객관적인 평가가 불가능하다. 때문에 사관과 역사의 평가는 구분해야 한다. 역사는 단 시일에 만들어지는 것이 아니고 역사적 사실들에 대한 지속적인 연구가 필요하다. 현재 태권도사에 대한 사관은 크게 두 가지로 나뉘는데, 그것은 일반적으로 전통주의 태권도사와 사실주의 태권도사라는 이름으로 서술되고 있다. 이에 대한 일반인들의 평가는 다르게 나타나고 있다.

이 같은 현실에서 태권도 사관에 대한 두 가지 이론이 주장하고 있는 핵심에서 새로운 사관이 전개되고 있다. 그 하나는〈태권도 역사·정신에 관한 연구〉(2006)에 첫째, 우리 역사에서 전래되어 오든 전통적 발기술의 영향 둘째, 가라데로부터 영향을 받았다는 사실적 인정에서 찾아볼 수 있고, 다른 하나는 《태권도학》(2009) 머리말에 "태권도의 역사는 그 이전의 전통 맨손 무예와 깊은 관련이 있다. 맨손무예의 전승 과정에서 전통적 발기술의 생물학적 유전과 관의 통합이라는 진화론적인 변천 그리고 특히 심사체계와 품새 제정에 이르는 데 외부로부터의 영향이 태권도의 진화 및 체계화에 기초가 되었다고 볼 수 있다."는 기록이 그것이다.

태권도수련인의 신조
The Creed of Taekwondo Practitioners

1. 나는 몸과 마음을 튼튼하게 가꾸어 의롭게 산다(개인).
2. 나는 부모에게 효도하고, 가족을 사랑한다(가정).
3. 나는 스승과 어른을 공경하고, 친구와의 신의를 지킨다(사회).
4. 나는 이웃과 지역사회에 봉사하며, 나라에 충성한다(국가).
5. 나는 자연과 함께하며, 인류의 평화와 번영에 기여한다(세계).

태권도시범경연대회 평가방법

태권도시범경연대회가 처음으로 시도됐고 '시범공연예술'의 문화를 예고하고 있다.

국기원이 "태권도시범문화 국기원이 선도합니다"란 주제로 주최·주관한

2009년 12월22일~23일 국기원 경기장에서 펼친 제1회 세계태권도시범경연대회에서 평가방식이 여느 대회와 달리 첫선을 보였다. 다른 스포츠종목(피겨스케이트 등)에서 적용하고 있는 두 가지 평가항목, 즉 기술점수와 예술점수 평가방식을 채택했다는 것이다.

그 가운데 동점일 경우, 결승전 동점처리 기준에 따르면, △심판원 채점 중 최하위 점수가 높은 팀을 우선으로 한다. △심판원 채점 중 기술점수가 높은 팀을 우선으로 한다. △기술점수가 동점 시에는 심판원 채점 중 최하위 점수가 높은 팀을 우선으로 한다. △기술점수 최하위 점수가 동점 시에는 예술점수 최하위 점수가 높은 팀을 우선으로 한다.

태권도 신문

태권도 신문은 1996년 최초로 발간되었고 주간지이다. 태권도신문사는 태권도 주간지를 매주 1회 발행하고 지령 660호(2009. 11.16 현재)에 이른다.

태권도 신문사(발행·편집인 회장 이승완)의 사훈(社訓)은 올바른 마음, 곧은 행동, 가치 중심의 혁신적 창의성이다. 8면으로 발간되는 지면의 배분은 1면에 톱기사, 2면 행정종합, 3면 대회종합, 4면 지역종합, 5면 학교·도장, 6면 도장, 7면 칼럼·수기, 8면 종합광고 등 순이다.

www.tkdnews.com

태권도 영문표기

Taekwondo, Taekwon-Do

한글명 '태권도'에 대한 영어표기는 두 가지로 표기되고 있다. 하나는 세계태권도연맹(WTF)의 Taekwondo 표기이고, 다른 하나는 국제태권도연맹(ITF)의 Taekwon-Do 표기이다.

뒤의 것은 태권도 한글표기 '태권도'에서 '도(道)'자 개념을 강조하는 의미에서 영어표기를 Taekwon-Do로 표기하고 있다.

세계태권도연맹은 태권도의 영어표기를 보통명사로 'taekwondo'라 표기한다. 세계태권도연맹의 Taekwondo 표기법이 공인이다.

태권도와 올림픽 화보집
Taekwondo & The Olympics

2009년 3월 세계태권도연맹은 올림픽 태권도 화보집을 발간했다. 올림픽 종목으로서 태권도 화보집은 이번이 처음으로, 2008 세계연맹창립 35주년을 기념하여 태권도 화보집 발간을 추진했다.

어문각 출판사에서 제작된 총 208 페이지에 달하는 『Taekwondo & The Olympics』 화보집은, 태권도가 1994년 9월 4일 올림픽 종목으로 포함된 역사적 사실부터, 1988년 서울올림픽 및 1992년 바르셀로나올림픽 태권도 시범종목 채택, 그리고 2000년 시드니올림픽, 2004년 아테네올림픽, 2008년 베이징올림픽 정식 종목 관련 주요 사진 및 결과를 수록하고 있다.

세계태권도연맹은 2009년 4월 7일 오후 6시 잠실 롯데호텔에서 올림픽 태권도 화보집 출판기념회를 가졌다.

태권도의 기본
Fundamentals of Taekwondo

태권도는 신체의 작고 큰 부위를 사용하여 상대의 아주 작은 목표를 향하여 지르기, 찌르기, 치기 그리고 차기 기술로 공격하여 상대를 쓰러뜨리거나, 그 반대로 상대의 공격을 막기 기술로 막아내는 것이다. 이와 같이 태권도는 독립된 여러 가지 기술의 동작이 모여서 이루어지는데 이 독립된 기술의 동작을 태권도의 기본(Fundamentals of Taekwondo)이라 한다.

태권도의 기본은 서기, 방어, 공격 그리고 특수품으로 구성된다. 서기는 넓혀서기, 모아서기, 특수품서기로 분류되고 방어는 막기와 잡기, 공격은 지르기, 치기, 찌르기, 차기, 꺾기 그리고 넘기기로 나뉜다. 특수품은 큰돌쩌귀, 작은돌쩌귀, 학다리돌쩌귀, 바위밀기, 태산밀기 그리고 날개펴기 등이 있다.

태권도의 날
Taekwondo Day

'태권도의 날'은 세계태권도인들 간의 단결과 태권도의 위상 강화를 위해 2006년 7월 베트남 호치민에서 열린 WTF정기총회에서 9월 4일을 태권도의 날로 결정됐다. 태권도의 날은 1994년 9월 4일 프랑스 파리에서 열린 국제올림픽위원회(IOC) 총회에서 태권도 종목을 2000시드니올림픽 정식종목으로 채택된 날을 기념하기위해 제정한 것이다.

'태권도의 날' 선포식은 2006년 9월 4일 올림픽공원 제2체육관에서 성대하게 치러졌다. 제1회 세계태권도품새선수권대회 개막식과 함께 거행된 이날 행사는 세계 59개국에서 임원 179명, 선수 386명이 참가한 가운데 '태권도의 날' 선포식과 기념 심벌이 공개됐다.

이날 행사에서는 장애인 태권도시범단원들의 태권도 시범이 펼쳐져 참가한 각국 선수단과 관중들의 뜨거운 박수갈채를 받았으며 자크 로게 IOC위원장의 '태권도의 날' 선포 축하 메시지가 공개됐다.

2008년 6월 22일 시행된 태권도 진흥 및 공원 조성에 관한 법률에 의해 공식적인 기념일도 지정했다.

2008년 9월 4일 태권도의 날 기념행사는 문화체육관광부가 주최하고 세계태권도연맹, 대한태권도협회, 국기원, 태권도진흥재단이 공동 주관한 이 날 행사는 올림픽공원 평화의 광장에서 많은 국내외 귀빈 및 태권도인들이 참석한 가운데 성대히 열렸다.

이 날 유인촌 문화체육관광부 장관은 기념사에서 정부 차원에서 태권도를 변화·발전시키고 개혁하겠다고 발표했다. 특히 "태권도의 본산이라고 할 수 있는 국기원의 변화 및 개혁이 최우선적으로 필요하다"고 강조하고 "태권도를 대한민국을 대표하는 세계적 문화 콘텐츠로 육성하겠다"고 말했다. 이를 위한 구체적인 계획으로 문화체육관광부에서는 '태권도진흥 기본계획'을 발표했다.

태권도진흥 기본계획은 △태권도의 세계화 △국기 태권도 정립을 위한 기반 강화 △전 국민이 즐기는 생활스포츠 저변확대 △세계적인 문화산업 및 관광 브랜드화 등 4가지 기본 전략을 바탕으로 2009년부터 2013년까지 5년간 3,185억 원의 예산을 투입하여 태권도를 발전시키겠다는 내용이 담겨있다.

태권도 이름의 상징
태권도 이름의 상징은 다음의 세 가지 측면에서 드러나고 있다.
기술적 특징은 태는 겨루기라면 권은 품새요 도는 균형과 조화로 상징되고, 사람됨의 특징은 태와 권은 바른 실천적 행위요 도는 바른 생각과 인품의 드러냄이다.
태권과 도와의 관계는 태권은 동작의 동태성이라면 도는 원리, 의식, 시선 등을 뜻한다.

태권도 이름의 유래
태권도 이름에 대한 유래는 최홍희의 여러 저서에서 찾아볼 수 있는 데, 그가 기술하고 있는 내용이 조금씩 과장되고 있는 것을 찾아볼 수 있다. 그의 저작물에서 최초 기록과 그 후의 기록을 참고로 할 수 있게 여기 옮겨본다.

최홍희의 최초의 저서 『태권도 교본』(1959)에 따르면,
"연(然)이나 사(史)적 술(術)적 견지에 부합하는 명칭을 선택함에는 적지 않은 애로와 암운이 가로막혀 있던 차, 마침내 보병 29사단 창립 1주년 기념식에 이승만 대통령이 참석하는 영예를 갖게 되었다. 늠름한 용사들의 믿음직하고 씩씩한 연무를 본 이 대통령이 '택견이 좋아, 남북통일에 이것이 필요해!' 하시면서 절찬하셨다. 이 말에서 힌트를 얻고 필자는 본격적인 연구를 거듭한 끝에 오늘날 많은 사람들에게 친밀감을 주면서 널리 불리고 있는 '태권', 이 자(二字·두 글자)를 발견하였던 것이다.

이어 1955년에 개최된 사도(斯道 · 각각 전문적으로 종사하는 그 방면의 도나 기예-필자) 명칭제정위원회에 다른 명칭과 함께 상정되었던바 태권이 만장일치로 채택되었다."(여기에 연월일(해와 달과 날) 밝히지 않고 있음-필자)

최홍희의 『태권도지침』(1966)에 보이는 대목을 보자.
"1945년 광복을 계기로 정칭(正稱 · 바른 명칭)을 찾고자 하는 운동이 전국적으로 전개되어 오던 중 드디어 1955년 사계에 조예 있는 인사와 사학자로 구성된 명칭제정회의에서 제의된 여러 가지 명칭 중 저자가 제안한 '태권'이 만장일치로 채택되어 금일의 태권도로 된 것이다.

이 명칭이 채택된 이유는 첫째, 고래로부터 내려오던 '택견'이라는 이름과 연결시킬 수 있었고, 둘째, 손보다 발을 더 많이 쓰는 무도의 성격을 나타내는 데 적합한 글자이기 때문이다.
명칭제정 회의 일자는 중요하며 그것은 태권도 명칭의 진정성과 깊이 연계되기 때문이다.
최홍희는 1955년 4월 11일로 여러 저서에서 밝히고 있으나, 조사결과 사실이 아니라는 것이 이경명(2002)에 의해 밝혀졌다.

최홍희의 여러 문헌에서 볼 수 있는 관련 사진이란 즉 '명칭제정위'의 사진인데, 그 사진에 적힌 기록은 '4288(1955). 12. 19 대한당수도 청도관 제1회 고문회'로 명시돼 있다.
최홍희가 말하는, 여러 문헌에 기록된 1955년 4월 11일은 사실이 아니고 특히 4월 11일은 가공의 날짜이다. 그가 명칭제정 일자를 숨기고 있는 이유는 여러 기록에서 어렵지 않게 발견할 수 있다.
최홍희의 『태권도 교서』(1973)에 보이는 '태권' 유래 설명:

"발만 쓰던 택견과 주로 손의 기술에만 의존하던 가라테를 종합 연구하여 오늘과 같이 체중에 구애됨이 없이 남녀노소 누구나 다 할 수 있는 현대적이며 과학적인 무도로 발전시킨 다음, 이 무도의 성격에 알맞고 역사적으로 수긍할 수 있는 이름을 짓고자 고심하다가 마침내 1955년 4월 11일 개최된 명칭제정위원회에서 본인이 제출한 태권도가 만장일치로 가결됨으로써 여태까지 각각으로 불리어 오던 이름을 태권도로 단일화하게 되었다. 4월 11일을 태권도의 날로 정한 이유가 바로 여기에 있는 것이다."

1955년 4월 11일은 사실적 기록이 아니라는 것을 주목하자.
우리는 최홍희의 『태권도교서』(1973: 507)에 기록돼 있는 회의 내용을 다시 살펴볼 필요가 있다.

〈회의내용 사례 1〉
최 장군 : "태권" (跆拳)에 대한 글자의 뜻을 기술과 역사적인 견지에서 설명했다.
유하청 : 나는 최홍희 장군이 제안한 태권에 전적으로 찬성합니다. 그러나 한 나라의 무도에 관한 명칭을 제정하는 데는 국가원수의 승인을 얻는 것이 퍽 중요하다고 생각합니다.
참석자 전원 : 만장일치로 찬성.

〈회의내용 사례 2〉
최 장군 : 태권도에 대한 글자의 뜻을 기술과 역사적 견지에서 설명하였다.
유 사장 : 최 소장이 제출한 명칭에 전적으로 찬동합니다. 그러나 하나의 명칭을 개정하고 공포한다는 것은 중대한 일이니 만치 즉석에서 결정한다기보다 이에 대한 사적 고찰과 학리적 연구가 필요하니 일단 이에 대해 유명한 사학가들에게 의뢰하여 빠른 시일 내에 최 소장이 제출한 명칭의 사적 고찰을 마치고 각자의 다른 명칭이 있으면 제출하여 몇 개의 명칭을 첨부해서 대통령 각하의 재가를 얻어 공포함이

좋겠습니다.

조 부의장: 결의 사항으로 사적 증거와 학적 자료 수집을 위해 3인 소위원회를 결성하고 금년(1955년도를 지칭) 12월 31일까지 완료하여 각 위원들에게 개별적으로 통지한 다음 이 통지를 받은 위원은 일주일 안으로 그에 대한 해답과 각하의 재가를 얻도록 하는 것이 좋겠습니다(『태권도백과사전 1』, 평양:1990, 247쪽).

제2차 명칭위원회가 소집되었고, 거기서도 '태권'이 채택되어, 경무대에 결과보고가 올라갔다. 여전히 대통령의 회신은 '태껸'이었다. 최홍희는 경무대 비서실에 압력을 넣기 시작했다. 그리고 이날 회의에 참가한 손덕성, 이형근, 조경규 씨등 3명이 대통령의 승인을 받기 위해 대표로 경무대를 방문했다. 그러나 그 날(1956. 1. 30 지칭-필자) 김창룡 특무대장이 암살되는 바람에 면담은 취소되었다.

몇 달 후 이승만 대통령은 친필로 '태권도'라는 휘호를 내렸다. 1955년 4월 11일, 이 날이 바로 태권도 명칭의 탄생일로 '태권도의 날'이 되었다."(태권도 휘호가 내린 날로 기록하고 있음-필자)

최홍희는 1955년 4월 11일을 명칭제정위원회 회의날짜라고 기록하기도 하고, 어떤 책에서는 이승만 대통령으로부터 '태권도' 휘호가 내린 날이라 한다. 또 다른 책에서는 창헌류 기술체계가 완성된 날이라는 기록도 보인다.

이와 같이 최홍희의 저작마다 기록이 조금씩 다름은 사실이 아니라는 것을 알 수 있다.

1956년 1월 30일 3인(소위원회)이 직접 경무대를 방문, 면담을 요청한 날짜는 특무대장의 저격사건으로 수포로 돌아갔다. 이후 최홍희는 경무대와의 접촉 시도를 포기하고 군에서 독자적으로 '태권도'라는 명칭을 사용하여 보급하게 된다.

김창룡 특무대장 저격사건은 1956년 1월 30일에 발생했고, 그 역사적 사건은 다음해인 1957년 9월 22일 허태영 등 범인 4명(신초식, 송용고, 이유희)이 형장(刑場)의 이슬로 사라짐으로써 사건은 종결되었다(『태권도의 어제와 오늘』, 2002).
이 중대한 사건의 와중에 이승만 대통령이 휘호를 내렸다는 것은 신빙성이 희박하다. 최홍희가 이 대통령으로부터 '태권도' 휘호를 받았다면, 그 역사적 자료가 신문보도를 통해 공개됐을 것이다.

태권도타임스(미국에서 간행되고 있음)와 인터뷰에서 최홍희는 "나는 이 대통령의 경호관 곽영주, 경무대 서장 서정학 씨에게 접근, 그들에게 태권도는 새로운 무술이고 옛 무술인 택견과는 많은 차이가 있다는 것을 설명했다. 그리고 대통령에게 새로운 명칭을 사용할 수 있게 승인을 받도록 노력해 달라고 부탁했다. 결국 나는 이 대통령으로부터 태권도라는 새로운 명칭을 사용해도 좋다는 허락(permission)을 받았다"고 말했다. 라는 것도 최홍희가 스스로 태권도 역사를 날조한 것에 불과하다(『태권도의 어제와 오늘』, 2002:42).
최홍희가 태권도 명칭 제정에 기여한 공로는 물론 그의 삶이 바로 태권도이었듯 태권도의 발전에 큰 공적을 남겼다는 것에 어느 누구도 부인할 사람은 없다. 그의 일생은 무인(武人)이었으면서도, 태권도사에서 지울 수 없는 '태권도' 명칭을 둘러싸고 그릇된 세 가지 기록을 남기고 있다.

'태권' 명칭제정을 위한 첫 모임은 '1955. 12. 19 대한당수도 청도관 제1회 고문회'였다는 것이 그 하나요, 우남(雩南) 이승만(李承晩 · 1875~1965) 대통령으로부터 '태권' 명칭의 재가와 '跆拳道'라는 휘호 내림 등 기록은 결코 사실적이지 않다는 것이 다른 하나이고, 마지막으로 한국의 문화 상징의 하나인 태권도 발상지의 기술체계를 인정하지 않고 자신의 그것만이 정통이라는 주장이다.

위의 사실을 입증하는 자료는 바로 최홍희의 여러 저서에 드러나 있다. 하나의 예를 들자면, 『태권도 백과사전 1』(초판 1983, 수정재판 1987:246쪽)에 서울 종로 국일관에서 가진 청도관 고문회 때 찍은 기념사진이 실려 있다. 사진에 들어있는 자구는 "大韓唐手道 4288. 12. 19 靑濤館 第一會顧問會"이다. 그리고 그 옆에 당시 신문기사를 오려 낸 것을 사진 옆에 함께 싣고 있다. 하지만 신문사 이름과 보도일자는 가위로 잘려 밝히지 않고 있다. 왜냐면 하나는, 모임 일자를 감추고자 한 것이다. 다른 하나는, 고문회에 참석한 11명의 명단 중 '고광래(본사 주관)'의 직함이 '본사 주간'으로 있는 신문에 게재된 것을 알 수 있을 텐데 어느 신문의 주간인지 알 수 없도록 했다. 필자는 동아일보, 조선일보사를 방문, 독자정보자료실에서 확인한 결과 아무런 당시의 기사를 찾을 수 없었다. 동아일보는 1955년 4월 '밀가루 사건' 기사 관련으로 한 달간 정부로부터 정간조처를 당했다.(『태권도학』, 〈세계태권도연맹, 2009〉.

1955년 12월 19일이 1차 모임이고 2차 모임은 같은 해 12월 31일이고 그 날에 명칭 승인을 받기 위해 경무대를 방문하기 위하여 일을 3인 소위원회를 구성했다. 다음해 즉 1956년 1월에 두 차례 방문했으나 이승만 대통령은 '태견'을 고집하였다고 하며, 최종적으로 방문하고자 한 날 새벽에 김창룡 특무 대장의 저격사건이 발생했다.

우리는 다음의 대목에서 더욱 사실적인 진상을 알 수 있다. "한편 당시 명칭위원회에 참석했고 이승만 대통령으로부터 명칭 승인을 받기 위해 경무대에 갔던 3인 중 한 명이었던 손덕성은, 그날 김창룡 특무 대장의 암살로 면담이 취소되었다고 증언했다. 최홍희는 이승만 대통령 재가 관련 김창룡 암살 사건에 대해 문제를 제기하자, '그때 그런 일이 있긴 있었는데.....' 하고 여운을 남기면서, 명칭 제정 문제는 자신의 자서전에 적힌 그대로라고 일축했다(『한국무술 미 대륙 정복하다』, 〈한국학술정보[주], 2007: 92쪽〉.

태권도 명칭 관련 기록이 국기원『태권도교본』(2005: 48)에 보인다. 즉 "1954년에 명칭을 태권도로 통일하고 그 후 1961년 9월 16일에는 태권도협회의 명칭을 대한태수도협회로 개칭(?)하였다가 1965년 8월 5일 다시 대한 태권도협회로 바꾸어 지금에 이르고 있다."

여기서 1954년은 1955년을 왜곡한 기록이다.『태권도 교본』(국기원, 2005)에서마저 역사적 사실을 바르게 기술하지 않고 있는 이유는 과연 뭘까? 그 까닭은 최홍희가 ITF(국제태권도연맹)을 결성하여 해외로 옮겨 WTF(세계태권도연맹)의 세계화, 즉 올림픽 채택 등 노력에 반기를 든 것에 최홍희가 말하는 1955년 태권도 명칭의 작명을 인정하지 않겠다는 의도라는 것으로 추정해 볼 수 있다.

1961년 태수도(跆手道) 이름으로 결성된 대한태수도협회는 최홍희가 주축이 돼 1959년 9월 결성된 대한태권도협회(회장 최홍희)와는 아무런 관련이 없다. 대한태수도협회가 결성하게 된 동기는 5. 16 군사혁명(1961)을 기점으로 유사단체 일원화를 위한 '국가재건최고회의 포고령 제6호 사회단체 재등록 명령'에 따른 결과였다.

그해 문교부는 유사단체 통합을 서둘러 1961년 7월 12일자 공문으로 대한수박도회, 대한태권도회, 공수도 창무관, 공수도 송무관, 강덕원 무도회, 한무관 중앙도장 등의 대표들을 소집시켜 통합회의를 수차례 주선했으나 각 관의 이해관계가 얽혀 결실을 이루지 못했다. 그 후 몇 차례의 통합회의를 거쳐 명칭을 '태수도'로 정하고 협회를 결성하게 되었다.

당시 태수도계보는 8대 관에 3대 산맥이 있었다.
태권도, 당수도, 공수도, 수박도, 태견도 등 손과 발을 쓰는 무도라는 뜻은 같지만 여러 가지 이름을 가진 통칭 태수도의 국내인구는 118만을 헤아릴 정도,

이 가운데 유단자만도 족히 20만을 넘었다. 분규악화의 실마리가 된 것은 바로 수박도의 비타협성 때문으로 전해지고 있다. 1961년 유사단체 통합원칙을 좇는 타율적인 제약과 단합으로써 새로운 개척의 길을 찾으려는 자율적인 노력으로 이들 여러 단체가 통합에 합의, 태권의 '태' 자와 당수·수박의 '수' 자를 모아 태수도라고 이름을 정하고 체육회에 가맹했으나 출범 몇 개월 만에 수박도가 탈퇴, 대한태수도협회는 말하자면 3분의 2 집행부로 난파를 피하여 그대로 운항을 계속하였다. 수박도의 탈퇴 명분은 이념이 맞지 않는다는 구실을 내걸며, 수박도는 어디까지나 연무에 불과한 것이므로 경기화할 수 없다고 주장하고 나섰다.

그러나 그 내용인즉 항상 통합에서 야기되는 자리안배와 주도권 장악이라는 문제가 있었고 또한 수박도 대표인 황기는 종심제 심사위원직을 줄 것을 요구하였으나 이것이 거부되자 대한수박도회라는 간판 아래로 돌아간 것이다.

이로써 황기를 보스로 하는 무덕관파와 윤쾌병을 미는 지도관일부세력은 떨어져나갔으나 대한태수도협회는 지도관대표 이종우 창무관대표 이남석 청도관대표 엄운규의 굳은 결속으로 오도관의 명칭에 대한 이의 등을 늘려나갔다. 이렇게 4년 동안 밖으로는 탈퇴한 수박도에서 그들의 세력을 확장하면서 번번이 국제교류를 가져 위세를 보이고 안으로는 협회회장인 최홍희가 오도관 세력만으로 태권도를 독립시키겠다고 고집했다.

최홍희는 1965년 3월에 떠나기로 되었던 구(歐)·아(阿) 사절단의 이름을 태수도냐 태권도냐는 명칭문제로 지도관계와 오도관계가 맞섰다. 이미 깨어진 꿈이긴 하지만 구·아사절단의 이름도 최홍희의 고집으로 이사회를 소집했으나 1차에 폐기, 2차에 3분의 2미달, 3차 회의에 들어가 거수투표로 겨우 가결, 정족수를 넘어 결국 3차의 강행 끝에 태권도로 굳어졌다.

이 총회의 합법성이 결여되었다고 하여 조사, 수습에 나선 대한체육회도 양파의 단합조정을 서로 해보지도 않고 통합협상 당시의 약속이었으니 어쨌든 지켜야한다는 명분론을 들고 나와 경솔하게 태권도로 통일토록 지시했다(주간한국, 1965년 8월 22일자).

오늘날 전 세계적으로 태권도라는 공식적인 이름의 유래는 1965년 8월 5일 대한태수도협회 이사회에서 결의되었다.

태권도이즘
Taekwondoism

태권도이즘은 심신의 균형과 조화를 위해 태권도의 원리이해와 기술을 통해 습득되고, 태권도가 지향하는 성취와 상생·공영 정신을 함양시키는 삶의 철학이다.

문화와 교육이 조화된 무도로서 태권도이즘은 단련의 기쁨과 무도적 가치를 가지고 있으며 도덕·윤리적 원칙으로 인간의 삶의 길을 추구하는 것이다.

태권도이즘의 목적은 무도정신을 통하여 심신의 균형적 발전에 기여하고 인간의 본성을 개선하고 평화로운 사회를 증진시키는 역할이다.

태권도인의 밤

국기원과 대한태권도협회에서 격년제로 2005년부터 '태권도인의 밤' 행사를 개최해 오고 있다. 국기원(원장 엄운규)은 2005년 12월 14일 잠실 롯데 호텔에서 태권도인의 밤 행사에서 태권도 포장을 제정해 태권도 발전에 공헌한 이종우에게 국기장을, 이용우, 이교윤, 김순배, 이대순에게 진인장을 수여했다. 2007년 태권도인의 밤 행사에시 김인석, 박해만, 노효영에게 진인장을 수여했다.

또한 태권도인의 밤 행사에서 '자랑스런 태권도인 상'을 수여하고 있으며 선수, 심판, 심사, 연구, 경영, 창조, 효경, 봉사, 특별상 등 부분에서 태권도발전에 기여한 태권도인 및 단체에게 수여해 오고 있다.

태권도전문출판사 상아기획, 오성출판사

상아기획(대표 문상필)은 1995년 설립되어 태권도 관련 그림, 사진, 캐릭터, 포스터 등을 개발·판매하기 시작했다.

1997년 태권도 관련 책들을 출판하기 위해 도서출판 상아기획을 등록했고, 2003년 인터넷 쇼핑몰을 개장하여 태권도 관련 용품 및 서적 등 모든 제품을 제작·판매하고 있다. 상아기획의 상혼은 '신뢰를 바탕으로 한 고객과의 소통'을 중시한다. 이 같은 상혼의 철학이 두 차례 수상의 영예를 안겨줬다. 2004년 스포츠서울이 선정한 태권도 부문의 '2004 한국소비자대상'과 2006년 한국일보가 선정한 인터넷쇼핑몰 부문의 '21C 한국경제를 선도하는 기업 수상'이다.

태권도 전문출판사로서 출범, 첫 간행물은 한국고수회 편의 『태권도교본』 (1997)이고, 50여종의 태권도 책을 펴냈다. 상아기획은 2009년 11월 태권도 진흥재단이 펴고 있는 태권도공원 자료수집 캠페인에 흔쾌히 41종의 태권도 관련서적 각 5부씩, 모두 205권을 기증했다.

www.tkdsanga.com

오성출판사(대표 김중영)는 1973년 설립되었고 처음에는 농업 및 사육양식, 원예 등 전문서를 출판하였다. 현재는 그 외 수화, 바둑, 퍼즐 등 분야와 건강, 체육, 태권도 등 분야로 확장, 기획 출판하고 있다. 오성출판사의 출판철학은 이 시대가 원하고 독자에게 도움이 될 수 있는 전문도서로서 다음 세대에게도 필요한 책을 만드는 것이다. 지나친 상업위주의 출판을 지양함으로써 건전한 출판문화를 선도 및 실천하고 있다.

태권도 책은 태권도의 공인서로서 『태권도 교본 Taekwondo Textbook』 (2005)을 한·영으로 간행 및 태권도 DVD세트를 기획·제작하였다. 그 외 20여종의 태권도 책을 펴냈다.

www.osungbook.com

태권도정신
跆拳道精神, Taekwondo Spirit

태권도 정신이란 오랜 수련의 결과로서 체득되고 일상적 행동에서 자연스레 드러나는 태권도인의 신념, 가치, 문화 체계 등 객관적 정신세계를 말한다.

태권도 정신은 태권도 무도가 추구하는 형이상학적 범주로서 기술의 본질, 사상, 철학 등 정신의 내면적 소산의 총칭이다. 태권도 정신은 태권도인이 기본적으로 갖춰야 할 덕과 정의 등 덕목이며 최고의 정신적 수준이다. 정신은 무엇보다 인간의 행동의 장이고, '나'라고 말할 수 있는 한 존재의 현현이며, 그러면서도 동시에 '다른 어떤 것'을 가리킬 수 있는 것이다. '다른 어떤 것' 때문에 인간은 자기 자신을 규정할 수 있고, 이를 통해서 동시에 다른 것에 일정한 구조를 부여한다(상징, 기술, 윤리적 행위 등).

태권도진흥 및 태권도공원조성 등에 관한 법률

[2007년 11월 22일 제정, 일부개정 2008. 2. 29 법률 제8852호]. 시행일 2008. 6. 22

제1장 총 칙

제1조(목적) 이 법은 우리 민족 고유 무도인 태권도를 진흥하고 전 세계 태권도인들의 성지인 태권도공원을 조성하여 국민의 심신단련과 자긍심을 고취시키고 나아가 태권도를 세계적인 무도 및 스포츠로 발전시켜 국위선양에 이바지함을 목적으로 한다.

제2조(정의) 이 법에서 사용하는 용어의 정의는 다음과 같다.
1. "태권도지도자"라 함은 태권도 교육 및 경기를 위하여 「국민체육진흥법」 제11조 제2항의 규정에 따라 일정한 자격이 부여된 자를 말한다.
2. "태권도시설"이라 함은 태권도 수련·경기·연구·전시 등 태권도 활동에 이용되는 시설과 그 부대시설물을 말한다.

3. "태권도단체"라 함은 태권도의 발전·교육·국제교류 등을 주된 목적으로 설립된 국제기구·법인 또는 단체를 말한다.

제3조(국가 및 지방자치단체의 책무)
① 국가 및 지방자치단체는 태권도 진흥을 위하여 필요한 시책을 강구하여야 하며, 국민의 자발적인 태권도 활동을 보호하여야 한다.
② 국가 및 지방자치단체는 국민이 태권도 교육을 받을 수 있도록 교육기회의 확대에 노력하여야 한다.

제4조(다른 법률과의 관계) 태권도 진흥에 관하여는 다른 법률에 특별한 규정이 있는 경우를 제외하고는 이 법이 정하는 바에 따른다.

제2장 태권도진흥기본계획의 수립·시행 등

제5조(진흥기본계획의 수립·시행)
① 문화관광부장관은 태권도의 체계적인 보존 및 진흥을 위하여 태권도진흥기본계획(이하 "진흥기본계획"이라 한다)을 수립·시행하여야 한다.
② 진흥기본계획에는 다음 각 호의 사항이 포함되어야 한다.
  1. 태권도 진흥의 기본방향
  2. 태권도 진흥을 위한 조사·연구 등에 관한 사항
  3. 학교 태권도교육의 진흥에 관한 사항
  4. 태권도지도자의 교육·양성에 관한 사항
  5. 태권도시설 및 태권도단체의 지원에 관한 사항
  6. 태권도 국제교류·협력 및 국제행사 개최 등에 관한 사항
  7. 태권도 진흥에 필요한 재원 확보에 관한사항
  8. 그 밖에 태권도 진흥을 위하여 필요한 사항으로서 대통령령이 정하는 사항

제6조(협조) 진흥기본계획의 수립·시행에 관하여 문화관광부장관의 요청이 있을 때에는 지방자치단체, 관계기관, 법인 또는 단체는 이에 협조하여야

한다.

제7조(태권도의 날)
① 국민의 태권도에 대한 관심을 제고하고 태권도 보급을 도모하기 위하여 매년 9월 4일을 태권도의 날로 정한다.
② 태권도의 날에 관하여 필요한 사항은 대통령령으로 정한다.

제8조(태권도단체 및 태권도시설의 지원) 국가 및 지방자치단체는 태권도 진흥을 위하여 필요하다고 인정하는 경우 태권도단체와 태권도시설에 대하여 행정적·재정적 지원을 할 수 있다.

제3장 태권도공원의 조성 및 운영

제9조(태권도공원의 조성)
① 국가는 태권도종주국의 위상 제고, 태권도 성지로서의 역할, 태권도의 보급·연구·전시·수련 및 지도자 양성 등을 위하여 전라북도 무주군에 태권도공원(이하 "공원"이라 한다)을 조성한다.
② 국가 및 지방자치단체는 제1항의 규정에 따른 공원의 조성과 효율적인 운영·관리를 위하여 필요한 경비 등을 지원할 수 있다.

제10조(공원조성사업의 시행자) 공원조성사업 시행자는 제20조의 규정에 따른 태권도진흥재단, 공원조성사업의 해당 지역을 관할하는 지방자치단체의 장(전라북도지사 또는 무주군수) 및 전라북도지사의 승인을 얻은 민간사업자로 한다.

제11조(기본계획의 승인 등)
① 제20조의 규정에 따른 태권도진흥재단과 공원조성사업의 해당 지역을 관할하는 지방자치단체의 장(전라북도지사 또는 무주군수)은 공원조성기본계획(이하 "기본계획"이라 한다)을 수립하여 문화관광부장관의 승인을 얻어야 한다. 승인된 기본계획을 변경(대통령령이 정하는 경미한 사항의 변경은 제외한다)하고자 할 때에도 또한 같다.

② 민간사업자가 제10조의 규정에 따라 공원조성사업에 참여하고자 할 때에는 공원개발계획(이하 "개발계획"이라 한다)을 수립하여 전라북도지사의 승인을 얻어야 한다. 승인된 개발계획을 변경(대통령령이 정하는 경미한 사항의 변경은 제외한다)하고자 할 때에도 또한 같다.
③ 제1항 및 제2항의 규정에 따른 기본계획 및 개발계획에는 다음 각 호의 사항이 포함되어야 한다.
  1. 사업구역의 명칭 · 위치 · 면적 및 시행자
  2. 사업의 시행기간
  3. 인구수용 · 토지이용 · 교통처리 및 환경보전에 관한 계획
  4. 재원조달계획 및 연차별 투자계획
  5. 도로, 상 · 하수도 등 주요 기반시설의 설치 계획
  6. 사업체의 설치 및 이전에 관한 사항 또는 입주 시설물에 관한 사항
  7. 제14조 제1항의 규정에 따라 수용 또는 사용하려는 경우에는 그 세목
  8. 그 밖에 대통령령이 정하는 사항
④ 전라북도지사가 개발계획을 승인 또는 변경승인 하고자 할 때에는 미리 문화관광부장관과 협의하여야 한다.
⑤ 문화관광부장관과 전라북도지사가 기본계획 또는 개발계획을 승인 또는 변경승인한 때에는 대통령령이 정하는 바에 따라 이를 관보에 고시하여야 한다.

제12조(실시계획의 승인 등)

① 제11조의 규정에 따라 기본계획 또는 개발계획의 승인을 얻은 자는 기본계획 또는 개발계획에 따른 실시계획(이하 "실시계획"이라 한다)을 수립하여 제20조의 규정에 따른 태권도진흥재단과 지방자치단체의 장(전라북도지사 또는 무주군수)은 문화관광부장관의, 민간사업자는 전라북도지사의 승인을 얻어야 한다. 승인된 실시계획을 변경(대통령령이 정하는 경미한 사항의 변경은 제외한다)하고자 할 때에도 또한 같다.

② 제1항의 규정에 따른 실시계획에는 다음 각 호의 서류 및 도면을 첨부하여야 한다.
1. 자금계획서(연차별 자금투입계획 및 재원조달계획을 포함한다)
2. 사업 시행지의 위치도 및 지적도
3. 계획평면도 및 개략 설계도서
4. 단계별 조성계획서(사업 여건상 단계적으로 개발사업의 시행이 필요한 경우에 한한다).
5. 그 밖에 대통령령이 정하는 사항

③ 전라북도지사가 민간사업자의 실시계획을 승인 또는 변경승인 하고자 할 때에는 미리 문화관광부장관과 협의하여야 한다.

④ 문화관광부장관과 전라북도지사가 실시계획을 승인 또는 변경승인한 때에는 대통령령이 정하는 바에 따라 이를 관보에 고시하여야 한다.

제13조(민자유치 등)

① 전라북도지사는 다음 각 호의 사항이 포함된 민자유치추진계획을 작성하여야 한다.
1. 민자유치 대상사업의 범위
2. 민자유치 지원에 관한 사항

② 전라북도지사는 제1항의 규정에 따른 민자유치계획서를 공고하고 공원조성사업에 참여하고자 하는 자에 대하여 설명회를 개최하여야 한다.

③ 국가는 전라북도의 민자유치추진계획의 원활한 시행을 위하여 행정적·재정적 지원을 할 수 있다.

④ 민자유치추진계획의 심의 및 민자유치 활동의 지원 등을 위하여 전라북도에 민자유치위원회를 두며, 전라북도지사 소속 하에 민자유치본부를 설치할 수 있다.

⑤ 제4항의 민자유치위원회 및 민자유치본부의 구성과 운영에 관하여 필요한 사항은 조례로 정한다.

제14조(토지등의 수용 및 사용)
① 공원조성사업 시행자는 공원조성사업의 시행을 위하여 필요한 때에는 「공익사업을 위한 토지 등의 취득 및 보상에 관한 법률」 제3조의 규정에 따른 토지·물건 또는 권리(이하 "토지등"이라 한다)를 수용 또는 사용(이하 "수용등"이라 한다)할 수 있다.
② 제1항의 규정을 적용함에 있어서 제11조 제5항의 규정에 따라 기본계획 또는 개발계획을 고시한 때에는 「공익사업을 위한 토지 등의 취득 및 보상에 관한 법률」 제20조 제1항 및 제22조의 규정에 따른 사업인정 및 그 고시가 있은 것으로 본다.
③ 재결의 신청은 「공익사업을 위한 토지 등의 취득 및 보상에 관한 법률」 제23조 제1항 및 제28조 제1항의 규정에도 불구하고 공원조성사업의 시행기간 이내에 이를 할 수 있다.
④ 제1항의 규정에 따른 토지 등의 수용 등에 관한 재결의 관할 토지수용위원회는 중앙토지수용위원회가 된다.
⑤ 제1항의 규정에 따른 토지 등의 수용 등에 관하여 이 법에 특별한 규정이 있는 경우를 제외하고는 「공익사업을 위한 토지 등의 취득 및 보상에 관한 법률」을 준용한다.

제15조(인·허가 등의 의제)
① 공원조성사업 시행자가 제11조의 규정에 따라 문화관광부장관과 전라북도지사의 기본계획 또는 개발계획의 승인이나 변경승인을 얻은 경우에는 다음 각 호의 허가·인가·승인·협의·해제·결정·신고·수리·지정 등을 얻거나 받은 것으로 본다.
01. 「산지관리법」제14조 및 제15조의 규정에 따른 산지전용허가 및 산지전용신고
02. 「산림자원의 조성 및 관리에 관한 법률」 제36조 및 제45조의 규정에 따른 입목벌채 등의 허가 및 신고

03. 「농지법」 제33조 제1항의 규정에 따른 농업 진흥지역의 변경 및 해제, 같은 법 제36조의 규정에 따른 농지의 전용허가·협의 및 같은 법 제38조의 규정에 따른 타 용도 일시 사용허가·협의
04. 「수도법」 제4조의 규정에 따른 수도정비기본계획의 수립 승인, 같은 법 제12조 규정에 따른 일반수도사업의 인가, 같은 법 제35조의 규정에 따른 국가가 설치하는 전용수도 인가 및 같은 법 제36조의 규정에 따른 전용상수도 인가
05. 「도로법」 제8조의 규정에 따른 도로관리청과의 협의 또는 승인, 같은 법 제25조의 규정에 따른 도로구역의 결정, 같은 법 제34조의 규정에 따른 도로공사의 시행허가, 같은 법 제40조의 규정에 따른 도로점용의 허가 및 같은 법 제54조의6제2항에 따른 도로의 연결 허가
06. 「국토의 계획 및 이용에 관한 법률」 제30조의 규정에 따른 도시관리계획의 결정, 같은 법 제32조제2항의 규정에 따른 지형도면의 승인, 같은 법 제56조의 규정에 따른 개발행위 허가, 같은 법 제86조의 규정에 따른 도시계획시설사업시행자의 지정 및 같은 법 제88조의 규정에 따른 실시계획의 인가
07. 「하수도법」 제3조의 규정에 따른 관리청과의 협의 또는 승인, 같은 법 제5조의2의 규정에 따른 하수도정비기본계획의 승인 및 같은 법 제13조의 규정에 따른 공공하수도 공사시행의 허가
08. 「장사등에 관한 법률」 제23조의 규정에 따른 분묘의 개장 허가
09. 「도시개발법」 제3조의 규정에 따른 도시개발구역의 지정 승인 및 같은 법 제17조의 규정에 따른 도시개발사업에 관한 실시계획의 인가
10. 「초지법」 제21조의2의 규정에 따른 토지의 형질변경 등의 허가 및 같은 법 제23조의 규정에 따른 초지전용 허가
11. 「사도법」 제4조의 규정에 따른 사도개설의 허가
12. 「농어촌정비법」 제20조의 규정에 따른 농업기반시설의 목적 외 사용의

승인
13. 「소하천정비법」 제10조의 규정에 따른 소하천공사의 시행허가 및 동 제14조의 규정에 따른 소하천의 점용허가
14. 「관광진흥법」 제14조의 규정에 따른 사업계획승인, 같은 법 제48조의 규정에 따른 관광개발계획의 승인, 같은 법 제49조의 규정에 따른 권역별 관광개발계획의 승인, 같은 법 제50조의 규정에 따른 관광지·관광단지의 지정 및 같은 법 제52조의 규정에 따른 조성계획의 승인
15. 「건축법」 제8조의 규정에 따른 허가, 같은 법 제9조의 규정에 따른 신고, 같은 법 제10조의 규정에 따른 허가·신고 사항의 변경, 같은 법 제15조의 규정에 따른 가설건축물의 허가·신고 및 같은 법 제25조의 규정에 따른 건축 협의
16. 「에너지이용 합리화법」 제8조의 규정에 따른 에너지 사용계획의 협의
17. 「주택법」 제16조의 규정에 따른 사업계획의 승인
18. 「지적법」 제27조의 규정에 따른 사업의 착수·변경 또는 완료의 신고
19. 「폐기물관리법」 제30조의 규정에 따른 폐기물처리시설의 설치승인 또는 신고
20. 「지역균형개발 및 지방중소기업 육성에 관한 법률」제9조의 규정에 따른 개발촉진지구의 지정, 같은 법 제14조의 규정에 따른 국가지원사업계획의 승인·변경, 같은 법 제17조의 규정에 따른 실시계획의 승인
21. 「전기사업법」제62조의 규정에 따른 자가용전기설비의 공사계획의 인가 또는 신고

② 문화관광부장관 또는 전라북도지사는 제1항 각 호의 어느 하나에 해당하는 내용이 포함되어 있는 기본계획 또는 개발계획을 승인 또는 변경승인 하는 경우에는 관계 행정기관의 장과 미리 협의하여야 한다. 이 경우 협의를 요청받은 관계 행정기관의 장은 요청받은 날부터 30일 이내에 의견을 제출하여야 한다.

제16조(성금 및 기부금) 제20조의 규정에 따른 태권도진흥재단은 태권도진흥사업 및 공원의 조성·운영에 필요한 재원을 확보하기 위하여 성금 및 기부금품을 받을 수 있다.

제17조(국·공유재산의 대부·사용 등)
① 국가 및 지방자치단체는 공원의 조성 및 운영을 위하여 필요하다고 인정하는 경우에는 『국유재산법』 또는 『공유재산 및 물품관리법』의 규정에 불구하고 국유재산이나 공유재산을 제20조의 규정에 따른 태권도진흥재단에 유상 또는 무상으로 대부·사용·수익하게 하거나 매각할 수 있다.
② 제9조의 규정에 따른 공원시설물의 일부를 태권도단체가 이용하는 경우 문화관광부령이 정하는 바에 따라 이를 유상 또는 무상으로 할 수 있다.

제18조(공공시설의 우선설치) 도로, 교량, 상·하수도 그 밖에 대통령령이 정하는 공공시설을 주관하는 관계 행정기관의 장은 공원 조성사업의 원활한 시행을 위하여 교통시설, 전력 및 상수도시설 등 공공시설을 우선적으로 설치할 수 있다. 다만, 관계 행정기관의 장은 필요하다고 인정하는 때에는 당해 공공시설의 설치를 공원이 소재한 지방자치단체의 장에게 위임하거나 정부투자기관에 위탁하여 시행하게 할 수 있다.

제4장 태권도단체

제19조 (국기원)
① 태권도 진흥에 관한 다음 각 호의 사업과 활동을 하기 위하여 문화관광부장관의 인가를 받아 국기원을 설립한다.
  1. 태권도 기술 및 연구 개발
  2. 태권도 승품·승단 심사 및 태권도 보급을 위한 각종 교육사업
  3. 태권도 지도자 연수·교육 등을 통한 태권도지도자 양성 및 국외 파견
  4. 태권도 시범단 육성 및 국·내외 파견
  5. 태권도 관련 국제교류 사업

6. 태권도인의 복지향상에 관한 사업
　　7. 그 밖에 문화관광부장관이 인정하는 사업
　　8. 제1호 내지 제7호의 사업에 부대되는 사업
② 국기원은 법인으로 한다.
③ 국기원은 제1항의 규정에 따른 목적사업을 달성하기 위하여 필요한 경우 문화관광부령이 정하는 바에 따라 수익사업을 할 수 있다.
④ 국기원은 정관이 정하는 바에 따라 해외 지원 또는 지부를 둘 수 있다.
⑤ 국기원에는 정관이 정하는 바에 따라 임원과 필요한 직원을 둔다.
⑥ 국기원은 임원으로서 이사장 · 원장 · 이사 및 감사를 두고, 임원의 정원 · 임기 및 선출방법 등은 정관으로 정하며, 이사장은 이사 중에서 선임하되 문화관광부장관의 승인을 얻어 취임한다.
⑦ 국기원에 관하여 이 법에 규정한 것을 제외하고는 「민법」 중 재단법인에 관한 규정을 준용한다.

제20조(태권도진흥재단)

① 태권도공원의 조성 · 운영 및 태권도 진흥을 위한 다음 각 호의 지원 사업 등을 효율적으로 수행하기 위하여 문화관광부장관의 인가를 받아 태권도진흥재단(이하 "재단"이라 한다)을 설립한다.
　　1. 공원의 조성 및 운영에 관한 사업
　　2. 태권도 진흥을 위한 조사 · 연구 사업
　　3. 태권도 보존 · 보급 · 홍보에 관한 사업
　　4. 태권도 진흥을 위한 각종 지원 사업
　　5. 공원 시설 임대에 관한 사업
　　6. 태권도 용품 · 콘텐츠 개발 등 관련 산업 육성 지원
　　7. 그 밖에 문화관광부장관이 인정하는 사업
　　8. 제1호 내지 제7호의 사업에 부대되는 사업
② 재단은 법인으로 한다.

③ 재단은 제1항의 규정에 따른 목적사업을 달성하기 위하여 필요한 경우 문화관광부령이 정하는 바에 따라 수익사업을 할 수 있다.
④ 재단에는 정관이 정하는 바에 따라 필요한 직원을 둔다.
⑤ 재단은 임원으로서 이사장 1인·감사 1인 및 25인 이내의 이사를 두고, 임원의 임기는 3년으로 하되 연임할 수 있으며, 이사장 및 감사는 문화관광부장관이 임면하고, 이사는 문화관광부장관의 승인을 얻어 이사장이 임명한다.
⑥ 재단에 관하여 이 법에 규정한 것을 제외하고는 『민법』중 재단법인에 관한 규정을 준용한다.

제21조(휘장사업)

① 공원이나 재단을 상징하는 표지·도안·표어 또는 이와 유사한 것을 영리를 목적으로 사용하고자 하는 자는 재단의 승인을 얻어야 한다.
② 국기원을 상징하는 표지·도안·표어 또는 이와 유사한 것을 영리를 목적으로 사용하고자 하는 자는 국기원의 승인을 얻어야 한다.
③ 국기원과 재단은 제1항과 제2항의 규정에 따라 사용승인을 받은 자에 대하여 대통령령이 정하는 바에 따라 사용료를 징수할 수 있다.

제5장 보 칙

제22조(권한의 위임·위탁) 문화관광부장관은 대통령령이 정하는 바에 따라 이 법에 따른 권한의 일부를 특별시장·광역시장·도지사·특별자치도지사에게 위임하거나 관계 행정기관 또는 단체에 위탁할 수 있다.

제23조(유사명칭의 사용금지)
① 문화관광부장관의 승인을 받지 아니하고는 태권도공원 또는 이와 유사한 명칭을 사용할 수 없다.
② 이 법에 따라 설립된 법인을 제외하고는 국기원과 태권도진흥재단 또는 이와 유사한 명칭을 사용할 수 없다.

제24조(과태료)

① 다음 각 호의 어느 하나에 해당하는 자는 1,000만 원 이하의 과태료에 처한다.
   1. 제21조의 규정을 위반하여 휘장을 사용한 자
   2. 제23조의 규정을 위반하여 유사명칭을 사용한 자
② 제1항의 규정에 따른 과태료는 대통령령이 정하는 바에 따라 문화관광부장관이 부과·징수한다.
③ 제2항의 규정에 따른 과태료처분에 불복이 있는 자는 그 처분의 고지를 받은 날로부터 30일 이내에 문화관광부장관에게 이의를 제기할 수 있다.
④ 제2항의 규정에 따라 과태료처분을 받은 자가 제3항의 규정에 따라 이의를 제기한 때에는 문화관광부장관은 지체 없이 관할 법원에 그 사실을 통보하여야 하며, 「비송사건절차법」에 따라 과태료의 재판을 한다.
⑤ 제3항의 규정에 따른 기간 이내에 이의를 제기하지 아니하고 과태료를 납부하지 아니한 때에는 국세 체납처분의 예에 따라 이를 징수한다.

부   칙

제1조(시행일) 이 법은 공포 후 6개월이 경과한 날부터 시행한다.
제2조(태권도공원 조성사업에 관한 경과조치) 이 법 시행 전에 행한 태권도공원 조성 사업은 이 법에 따라 행한 것으로 본다.
제3조(국기원에 대한 경과조치)
① 이 법 시행 당시 「민법」 제32조의 규정에 따라 서울시장의 허가를 받아 설립된 재단법인 국기원은 이 법 시행 후 1개월 이내에 이 법에 따른 정관을 작성하여 문화관광부장관의 인가를 받아야 한다.
② 재단법인 국기원은 제1항의 규정에 따른 인가를 받은 때에는 이 법에 따른 설립등기를 하여야 한다.
③ 재단법인 국기원은 제2항의 규정에 따라 설립등기를 마친 때에는 「민법」

중 법인의 해산 및 청산에 관한 규정에 불구하고 해산된 것으로 본다.
④ 이 법에 따른 국기원은 설립등기일에 재단법인 국기원의 모든 권리·의무와 재산관계를 승계한다.
⑤ 이 법 시행 당시 재단법인 국기원의 임직원은 이 법에 따른 국기원의 임직원으로 보며, 임원의 임기는 종전의 임명일부터 기산한다.

제4조(태권도진흥재단에 관한 경과조치)
① 이 법 시행 당시 「민법」 제32조의 규정에 따라 문화관광부장관의 허가를 받아 설립된 재단법인 태권도진흥재단은 이 법 시행 후 1개월 이내에 이 법에 따른 정관을 작성하여 문화관광부장관의 인가를 받아야 한다.
② 재단법인 태권도진흥재단은 제1항의 규정에 따른 인가를 받은 때에는 이 법에 따른 설립등기를 하여야 한다.
③ 재단법인 태권도진흥재단은 제2항의 규정에 따라 설립등기를 마친 때에는 「민법」 규정 중 법인의 해산 및 청산에 관한 규정에 불구하고 해산된 것으로 본다.
④ 이 법에 따른 재단은 설립등기일에 재단법인 태권도진흥재단의 모든 권리·의무와 재산관계를 승계한다.
⑤ 이 법 시행 당시 재단법인 태권도진흥재단의 임직원은 이 법에 따른 태권도진흥재단의 임직원으로 보며, 임원의 임기는 종전의 임명일부터 기산한다.

태권도진흥재단
TPF(Taekwondo Promotion Foundation)

올림픽의 발상지 그리스에 올림피아(Olympia)가 있는 것처럼 태권도의 발생지인 대한민국에 세계태권도인의 성지순례지인 태권도피아(Taekwondopia =Taekwondo+Olympia) 건설

을 위해 태권도공원사업을 추진하게 되어 2005년 6월27일 재단법인 '태권도 진흥재단'을 창립하게 되었다.

2007년 12월21일 "우리민족 고유의 무도(武道)인 태권도를 진흥하고 전 세계 태권도인들의 성지인 태권도공원을 조성하여 국민의 심신단련과 자긍심을 고취시키고 나아가 태권도를 세계적인 무도 및 스포츠로 발전시켜 국위선양에 이바지할 목적"으로 태권도진흥 및 태권도공원 조성 등에 관한 법률이 제정되었다

그리고 태권도진흥법 제20조인 공원의 조성·운영 및 태권도진흥을 위한 사업을 효과적으로 수행하기 위해 문화관광부장관의 인가를 받아 태권도진흥재단이 설립되었다,

태권도진흥재단의 목적은 태권도공원 조성 및 효율적 관리와 운영, 태권도 진흥사업 수행을 통한 태권도의 발전과 국제위상 제고, 태권도 르네상스를 통한 가치창조와 문화창출의 장을 만들기 위해서이다.

태권도진흥재단(TPF)은 태권도공원건설 및 관리운영, 태권도관련 연구, 조사, 자료발간 및 홍보, 태권도연수사업 및 태권도지도자 양성지원, 태권도관련 국내·외 교류 및 네트워크 구축, 태권도관련 프로그램 및 상품의 개발·보급, 태권도복지향상 및 태권도단체 협력지원, 태권도진흥을 위한 모금 및 자금지원 등에 관한 사업을 한다.

태권도진흥재단은 이사장 1명, 사무총장, 이사 22명, 감사 1명으로 구성되며, 이사회, 특별위원회, 사무처(2국5팀)로 되어있다.

태권도인의 성지이자 대한민국의 자랑스러운 문화유산이 될 태권도공원은 전라북도 무주군 설천면 소천리 산 101-9번지 일원에 조성되며, 사업규모는 총면적 2,314천㎡, 개발면적 879천㎡(민자시설 제외) 건축연면적 66천㎡(민자시설 제외)로 사업기간은 2005년~ 2013년(2009년 착공, 2013년 완공)까지이다.

태권도진흥재단은 2006년 해외 한인 태권도사범을 대상으로 수기공모를 하였고 우수작 10편을 선정하여 『지구촌 끝까지 Ⅰ~Ⅱ』이름으로 한글과 영어로 각각 출간하였고 그 이듬해에 외국인을 상대로 역시 수기공모를 한 바 있다. 그리고 2009년에 태권도공원 스토리텔링을 공모하는 등 태권도진흥을 위한 콘텐츠공모전을 가졌다.

세계태권도아카데미(WTA · World Taekwondo Academy)는 세계태권도연맹(WTF)과의 협약으로 공인 교육기관이다.

태권도아카데미는 인류 보편적 가치 구현에 기여하는 태권도 정신의 발현을 목적을 하고 있다. 태권도아카데미가 추구하는 궁극적인 목표는 본질적인 의미에서 태권도를 이해하여 그 정신을 태권도인은 물론 세계 모든 이에게 전파하여 생활 속에서 실천하도록 하여 인류가 지향하는 보편적 가치를 추구하는 데 있다. 인류 보편적 가치 구현은 태권도가 올림픽 종목의 하나로서 추구해야 하는 올림픽 정신의 지향점과 그 방향을 일치하도록 하며 더불어 무도로서 지닌 가치를 동시에 만족시킬 수 있는 가치이다.

현재 개발 중인 태권도아카데미의 주요교육과정을 보면 세 가지 과정개설이다. 그것은 세계태권도아카데미 과정, 사범지도자과정 그리고 특별과정 등이다.

세계태권도아카데미(WTA)의 교육 프로그램 개발을 위한 공청회가 2009년 3월 27일 오후 2시 30분부터 서울 소재 상명대학교 밀레니엄관 국제회의실에서는 태권도진흥재단 · 세계태권도연맹 · 국기원이 공동주최하는 『태권도학의 체계정립 및 태권도아카데미 교육과정 개발』 공청회가 열렸다. 공청회는 태권도의 학문적 체계 정립, 세계태권도아카데미의 교육 프로그램과 운영 시스템 등 세 가지 주제로 나누어 진행되었다.

홈페이지 주소 www.tpf.kr

태권도 참고문헌

태권도이름으로 간행된 최초의 문헌은 최홍희의 『태권도 교본』(성화문화사, 1959)이고, 그 뒤를 이어 1968년 이원국이 『태권도 교본』(진수당)을 펴냈다. 대한태권도협회(협회장 김운용)에서는 최초로 공인 교본으로『태권도 교본 품세편』(1972)을 발행했다. 발행인은 김운용이고 엮은이는 기술심의의장 이종우이다. 한편 세계태권도연맹은 1975년 제2회 세계태권도선수권 기간에 『Taekwondo(Poomse)』(Shin JIn Gak)에서 대한태권도협회의 태권도 교본, 품세편을 영어로 번역하여 펴냈다.

국기원에서는 처음으로 1987년 『국기 태권도 교본』(삼훈출판사)을 한국어로 펴냈다. 그 뒤를 이어 국기원에서 국·영어 2개 국어로 2005년 『Taekwondo Textbook 태권도교본』이라는 이름으로 펴냈다.

2007년 세계태권도연맹은 두 번째로 영어로 『The Book of Teaching & Learning Taekwondo』(Jungdam Media)에서 간행했다.

현재 태권도 문헌의 종류는 다양하다. 품새 실기 위주의 교본이 제일 많고, 전문서들이 간행돼 있다. 겨루기 전문서의 시초는 1988년 최영렬의 『태권도 겨루기론』(삼학출판사)이고 현재 4종의 겨루기 전문서가 간행돼 있다. 전문서의 대표적인 문헌은 다음과 같다.

『태권도 시범론』(보경문화사, 1993), 『태권도 호신술』(최낙덕, 오성출판사, 1994), 『한국 태권도사』(김경지, 김광성 공저, 경운출판사, 1988), 『태권도 지도법』(김경지, 김경래 공저, 법영사, 1987), 『태권도 위생학 개론』(오현승, 하태은 공저, 보경문화사, 1997), 『태권도 역사·정신·철학』(안용규, 21세기교육사, 2000), 『태권도 교육론』(김철, 원광대, 1986), 『태권도와 침술학』(김수련, 범기철 공저, 행림출판사, 1977), 『태권도 철학의 구성 원리』(김용옥, 통나무, 1990), 『태권도의 Biomechanics』(배영상, 계명출판국, 1992), 『태권도 철학과 문화』(이경명, 형설출판사, 2000), 『태권도의 어제와 오늘』(이경명, 어문각, 2002), 『태권도 품새론』(이경명, 상아기획, 2005), 『태권도 미학의 개론』(임일혁, 21세기교육사, 1999), 『태권도 심판론』(한상진, 서림출판사, 1995), 화보집『Taekwondo & Olympics』(세계연맹, 2008) 등이다. 그 외 태권도 관련 수필집과 어린이 태권도 교본 등이 간행돼 있다.

태권도평화봉사단
TPC(Taekwondo Peace Corps)

세계 각국에서 태권도를 통한 평화와 봉사활동을 하기 위해 만들어진 '태권도 평화봉사단'은 2008년 4월11일 세계태권도연맹(WTF)이 주최하고 GCS인터내셔널이 주관하는 봉사단체로 발족 되었다.

태권도평화봉사단 사업을 주관하는 GCS인터내셔널은 'Goodwill(선의)' 'Cooperation(협동)' 'Service(봉사)'를 3대 정신으로 1975년 경희대학교 설립자 조영식 박사에 의해 창설된 국제적인 규모의 NGO단체로 조정원 현 세계태권도연맹(WTF) 총재가 맡고 있다.

평화봉사단은 태권도를 통한 나눔과 봉사를 실천하고, 희망과 정신적 지주역할을 할 수 있는 태권도를 보급한다. 그리고 봉사활동을 통한 국제경험 확대와 자기계발의 기회를 제공하고 해외봉사활동을 선도하며, 한국어 교육, 한국전통문화의 홍보를 통한 친선과 상호이해를 증진시킴으로써 국가 신인도를 높이는 데 그 목적을 두고 있다.

조직은 총재, 집행위원회, 단장, 부단장, 사무국장이 있고 사무국장은 해외봉사팀, 기획팀, 운영팀, 관리팀, 홍보팀으로 구분되며, 별도의 자문위원회와 전문위원단이 있고 자문단에는 홍보, 교육, 행정으로 구분된다.

봉사단은 태권도 3단 이상인 대학생 및 성인으로 해외여행이 가능하고, 군필 등 기본적인 해외활동에 지장이 없으면 누구나 참가 가능하다.

전형방법은 1차 서류접수 및 서류심사⇒2차 면접 및 실기(품새, 겨루기, 시범)

심사⇒3차 합격자 발표⇒4차 교육, 연수 및 최종합격자 발표⇒해외파견으로 진행된다.

평화봉사단은 태권도 실기, 태권도 문화와 정신, 지도자의 인성, 지도론, 봉사와 평화, 한국전통문화와 놀이, 기타 등을 6일간 총46시간의 교육을 받는다.

태권도담당 3명과 언어담당 1명으로 총 4명이 1조로 구성되어 연간 2회에 걸쳐 전 세계 태권도 개발국 등 연맹 회원국으로 파견된다.

2008년 7월 15일~8월 25일간 제1차 27명의 태권도평화봉사단원이 파라과이, 인디아, 러시아, 파키스탄, 중국(1,2팀) 등 5개국에 파견돼 태권도봉사활동을 펼쳤다.

2008/09년 1월 10일~3월 4일간 제2차 태권도평화봉사단원 32명이 이집트, 모르코, 키르기즈스탄, 러시아, 우즈베키스탄, 중국, 볼리비아, 그리스 등 8개국에 파견돼 활동을 펼쳤다.

2009년 제3차 태권도평화봉사단원은 오는 여름방학기간을 이용해 파견될 예정이다.

홈페이지 주소 www.gcsinterrational.org

태권도표어
Taekwondo motto

동양철학의 핵심 개념인 음과 양 개념에 대입하여 태권도의 정의는, 하나는 음의 표현으로 "태권도는 몸의 천지를 조화롭게 하다" 이고 다른 하나는 양의 표현으로 "태권도는 한국이 세계에 준 선물이다." 앞의 것은 이경명에 따르고, 뒤의 것은 세계태권도연맹 조정원 총재가 한 문화적 표현으로 그 유래는 2005년도 초판으로 간행된 국기원 태권도교본 추천사에 나온다.

태권도학과

태권도의 세계화는 태권도의 학문화로 이어졌다.

국내 대학에 처음으로 태권도학과 개설은 1982년 용인대학교이며 그 이듬해에 경희대학교에 태권도학과가 개설되었다.

용인대학교는 유도전문대로 출발하여 종합대학으로 발전하였는데 국내에서 최초로 1977년 격기학과 신설 인가를 문교부로부터 승인받은 뒤, 1982년 학칙변경 인가를 얻어 1백 명(주간 50명, 야간 50명)의 태권도학과 신입생을 선발했다.

1983년에 두 번째로 개설된 경희대학교 태권도학과는 주간 40명만을 모집했으며 1998년에 주간 40명, 야간 60명 등 신입생 모집인원을 늘렸다.

그 뒤를 이어 세 번째로 1996년 대구의 계명대학교가 태권도학과를 개설하였다.

2009년 현재 4년제 대학 태권도학과는 19개가 되고 2년제 대학 태권도학과 내지 전공과는 17개로서 모두 36개 대학에 학과가 있다.

태권도학과의 교과과정은 대학마다 특성을 보이고 있다. 그 가운데 주요 공통되는 교과목은 태권도개론, 심판법, 태권도지도론, 태권도 경영학, 태권도사, 태권도 프로그램 작성법 등 순이다. 태권도 실기의 시수가 이론에 앞서고 체육이론이 많은 편이다. 태권도학 체계의 정립이 시급한 과제로 남아있다.

4년제 태권도학과가 개설된 대학에는 주로 태권도 시범단이 구성돼있고 각종 행사 때 태권도 시범을 통해 학교 홍보에도 기여하고 있다.

그리고 대학교 이름으로 겨루기 또는 품새 등 대회를 정기적으로 개최하고 있으며 우수한 선수와 학생을 선발하고자 하는 의지가 돋보이며 대학의 홍보에 열을 올리고 있다.

태권도학회
跆拳道學會

1987년 강원식(국기원 연수원 부원장)은 태권도학회의 필요성을 절감하고 태권도학회를 결성, 회장에 취임했다. 그는 1988년 11월 24일 한국 스포츠 사상 처음으로 학술 발표회를 여의도 63빌딩에서 가졌다. 회원들이 그동안 발표한 연구논문을 중심으로 논문집을 발간했다. 1990년 제2회 학회 세미나를 올림픽회관 대강당에서 가졌는데 8명의 발표자 중 '태권도철학의 구성 원리'란 주제로 발표하기로 된 김용옥(전 고려대 교수)을 전격적으로 배제했다. 세미나 전날 가진 조선일보와 인터뷰에서 기사가 문제가 됐기 때문이었다. 사건의 발단은 태권도 기원이라는 설과 관련된다. 즉 "태권도는 중국 고대의 태극권에서부터 당수, 공수도에서 그 뿌리를 찾을 수 있으며, 이것이 한국에 정착해 수박, 택견의 영향을 받아 변화했다"는 것이다.

1999년 5월 정찬모 회장의 사임으로 진중의(용인대 교수)에게 넘겨졌고 그 후 김경지(전 경희대 교수)를 거쳐 조근종(전 한양대 교수) 회장이 2008년 갑작스레 사망한 후 학회의 활동이 중지된 상태이다. 진중의 회장 재직 시 학회 이름을 '세계태권도학회'로 바꾸었다.

태권도한마당

태권도 한마당 경연은 1992년 대한태권도협회에서 첫 경연대회를 개최했다. 태권도 한마당은 겨루기의 스포츠 일변도에 대한 우려에서 출발했다. 겨루기의 스포츠화는 무도로서 태권도 본질을 희석시키며 특히 일반인들이 갖는 태권도의 인식에 적잖은 영향을 끼치게 된다. 따라서 태권도 한마당을 통해 태권도의 본래 정신 수양과 그 정신의 기적인 현상을 태권도의 본래 모습으로 돌아가 경연자들의 기량을 가늠하고 일반인에게 태권도를 생활체육으로 선양하자는 포괄적 의미를 찾는 데 창설 배경이 있다.

당시 대한태권도협회 강원식 전무이사는 6개월의 고심 끝에 태권도 한마당 경연대회에 대한 자신감을 갖고 먼저 태권도 경연규칙 제정에 착수했다. 그리고 시기를 대회개최 시기를 그해 12월로 정하고 행사에 필요한 재정 확보를 위해 후원자를 물색하는 한편 행사의 격조를 감안해 고수의 시연(미국에서 노병직 원로 시연)과 태권무 시연 그리고 남녀노소의 균등한 참가에 초점을 맞추고 태권도 한마당을 창설했다.

태권도 한마당 대회의 주최가 대한태권도협회에서 2000년 국기원으로 이관되어 현재에 이르고 있으며, 2009년 한마당은 처음으로 해외(미국)에서 개최되기도 했다.

태권도 한마당 대회를 국기원에서는 2003년 '세계태권도한마당'으로 이름을 바꿨다.

태권무
跆拳舞

범기철(1950~   )에 의해 창안됨. 태권도의 예술화에 대한 창안 작업을 통해 태권무를 완성. 1970년대 후반부터 1990년 초반까지 태권무의 공연 예술활동을 하였고 1981년 세종문화회관에서 첫 발표회를 가졌다. 태권도무란 태권도+춤의 기법. 태권무의 기본사상은 무술이 갖고 있는 극한적인 절도와 파괴적인 힘을 감동적인 진·선·미의 세계로 전환시키면서 창조적인 인간완성의 길을 추구하고 있다.

태권 소프트
Taekwon Soft

태권도소프트(대표 구민관)은 경기장은 물론 태권도장에서 전산화 및 경기기록 등에 필요한 각종 소프트를 개발, 판매하는 업체이다. 주요 프로그램은 선수등록 및 전자 추첨 프로그램, 국제대회 등록 및 ID카드 발급 프로그램, 태권도대회 전체운영 프로그램, 겨루기 운영 프로그램, 품새 운영프로그램 등이다.

주요 실적은 제1회, 제2회 세계태권도품새선수권대회 공인 전광판 사용, 2007 베이징 세계태권도선수권대회 공인 전광판 사용, 국내 각종연맹 및 대학총장기대회 다수 지원 및 사용 등이다. 회사의 모토는 "태권도대회 발전을 위해 새로운 도전을 계속하고 있다."

E-mail : Taekwonsoft@daum.net

태권에어로빅
Taekwonaerobic

태권에어로빅의 유래는 태권도+에어로빅(Aerobic)의 합성어로서 태권도 동작에 에어로빅의 개념을 더해 태권도를 통한 유산소운동의 효과를 얻는데 목적이 있다. 태권로빅 또는 일명 태권체조라 부르기도 한다.
태권도 동작의 수행을 통한 전신 지구력 운동으로 음악을 곁들여 지루함을 없애고 즐기면서 운동의 효과를 얻도록 구성되어 있는 것이 특징이다. 태권에어로빅은 매우 다양한 형태이며, 거의 모든 사람이 쉽게 접할 수 있고 즐길 수 있는 태권도의 운동의 한 방식으로 널리 보급되고 있다. 물론 신체적 조건을 감안하여 동작의 난이도, 강도 등이 고려되어야 한다.

태권체조

태권체조란 태권도 동작을 음악 및 기타 악기에 맞추어 다양하게 구성한 체조형 동작을 말한다.
태권도한마당(국기원) 경기규칙에 따르면 경기시간은 2분 이내, 도복바지와 도복 띠 착용을 의무화하고 있다. 인원은 9명이며 기술규정에서 손동작은 태권도 기본동작을 바탕으로 구성해야 한다. 차기 동작은 태권도 차기를 해야 한다. 의무규정에서 태권도 동작의 구성이 전체 동작 2/3이상 구성해야 한다. 등이 규정이 보인다.
대한태권도협회에서는 도장 활성화를 위해 태권체조를 '~장' 개념으로 개발하여 일선도장에 보급하고 있다. 현재 태권체조 7장까지 개발되어 있다.
태권체조는 태권도 동작을 기본으로 한 바탕에서 타 무술의 여러 가지 기본동작을 결합하여 음악과 함께 배우는 운동으로 남녀노소 모두가 재미있게 즐기며 유·무산소 운동에 도움이 된다. 특히 체중감량의 효과를 볼 수 있다.

태극
太極

태극은 모든 존재의 근원이라고 부른다.
태권도에서 태극 개념은 크게 두 가지로 구분된다. 하나는 동작, 즉 품 개념이고 다른 하나는 품새 이름 중 하나이다. 태극이 모든 존재의 근원이라고 할 때 태권도의 기술이 곧 동작 개념이기에 태극은 품이라는 것이다. 여기서 품 개념은 동작을 낳게 하는 근원을 함의하는 것이다. 동작은 동태이고 품은 정태이다. 변하지 않는 품의 정태성이 태극 개념이다.
동작과 품새의 관계에서 동작이 먼저 존재하고 그 동작의 무리, 즉 동작군의 의미 있는 품새로 엮어져 있는 것이 태극 품새이다.
태극(太極) 개념은 태권도에서 태극 품새에서 처음 나온다. 품새는 크게 두 가지 형태로 구분돼 제정되었다. 유급자용과 유단자용이 그것이다. 태극 품새는 유급자용으로 만들어졌으며, 그 내용은 팔괘, 즉 여덟 가지의 괘 이름을 차용하여 태극 1장에서 8장으로 나뉜다. 품새 태극의 각 장은 팔괘(八卦), 즉 건(乾), 태(兌), 이(離), 진(震), 손(巽), 감(坎), 간(艮), 곤(坤) 등 순서의 수 개념을 일컫고 품새선은 괘상(卦象)의 형(形)을 여덟 개의 부호로 ☰ ☱ ☲ ☳ ☴ ☵ ☶ ☷ 으로 표시하고 있다. 태극 품새의 품새선은 대략 임금 왕자 "王"으로 표시하고 있다. 하지만 각 장마다 품새에서 동작군의 차이에서도 공통적인 배열이 보이는 데, 그것은 두 가지 부호, 즉 긴 막대와 짧은 막대에서 동작 진행이 길고 짧음으로 구분되고 있다.
태극 품새 이전에 먼저 유급자 품새 수련용으로 팔괘 품새가 만들어졌고 태극 품새가 보급되기 이전에 사용해왔다. 1968년 대한태권도협회는 품세제정위원회를 구성하여 「팔괘」와 「고려」부터 「한수」, 「일여」 등 17개 품세를 확정

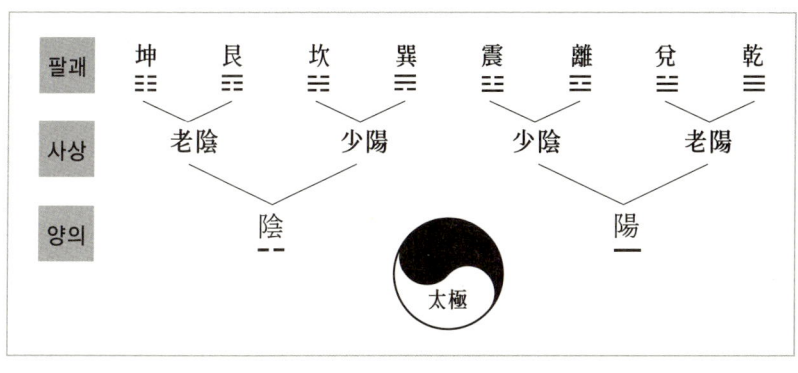

하였고 1972년 기술심의회의는 다시 품세(품새의 이전 명칭)와 용어제정 소위원회를 구성하여 학교교과 과정에 삽입될 품세「태극」을 8장까지 제정하여 총 품세 25개의 완성을 보았다(『태권도교본』, 품세편, 대한태권도협회, 1972).

태극 개념은 뭐니 해도 한국의 국기에서 잘 드러나고 있다. 태극기는 한국의 국기이며 그것은 흰 바탕의 한가운데 태극을 양은 진홍 빛, 음은 푸른빛으로 하고, 건, 곤, 감, 이 네 괘를 네 귀에 검은 빛으로 벌임으로 표시되어 있다. 칼 세이건의 명저(名著) '코스모스'에 한국의 태극기는 '우주' 그 자체를 상징하는 것으로서 매우 특징적이라고 풀이하고 있다. 그는 나아가 태극기의 그런 상징성과 특징이야말로 세계주의적인 보편성을 지니는 것이라고 지적하고 있다.

흔히 '태극'이라면 주역(周易)을 연상하게 마련이다. 그러나 주역 본문에는 어디에도 태극도형이 그려져 있는 곳이 없다. 중국의 문헌에 '태극도(太極圖)'가 최초로 등장한 것은 주렴계(1017~1073)가 지은 『성리대전(性理大全)』이라는 게 학자들 간의 정설이다. 이것은 연대로 따지면 11세기 이상으로 올라가지 못한다. 이에 비해 한국에서는 주렴계의 '태극도' 보다 4백 년 전인 신라시대에 건립된 감은사(感恩寺)터의 석각(石刻)에 이미 '태극(회돌이)도형'

이 나온다.

팔괘는 복희씨가 자연과 사물을 깊이 관찰하는 가운데 깨친 바가 있어 이를 체계적으로 도식화함으로써 만들어졌다는 것이다. 복희 팔괘의 연원은 『한단고기』(1911)의 「태백일사」 신시본기에 기록되어 있다.

"한웅천황으로부터 다섯 번 전하여 태우의 한웅이 계셨으니 사람들에게 가르치시기를 반드시 묵념하여 마음을 맑게 하고 조식보정(調息保精 : 호흡을 고르는 일을 통해 보정한다는 수련의 특징)케 하시니 이것이야말로 장생구시(長生久視 : 불로장생을 말함)의 술이다. 아들 열둘을 두었으니 맏이를 다의발 한웅이라 하고 막내를 태호라 하니 또는 복희씨라고 한다. 어느 날 삼신이 몸에 내리시는 꿈을 꾸어 만 가지 이치를 통철하고 곧 삼신산으로 가서 제천(祭天)하고 괘도(卦圖)를 천하(天河)에서 얻으시니, 그 획은 세 번 끊기고 세 번 이어져 있어서 자리를 바꾸면 이치를 나타내는 묘(妙)가 있고 삼극(三極)을 포함하여 변화무궁하였다."

또 『역전(易傳)』의 「계사전상(繫辭傳上)」에는 복희씨가 팔괘를 만들었을 때의 상황을 적고 있다.

"옛날 복희씨가 천하를 다스릴 때, 위로는 하늘에 있는 형상들을 관찰하고, 아래로는 땅의 법칙을 관찰하고, 새와 짐승들의 모습과 땅의 특성을 살폈다. 그리하여 가깝게는 몸에서, 멀리는 천지만물에서 취하여 처음으로 팔괘를 만드니, 신명한 덕을 통하고 만물의 상태를 구별하였다."

태극 개념과 8괘는 〔희역〕과 〔주역〕에 있다.
팔괘는 여덟 가지 괘로 구성돼 있는데 음과 양의 변화의 형상을 부호로 표시해 두고 있다. 음의 부호는 --, 양의 부호는 ―로 된 막대의 부호이다. 그것을 효(爻)라 부른다. 하나의 괘(卦)는 세 가지 효가 모여 형성된다.
품새 태극 이름에서 태극은 동양철학의 중심을 이루는 개념으로 형이상학적 의미를 띠고 있다. 태극이라 함은 만물의 근원을 말한다. 팔괘는 자연계에서 가장 보편적인 여덟 가지 현상인 하늘(天), 못(澤), 불(火), 우레(雷), 바람(風), 물(水), 산(山), 땅(地)을 택하고 있다. 팔괘가 이들 여덟 가지 사물만을 상징하는 것은 아니라 만물의 이치를 다루고 있는 것이라 할 것이다. 자연의 사물 가운데 팔괘의 상징성에 해당하는 사물이 수 없이 많이 있을 수 있다.
태극은 많은 이름을 가지고 있다. 도, 일(하나 : 한), 태허, 태일(대일), 무극, 기, 리 등 여러 이름으로 불리고 있는데 시대와 학자에 따라 해석을 달리하고 있다.

태산밀기
Taesanmilgi, *mountain pushing*

천권 품새에 나온다. 모아서기 하며 몸을 일으켜 세우면서 두 팔로 원을 그렸다가 왼/오른발 앞으로 내밀려 오른/왼 범서기 태산밀기. 두 바탕손을 아래, 위로 벌리면서 팔굽을 펴가며 앞으로 힘주어 천천히 민다.

택견
Taekkyon

택견의 이름과 관련하여 표기법의 몇 가지 용례를 정리하면 다음과 같다.
탁견: 『재물보』(이성지, 1798)

택견: 『조선무사영웅전』(안학, 1919)
托肩(탁견): 『해동죽지』(최영년, 1925)
착견: 『오가전집박타령』(리선유, 1935)
결련태껸: 『우리말사전』(문세영, 1938)
견: 『조선상고사』(신채호, 1946)

오늘날 택견이라는 이름의 통일이 있기 전까지 여러 이름으로 불리어왔다.
'탁견'은 맨손무예를 가리키는 일반명사였다. 『재물보』의 내용에 따르면, 탁견은 발길질의 의미보다는 치거나 힘을 겨루는 맨손무예 전반을 가리키는 말로 사용되었음을 알 수 있다.

탁견의 가장 오래된 것으로 추정되는 자료는 『재물보』(이성지, 1798)이다. 이 책은 달리 『만물보』라고 하며, 4책 사봄으로 된 기희조(技戲條)에 "변 수박은 변이요, 각력은 곧 무이다. 지금에는 이것을 탁견이라 한다"(卞 手搏爲卞 角力 爲武 若今之 탁견).

『해동죽지』(최영년, 1925) 속악유희 편의 기희조에 탁견희라는 제목으로 실려 있다. 그리고 『해동죽지』의 '탁견'이 '발로 어깨를 차서 밀쳐낸다'는 뜻을 지니고 있다. "옛 풍속에 각술(脚術)이라는 것이 있는데 서로 대하여 서서 서로 차서 거꾸러뜨린다. 세 가지 방법이 있는데 최하 자는 넓적다리 정도로 차고 잘하는 자는 어깨를 차고 비각술(飛脚術)이 있는 자는 상투를 떨어뜨린다. 이것으로 혹은 원수도 갚고 혹은 사랑하는 여자를 내기하여 빼앗는다. 법과 관으로부터 금하기 때문에 지금은 이런 장난이 없다. 이것을 탁견이라고 한다." 1921년에 지어진 해동죽지(海東竹枝)에는 탁견희와 수벽타는 분리되어 한시(漢詩)로 그 동작을 읊은 것이 전한다. 탁견은 각술이고 수벽타는 수박 곧 수술(手術)이라고 설명되어 있다.

탁견은 택견으로 표기(이름)가 바뀌어 1961년 1월 10일 법률 제961호 '문화재

보호법' 제정이래 택견은 1963년 6월 1일, 무예 종목으로 유일하게 중요무형문화재 제76호로 인정받았다.

이들 기록에 나타난 탁견이란 명칭은 원래 택견을 한자로 '托肩'이라고 차자(借字) 표기한 것을 한자를 그대로 음독해서 '택견'이라고 쓴 것이다. 즉 택견이라고 전해오던 말을 한문만 사용하던 시대에 '托肩'이라는 이두(吏讀)로 기록했는데, 훈민정음 창제 후에 한문 '托肩'을 그대로 음독해서 탁견이라고 기록한 것이다(조완묵, 1996).

오늘날 택견의 기술체계는 송덕기(1893~1987)과 신한승(1928~1987)에 의해 전해지면서 체계화되었다. 그리고 현재는 택견의 계보는 몇 갈래로 나뉘어 보급되고 있다. 첫째, 충주에 본부를 두고 있는 택견전수관(관장 정경화), 둘째, 도기현이 주도하는 결련태견계승회, 셋째, 이용복에 의한 대한택견협회 등이 있다.

토너먼트
Tournament

경기에서 출전 팀이 많을 경우 시간장소 등의 어려움을 없애기 위하여 추첨에 의한 방법으로 대진을 결정하고 그 대진표에 따라서 싸우며 매회 패자는 탈락하고 최종순위까지 계속 승자끼리만 승부를 가리는 대전법을 말한다. 두 패로 나뉘어 승자 진출전의 경기 방식이다.

그 유래는 고대 기마경기의 하나로서 집단대항의 경기에서 나온 것으로, 원래 이 경기는 검을 차고 창을 든 기사가 일 대 일로 기술을 다루는 마상창시합대회와 완전 무장한 기사가 창을 잡고 말을 달려 상대를 낙마시켜 승부를 가리는 경기였다.

세계태권도연맹의 경기의 방식 중 하나로서 일리미네이션 토너먼트 시스템(Single elimination system)이라고 부른다.

토너먼트의 작성법은 두 가지로서, 하나는 추첨 전에 토너먼트를 그려놓고 추첨한 번호에 따라서 작성하는 방법과 다른 하나는 추첨한 후에 토너먼트를 그리는 방법이다.

토너먼트를 이해하기 위해서는 기본수와 대전편성수를 알고 있어야 한다. 기본수란 공식적인 기본수를 말하는 데, 2, 4, 8, 16. 32. 64, 128 등의 곱수를 말한다. 대전편성수란 자기가 추첨한 번호와 상대의 추첨번호를 합친 숫자를 말한다. 즉 기본수 +1= 수로서 3, 5, 9, 17, 33, 65, 129 등의 홀수를 말한다. 부전승 수를 알려면 출전한 선수/팀 보다 많은 기본수에서 출전한 수를 빼면 부전승 수가 나온다.

통밀기준비서기

Tongmilgi junbiseogi, *pushing log ready stance*

나란히서기를 한다. 두 손의 주먹은 펴 손바닥을 아래에서부터 모아가며 손바닥이 위를 향하게 하면서 가슴 앞까지 끌러 올렸다가 두 손은 손바닥을 마주보게 하면서 손날을 앞세워 앞으로 내민다. 두 손을 앞으로 밀 때 손의 모양은 배구공을 마주잡은 것 같이 해야 한다. 두 손의 손끝은 위를 향하고 팔꿈치는 120° 가량 펴고 앞으로 밀어낸다.

통밀기준비서기는 특수품서기의 한 종류이다. 구령은 "통밀기준비서기" 라 하며 "준비" 때 큰소리로 동령이 되도록 한다.

특수품서기 : 팔, 다리, 몸 움직임이 조화된 서기의 전체 모양을 말한다. 여기서 '품'이라 함은 태권도 기술의 동작을 취하였을 때 그 결과의 모양을 말한다.

통일성
Unity of Performance

기본창작동작, 품새(공인·창작)의 표현에서 단체의 움직임이 마치 하나같이 보이는 동작 표현 능력, 즉 일체감을 말한다. 통일성의 요구는 동작의 움직임이 한결같이 하나의 조화를 이룬다는 함의이다.

동의어로서 동시성(synchrony)이라는 단어가 사용되고 있다. 좁은 의미로 수행자와 동작의 일체성, 즉 조화이기도 하나 수행자 간의 움직임, 즉 표현이 균형과 조화를 이뤄 그 표현적 행위가 일체성을 드러내는 것으로 이해할 수 있다.

트레이너
Trainer

트레이너는 개인 또는 팀의 체력과 기술적인 면을 책임지는 임무를 맡는다. 트레이너는 충분한 운동 의학적·심리학적 지식을 가지고 신체단련의 기술면을 적정하게 시행하지 않으면 안 된다.

트레이너는 일반적인 체력의 중심을 기하기 위해 기초체력의 획득을 목적으로 한 기본적 단련을 해야 하고 그 바탕에서 스포츠종목에 적합한 특수한 기본적 단련으로서 보강운동을 해야 하는 것이다.

특수막기
Teuksu makki, *special blocking*

두 가지 이상의 부위를 복합적으로 사용하여 막기를 한 경우 특수막기라 한다. 예를 들어, 끌어올리기, 산틀막기, 가위막기, 황소막기, 금강막기, 학다리금강막기 등

특수차기
Teuksu chagi, *special kick*

외산틀 옆차기: 팔은 외산틀막기를 하면서 옆차기를 한다. 즉, 뒤쪽에서 얼굴 지르기 공격을 바깥막기로 막고 옆차기를 하는데 이때 옆차기 하는 쪽으로 다른 한 주먹을 지르기로 사용할 수 있다.

표적차기 : 손바닥을 표적으로 정하여 발날등으로 "안차기"를 하는 것을 말한다.

특수품
Teuksupoom, *special poom*

특수품이라 함은 공격과 방어의 기능을 행할 수 있는 동작이나 동작을 수행하기 위한 예비품을 내포한 품을 말한다. 또 한편으로 신체의 근력향상이나 가동범위 증가 목적으로 하는 경우도 포함된다.

특수품서기
Teuksu poom seogi, *special poom stance*

팔, 다리, 몸 움직임이 조화된 서기의 전체 모양을 말한다.

특수품서기의 종류
- 기본준비서기
- 두주먹허리준비서기
- 겹손준비서기
- 보주먹준비서기
- 통밀기준비서기

판정 선언
Winner declaration

△ '청' 선수 승자 시 승자 쪽을 향한 후 △오른 주먹을 명치 앞으로 올렸다가 △손바닥을 위로 향하여 펴며 오른팔을 45도 각도 위로 뻗으며 '청승' 선언한다. 이때 다른 손은 주먹을 가볍게 뒤고 몸통과 나란히 하여 아래로 뻗는다. '홍' 선수 승자 시 같은 요령으로 왼손을 사용, '홍승' 선언한다.

판정승 또는 우세승
Win by final score or superiority

경기결과 판정의 일종

판정의 책임
Responsibility for Judgment

태권도경기에서 심판 판정은 절대적인 것이며, 소청위원회에 대하여 책임을 진다.

팔
Pal, *arm*

손을 제외한 팔은 날카로운 부분이 없다. 그러나 팔굽은 공격에 사용되며 팔목은 주로 방어에 사용된다.

팔각경기장
八角競技場

팔각경기장이 처음 국제대회에 선을 보였다. 대한태권도협회(KTA)는 2009년 8월18일부터 22일까지 인천 삼산월드체육관에서 열린 제5회 코리아오픈 국제태권도대회에서 2009년부터 국내대회에서 시작한 팔각경기장과 새로운 전자호구(KP&P사) 채택, 개정된 경기규칙도 적용했다. 이 대회는 세계태권도연맹(WTF)가 승인한 국제대회로서 겨루기 및 품새 부문으로 나뉘며 51개국 1825명의 선수단이 참가했다.

후문에 의하면, KTA에서는 팔각 경기장 및 비공인 전자호구 사용에 대해 사전 WTF로부터 사용 승인을 얻어야 하는 절차를 밟지 않았다고 한다. 하지만 WTF 경기 규칙 제2조 적용범위, 사전 승인 주1 및 2, 사전승인 허용범위 관련 해석상의 이론에 문제가 없지 않다.

팔괘
八卦

팔괘는 여덟 가지 괘로 구성돼 있는데 음과 양의 변화의 형상을 부호로 표시해 두고 있다. 음의 부호는 --, 양의 부호는 — 로 된 막대의 부호이다. 그것을 효(爻)라 부른다. 하나의 괘(卦)는 세 가지 효가 모여 형성된다.

팔괘는 자연계에서 가장 보편적인 여덟 가지 현상인 하늘(天), 못(澤), 불(火), 우레(雷), 바람(風), 물(水), 산(山), 땅(地)을 택하고 있다. 팔괘가 이들 여덟 가지 사물만을 상징하는 것은 아니라 만물의 이치를 다루고 있는 것이라 할 것이다. 자연의 사물 가운데 팔괘의 상징성에 해당하는 사물이 수 없이 많이 있을 수 있다.

팔굽

Palkup, *elbow*

관절을 구부려서 만들어지는 모가 지고 단단한 부분으로 주로 치기 기술에 사용한다.

팔굽은 돌려치기 · 올려치기 · 내려치기 · 옆치기 · 뒤치기에 사용한다.

팔굽돌려치기

Palgup dollyochigi, *elbow turning hitting*

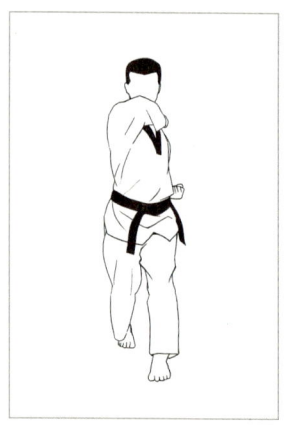

돌려 치는 팔굽의 손등이 위로 향하게 하고 팔굽을 최대한 돌려서 어깨 앞쪽으로 오도록 한다. 어깨선보다 팔굽이 위쪽에 오게 하고 칠 때 허리를 틀어준다. 이때 가슴 앞에서 치는 팔의 주먹을 반대편 손바닥에 가볍게 대고 팔굽은 어깨높이로 한다.

팔굽옆치기

Palkup yopchigi, *elbow lateral hitting*

옆치기를 하는 팔굽의 손등이 위로 향하게 하고 가슴높이 수평으로 옆으로 친다.

팔굽올려치기

Palkup ollyochigi, *elbow lifting hitting*

올려치는 팔굽의 손등이 밖으로 향하게 하고 위로 올려 친다. 팔굽올려치기를 하였을 때 친 팔굽의 주먹은 귀 끝에 머문다.

팔굽표적치기
Palgup pyojeokchkgi, *elbow side hitting*

반대편 팔의 손을 펴서 표적이 되게 하고 그 표적에 팔굽치기를 하는 것이다. 이때 표적은 움직이지 않고 팔굽이 따라가서 치는 것이고 표적의 엄지손가락은 집게손가락에 붙이고 팔굽에 댄다.

팔·다리 보호대
Forearm & shin guards

팔과 다리, 즉 팔목과 팔꿈치 간의 부위와 다리, 즉 정강이 부위를 보호하는 장비로서 경기 시 의무적으로 안전을 위해 착용하게 되어 있음.

팔목
Palmok, *forearm*

손목 마디부터 팔꿈치 쪽으로 네 손가락을 붙여 놓은 만큼의 면적을 말한다. 팔목의 부위에 따라 바깥팔목·안팔목·등팔목·밑팔목으로 구성된다.

팬암태권도연맹
PATU(Pan American Teakwondo Union)

팬암태권도연맹(PATU)은 1978년 9월 멕시코시티에서 결성되었고 초대회장에 양동자가 선출되었다. 제1회 팬암태권도선수권대회는 1978년 9월 17일 ~22일 멕시코시티에서 10개국에서 152명의 선수 및 임원이 참가한 가운데 열렸다. 그리고 팬암주니어선수권대회는 2001년 9월 21일~23일 간 칠레의 비나 델 마르(Vina del Mar)에서 개최됐다.

그 후 회장 박차석이 당선되어 팬암태권도연맹을 맡고 있다가 2007년 3월 갑자기 세상을 떠나자 부회장이 잔여임기를 맡았다. 2008년 10월 2일 푸에토리코 카구아스에서 열림 팬암연맹 정기총회와 집행위원회 선거에서 최지호가 4년 임기(2009-2012)의 회장으로 당선되었다.

PATU는 세계연맹이 공인한 라저스트 전자호구(EBP)를 2008년 5월 제9회 카라비안선수권대회에 처음으로 사용하였고, 이 대회기간에 ad-hoc 위원회가 향후 공식사용여부에 대한 평가를 하였다. 5명의 위원회 전원이 평가에 대한 만족도를 표시하여 향후 연맹의 공식대회에 사용할 것을 추천하였다.

- 회　　장 : Mr. 최지호 (미국)
- 사무총장 : Mr. Roberto Beltran Ramonetti (멕시코)
- 회원국가 : 42개국,

페어플레이
Fair Play

경기에서 선수에게 요구되는 것은 특히 경기규칙에 따른 공정한 경기태도이다.

페어플레이이란 정정당당한 승부. '정당한 대결'로 순화. 운동 경기에서, 멋진 묘기를 이르는 말이다.

ICSPE(International Council of Sport and Physical Education)에 의해 발표된 페어플레이에 관한 선언의 중심 표현은 "페어플레이가 없는 스포츠는 더 이상 스포츠가 아니다" 라는 것이었다. 페어플레이에 대한 선언은 유네스코(UNESCO)와 국제올림픽위원회(IOC)가 승인한 것이다.

공정한 플레이를 해야 한다는 것은 내가 최소한 경기를 할 수 있도록 허락받기 위하여, 그리고 만약 내가 이긴다면 그것을 확실한 승리로 만들기 위하여 정해진 규칙을 지키고 정해진 대로 행동해야 한다는 것을 의미한다.
경기의 정의는 "시합은 승리를 목적으로 하고 헌신, 희생, 격렬함 등과 정신으로 특징 지워지는 경쟁적인 활동이다."
페어플레이는 특히 경쟁자들에 의해서 나타난다. 주심의 결정에 반론을 해서는 안 되며, 나아가 상대 또는 관중을 그렇게 하도록 선동해서는 안 된다는 것이다. 페어플레이는 승리했을 때의 겸손함과 패배했을 때의 예의바른 태도 그리고 따뜻하고 지속적인 인간관계를 창조하는 관대함 속에서 구체화되는 것이다.
한국페어플레이위원회는 해마다 페어플레이를 한 선수에게 상을 수여하고 있으며 위원장에는 조정원 총재(세계태권도연맹)가 맡고 있다.

편손끝
Pyonsonkkeut, *flat hand tips*

손날 때와 같으나 다만 집게손가락, 가운뎃손가락, 무명지 세 개의 손가락을 나란히 힘있게 붙이고 세 손가락의 끝이 같도록 한다. 주로찌르기 기술에 사용한다.

편손끝세워찌르기
Sonkeut sewo tzireugi, *hand fingertips erect thrusting*

찌르기의 대표되는 목표는 명치이다.
반대편 손의 손등 위로 편손끝을 세워 찌르기를 하고 팔꿈치가 손등 위에 위치한다. 편손끝은 명치높이로 하여 곧게 찌른다.
요령: 반대편 손은 펴서 앞으로 뻗은 상태에서 팔꿈치를 구부려 손끝이 위로 향하게 한다음, 손바닥으로 눌러 막으며 편손끝으로 찌른다.

편손끝: 집게손가락, 가운뎃손가락과 무명지 세 개의 손가락 손끝을 사용한다.
팔굽: 팔꿈치 관절을 구부려서 만들어지는 모가 지고 단단한 부분을 말한다.
찌르기: 찌르기 기술은 지르기 기술과 같지만 사용부위가 주먹이 아니며 손끝이다. 또한 손가락을 펴기 때문에 손가락 길이만큼 먼 거리를 공격할 수 있는 장점이 있다.

편손끝엎어찌르기
Pyonsonkkeut upeo tzireugi, *palm downward thrusting*

찌르는 손등이 위를 향하게 하여 손끝으로 찌른다. 주로 눈, 목, 명치를 찌른다.

편손끝젖혀찌르기
Pyonsonkkeut sewotzireugi, *flat hand fingertips erect thrusting*

손끝이 아래로 손바닥 부분이 위로 향하게 한다. 반대편 손은 바닥부분이 얼굴방향으로 하여 어깨 선 높이로 올린다. 목표는 늑골, 명치, 샅 등이다.

요령: 찌르는 손은 허리에서 손바닥이 위로 향하게 하고, 반대편 팔은 앞으로 뻗어 손등이 위로 향하게 한 후 교차하여 찌른다.

편주먹
Pyonjumeok, *flat fist*

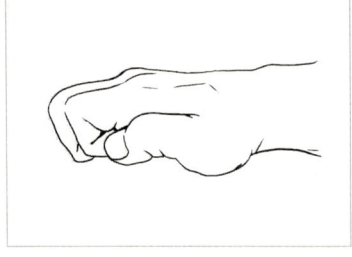

네 손가락을 힘 있게 붙여 끝마디부터 말아 쥐어 둘째마디까지 완전히 오므리고 첫마디는 약간 굽혀 대략 160도 가량 되게 한다. 엄지손가락은 굽힌 집게손가락 둘째 마디 옆에 밀어 붙인다. 손가락의 둘째마디를 사용한다.

편히서기
Pyonhi seogi, *easy stance*

두 발의 뒤축 사이의 너비는 한발 길이로 하고 두 발 사이의 각은 60도 정도로 한다. 두 다리의 무릎은 곧게 펴고 체중을 두 다리에 똑같이 싣는다.

평형성
Balance

신체를 일정한 자세로 유지하는 능력. 일상생활이나 스포츠에 있어서 동작의 밸런스나 아름다움·균형·능률·안전 등에 중요한 역할을 하는 능력으로 평형을 측정하는 테스트에는 자세를 정적 밸런스를 보는 것, 동작 중의 밸런스, 즉 동적 밸런스를 보는 종목이 있다. 예를 들어 품새 금강에서 학다리 금강막기 동작이 이에 해당된다.

표적지르기

Pyojeok jireugi, *target puch*

어느 한 곳을 표적으로 정하고 그 곳을 주먹으로 지르는 것. 지르기 반대손을 표적으로 하고 곧게 지르며 팔굽을 구부리지 않는다. 그리고 표적이 되는 손의 엄지는 구부려 붙이고 지른 주먹을 잡지 않는다.

표적차기

Pyojeokchagi, *target kick*

반대편 손을 펴서 표적이 되게 하고 공격하는 발의 발날등으로 표적에 안차기를 하는 것이다. 표적의 엄지손가락은 집게손가락에 붙인다.

발날등: 발날의 반대쪽(발바닥 안쪽)부위로서 뒤축 부위부터 앞축 부위까지를 말한다.

표현

表現, Expression

표현이란 내적이거나 심리적인 또는 정신적인 과정의 외적 감각적 현상이다. 이는 연습과 대비해서 사용되고 있는 개념으로 나타나고 있는 외부로부터 객관적으로 관찰, 측정되는 운동과 경과 결과, 성적 등을 말한다. 무예의 수행자의 자기표현, 즉 경기자의 체험과 경험 및 기술적인 숙련과 천재성의 객관화로서 간주될 수 있다.

품새(공인·창작)의 표현에서 신체의 의도적인 움직임과 그 움직임이 기술과 연계되어 드러내는 기술적 기능이다. 표현은 달리 연기력을 말하는 것으로서 연기력이 뛰어나다는 것은 기술의 표현이 뛰어나다는 의미이다.

표현성
表現性, Expression

품새 경기에서 요구되는 평가 기준이 되는 하나의 항목이다.

표현이란 동작 수행 또는 품새 수행에서 내적이거나 심리적인 또는 정신적인 과정의 외적 감각적 현상이다. 경기자의 체험 및 기술적인 숙련과 천재성의 객관화로서 간주될 수 있다. 이와 같이 표현의 성질이 표현성이라 한다.

세부 기준 항목은 두 가지로서 하나는 강유-완급-리듬이고 다른 하나는 기의 표현이다. 동작의 강유는 힘의 기세에서 강함과 약함을 말한다. 강함은 '힘을 넣어 서서히' '이어서 강하게'로 구분된다.

완급은 동작 수행의 속도, 즉 템포와 관계된다. 동작의 템포는 품새에 따른 완급이 국기원 교본에 명시돼 있다. 완급은 템포의 느림과 빠름을 이르는 데, 느림은 교본에서 '서서히(천천히)'와 '조금 서서히' 등으로 구분된다. 빠름은 '빠르게' '아주 빠르게' '이어서 빠르게' 세 가지로 구분된다. 특히 두 동작 또는 그 이상의 연계동작에서는 보통 템포보다는 '이어서 빠르게' 수행해야 한다. 연계동작에서 요구되는 부드러운 동작의 연결과 리듬감의 표현도 중요한 평가 기준이다.

동작은 각기 빠르기(속도), 기세(강도), 기합 등이 규정돼 있고 그것은 품새의 리듬을 결정하는 요소이다. 강유, 완급은 낱낱의 동작을 규정하는 요소가 되는 것인데 반해 리듬은 동작군(동작의 복수적 의미)의 전체의 흐름을 좌우하는 요소라는 것이 다르다. 품새의 리듬은 품새의 종류에 따라 각기 다른 흐름을 갖고 품새의 구조, 그것의 심미적 특성을 드러내준다. 리듬은 특정한 시간 내에서 동일한 요소와 구조의 규칙적 반복을 뜻하며 동작의 강도와 속도에 의한 질서를 의미하는 것이다(강유 · 완급 · 리듬 어휘에서).

기의 표현은 품새 수행에서 요구되는 집중, 기백, 절도, 그리고 기의 숙달에서 자연스럽게 나타나는 품격을 평가하는 항목이다. 기의 표현은 품새 수행 시 드러나는 시선, 호흡, 기합 등 품위를 기준으로 평가한다.

품

품의 태권도적 의미는 세 가지로 나뉜다. 하나는 품새에서 나오는 동작과 품의 관계에서, 이때의 품은 동작 결과의 모양 즉 정태(靜態)를 뜻하고, 다른 하나는 품은 유급자 품계 다음 단계로서 15세 미만의 수련자이며, 단은 15세 이상의 수련자이다. 품 보유자로서 15세가 경과되면 단과 같다. 품은 현재 4품제로 최고품이다. 또 다른 하나는 도복의 구분으로서 품 보유자의 품 도복과 품 띠이다. 품의 도복과 띠의 색상은 두 색깔로 표시되며 반은 빨강이고 반은 검정색이다.

품격

品格, Dignity

품성과 인격을 줄인 단어이다.

기술 표현에서 드러나는 정신의 바탕과 타고난 성품을 뜻한다. 품격의 높고 낮음은 경기자의 인격과 기술성의 격을 가늠하는 준거가 된다. 품격을 갖춘 수행자는 인격적 품위를 솔선수범하는 것을 행위로 드러낸다. 품의 격이란 나무의 결처럼 층차적 모양의 양식으로 드러난다.

품명
Name of Poom

품명이란 품의 이름(名)을 말한다. 품과 동작의 관계는 동작 결과의 모양을 말하는 데, 차기 동작은 품으로 성립되지 않는다.

품명은 두 가지로 나눌 수 있다. 하나는 제정 용어로서 이름이고 다른 하나는 차기 동작을 제외한 동작 결과의 제정 용어로서 의미이다. 일반적으로 용어 개념이면서 품새에서 동작과 품명은 구분되고 있다. 이때의 품명에 대한 이해가 필요하다(참고: 동작과 품명).

품새
Poomsae, *Pattern*

태권도 기술체계 가운데 으뜸을 차지함. 태권도 정신과 기술의 정수를 모아 심신수양과 공방원리를 직접 또는 간접으로 나타낸 행동양식이다. 기술적인 측면에서 품새란 공격과 방어의 기술을 규정된 형식(틀, 型)에 맞추어 지도자 없이 수련할 수 있도록 이어 놓은 동작이다. 품새는 품새선에 따라 수련하는데, 품새선이란 품새를 할 때 발의 위치와 그 이동방향을 선(線)으로 표시한 것을 말한다.(국기태권도교본, 국기원, 1987) 정신적인 측면에서 품새는 자기와의 싸움, 즉 수양을 위한 길잡이 역할을 하는 데 특히 품새가 담고 있는 철학적 의미는 심오하다. 정신 수양이란 품새가 담고 있는 철학적 의미를 깨치고자 하는 반복적 실천과정에서 기술의 터득과 정신적 깨달음의 길이 열려 있다. 품새는 심신연마를 위한 기술성과 정신성의 갈고 닦음과 그 닦음을 통해 동시에 깨달음을 얻어야 전인(全人, 인격성, 사람다움)의 경지에 이를 수 있다.

품새는 품새명(名, 이름)과 품새선, 동작군, 기합 등으로 구성돼 있는데, 유급자용 학습단원인 태극 품새 8개와 유단자용 학습단원으로 고려, 금강, 태백, 평원, 지태, 십진, 천권, 한수, 일여 등 9개 품새, 그리고 팔괘 품새 8개 등 모두 25개의 품새로 제정돼 있다. 이 품새를 공인 또는 제정 품새라 칭한다.

품새 용어는 과거 형(型), 품세(品勢)라 불리다가 1987년 2월 26일 국기원 기술심의위원회에서 개정되었다. 형 용어는 처음으로 등장하고 그것이 품세로 바뀌고 다시 현재 사용하고 있는 품새로 이름이 바뀌었다. 이렇게 개명된 이유는 한자어에서 순 우리말화의 의도가 토대가 되고 있다.

품새 제정은 1968년 대한태권도협회는 품세제정위원회('품세'는 당시의 명칭)를 구성하여 「팔괘」와 「고려」에서 「일여」 등 17개 품새를 확정하였고, 1972년 기술심의회의는 다시 품새와 용어제정 소위원회를 구성하여 학교교과 과정에 삽입 할 새로운 품새 「태극」을 8장까지 제정하여 총 품새 25개의 완성을 보았다.(태권도교본 「품세편」, 대한태권도협회, 1972)

품새제정위원은 곽근식(청도관), 이영섭(송무관), 이교윤(한무관), 박해만(청도관), 김순배(창무관) 등 참여했고, 태극 품새 제정 시에는 추가로 배영기(지도관), 한영태(무덕관) 등 참여했다. 이종우는 품새 제정 시 감수를 맡아 총괄했다.

품새 단어

품새 단어가 처음 한글사전에 수록되기는 『우리말사전』(한글학회 지음, 어문각, 2008)이다.

이 사전은 한글학회 창립 100돌 기념판으로 간행되었는데, 어문각에서 편집 작업을 하고 있을 때 한 태권도인(태권도문화연구소장 이경명) 의 노력으로 이뤄졌다. 우리말사전 2439쪽에 품새 풀이는 이러하다.

품새 [명]《체》태권도에서, 공격과 방어의 기술을 일정한 틀에 맞추어 수련하는 기술 체계

품새선
Poomsaeseon

품새선은 태극 품새선과 유단자 품새선으로 구분된다. 태극 품새선은 팔괘의 형식을 따서 대략 임금 王(왕)자로 표시한다. 유단자 품새선은 고려 품새는 선비 士(사), 금강은 뫼 山(산), 태백은 지을 工(공), 평원은 한 一(일), 십진은 열 十(십), 지태는 한글의 ㅗ(모음). 천권은 한글의 ㅜ(모음), 한수는 물 水(수), 일여는 불교 卍(만)자 등 모두 글씨로 표현이 되어 있다.

품새선 방향기호
Symbols Expressing the Direction of Poomsae Lines

품새선의 시작점은 글씨의 아랫부분 가운데가 된다. 그리고 기호는 시작점을 행하는 본인이 서 있는 곳이므로 "나"로 표시하고 "나"의 위치에 대해 앞쪽을 "가"로 표시한다. 동양적 서수 개념의 순으로 정해져 있다. 즉 전후좌우 순으로 앞뒤(전후)는 "가" "나", 왼쪽과 오른쪽(좌우)은 "다" "라"로 표시하고 중심부에서 시작하는 품새선의 경우는 '十' '水' '卍' '一' 등이며 이때 '나'의 위치에서 뒤 방향은 '마'로 표시한다.

품새선의 상징
Symbols of Poomsae Lines

품새선의 상징은 크게 두 가지로 표기되고 있다. 유급자 태극 품새의 선은 팔괘의 괘를 택하고 있으며 유단자 품새의 선은 그 이름에서 한자 표기를 택하고 있다. 단 지태와 천권 품새선은 지을 工 (공)자에서 지태는 위 획을, 천권은 아래 획을 없앤 모양에서 편의상 한글의 ㅗ모음 ㅜ 모음이라 일컫는다.

품새 수련 시 유의사항

다섯 가지로서 시선, 몸의 중심이동, 속도의 완급, 힘의 강약, 호흡

품새의 경기방식

세계태권도연맹(WTF)에서 시행하는 품새의 경기방식은 세 가지로 구분한다. 일리미네이션 토너먼트 방식, 라운드 로빈 방식, 컷 오프 방식이 그것이다.

품새의 기합

기합이 철학적 의미로 풀이되는 사례는 태권도 품새에서 나타나고 있다. 우리는 품새에서 드러나고 있는 기합의 수가 같기도 하고 다르기도 하다는 '횟수'의 철학적 의미에 대한 올바른 이해에서 품새 수련에 임해야 할 것이다. 단지 기합은 정신을 모아 힘차게 넣는 것으로 이해하는 차원에서 뛰어넘어야 하는 것이다.

품새에서 기합의 수는 모두 27번이다.
품새란 크게 두 가지로 나뉘는 데 태극 1~8장, 곧 8개의 유급자용과 고려~일여에 이르는 9가지의 유단자용 품새 태극인(-필자)이 그것이다. 여기에서 드러나는 27번의 횟수에서 당연히 적용되는 원리가 있다. 유급자용 태극 품새에서는 주로 1번, 유단자 품새에서는 2번이다. 이 가운데 예외적인 현상은 태극 8장, 유단자 품새에서 십진, 천권에서 기합의 수가 다르게 드러난다.

태극 8장은 기합이 두 번(2)이고 십진은 세 번(3), 그리고 천권은 단 한 번(1) 기합을 넣도록 돼 있다. 기합의 동작 위치는 주로 지르기(10), 치기(9), 차기(4), 찌르기(2), 막기(2)에서 나타난다. 품새에서 기합은 품새의 율동(rhythm) 운동을 절정에 이르게 하는 요인으로 작용한다. 기합 시 함께 하는 동작은 아주 역동적인 자태임을 느낄 수 있다.

품새에서 기합의 횟수가 1~3번으로 정해져 있다는 것은 분명 어떠한 철학적 원리를 좇는 듯하다. 이 원리는 오랜 궁리(窮理 · 사리를 깊이 연구함) 끝에 깨

닿게 되었는바, 그것은 『천부경』에 "천일일 지일이 인일삼(天一日 地一二 人一三)"은 천지인의 근원 수에서 찾아볼 수 있고, 또한 『도덕경』 제42장에 보이는 "도가 '하나'를 낳고, 하나는 '둘'을 낳고, 둘은 '셋'을 낳으니, 셋이 만물을 낳는다"(道生一, 一生二, 二生三, 三生萬物)라는 도가적 우주론(cosmology)에 따르는 듯하다. 여기서 일(1)은 하늘을, 이(2)는 땅을, 삼(3)은 만물을 상징한다. 인간은 만물 가운데 하나로서 으뜸의 위치에 있다. 기합의 수가 하늘, 땅, 사람을 표상하는 수, 즉 1, 2. 3수로 드러나고 있다는 것과 일치한다. 이를 달리 표현하자면 천지인사상에 바탕하고 있다는 것이다.

다시 말해 유급자 '태극' 품새와 고려~일여 유단자 즉('태극인')품새에서 기합의 횟수는 1(한번)과 2(두 번)가 주를 이루는 것은 태극 품새는 형이상적 개념이며 그것의 수는 하늘수로서 1이고 유단자 품새는 땅에서 이루어지는 형이하적 개념으로서 그것의 수는 2이다. 여기서 예외적으로 나타나는 기합의 수에서 태극 8장은 곤(坤)/땅을 나타내기에 땅의 수로서 2이고 유단자 품새 중 천권은 하늘의 수로서 1이다. 그리고 십진 품새는 만물을 상징하는 수, 즉 음(2)과 양(1)의 합수로서 3(세 번)이다(이경명, 2007).

『태권도교본』(국기원, 2006)에서 태극 8장은 "팔괘의 곤을 의미하며 그것은 음과 땅을 나타내는 데", 두(2)번의 기합 수는 그 의미에 상응하고 천권은 "만물의 근본이며 우주 그 자체이기도 한 하늘(양)이 가진 대(大)능력을 의미하는데", 단 한(1) 번 기합을 넣도록 되어 있다는 것은 동양사상에 따르는 것으로 이해된다. 1은 양(陽)수이고 근본으로서 하늘인데 반해 2는 음(陰)수이고 땅인데 이 둘은 하나에서 분화된 수라는 원리를 좇고 있다.

기합의(동작)위치는 품새의 절정(the height)을 이루는 고지이다. 품새 흐름의 맥락에서 볼 때 기합은 샘물이 용솟음치는 물줄기에 비할 수 있다. 품새에서 기합은 한 순간에 공중으로 치솟는 물줄기의 생명력과도 같다. 기합의 위치는 주로 '가' '나' 의 역동적인 품새선 상에서 만나게 된다.

품새 이름의 상징이 품새선, 그 선상(線上)에서 동작의 흐름은 품새명(名)의 사상을 표상하고 있다. 그와 함께 기합의 횟수도 심오한 동양적 사유의 원리에 따르고 있다고 보는 것이다. 품새 방향에서 나타나는 '방향의 순서' 와 '나' 위치의 철학적 의미도 깊다. '나' 는 수련자 자신을 일깨우는 자아(自我)를 함의한다. 품새의 가치는 수련자로 하여금 그것을 통해 인성을 일깨워 주는 가르침에 있다.

기합은 정신집중으로 모아지는 기(氣)가 이(理)를 타고 '얏' 하는 힘찬 소리로 폭발하는 기운이 수련의 도를 향상시켜 줄뿐만 아니라 그 행위자체가 바로 철학함이다. 품새에서 기합과 함께하는 동작은 전체 흐름의 고지로서 밖으로 무적 기성(武的 氣性)을 찰나에 드러내고 내면으로는 '깨침' 을 얻어 깨달음을 바탕으로 자아실현을 위한 점진적 닦음이 이어지도록 하는 수양(修養)의 방편이 되고 있다.

품새의 내용

품새의 내용은 인간에게 의미 있고 제기할 만한 가치가 있는, 그렇기 때문에 신체적으로 수련할 가치가 있는 모든 것일 수 있다. 품새의 내용은 인간의 신체적, 정신적 단련과 수양을 위한 그 기능에 있다. 인간을 위해 사회적으로 매개된 의미 속에서 몸짓으로 표현되는 것이다. 동작이라고 불리는 몸짓은 인간적인 몸짓을 말한다.

품새의 내용은 몸짓의 다양한 의미 있는 리듬, 속도, 무적 기법, 호흡 등 형식을 통해서 매개된다.

품새의 내용은 품새명에 따른 품새선 상의 다양한 동작군에 의해 내용과 형식이 따른다. 품새의 내용은 수련자의 노력 여하에 따라, 본질적인 관계 속에서 파악하고 완성하며 영향력 있게 조정하는 형식화된 내용은 구분될 수가 있다. 그것은 주로 두 가지의 경우인데 품새의 내용은 품새 태극의 자연관과 고려에서 일여에 이르는 과정의 품새 인간관에서 찾아볼 수 있다. 인간 생명의 과정과 인간됨의 과정을 형상화한 품새 내용은 역시 수련을 통해 그 의미 있는 철학적 가르침을 스스로 깨닫고 깨침을 통해 인간으로 거듭나게 하는 의미와 가치성에 있다.

품새의 연성(鍊成)
Training of Poomsae

하나의 품새를 수련하여 완전하게 성취하는 것. 연성에는 다섯 단계가 있고 연성과정의 차례는 모양, 뜻, 실용, 자기류, 완성이 그것이다.

품새의 유형
Categories of Poomsae

품새의 전수나 수련에 의한 유형은 기법, 구성, 중점에 의해 구분되나 서로 상관관계를 유지하고, 각 유형은 다시 세 가지로 세분화됨. 기법(다양한 기법의 품새, 실전기법의 품새, 단순한 기법의 품새), 구성(손기술 위주의 품새, 발기술 위주의 품새, 손기술과 발기술이 균등한 품새), 중점(부드럽고 느린 품새, 빠른 품새, 힘을 주며 느린 품새, 호흡을 길게 하며 느린 품새, 강유와 완급이 균등한 품새).

품새 '태극'
Poomsae Taegeuk

태극 품새는 팔괘의 순서에 따라 '~장(場)'이라 부르고 있다. '장' 자는 원래, 제사를 지내기 위하여 평평하게 골라 놓은 '땅'을 나타내기 위한 것이었으나 '흙 토(土)'가 의미요소로 쓰였고, 볕 양은 발음요소였다고 한다. 후에 '마당'

이나 '범위'를 나타내는 것으로 확대 사용됐다. 태극 품새에서 구체적으로 1장에서 8장에 이르는 팔괘의 의미는 태극 품새의 내용이 되고 있다.

태극 1장: 팔괘의 건(乾)을 의미하며, 건은 하늘과 양(陽)을 뜻한다. 건이 만물의 근원되는 시초로 나타낸 것과 같이 태권도에 있어서도 맨 처음의 품새이다.

태극 2장: 팔괘의 태(兌)를 의미하며, 태는 연못을 나타내고 연못은 속으로 단단하고 겉으로는 부드럽다는 뜻이다. 유연과 절도 있는 동작을 익히는 수련 과정이다.

태극 3장: 팔괘의 이(離)를 의미하며, 이는 불을 나타내고 불은 뜨겁고 밝음을 지닌다. 태권도 품새 수련을 통한 불같은 정의심과 수련 의욕이 생겨나는 과정이다.

태극 4장: 팔괘의 진(震)을 의미하며, 진은 우레를 나타내고 큰 힘과 위엄 있는 뜻을 지니고 있다. 옆차기와 같이 큰 힘을 나타냄과 동작의 변화로 응용을 수련하는 과정이다.

태극 5장: 팔괘의 손(巽)을 의미하며, 손은 바람을 나타내고 바람의 강약에 따라 위세와 고요의 뜻을 지닌다. 힘의 강약을 조절할 수 있는 수련단계이다.

태극 6장: 팔괘의 감(坎)을 의미하며, 감은 물을 나타내고 물은 끊임없는 흐름과 유연함을 뜻한다. 만물의 생명원인 물의 특성처럼 동작의 연결과 표현이 물 흐르듯 해야 한다.

태극 7장: 팔괘의 간(艮)을 의미하며, 간은 산을 나타내고 산은 육중함과 굳건하다는 뜻을 지닌다. 흔들리지 않는 수련의식과 기술습득으로 인한 힘의 무게를 지닐 수 있다.

태극 8장: 팔괘의 곤(坤)을 의미하며, 곤은 음(陰)과 땅을 나타내고 땅은 뿌리와 안정 그리고 시작과 끝의 뜻을 지닌다. 유급자의 마지막 품새이다.

품새 팔괘

현용 태극 이전에 먼저 제정된 품세(품새 이전 용어)로서 1967년 11월 30일 제정, 반포되었다. 품새제정위원은 곽근식(청도관), 이영섭(송무관), 이교윤(한무관), 박해만(청도관), 현종명(오도관), 김순배(창무관) 등이 참여해, 8개의 팔괘 품새와 고려~일여 등 9개 유단자 품새 등 모두 17개를 만들었다. 품새 제정의 시기는 1965년도에 착수하여 1967년도에 완성되었다. 박해만에 의하면 1988년 팔괘를 폐기하기로 결의했다.

품위
品位, Dignity

사전적 풀이는 도덕적 가치의 소유자인 인격을 갖는 절대적 가치의 특질을 뜻한다.

태권도에서의 보편적인 의미는 도복을 착용한 외모의 단정함과 언행, 인사, 예절 등을 말한다.

품새 경기에서 기의 표현은 첫째, 품새연무에서 요구되는 집중, 기백, 절도, 그리고 기의 숙달에서 자연스럽게 나타나는 품위와 권위를 평가하는 항목이다. 특히 품새연무를 연무자의 체형과 특성에 맞게 자기화한 정도를 평가하는 항목이다. 둘째, 품새연무 전체에 걸쳐 나타나는 시선, 호흡, 기합, 기백, 절도, 품위를 기준으로 평가한다(태권도 품새 경기규칙, 대한태권도협회, 2006).

하계올림픽국제경기연맹연합회

ASOIF(Association of Summer Olympic International Federations)

1984년에 하계 올림픽 경기에서 하계올림픽연맹협회를 형성하기로 결의하여 탄생하였다. ASOIF는 IF에 의해 행해지는 필요한 역할을 수행하면서, 하계 올림픽에 대한 일반적인 관심사들에 대해 전문적이고 분명한 방법을 통해 경쟁력을 키우면서 하계 올림픽 국제 연맹을 대표하고 있다 ASOIF의 임무는 국제 하계 올림픽 연맹을 지원하고 발달시키고 단합하도록 하는 것이다. 또한 그들의 자율성을 유지시키는 역할도 한다. ASOIF는 창립 발문에서 '구성원들의 공통의 관심사를 지키고 협조하기 위해', 그리고 '구성원들과 올림픽 조직 위원회 등의 구성원들 사이의 협력을 이끌어 내기 위해' 생겼다고 말한다. 이러한 필요성은 하계올림픽협회의 자율성, 독립성, 권위를 유지하기 위해 정의된 것이다. ASOIF(회장 Denis Oswald)는 현재 28개의 국제 경기연맹(IF)이 회원으로 가입하여 있다. ASOIF 회원 단체수는 2012년 런던올림픽 때에

26개로 축소했다. 하지만 2016년 올림픽종목은 다시 28개 종목으로 확정될 전망이다. 2009년 3월 23일 미국 덴버에서 열린 스포트어코드(SportAccord) 국제스포츠 회의 둘째 날인 24일 ASOIF는 오는 10월 IOC총회에서 있을 2016년 올림픽 정식종목 결정을 이미 2012년 정식종목으로 포함된 26개만을 대상으로 '블럭투표'를 하자고 결의했다. 즉 올림픽 종목이 28개로 제한된 까닭에 일단 26개 전체에 대한 투표에서 과반수이상의 찬성이 나오면 그대로 통과한 후 나머지 두 자리를 놓고 신규종목 가입여부를 결정하자는 내용이다. 올림픽종목 선정의 결정권을 쥐고 있는 IOC에 대해 강력하게 입장을 표명한 것으로 풀이된다.

이번 ASOIF 총회에서 연임에 성공한 데니스 오스왈드 회장은 "코펜하겐에서 열린 IOC총회에서는 런던올림픽 26개 종목이 그대로 핵심종목으로 유지된 채 일괄적으로 잔류 여부를 묻는 투표가 이뤄지게 될 것"이라고 말했다. ASOIF의 이 같은 입장에 따라 올림픽경기종목의 최종 결정권을 가진 IOC 역시 총회에서 26개 종목의 일관 채택 여부를 묻는 방식으로 2016년 올림픽의 경기종목 문제를 결정하게 될 것으로 보인다. 이럴 경우 현재의 26개 종목을 그대로 두고, 현재 올림픽 정식종목 채택신청을 한 7개 종목 즉 가라데, 야구, 소프트볼, 골프, 럭비, 롤러스케이트, 스쿼시 중 2개 종목이 추가로 올림픽 정식종목으로 채택될 것으로 전망된다(참조: 2016리우데자네이루 올림픽종목 28개 종목결정).

모든 회원단체들은 1년에 한 번씩 정기적으로 모인다. 이 정기 총회는 주로 국제올림픽위원회의 상임위원회 및 국제연맹과 함께 공동으로 열려서 올림픽에 대한 다양한 주제에 대해 논의한다. ASOIF는 위원회(COUSIL)가 관리하고 있는데, 이 위원회는 7명으로 이루어져 있고, 각각은 IF(국제 경기연맹)의 회장이다.

ASOIF의 사무총장은 현재 스위스 로잔 시에 머물고 있다.
- 회 장 : Denis Oswald(스위스, FISA 회장)
- 부회장 : Hein Verbruggen(네덜란드, UCI 회장)
- 위 원 : Mamine Diack(세네갈, IAAF 회장)
         Francesco Ricci Bitti(이탈리아, ITF 회장)
         Hassan Moustafa(이집트, IHF 회장)
         Els Van Breda Vriesman(네덜란드, FIH 회장)
         Bruno Grandi(이탈리아, FIG 회장)

하단전
下丹田, abdomen

태권도에서 아래 부위의 목표이다.
하단전은 배꼽 아래 손가락 두 마디 정도 부분으로 신장의 아래쪽, 2번 요추 명문혈(命門穴) 내에 있다. 정좌한 상태에서 정공수련을 할 때, 기가 모이면서 뜨거워지는 곳이 바로 하단전이다.

학다리돌쩌귀
Hakdari doltzogwi, *crane leg hinge*

학다리서기에서 돌쩌귀를 한 모양을 말한다. 이때 돌쩌귀는 작은돌쩌귀를 말한다.

학다리서기(오른학다리서기)
Hakdariseogi, *crane stance*

오른발로 한 발로 서며 왼발은 무릎을 구부려 끌어올려 오른발 무릎 안쪽에 댄다.
자세: 오른 다리 무릎을 주춤서기 때와 같이 굽혀 낮추고, 왼발을 끌어올려 발

날등을 오른다리 무릎 안쪽 가까이에 갖다 댄다. 이때 왼다리로 끌어올린 무릎이 앞을 향하도록 조여야 한다. 이때 무릎이 바깥을 향하면 중심잡기가 불편하며 또 다음 공격 시 동작이 둔하다.
사용: 외다리로 서기 때문에 중심유지 운동에 도움이 되며, 또 들고 있는 다리로 여러 가지 차기를 바로 적용시킬 수 있으므로 다음 공격에 유리하다.

한계선
Boundary lines

8m×8m 넓이의 경기장을 경기지역이라 하고, 경기지역 끝선을 한계선이라 한다.
주심의 위치에서 바로 마주보는 한계선을 제1한계선이라 하고 시계방향으로 제2, 제3, 제4한계선이라고 한다.

한국국제교류재단
Korea Foundation

한국과 외국 간의 각종 교류사업을 하는 외교통상부 산하 기관으로 재단법인이다. 1991년 12월 한국국제교류재단법(법률 제4414호)에 따라 외교통상부 산하의 기관으로 설립하였다. 기구로는 이사회 운영자문위원회, 사업자문위원회, 감사, 총무팀, 한국연구지원팀, 정책연구지원팀, 인사 교류팀, 기획조사팀, 기금관리팀, 출판 번역 사업팀 등이 있다.
외국과의 각종 교류 사업을 통해 국제 사회에서 한국에 대한 올바른 인식과 이해를 도모하는 국제적 우호친선을 증진하는 것을 목적으로 한다. 해외 각국 대학 및 학술단체의 한국연구 프로그램 등을 지원하며 한국학 또는 한국연구를 통해 인문과학, 사회과학, 문화예술 등의 분야에서 한국한 교수직 및 강좌 개설, 객원교수 지원, 국제학술회의 개최 및 출판지원, 한국연구자를 지원 사업 등을 시행한다.

해외정책연구소 및 교류단체를 지원하며 해외인사초청, 국제회의지원, 차세대 지도자 교류, 영어권 교육자 초청 워크숍, 국내인사파견사업 등 다양한 형태의 인사교류 프로그램과 해외 박물관 지원 사업, 한국문화 종합소개 프로그램, 각종 공연 및 전시사업을 시행하며, 외국 문화예술단체의 국내 공연이나 전시회 개최를 지원한다.

한국 관련 정기간행물과 단행본을 출판하며 세계 각국의 주요 대학 및 도서관, 한국학 연구기관, 문화예술단체 등에 지원하고, 해외 유수 출판사나 전문기관의 한국 관련 단행본 발간과 시청각자료 제작도 지원한다. 서울특별시 서초구 서초2동 1376-1번지 외교센터에 있다.

한국국제협력단
KOICA(Korea International Cooperation Agency)

1991년 4월 정부출연기관으로 설립되었다. 한국국제협력단은 정부차원의 대외무상협력사업을 전달, 실시하는 기관으로서 우리나라와 개발도상국가와의 우호협력관계 및 상호교류를 증진하고 이들 국가들의 경제사회발전 지원을 통해 국제협력을 증진하는 것이 목적이다.

이 같은 목적을 달성하기 위하여 국내초청연수, 전문가파견, 해외봉사단 파견, 개발조사, 인프라구축, NGO지원, 재난복구 지원, 국제기구 협력 사업 등 다양한 형태의 사업을 실시하고 있다.

해외봉사단 파견 사업은 개발도상국에 대한 무상 원조사업의 일환으로 추진되는 대표적인 국민참여형 협력 사업으로 만 20세 이상 만 62세 이하 대한민국 국민으로서 해당분야의 전문지식을 보유하고 있는 사람이면 누구나 지원할 수 있다. 또한, 병역의무자 중에서 소정의 절차를 통해 선발되어 일정기간 해외봉사활동을 할 경우 병역을 필한 것으로 인정되는 국제협력요원제도도 운영하고 있다.

태권도는 환경 및 여성 파견 분야에 속하며 파견 직종은 태권도를 포함, 관광, 사서 등이 있다.

현재 태권도 해외봉사단은 에콰도르, 라오스, 베트남, 인도네시아, 튀니지 등 세계 20개국 68명이 파견되어 있으며, 봉사단은 파견국 태권도협회, 스포츠국, 태권도연맹, 일반학교, 경찰학교 등에서 지역 주민, 사관생도, 간부후보생, 일반학생, 태권도 선수단 등을 대상으로 태권도를 지도하고 있다.

특히 태권도는 전문파견분야로 모집대상이 태권도학, 체육(교육)학 등 관련학과로 태권도 4단 이상의 사범자격증을 취득한 자로 한다.

해외봉사단원은 1차 서류전형⇒2차 필기시험(영어, 논술시험, 기술시험, 인성검사)⇒3차 신체검사와 신용조회⇒4차 일반면접⇒최종합격자 발표까지는 약 2개월가량 소요되며 태권도는 발차기, 시범, 품새, 겨루기 등 실기시험을 실시한다.

해외봉사단원이 활동하는 기간은 2년이며 합격자는 국내에서 5주 동안 △봉사정신 함양교육 △현지어교육, 영어회화 등 언어교육 △한국문화 및 역사교육, 세계 지역별 문화의 이해 등 소양교육 △보고서 작성법, 개발원조의 이해 등 실무교육 △건강관리, 응급처치 등 안전관리교육 등 국내 훈련을 KOICA 국내훈련소에서 받게 된다. 보고서 작성법을 배운 봉사단원은 현지에서 6개월에 1회 활동보고서를 작성 한다.

해외파견요원은 파견기간동안 국제협력 요원에 관한 법률이 정한 보수를 받고 1년 이상 근무하고 종료하는 경우 일정액의 퇴직금을 받는다.

홈페이지 주소 www.koica.go.kr

한국대학태권도연맹

KUTF(Korea University Taekwondo Federation)

2009년 8월 현재 사이트가 개설되어 있지 않음.

한국스포츠
KSD(Korea Sports Development)

한국스포츠(KSD)는 주식회사 태권훼밀리(Taekwon family corporation)의 브랜드다. 태권도훼밀리는 브랜드에 뚜렷한 정체성을 담고 일관성을 지켜가고 있다.

이 회사는 1997년 개인 사업체로 출발, 2002년에 무역업을 등록하여, 태권도의 세계화와 더불어 용품의 세계화를 실현하고 있다.

이 회사 대표이사 이상일은 처음 을지로 6가에서 출발하여 현재는 국기원 후문에 건물을 지어 운영하고 있다. 회사명은 태권훼밀리(Taekwon Family), 즉 태권 가족이다. 태권도는 한국이 모국이기에 태권훼밀리라는 이름을 창안했다. 초기에는 단지 태권도복 제조를 시작으로 한 단일용품에서 현재는 6개 분야로 구분돼 있을 정도로 아이템이 다양하다. 의류·신발·잡화, 도복, 보호용품, 도장용품, 서적·영상물, 기념 용품 등 분류가 그것이다.

이 회사의 긍지는 상표에서 드러나듯 '한국 스포츠'이고 로고는 2종으로 나뉜다. 하나는 KSD 마크에 한국스포츠 한글표기이고, 다른 하나는 주먹 그림 아래에 KSD 영어표기이다. 태권훼밀리는 최고의 품질과 신뢰를 최우선으로 고집하고 있다. 그것은 바로 고객의 만족도를 위한 철학이고 태권도의 긍지라는 신념이다. 주먹의 형상은 그 위력을 상징하는 기적 발광이 확산하는 그림이다. '태권도의 미래와 더불어 하나가 되는 것'이 회사의 모토이고, 이 회사의 기업정신은 소비자들이 한국스포츠 제품을 선호하고 사는 행위도 남다른 창의성과 도전정신, 고객 중심적 사고로 세계가 주목하는 기업문화를 지향하고 있다.

'한국스포츠' 브랜드는 태권도가 보급돼 있는 지구촌 어느 오지에서도 찾아볼 수 있을 정도로 세계 여러 나라에 수출하고 있으며, 국내에는 각 대학 및 관공서 등에 납품하고 있다.

한국실업태권도연맹
KITF(Korea Industry Taekwondo Federation)

한국실업태권도연맹은 태권도와 아마추어 경기정신에 입각하여 태권도실업인들의 권익 및 상호간의 자치적인 활동을 통하여 친목을 도모하고 한국태권도 실업팀의 건전한 발전에 기여함을 목적으로 2005년 3월 19일 한국실업태권도연맹 창립총회를 가졌다. 2007년 2월 2일 이 연맹은 대한태권도협회로부터 산하단체로 정식 승인받았다.
같은 해 4월 11일 제1회 한국실업태권도연맹회장기 전국태권도대회를 개최했다.
연맹 규약 제정일은 2007년 2월 7일이며 모두 10장 및 부칙 포함 39조로 구성되어 있다.

홈페이지: kitf.co.kr

한국여성태권도연맹
KWTF(Korea Women Taekwondo Federation)

한국여성태권도연맹은 태권도와 아마추어 경기정신에 입각하여 여성태권도인들의 권익 및 상호간의 자치적인 활동을 통하여 친목을 도모하고 여성태권도의 건전한 발전에 기여함을 목적으로 2001년 7월 7일 한국여성태권도연맹 창립준비위원회를 결성하였다.
2002년 1월 10일 대한태권도협회(이하 대태협) 이사회에서 대의원총회 안건으로 상정되어, 1월 24일 대태협 산하단체로 정식 승인받았다.
연맹의 대표적인 사업으로는 여성부장관기 전국여성태권도대회, 한국여성태권도연맹회장배 전국여성태권도품새대회, 그리고 정기세미나가 있으며 여성스포츠회에서 주최하는 전국 어머니 종합생활체육대회에 태권도부문을 담당

하면서 가정의 중심인 어머니들의 활발한 사회활동과 건강증진을 위해 태권도가 일조하고 있다

같은 해 4월 10일 한국여성태권도연맹은 올림픽파크텔 올림피아홀에서 창립총회를 개최, 초대 회장에 이등자를 추대, 취임식을 가졌다. 한국여성태권도연맹은 같은 해 6월 13일 KBS 88체육관에서 제1회 여성부장관기 전국여성태권도대회(645명 참가)를 개최했다.

이 연맹의 명예회장으로 있는 이학선은 1979년에 창립된 한국여성태권도연맹 초대회장이었다. 이후 연맹은 1983년까지 '회장기대회', '한중친선대회', '여성태권도대표선발전' 등을 개최하며 여성태권도의 발전을 위한 활발한 활동을 하였다.

한국의 문화 이미지, 태권도
Images of Korean Culture, Taekwondo

1996년 12월 정부는 한국을 대표하는 문화 이미지 10가지를 선정했다. 10가지 한국의 문화 이미지(CI · Cultural Image)는 우리 문화의 우수함을 세계에 알리는 것으로서 의·식·주를 비롯한 다양한 분야의 것으로서 생활 속에서 쉽게 찾아볼 수 있는 고유한 것들이다.

10가지 문화 이미지는 '태권도' '한글' '한복' '김치와 불고기' '인삼' '설악산' '불국사와 석굴암' '탈춤' '종묘제례악' '세계적인 예술인' 등이다.

한국중·고등학교태권도연맹
KJTF(Korea Junior Taekwondo Federation)

한국중·고등학교태권도연맹은 1973년 12월 5일에 창립되었으며 초대 회장에 이인근이 취임했다.

이 연맹의 목적은 중·고등학교의 태권도 보급과 아마추어 경기단체로서 스

포츠정신에 입각한 우수 경기자를 양성하며 범국민적인 체력향상에 앞장서며 국위 선양을 도모함으로써 민족문화 발전에 기여하는 것이다.

1974년 5월 제1회 한국중·고등학교태권도연맹 회장기 타기대회를 개최하였다.

이 단체의 규약은 1973년 12월 7일에 제정되었으며 모두 10장 28조로 구성되어 있다.

2008년 현재 중학교 206개교 및 고등학교 146개교에 약 3,800여 명의 가입선수를 확보하고 있으며 김충렬 회장은 2008년 12월 대의원총회에서 재선되었다.

홈페이지: kjtf.co.kr

한국초등학교태권도연맹

한국초등학교태권도연맹은 1974년 1월 12일에 창립됐다. 연맹의 고유사업은 대한민국 초등학교 태권도 어린이들의 제전인 전국초등하교 태권도선수권대회의 개최이다. 매년 태권왕 선발대회, 문광부장관기대회, 연맹회장기 대회를 개최하여 태권도 꿈나무가 자라날 기반을 만들어 왔다.

매해 초등학생대회를 27년 간 개최해 왔는데 2006년에 중단됐다. 문제는 초등연맹이 2006년 6월 사단법인 대한민국초등학교태권도연맹(회장 안해욱)을 설립하고 국기원이 대한태권도협회(KTA) 산하 16개 시도협회에 위임한 승품/단 심사 사업에 뛰어들면서 비롯됐다.

2006년 KTA(회장 김정길)는 임시대의원총회를 열어 초등연맹을 강제 탈퇴 처리하고 안해욱 회장의 KTA 이사직도 박탈했다.

두 단체 간의 갈등으로 빚어진 법정소송에서 2008년 4월 서울고등법원 민사5부(부장 이성호)는 원고인 초등연맹의 '대의원총회결의 무효 확인소송'의 청구를 기각, 원고 패소 판결했다. 초등연맹은 2007년 1심에서도 패소했다.

KTA는 2008년 5월 어린이날을 맞이해 '제1회 국민체육진흥공단이사장 전국

꿈나무태권도대회'를 개최했다.

한국태권도문화연구원
KTCRC(Korea Taekwondo culture Research Center)

(사) 한국태권도문화연구원(대표이사 전익기)은 2001년 11월 20일 설립된 연구단체로서, 태권도 문화의 연구개발, 교육프로그램 개발보급, 태권도의 지식정보화 및 네트워크를 구축, 하나된 마음과 그룹을 통하여 태권도의 발전을 도모하는 것을 목적한다.

한국태권도문화연구원(이하 한태연)의 주요 사업내용은 △태권도 교육프로그램 개발·보급 △지도자 교류 및 교육사업 △태권도 지식정보화 등이다. 출판사업으로 월간지 〈태권문화〉(2002년 1월 17일 창간)의 지령은 통권 97호(2009. 12 현재)가 되며 월간 〈태권문화〉는 태권도 전문지로서 태권도 실무지침서로서 태권도 지도자·학부도의 교육자질 향상, 지도방법에 관한 각종 자료를 제공하고 있다. 그 외 전문 지침서로서 『실전 겨루기』 교본을 한글본과 영문본을 발간했다.

한태연은 지도자의 교육을 위한 각종 세미나를 연례행사로 개최하고 있다. 태권문화 지도자 세미나(2007년), 태권도 음약수련프로그램 세미나(2008년), 태권문화 태권체조 정기 세미나(2009년) 등이 그것이다. 그리고 한국태권도문화연구원장기태권도경연대회(2005년)를 통해 회원 상호간의 기량을 교류하고 친목을 도모하고 있다.
한태연은 경기도 용인시 기흥구 서천동 1번지 경희대학교 우정원 1층에 위치하고 있다.

http://www.tkdculture.org

한국태권도컨설팅
KTC(Korean Taekwondo Consulting)

(주)한국태권도컨설팅(KTC)은 1997년 도장 현대화와 수련의 과학화를 기치로 출범했다.

(주)한국태권도컨설팅은 축적된 노하우를 바탕으로 기업 간 경쟁에서 승부의 관건이 되고 있는 전략목적 기획을 정확한 판단과 신뢰성을 가지고 태권도 사업과 무도 전반에 걸쳐 컨설팅 서비스를 제공하고 있다. 또한 도장 운영과 수련생 관리에 필요한 각종 솔루션개발, 수련 효율을 높이는 새로운 용품, 용구의 보급, 회원 도장의 전국적인 네트워크 구축, 1도장 1홈페이지 갖기 사업 등을 전개하여 도장 경영을 최첨단 미래형으로 전화시켜가고 있다.

회사 창립 이래 키즈 태권도교육, 월 자료 창간 및 보급을 시작했고 키즈 아카데미 개최, 도장활성화 세미나, 지도자 아카데미 등 다양한 활동을 펴고 있다. KTC 비전은 태권도의 세계화 기치 아래 △도장 경영의 전략화 △태권도 교육과 자료의 정립 △미래형 멀티미디어 교육제시 △태권도 문화상품 수출과 KTC의 글로벌화 등의 구현이다.

한국페어플레이위원회

한국페어플레이위원회가 창설됐다. 한국올림픽아카데미(회장 장주호)는 2006년 9월 26일 서울 송파구 방이동 올림픽파크텔 1층 올림피아홀에서 열린 서울올림픽 18주년 기념 제2회 한국올림픽아카데미 콩그레스에서 페어플레이위원회를 정식 발족했다.

위원회는 프랑스 파리에 본부를 둔 국제페어플레이(ICFP)의 한국지부 역할을 하게 된다. 초대 위원장에는 조정원 세계태권도연맹(WTF)총재가 추대됐다.

전·현직 국제올림픽위원회(IOC) 위원장인 후안 안토니오 사마란치와 자크 로게가 명예회장으로 있는 ICFP는 페어플레이 정신을 보여준 개인 및 단체에 매년 '페어플레이상'을 수여하고 있다.

한무관

한무관은 1956년 8월 이교윤에 의해 설립되었다.

1950년 11월경 수복된 서울로 돌아온 조선연무관 일행은 전쟁 전처럼 소공동 연무관에서 당수도를 가르쳤다. 이 때 이곳에서 유도를 가르치던 이재황이 이교윤, 이종우 등에게 퇴거를 요구해 왔다. 이교윤은 평소 알고 지내던 을지로 한국체육관 부관장 이상묵을 찾아가 당수도를 가르치고 싶다고 사정했다. 이곳에서 당수도부를 연 조선연무관 일행은 1년 만에 2백 명 이상의 수련생을 확보했다. 그러나 그 후 윤쾌병을 다시 영입하는 과정에서 이종우와 갈등을 빚는 바람에 한국체육관 당수도부가 폐쇄당하는 비운을 겪었다.

이로 인해 이교윤은 독립을 결심하게 되어 종로구 창신동 강문고교 뒤편 공터에 한무관 간판을 내걸고 관원을 모집했다. 관세가 날로 커져 1969년에는 중앙도장을 서울 왕십리에 개관하였다. 이교윤과 결별한 이종우는 약 1개월 후 한국체육관에서 윤쾌병을 모시고 지도관이란 이름으로 재개관했다. 그러므로 정통성을 따지자면 한무관은 지도관에서 갈라져 나온 것이 분명하지만 내용면으로는 지도관과 함께 전상섭이 이끌었던 조선연무관에서 갈라져 나온 쌍생아인 셈이다.

한무관 관훈은 첫째 자기를 위해 근면 한다. 둘째 관을 위해 헌신한다. 셋째 국가를 위해 충성한다. 이다.

한손끝
Hansokkeut, *single finger tip*

집게손가락으로 가리킬 때와 똑같으나 엄지를 가운뎃손가락에 힘 있게 붙인다. 집게손가락 끝만 사용한다.

한손날몸통막기
Hansonnal momtong makki, *one hand-blade trunk blocking*

한손날 + 몸통 + 안막기 = 한손날몸통막기
몸통막기와 막는 방법은 동일하며 막는 손날만 바꾼다.

한손날몸통바깥막기
Hansonnal momtong bakkatmakki, *one hand-blade trunk outer blocking*

완성 제정용어: 한손날+몸통+바깥막기=한손날바깥막기

막는 손의 손바닥은 위로 향하게 하고 반대편 손의 주먹은 손등을 위로 향한 어깨선 높이에서 교차하여 시작한다. 막기를 할 때 동시에 반대편 주먹은 당겨 허리에 가져온다.

손날: 새끼손가락 쪽으로 손목부터 새끼손가락 첫마디까지이다.

한손날비틀어막기
Hansonnal bitureomakki, *one hand-blade twist blocking*

한손날로서 비틀어막기를 한다. 이때 오른 손날 일 때는 왼 앞굽이에서 행한다.
태극 6장에 두 번 나온다.

한손날아래막기
Hansonnal araemakki, *one hand-blade underneath blocking*

아래막기 요령과 같되 단지 막기를 하는 부위가 손날이다.

한손날얼굴막기

Hansonnal olgulmakki, *one hand-blade face blocking*

한손날 + 얼굴 + 추켜막기= 한손날얼굴막기
얼굴막기를 할 때 팔목이 아니라 손날 부위로서 막는다.

한손날얼굴비틀어막기

Hansonnal olgul bitureomakki, *one hand-blade twist blocking*

완전제정용어: 한손날+얼굴+비틀어막기=한손날얼굴비틀어막기

막는 손날은 반대쪽 허리선에서, 반대편 팔은 엎은 주먹 상태로 팔꿈치를 구부려 가슴부위 중심선에서 교차하여 시작한다. 이때 몸을 비틀어 손날로 얼굴막기를 한다. 반대편 팔의 주먹은 끌어당겨 허리에 가져온다.

해외한인사범 태권도수기수상자

2006년 태권도진흥재단은 해외한인사범 수기공모를 통해 수상자의 작품을 비매품으로 단행본으로 펴냄.《지구촌 끝까지 Ⅰ~Ⅱ》에 수록된 최우수상은 이태은(캐나다) 사범에게 주어졌고 우수상에 박수남(독일), 문대원(멕시코), 장려상은 민경호(미국), 박영환(미국), 강창진(미국), 강병권(미국), 특별상에 박익수(세네갈), 김용기(알바니아), 전인문(미국), 제재신(미국), 박균석(미국), 신재균(미국), 이기형(페루) 등 모두 14명이다.

허리선

허리 장골능을 기준으로 하는 수평선

헤쳐산틀막기

Hecho santeulmakki, *push moutain blocking*

평원 품새에 나온다. 주춤서기 자세를 취하며 두 팔목을 가슴 앞에서 교차하여 헤쳐 산틀막기를 하는 것.

호신술

護身術, Self Defense Technique

대인간 갑작스런 공격이거나 다수의 공격으로부터 자신을 보호하는 동작(피하기, 메치기, 꺾기, 비틀기, 차기, 치기 등)으로 상대방을 제압하는 과정을 말한다.

맨몸호신술: 1:1, 2:1, 3:1, 등 맨몸이거나 무기를 소지한 상대를 타격 및 조르기, 꺾기, 메치기 등을 통한 기술로 제압하는 기술을 말한다.

호흡
呼吸, Breathing, Respiration

호흡은 생명을 연장시켜 주는 것이며, 생명 그 자체라고 할 수 있다. 그 만큼 호흡은 생명과 직결된다. 특히 태권도 등 무도나 예능에서도 아주 중요시한다. 태권도는 동작에 따라 호흡을 조절하여 맞추어 수련해야 효과적이다. 올바른 호흡을 통한 폐 기능 향상은 지구력을 높여준다. 태권도는 폐 기능 향상에 도움을 주는 가치 있는 운동이다.

우리나라 고유의 심신 수련법인 단전호흡은 기 철학에 근본을 두고 있는 수도 방법이다. 단전호흡은 폐로 호흡하지 않고 심신의 중심인 단전을 통해서 깊은 호흡을 해서, 천지의 기운을 전신으로 받아들여 온몸에 기를 유통시킴으로써 건강한 심신을 만든다고 한다. 즉 복강(腹腔)내의 복압을 높게 하여 기혈순환을 원활하게 하고 대사기능을 촉진시켜 생명력을 활성화시키기 위한 호흡이다. 단전호흡은 공(空)과 기를 우리 몸에 최대한 받아들이는 방법이다.

호흡은 감정조절, 정신집중, 건강회복, 마음공부, 강한 힘을 발휘하는 등 여러 가지 작용을 한다. 호흡과 기합의 상관관계를 알면 호흡의 중요성을 깨닫게 될 것이다. 기합은 몸과 마음을 집중시켜 최대의 힘을 발산하게끔 해 준다. 또한 이 소리는 공포심을 없애주고, 적을 심리적으로 나약하게 만든다. 호흡조절에 있어 무엇보다도 중요한 것은 바로 공급되는 소중한 에너지를 우리의 신체가 제대로 사용할 수 있도록 하는 것이다. 피로에 지쳐 있을 때는 숨을 천천히 그리고 깊게 들이마셔야 하고, 이때 충분한 양의 산소를 흡입하는 데는 오랜 시간이 걸린다.

신체와 정신 그리고 호흡의 하나 됨, 즉 일여는 깨달음에 이르게 하는 최선의 방법이 되고 있다. 품새의 마지막 단원인 일여(一如)는 의미 있는 단원으로서 태권도인에게 많은 것을 시사하고 있다.

환단고기
桓檀古記

《환단고기》(1911)는 모두 다섯 책이 함께 묶어져 있다. 〈삼성기 상〉〈삼성기 하〉〈단군세기〉〈북부여기〉〈태백일사〉가 그것이다.
《태권도교본》(국기원, 2005) 태극 품새 설명 2) 유래에 《환단고기》〈태백일사〉 조대기(朝代記)를 인용하고 있다. 즉 〈신시본훈〉에 의하면 "BC 35세기경 동이(東夷)족의 고대국가인 황웅조 제5대 태우의(太虞儀) 천황의 열두 명 아들 중 막내인 태호 복희씨가 삼신의 성령을 받고 만리를 환하게 통찰하시게 되었으며 한얼님께 제사 지내고 하늘 가람에게 팔괘를 받으셨다. 복희씨의 직업이 환웅조의 우사(雨師)였기 때문에 천하(天河)에서 하루에 열두 번 변하는 신룡(神龍)을 보고 계시 받아 우주가 화생 변화라는 암호문인 하도를 그리신 것이다."

황소막기
Hwangso makki, *bull blocking*

십진 품새에 나온다. 기본준비서기에서 두 발 그대로, 두 주먹을 가슴 앞으로 올리면서 머리 위로 추켜 막기를 하는 것을 말한다.

후려차기
Huryo chagi, *thrashing kick*

① 차기와 같이 목표를 뚫고 들어가듯 가격하고 멈추어 발을 다시 끌어들이는 것이 아니며 차는 발이 목표를 맞추어 지나치는 방법으로 타격하는 것이다.
② 주로 차는 방법이 돌려차기, 몸돌려차기와 같이 원 이동을 하는 차기 방법에 쓰인다.
③ 사용부위는 발등, 발바닥, 발날등, 발날, 뒤꿈치이다.

훈련
訓練, Training

근력이나 지구력을 비롯한 체력요소를 강화하는 과정이라 함. 훈련은 가역성이 있으므로 훈련을 중지하면 효과가 점점 소멸되어 제자리로 되돌아가나, 연습은 효과를 오래 유지하게 된다. 이 트레이닝은 인간의 고도한 적응력을 이용하여 과학적 기초위에 합리적인 트레이닝 처방에 의해서 신체의 능력과 기능을 높이고, 고도한 기술을 습득하고 몸의 기반을 만들어 경기성적을 향상시키기 위해 트레이닝이 필요한 것이다.

스테인하우스(Steinhaus)는 훈련은 신체의 적응능력(Adaptability)을 이용하여 발육발달을 도모코자 하는 계획적인 운동 프로그램이라고 한다. 적응이라고 하는 것은 생체가 새로운 환경에 대하여 반응하는 생리적인 현상을 의미하는 것이다. 또한 그는 에너지적인 면의 향상을 도모하기 위한 프로그램만을 포함시켜야 한다고 주장하면서 에너지적인 체력의 강화훈련은 훈련을 계속적으로 할 때는 강화되지만 훈련을 하지 않을 때는 원상태로 변화할 가능성이 있는 가역적인데 비하여 스포츠 기술은 한 번 훈련하여 익힌 것은 훈련을 멈추더라도 오래까지 그 기술을 잊어버리지 않고 발휘할 수 있기 때문에 영구적이다. 따라서 앞의 것은 훈련으로, 뒤의 것은 연습으로 구별되어야 한다고 강조한다.

반면 이가이(Ikai)는 훈련에는 에너지적인 면의 체력의 강화훈련뿐만 아니라 스포츠 기술의 향상을 위한 프로그램도 포함시켜야 한다고 주장한다.

휘둘러막기
Hwidullo makki

천권 품새에 나오는 과정동작. 순서 12, 14 동작임. 몸통옆지르기를 한 상태에서 지른 팔의 팔꿈치를 구부리며 머리 위로 추켜올려 원을 그리며 젖혀낸다. 상대의 팔목이 [나의] 왼팔목에 걸쳐 있을 때 젖혀내고 이어서 허리로 끌었다가 지르기를 하고자 하는 것이다.

휘둘러잡아당기기
Hwidullo japa danggiki

천권 품새에 나오는 과정동작으로, 휘둘러막기를 한 상태에서 잡아끌어 당기는 것이다.

히잡 착용규정
Hijaps(headscarf)

세계태권도연맹은 2009년 1월 총회(전자메일 투표)를 거쳐 경기규칙의 개정이 통과되었다. 전통적으로 공개된 장소에서 히잡을 착용해야 하는 이슬람 여성들이 태권도 경기에서도 착용할 수 있게 되었다.

"종교와 관련된 것인 경우 머리 보호대와 도복 안에 착용해야 하며, 상대 선수에게 해를 끼치지 않는 것이라야 한다"라고 명시함으로써 히잡 착용을 공식적으로 인정하였다.

IOC선수위원

문대성(Moon Dae-Sung)은 2008베이징 올림픽대회 마지막 날인 8월 24일에 선수촌에서 열린 IOC선수위원 선거에 출마하여 최다 득표로 임기 8년의 IOC선수위원에 선출됐다. 문대성과 함께 올림픽대회에 참가한 선수로서 IOC 선수위원으로 선출된 선수출신 위원은 러시아의 Aexander Popov, 독일의 Clauder Bokel, 쿠바의 Yumilka Ruiz-Luaces 등이다. 선수위원 제도는 1981년에 창설되었고 IOC와 현역 선수 사이의 연계역할을 맡는다. 새로이 선출된 이 위원들은 2008 베이징올림픽 폐막식에 공식적으로 소개되었다.

문대성은 아시아인으로서 선수위원으로 선출된 것은 이번이 처음이다. 현재 IOC선수위원은 현역 또는 은퇴한 선수로서 모두 19명이다. 이들 중 12명(여름올림픽종목에서 8명, 겨울올림픽종목에서 4명)은 올림픽대회 선수로서 8년 임기로 선출되었으며 나머지 7명은 IOC위원장에 의해 종교, 성별 및 스포츠 간의 균형을 고려하여 임명되었다. 이들은 IOC위원과 거의 동일한 자격을 갖고 활동하게 된다.

문대성은 "아시아인으로서 처음 IOC선수위원의 한 사람으로 선출된 것이 기쁘며, 반도핑 운동에 적극적으로 활동하는 데 나의 시간과 정력을 갖고 최선을 다할 것이다" 그리고 "IOC정책수립에 있어 아시아인의 목소리를 대변할 것이다"고 말했다.

문대성 IOC선수위원은 2004 아테네올림픽 마지막 경기일 +80kg 체급에서 그리스 Nikolaidis Alexandros 선수와의 결승전에서 왼발 뒤후리기로 상대를 녹다운시켜 케이오승 했다. 그는 현재 부산에 위치한 동아대학교 스포츠과학대학 태권도전공 교수로 있다.

TPF, WTA 태권도 커리큘럼개발 국제심포지움

태권도진흥재단(TPF · 이사장 이대순)은 2009년 8월 15일(토) 미국 캘리포니아 버클리대학교에서 '태권도 커리큘럼 개발 국제심포지움'을 120여명의 태권도 지도자, 학계 교수, 해외 태권도 사범 등이 참석한 가운데 개최하였다.

이 심포지움은 세계태권도연맹(WTF · 총재 조정원)이 2008년 규정을 개정하여 한국에 세계태권도아카데미(WTA)를 설치하도록 한 후 태권도공원 착공을 앞두고 태권도공원에 위치할 WTA 커리큘럼 개발을 위해 개최되었으며 WTA 커리큘럼 개발에 관한 연구진(Ken Min UC Berkeley 명예교수, 김종웅 마샬대학교 학장, Franjo Prot 크로아티아 자그레브대학교 교수, Russell Ahn UC Berkeley 교수 등)을 대표하여 김종웅 학장이 주제발표를 하였다.

이대순 이사장은 국제심포지움 환영사를 통해 "이번 심포지움은 세계태권도아카데미(WTA) 운영을 위한 준비과정으로 태권도에 관한 학문적 연구를 집대성하여 체계화시키고, 그 지식을 전승하여 개발하고 이를 국제화함으로서 유능한 태권도 지도자를 양성하고자 하는 것이 목적"이라고 하였다. 그리고

"현재 커리큘럼 개발을 위해 국내외 연구진을 운영하고 있으며 심포지움 최종 결과물을 10월 덴마크 코펜하겐에서 세계태권도연맹이 주최하는 세미나 발표를 통해 보고할 예정"이고 "WTA를 통해 태권도를 아름다운 스포츠로 발전시키고, WTF가 올림픽 스포츠 종목을 선도하는 리더로 도약하게 되기를 바란다"고 하였다.

조정원 총재는 축사를 통해 "올림픽 종목 가운데 가장 빠른 성장을 하고 있는 태권도는 모든 사람들이 함께하는 글로벌 스포츠로 기술적인 부문의 발전 외에도 사회적, 교육적인 공헌을 해왔으며 지난 수년간 태권도의 학문적인 발전은 주목할 만하게 이루어져왔다"고 하며 "대학에서의 태권도 학문은 미래의 태권도 지도자를 양성하는데 기여해왔고 대학 태권도학과와 세계태권도아카데미의 커리큘럼 개발을 위한 심포지움을 하게 된 것을 진심으로 축하하며 태권도진흥을 위해 이바지하기를 바란다"고 하였다.

김종웅 학장(마샬대학교)은 주제발표에서 "WTA의 필요성은 태권도 교육 프로그램이 매우 제한되어 있고 태권도에 관한 이론과 철학적인 개념이 부족하며 세계로 태권도를 확대해 나가기 위해 필요하다"며 "WTA의 임무는 태권도 정신 연구와 태권도 수련, 올림픽 운동 및 정신의 보급, 스포츠로서의 태권도 보급, 태권도의 위상 정립, 태권도의 전반적인 기술 향상으로 궁극적으로 태권도의 정신 고양을 통한 올림픽 정신과 인류애를 실현할 것"이라고 밝혔다.

토론자로 참석한 고용재 교수(플로리다대학교)는 WTA 방문을 유도하기 위한 타킷 마케팅을 위해 이용자들에게 어떤 이점을 제공할 것인지가 고려되어야 한다고 했고, 김찬용 사범(전 WTF 심판위원장)은 교육의 모든 근간이 될 WTA가 한국에 국한되지 않고 세계 태권도의 모든 자원이 한데 모여져야 한다고 했다.

WTF로잔사무소
WTF Lausanne Office

세계태권도연맹(WTF)은 2009년 5월 5일 로잔 WTF 로잔 사무소 확장 이전 기념행사를 가졌다. 이 기념행사에 참석한 국제올림픽위원회(IOC) 자크 로게 위원장은 "태권도는 지난 2000년 시드니올림픽 때보다 더욱 큰 성장을 이룩했다" "태권도는 더욱 현대적이고, 역동적인 스포츠가 됐다. WTF가 IOC에 모범적인 협조를 해준 것에 감사한다"며 태권도를 높이 평가하는 발언을 했다.

이어 조정원 총재는 이전 기념행사와 관련, "WTF의 운영구조를 이원화함으로써, 태권도가 국제스포츠의 중심부에 더욱 가까워질 수 있게 되었다. IOC와 세계반도핑기구(WADA), 국제스포츠연맹(IFS) 등 국제스포츠계에서 중추적인 역할을 담당할 것"이라고 설명했다. 이날 행사에서는 WTF의 비전 선포식도 열렸다. 조 총재는 "WTF는 태권도를 단순한 스포츠 차원이 아닌, 세계 평화에 기여하고 청소년 교육 증진을 위해 앞장서는 단체가 되도록 노력할 것이다. 이를 위해 WTF는 2008년 8월에 발족한 태권도평화봉사단의 활동을 더욱 확대해 나갈 것"이라고 밝혔다. 이어 "태권도를 배울 기회나 경제적 여력이 없는 이들에게 태권도 훈련 프로그램과 장비를 지원하겠다. 또 2010년에 처음 개최되는 청소년올림픽(싱가포르)을 비롯, 세계태권도청소년캠프, 세계태권도아카데미 등과 같은 청소년 프로그램들에 직접 참여하겠다"고 밝혔다.

이날 기념식에는 자크 로게 IOC 위원장을 비롯해 데니스 오스월드 하계올림픽국제경기연맹연합(ASOIF) 회장, 하인 베르브루겐 국제경기연맹총연합회(GAISF) 회장, 크리스토프 두비 IOC 스포츠이사, 켈리 페어웨더 세계반도핑기구(WADA) 국장, 앤드류 라이언 ASOIF 전무이사, T.A.G. 시톨레 IOC 국제협력개발 이사, 장철균 주스위스대사, 임한택 주제네바 차석대사와 유럽과 인근에 거주하고 있는 WTF 국가협회장 10여 명 등 총 70여명의 국제 스포츠계 리더들이 참석했다

WTF트레이닝센터
WTF Training Center

세계태권도연맹(WTF, 조정원 총재)은 이란에 이어 두 번째로 아제르바이잔 가발라 레저타운에 태권도 트레이닝센터(연수원)를 지정했다. 트레이닝센터 지정에 대해 강석재 WTF 홍보부장은 "국가별 트레이닝센터 지정은 WTF 공약사항이다. 이번 레저타운 내 트레이닝센터 지정의 경우 아제르바이잔협회장이 몇 년 전부터 설계한 것이다. 이를 WTF에 적극적으로 요청해 온 것이다. 향후 다른 국가에서도 진행할 예정"이라고 밝혔다. 조정원은 2009년 6월 12일 아제르바이잔 가발라에 조성될 레저타운 기공식에 참석, 이날 그는 레저타운 안에 들어설 태권도 트레이닝센터를 지정했다. 가발라 레저타운은 호텔 등의 숙박시설과 편의시설을 갖춰 100만㎡로 조성되며, 완공 후 북유럽 지역의 관광객이 많이 찾을 것으로 보인다. 이에 WTF와 아제르바이잔 태권도협회는 레저타운 안의 트레이닝센터를 마련해 태권도를 적극 홍보하겠다는 계획이다. 레저타운 측에서도 태권도가족이 오면 레저타운 시설 이용의 50%를 할인하는 혜택을 주는 등 트레이닝센터를 적극 지원한다. 아제르바이잔 가발라 기공식 행사에 참석한 태권도진흥재단 이사장 이대순(WTF 부총재)은 "이란에 이어 두 번째로 지정된 트레이닝센터이다. WTF가 지정한 트레이닝센터는 올림픽을 목표로 하는 각 지역 선수들의 훈련 할 수 있는 장소가 될 것이다. 하지만 트레이닝센터는 무주에 조성될 태권도공원과는 개념 자체가 다르다. 태권도공원 전 세계 사람들에게 무도태권도를 알리고 체험하는 것은 물론 태권도인들의 교육의 메카" 라며 태권도공원과의 연계성에 대해 선을 그었다. 아제르바이잔 트레이닝센터는 수도 바쿠에서 200㎞ 떨어진 코카서스 산맥 계곡에 건설될 예정이다. 이번 레저타운 내 트레이닝센터 건립은 아제르바이잔 비상계획부 장관을 맡고 있는 카미라딘 헤이다로프 태권도협회장이 추진 한 것으로 알려졌다.

WTF랭킹제
WTF Ranking System

태권도에 대한 관심을 고조시키기 위해 세계 주요대회 성적을 토대로 각 체급별 세계 랭킹제를 공식 도입키로 한 세계태권도연맹(WTF)은 2009년 7월 1일 처음으로 WTF 세계선수랭킹을 공식 발표한 데 이어 최근 2009년 WTF 승인대회의 등급을 분류, 대회 등급별로 세계랭킹에 반영하는 점수에 차등을 두기로 했다. WTF 대회평가위원회의 평가에 따라 2009년 WTF 승인대회 가운데서는 2009년 10월 덴마크의 코펜하겐에서 열린 2009세계태권도선수권대회가 7등급(G7)의 최고 등급으로 분류되었다. 2009년 6월 아제르바이잔의 바쿠에서 열렸던 월드컵단체선수권대회는 5등급(G5), 7월 세르비아의 베오그라드에서 벌어진 2009하계유니버시아드대회는 3등급(G3)으로 분류되었으며, 2009 US오픈태권도선수권대회는 2등급(G2), 12월 홍콩에서 열릴 동아시안게임 등 각 지역의 국제대회는 1등급(G1)으로 각각 분류되었다.

WTF는 각 체급별 상위 랭커들에게 주요 국제대회 출전 시 유리한 시드를 배정한다는 원칙을 세워놓고 있다.

2009년 7월 1일자 남녀 총 16체급 세계랭킹에서 한국 선수로는 남자 2명, 여자 3명이 각 체급 1위에 올라 있다.

WTF-ITF 통합논의

WTF(세계태권도연맹 총재 김운용)와 ITF(국제태권도연맹 총재 최홍희) 두 단체 간의 통합 논의의 발단은 ITF의 지속적인 IOC(국제올림픽위원회)에 탄원을 하게 됨으로써 시작됐다. WTF는 1980년 태권도의 국제기구(IF)로서 IOC로부터 승인받게 되자 최홍희는 '태권도'의 창시자는 자신이라며 IOC에 두 단체 간의 통합을 제안하게 된다. 이에 IOC는 두 단체의 통합을 종용하기에 이른다.

ITF는 1982년 1월 22일 통합위원회를 구성하여 2월 10일 ITF 통합위원회 명의로 WTF에 통합 협상을 서신으로 제의했다. 이에 WTF측은 1982년 4월 7일 대표자 1명을 사전 협의 차 ITF본부가 있는 캐나다에 파견했다.

제1차 통합 회의는 ITF측 추진위원 2명이(위원장 김종찬 및 심사위원장)이 방한하여 1982년 4월 18일~21일 서울에서 열렸다. 두 단체 간의 합의 내용은 (가)통합단체명은 세계태권도연맹(IOC승인 명칭), (나)요직 안배에서 ITF측은 부총재 1석, 심사위원장(단증 심사직), 유럽연맹 회장직, 각국 단체 요직 안배 원칙, (다)기타 기술 및 형의 상호인정 등이었는데, 1982년 4월 27일 ITF 이사회(캐나다 소재)로부터 추가 요구사항으로 최홍희 명예 종신 총재 추대를 통보해 왔다. 1982년 5월 16일~24일 ITF통합위원장이 재 방한하여 (가)최홍희 반대에도 불구하고 통합합의 추진 의사를 표명, (나)통합추진 비용으로 연간 미화 5만 달러 및 세계 항공여행비용 지원 요구, (다)같은 해 5월 20일 ITF 기자회견 실시(통합추진 의사표명) 등을 요구했다. 이에 최홍희는 통합위원장 및 심사위원장, 즉 서울방문 교섭단을 제명 처분하였다.

제2차 통합제의는 1985년 4월 9일 새로 구성된 ITF 통합위원회(위원장 운영구) 명의로 서신으로 했다. 제의 내용은 (가)WTF와 ITF의 실체를 유지, (나)제3의 통합단체명 사용, (다)쌍방 동일 수의 통합위원회 구성 등이었다. 이에 1985년 6월 20일 WTF 사무총장 명의로 회신을 발송하였는데, 그 내용은 국제스포츠의 실태 및 WTF의 문호 개방 정책을 설명하였다.
1985년 6월 29일~7월 1일 간 오스트리아 비엔나에서 양측 대표가 접촉하였으나 실질적인 논의에 있어 견해 차이를 좁히지 못하고 끝났다.
ITF는 국제기구(IF) 진출기도를 위해 IOC에 서한을 보냈다. (가)ITF는 1981년 1월 7일 및 같은 해 4월 1일 IOC위원장에게 ITF 인정 및 IOC 가입 승인을 요청하는 서한을 발송하였다. (나)IOC는 두 개 '가라데' 연맹, 즉 WUKO 및 IKAF 의 장기적 내부 분쟁으로 승인을 유보하여 오다가, 제90차 IOC총회에서 그 방침을 바꾸어 주도적인 연맹을 승인하고, 공인 연맹에 기타 단체를 흡수시키는 정책을 채택하여, WUKO를 공식 승인하였다. 이 원칙에 따라, IOC 스포츠디렉터(Sports Director)인 독일 Walther Troeger는 앞으로 ITF의 계속적인 IOC에 대한 서신 공세가 있을 때는 무시하는 입장 또는 이미 공인된 WTF에 가입하도록 회신 할 것임을 1985년 방한 시 WTF에 확약했다.
ITF 총재 최홍희의 서거로 통합논의는 한동안 중단됐다.

2002년 8월 22일 김운용 IOC위원과 장 웅 북한체육위원회 부위원장은 모나코에서 회동하였고, 이 자리에서 김운용 IOC위원은 남북한 태권도 교류를 성공시키기 위해 모든 지원을 약속하였다.
2003년 8월 20일 대구 하계유니버시아드에서 김운용 WTF 총재와 장 웅 북한 IOC위원 겸 ITF총재가 태권도 관련 논의 및 합의서를 발표하였다. 그러던 중 2004년 1월, 김 총재가 WTF 총재직을 타의에 의해 그만두게 되었고 그 후 태권도 교류와 통합 논의는 중단되었다.

2004년 WTF 총재에 조정원이 선출됐다. 같은 해 8월 17일 아테네 올림픽 기간 중 조정원 WTF 총재는 장 웅 북한 IOC위원 겸 ITF총재와 만나 남북 태권도의 화합 방안을 놓고 환담을 나누었다.
2005년 6월 3일 스위스 로잔 IOC 본부에서 양측 총재는 자크 로게 IOC위원장이 참석한 가운데 회동을 가졌다. 이날 회동에서 두 단체의 기술적, 행정적 사안과 통합의 타당성 등 제반 문제를 논의하기 위해 양 기구 실무자를 포함하는 한시적인 실무위원회를 구성할 것을 논의했다. 이에 로게 IOC위원장은 양대 기구의 노력을 환영하였다.

2005년 6월 27~28일 중국 베이징에서 WTF와 ITF는 태권도기술통합 관련 제1차 실무회담에 이어 동년 8월 30일 베이징에서 제2차 실무회담을 가졌다.

그리고 이듬해 2006년 2월 24일 베이징에서 제3차 실무회담을 가졌고 제4차 실무회담은 같은 해 11월 24일~25일 양일에 베이징에서 개최됐다.

실질적인 양 단체 간의 통합논의의 계기는 2006년 9월 20일 스위스 로잔 IOC본부에서 IOC위원장 자크 로게, WTF 조정원 총재 그리고 ITF 장 웅 총재 회동에서 의견 조율이 되었고, 그 해 12월 2일 카타르 도하 아시안게임 기간 중 태권도통합조정위원회 설립에 최종 합의를 보았다.

제1차 태권도통합조정위원회 본 회의는 2007년 3월 31일 베이징에서 개최됐다. 회의는 대표단 상견례, 태권도 품새 및 겨루기 관련 자료 교환 및 향후 회담의제 논의를 하고 공동 보도문을 채택했다. WTF측 대표단은 모두 6명이며 공동위원장에 이대순 WTF부총재가 맡았다(양진석 사무총장, 이규석 WTF집행위원 겸 국기원 연구소장, 이경명 교육위원장, 최만식 사무차장, 강석재 홍보부장).

제2차 태권도통합조정위원회 본 회의는 2007년 6월 18~19일 베이징에서 개최, 제3차 본 회의는 2007년 10월 22~23일 베이징에서 개최, 제4차 본 회의는 2008년 3월 1~2일 베이징에서 개최, 제5차 본 회의는 2008년 10월 10일~11일 베이징에서 열렸다.

제5차 태권도통합조정위원회 본 회의에 WTF측 대표단은 이대순 공동위원장, 양진석 사무총장, 최만식 사무차장(겨루기), 이경명 교육위원장(겨루기), 이종관 국기원 교육위원장(품새), 강성철 용인대 교수(품새), 강석재 홍보부장 7명이며 ITF측 대표단은 류성일 위원장, 황홍용 기술위원장 내정자(품새), 원세창(겨루기), 오원일(겨루기), 최일환(겨루기), 고정철(품새), 량금송(품새), 김철준 8명 등 모두 15명이 참석해 품새와 겨루기의 통합에 대한 논의를 심도 있게 다뤘다.

품새분과위원회는 양측의 태권도 기술 구성 체계 관련 자료를 교환하였고, 양측은 태권도 힘의 기본원리를 설명했다. 이를 통해 양측은 태권도 힘의 기본

원리의 동일성을 확인했으며, 이에 기초하여 차기 회의에서 태권도 기본동작을 하나하나 해명해 나가기로 합의했다. 또한 겨루기분과위원회는 양측의 경기 규정 가운데서 가장 본질적인 문제들에 대해 진지하게 토의, 의견을 나누었으며 양측은 상대측의 경기 규칙 연구를 통하여 겨루기 규칙을 하나로 만들기 위한 구체적인 통합 방도를 모색해 차기 회의에서 더욱 구체화하기로 했다.

품새도(圖)

부록 ❶

- ❖ 태극(太極) 1장(場)~8장(場)
- ❖ 고려(高麗)
- ❖ 금강(金剛)
- ❖ 태백(太白)
- ❖ 평원(平原)
- ❖ 십진(十進)
- ❖ 지태(地跆)
- ❖ 천권(天拳)
- ❖ 한수(漢水)
- ❖ 일여(一如)

태극1장 품새

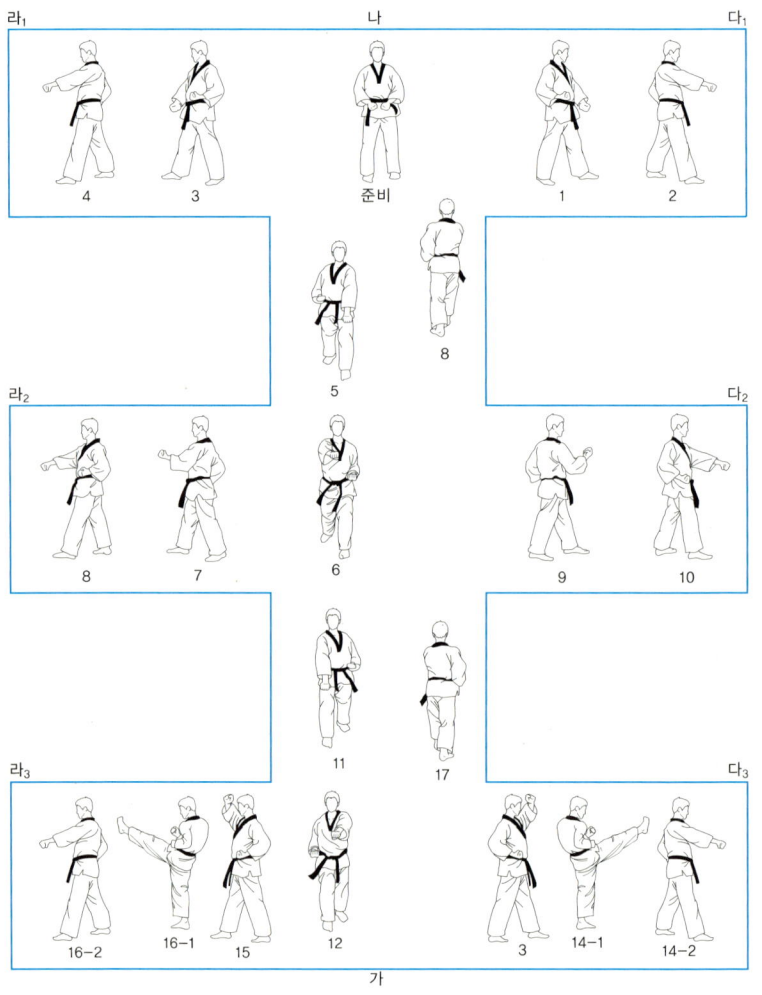

태극2장 품새

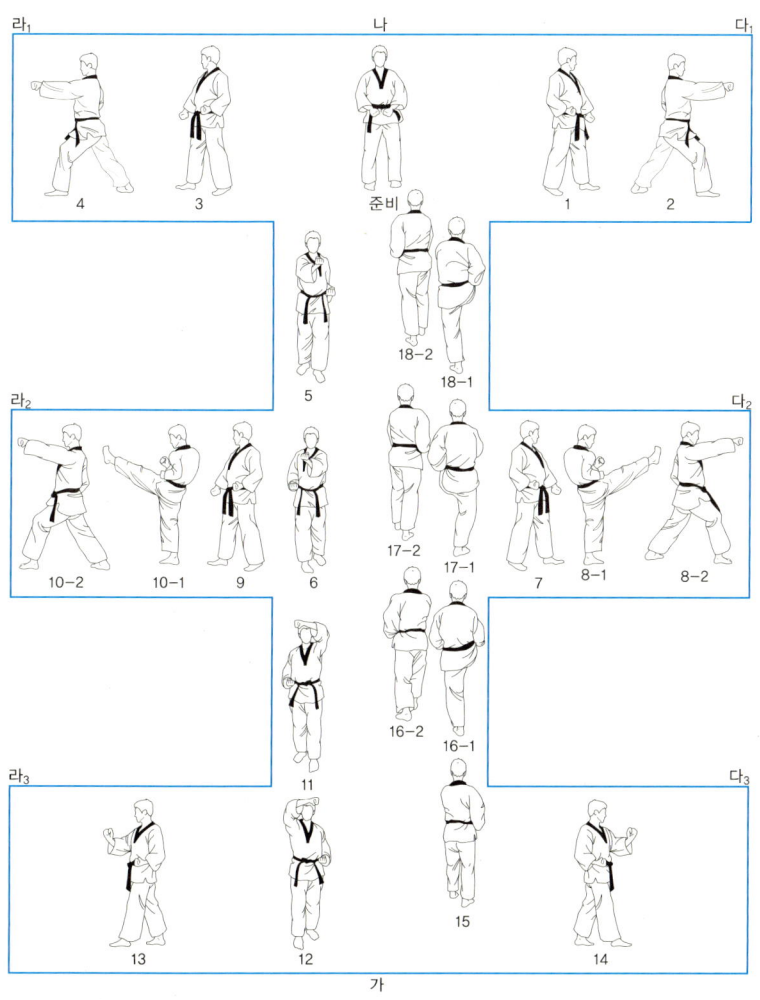

태극3장 품새

태극4장 품새

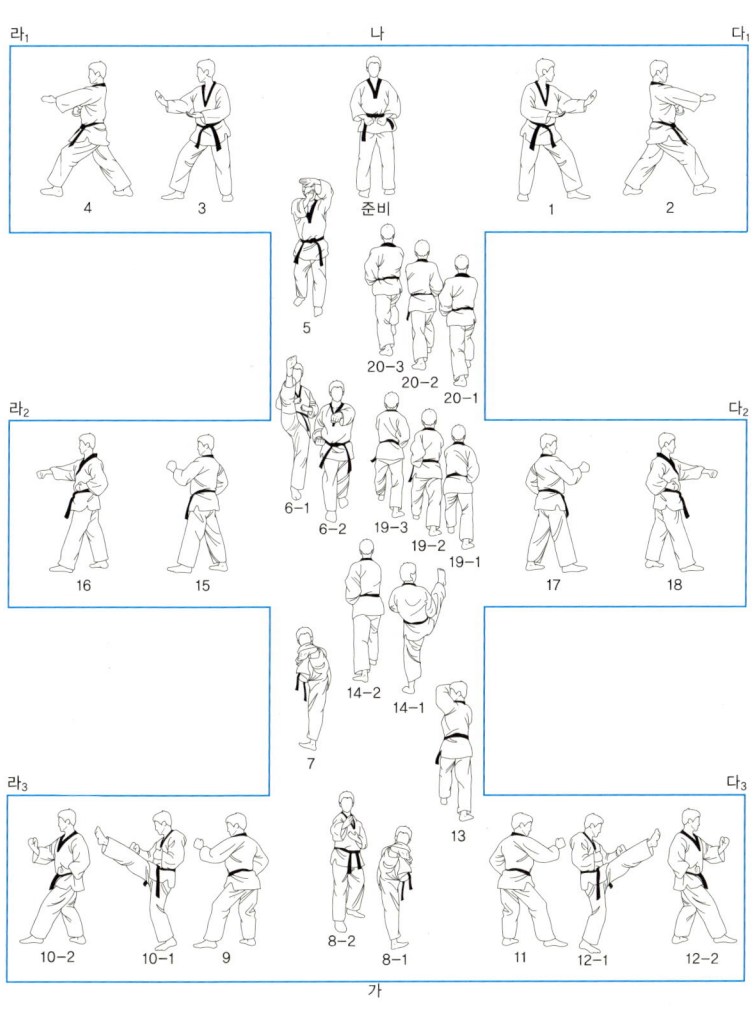

태극5장 품새

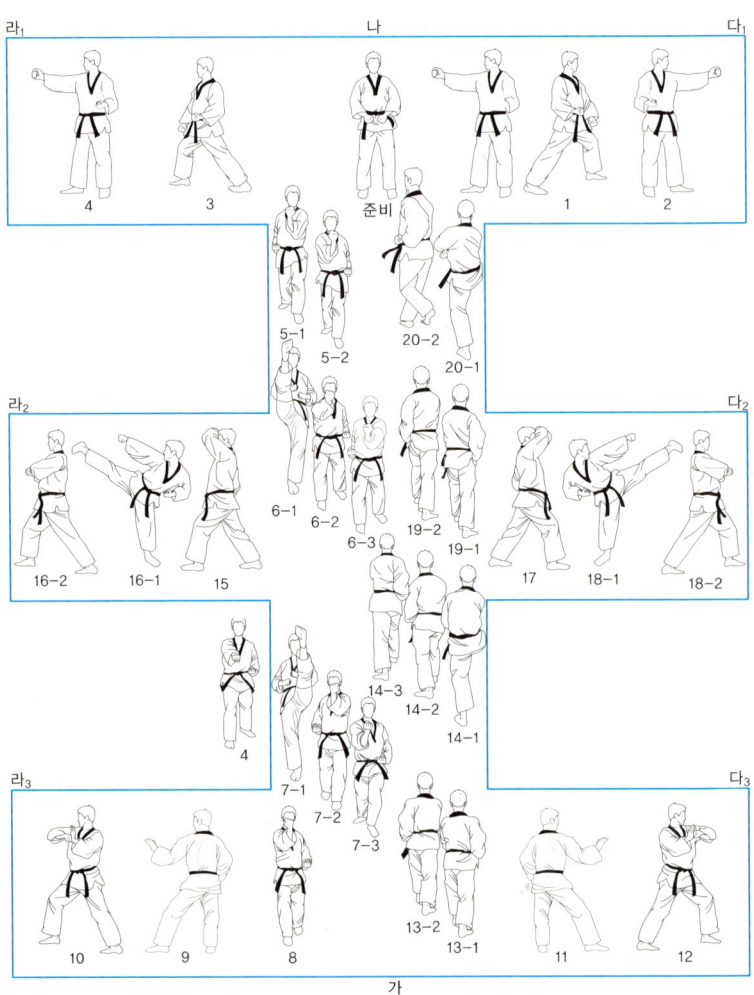

태극6장 품새

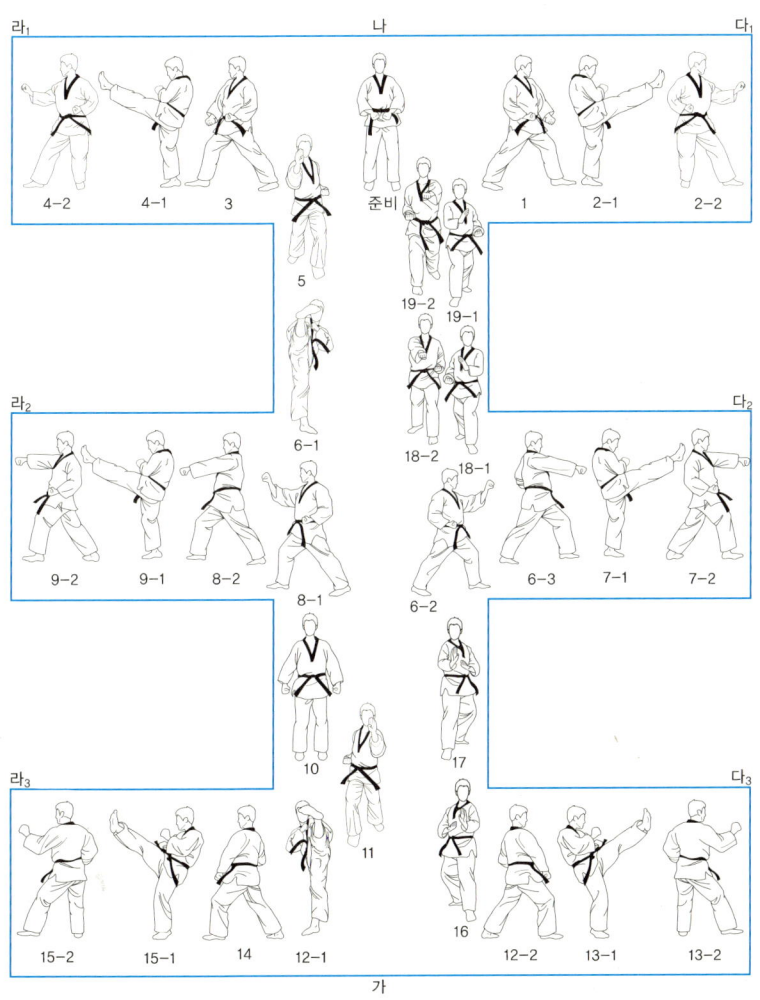

태극7장 품새

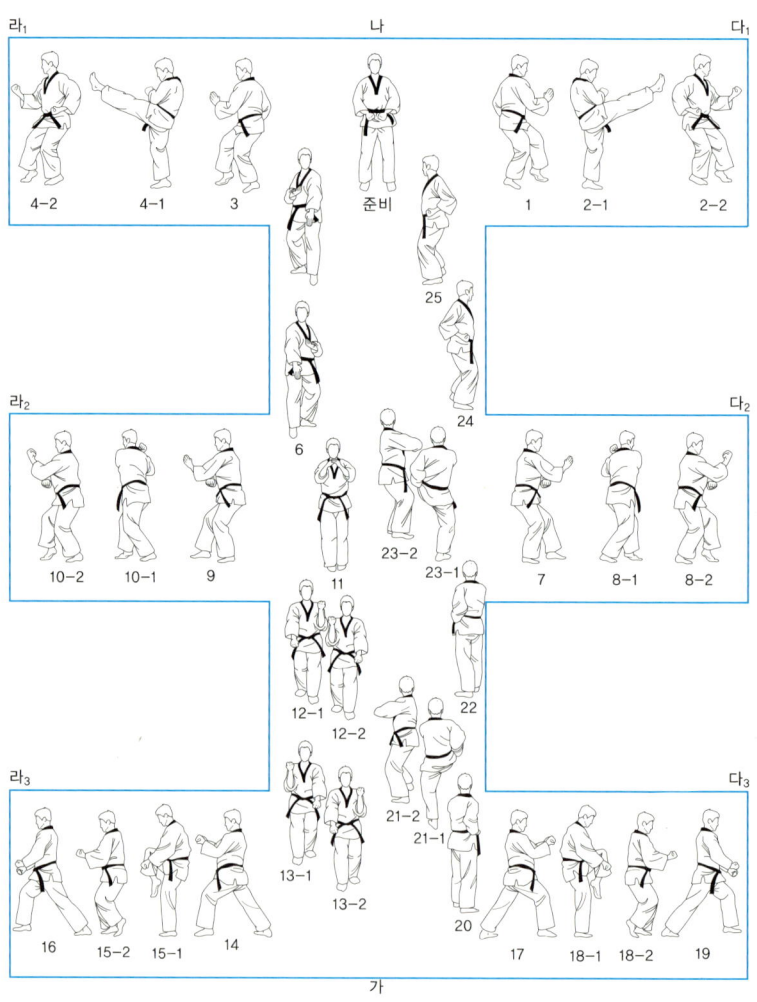

태극8장 품새

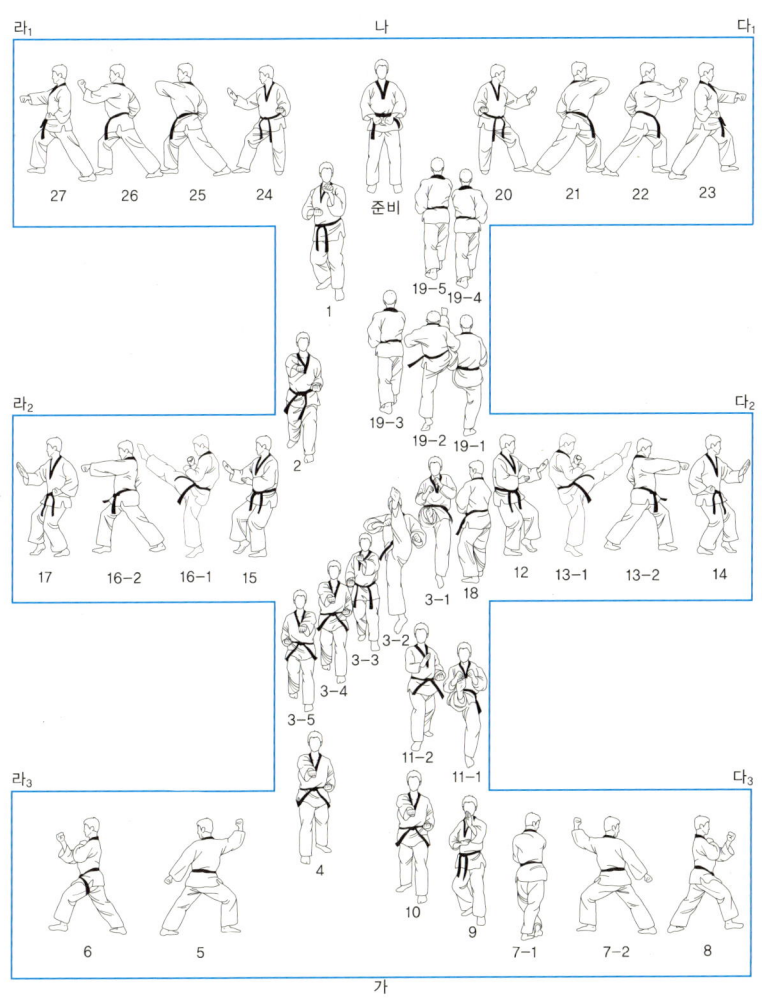

고려 품새

금강 품새

태백 품새

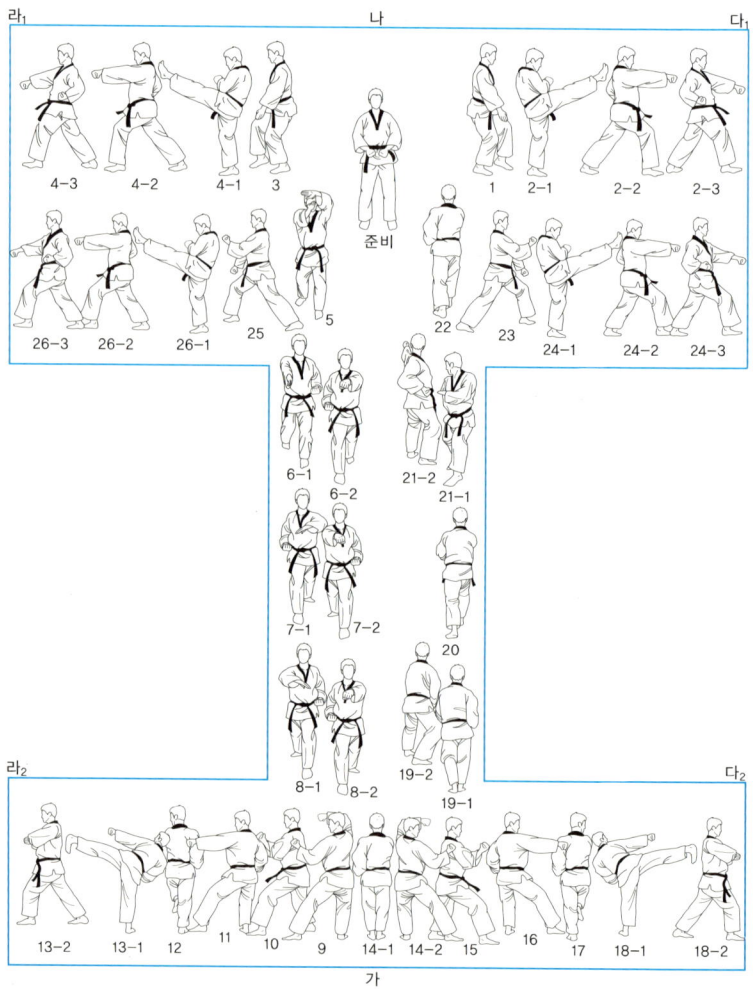

평원 품새

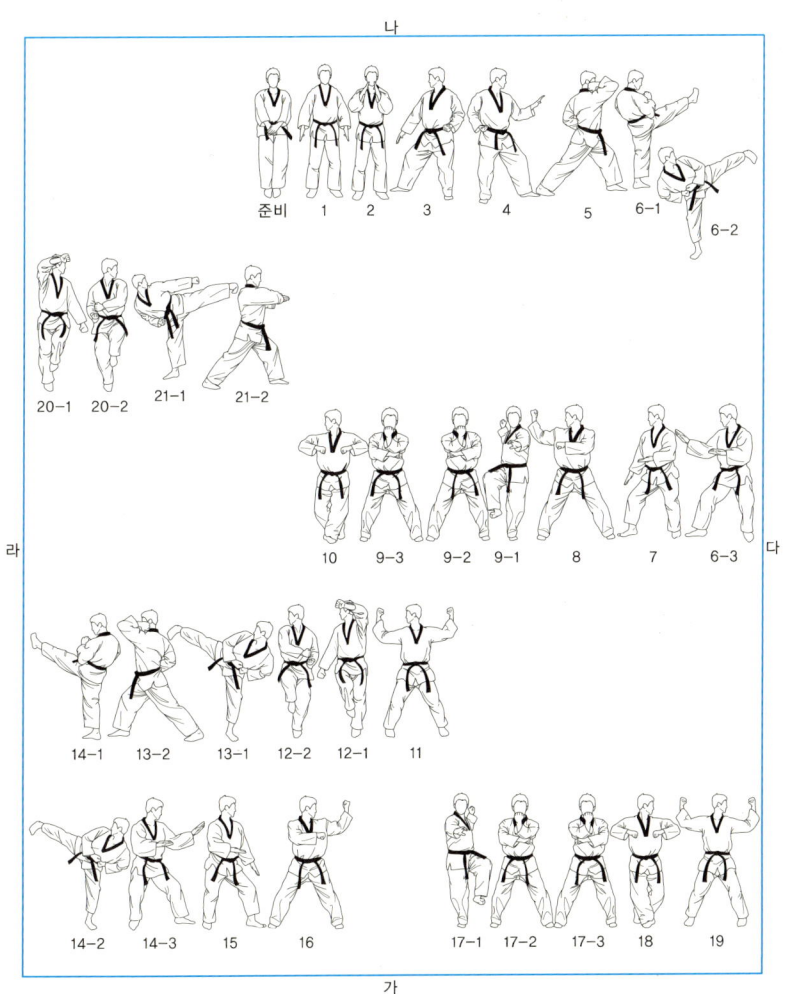

십진 품새

지태 품새

천권 품새

한수 품새

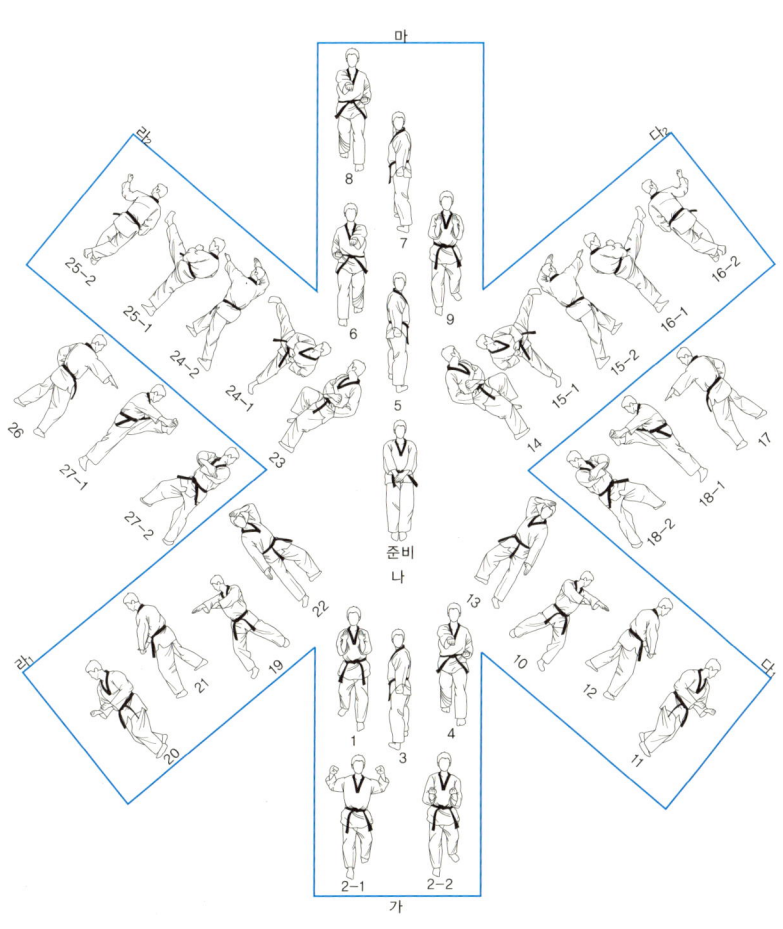

일여 품새

찾아보기

부록❷ Index

ㄱ ~ ㅎ

A ~ Z

▶ 찾아보기　ㄱ

가위막기 · · · · · · · · · · · · · 12	경고 선언 · · · · · · · · · · · · · 25
가위손끝 · · · · · · · · · · · · · 13	경기감독위원 · · · · · · · · · · · 25
가위차기 · · · · · · · · · · · · · 13	경기용 품새 DVD · · · · · · · · · 25
가위차기 종류 · · · · · · · · · · 13	경기장 · · · · · · · · · · · · · · · 26
가치성 · · · · · · · · · · · · · · · 14	경기지역 · · · · · · · · · · · · · · 26
간접 공격 · · · · · · · · · · · · · 14	경기지도자자격 · · · · · · · · · · 26
갈려·그만 · · · · · · · · · · · · · 14	경주, 2011년 세계 태권도 선수권 대회
감독 · · · · · · · · · · · · · · · · 14	유치 · · · · · · · · · · · · · · · 28
감점 선언 · · · · · · · · · · · · · 15	곁다리서기 · · · · · · · · · · · · · 29
강덕원 · · · · · · · · · · · · · · · 15	계속 · · · · · · · · · · · · · · · · 30
강유, 완급, 리듬 · · · · · · · · · 16	계수 · · · · · · · · · · · · · · · · 30
거들어몸통(바깥)막기 · · · · · · 17	계시 · · · · · · · · · · · · · · · · 30
거들어아래막기 · · · · · · · · · 18	계체 · · · · · · · · · · · · · · · · 31
거들어칼재비 · · · · · · · · · · · 18	곰손 · · · · · · · · · · · · · · · · 31
거듭차기 · · · · · · · · · · · · · 19	공격 · · · · · · · · · · · · · · · · 31
거듭차기 분류 · · · · · · · · · · 19	공인 · · · · · · · · · · · · · · · · 31
겨루기 · · · · · · · · · · · · · · · 19	공인품새 · · · · · · · · · · · · · · 32
겨루기준비서기 · · · · · · · · · 21	과정동작 · · · · · · · · · · · · · · 32
겨룸새 · · · · · · · · · · · · · · · 21	관장과 사범 · · · · · · · · · · · · 33
겨룸새 구분 · · · · · · · · · · · · 22	9대관 태권도 관훈 · · · · · · · · 34
격파 · · · · · · · · · · · · · · · · 22	구령용어 · · · · · · · · · · · · · · 36
격파 구분 · · · · · · · · · · · · · 23	구성동작 · · · · · · · · · · · · · · 37
격파자세 · · · · · · · · · · · · · · 24	국가올림픽연합회 · · · · · · · · · 37
겹손준비서기 · · · · · · · · · · · 24	국기원 · · · · · · · · · · · · · · · 38
	국기원 25년사 · · · · · · · · · · 40
	국기원 지도자연수원 · · · · · · · 41

국기태권도 휘호 · · · · · · · · · 42
국기원 태권도연구소 · · · · · · · 44
국제경기연맹 · · · · · · · · · · 44
국제경기연맹총연합회 · · · · · · 45
국제군인체육연맹 · · · · · · · · 46
국제대학스포츠연맹 · · · · · · · 47
국제심판자격 · · · · · · · · · · 48
국제올림픽위원회 · · · · · · · · 49
국제태권도연맹 · · · · · · · · · 50
굴러차기 · · · · · · · · · · · · 53
굽히기 · · · · · · · · · · · · · 54
굽힌손목 · · · · · · · · · · · · 54
권법 · · · · · · · · · · · · · · 54
금강막기 · · · · · · · · · · · · 56
금강몸통막기 · · · · · · · · · · 56
금강앞지르기 · · · · · · · · · · 57
금강옆지르기 · · · · · · · · · · 57
급 · · · · · · · · · · · · · · · 57
급소 · · · · · · · · · · · · · · 58
기 · · · · · · · · · · · · · · · 59
기권승 · · · · · · · · · · · · · 62
기록원 · · · · · · · · · · · · · 62
기본, 기초 · · · · · · · · · · · 62
기본동작 · · · · · · · · · · · · 62
기본동작원리 · · · · · · · · · · 65
기본준비서기 · · · · · · · · · · 69

기술격파 부문 · · · · · · · · · 70
기술대표 · · · · · · · · · · · · 70
기의 표현 · · · · · · · · · · · 70
기합 · · · · · · · · · · · · · · 70
길이의 단위, 보폭(길이)과 너비 · · · 73
김운용 · · · · · · · · · · · · · 74
꺾기 · · · · · · · · · · · · · · 80
꼬아서기 · · · · · · · · · · · · 81
끌어올리기 · · · · · · · · · · · 82

▷ 찾아보기 ㄴ

나란히서기 · · · · · · · · · · · 84
나래차기 · · · · · · · · · · · · 85
낚아차기 · · · · · · · · · · · · 85
난이도 · · · · · · · · · · · · · 85
날개펴기 · · · · · · · · · · · · 86
낮추어서기 · · · · · · · · · · · 86
낮춤새 · · · · · · · · · · · · · 86
내려차기 · · · · · · · · · · · · 87
내려찍기 · · · · · · · · · · · · 87
넓혀서기 · · · · · · · · · · · · 87
넘기기 · · · · · · · · · · · · · 87

▶ 찾아보기 ㄷ

다리	88	동작기술	107
다방향차기	88	동작의 구성	109
단	89	동작의 분류	111
단위동작	89	동작의 상징	117
단일공격	89	동작의 수양적 덕목	122
단전	89	동작의 원리	128
당겨턱지르기	90	동작의 의미	129
당겨턱치기	90	두발당성차기	131
대도 인터내셔널	91	두발당성차기의 분류	131
대통령 치사	92	두발의 길이·보폭	131
대한무도학회	94	두발의 너비·보폭	131
대한태권도협회	95	두손펴비틀어잡아당기기	132
도	96	두주먹젖혀몸통지르기	132
도복	99	두주먹허리준비서기	132
도복과 보호구	99	뒤꼬아서기	133
도복착용과 간수	100	뒤꿈치	133
도장출입 시	100	뒤차기	133
도핑	100	뒤축	134
도핑테스트	101	뒤축모아서기	134
돌개차기	102	뒷굽이(오른뒷굽이)	134
돌려차기	103	득점 무효선언	135
동아시아 경기대회	103	등주먹	136
동작	104	등주먹(얼굴)앞치기	136
동작과 품	104	등주먹바깥치기	137
		등주먹얼굴바깥치기	137
		등척성	138

딛기 · · · · · · · · · · 138
뛰어넘어차기 · · · · · · · · · · 138
뛰어앞차기 · · · · · · · · · · 138
뛰어옆차기 · · · · · · · · · · 139
뛰어이어차기 · · · · · · · · · · 139
뛰어차기 · · · · · · · · · · 139
뛰어차기 종류 · · · · · · · · · · 140
띠 · · · · · · · · · · 141

머리 부위 · · · · · · · · · · 150
멍에치기 · · · · · · · · · · 151
메주먹 · · · · · · · · · · 151
메주먹내려치기 · · · · · · · · · · 152
메주먹아래표적지르기 · · · · · · · · · · 152
메주먹아래표적치기 · · · · · · · · · · 152
메주먹옆구리치기 · · · · · · · · · · 153
메주먹옆치기 · · · · · · · · · · 153
명치 · · · · · · · · · · 153
모둠손끝 · · · · · · · · · · 154
모둠차기 · · · · · · · · · · 154
모둠차기 종류 · · · · · · · · · · 154
모서기 · · · · · · · · · · 154
모아서기 · · · · · · · · · · 155
모은두손끝 · · · · · · · · · · 155
모은세손끝 · · · · · · · · · · 155
모주춤서기 · · · · · · · · · · 156
몸돌려차기 · · · · · · · · · · 156
몸돌려차기 분류 · · · · · · · · · · 156
몸통두번지르기 · · · · · · · · · · 157
몸통바깥막기 · · · · · · · · · · 157
몸통부위 · · · · · · · · · · 158
몸통선 · · · · · · · · · · 158
몸통안막기 · · · · · · · · · · 158
몸통옆지르기 · · · · · · · · · · 159
몸통지르기 · · · · · · · · · · 159

▶ 찾아보기 ㄹ

라운드로빈시스템 · · · · · · · · · · 142
라저스트 전자호구 · · · · · · · · · · 143
리그전 · · · · · · · · · · 144
리듬 · · · · · · · · · · 144

▶ 찾아보기 ㅁ

마우스피스 · · · · · · · · · · 148
막기 · · · · · · · · · · 148
맞서기 자세 · · · · · · · · · · 149
맞추어겨루기 시 기합 · · · · · · · · · · 149
맞추어겨루기 특성 · · · · · · · · · · 149
매트 · · · · · · · · · · 150

몸통헤쳐막기 · · · · · · · · · · 160	박해만, 용어정립 자문 · · · · · · · · 173
무 · 160	반격 · 174
무덕관 · · · · · · · · · · · · · · · · · 161	반격적 행위 · · · · · · · · · · · · · · 174
무도 · 162	반달차기 · · · · · · · · · · · · · · · · 174
무도대학 · · · · · · · · · · · · · · · 162	반칙승 · · · · · · · · · · · · · · · · · · 175
무릎 · 163	받아차기 · · · · · · · · · · · · · · · · 175
무릎꺾기 · · · · · · · · · · · · · · · 164	발 · 175
무릎치기 · · · · · · · · · · · · · · · 164	발걸어넘기기 · · · · · · · · · · · · 175
무술 · 164	발과 다리의 사용부위 · · · · · · 176
무예 · 165	발기술 · · · · · · · · · · · · · · · · · · 177
무예도보통지 · · · · · · · · · · · · 166	발끝 · 177
무예성 · · · · · · · · · · · · · · · · · · 167	발날 · 177
무카스 · · · · · · · · · · · · · · · · · · 167	발날등 · · · · · · · · · · · · · · · · · · 177
미트 · 168	발놀림 · · · · · · · · · · · · · · · · · · 178
민첩성 · · · · · · · · · · · · · · · · · · 168	발들어넘기기 · · · · · · · · · · · · 178
밀어차기 · · · · · · · · · · · · · · · 169	발등 · 178
	발바닥 · · · · · · · · · · · · · · · · · · 178
	방어 · 179

▶찾아보기 ㅂ

바깥차기 · · · · · · · · · · · · · · · 170	버럭 오바마 미 대통령에 태권도복과 명예단증 선물 · · · · · · · · · · · · · · · · · 179
바위밀기 · · · · · · · · · · · · · · · 171	범서기(왼범서기의 경우) · · · · · · 180
바탕손 · · · · · · · · · · · · · · · · · · 171	보주먹 · · · · · · · · · · · · · · · · · · 180
바탕손거들어몸통안막기 · · · · · · · · 172	보주먹준비서기 · · · · · · · · · · · 181
바탕손눌러막기 · · · · · · · · · · · 172	복장 · 181
바탕손몸통막기 · · · · · · · · · · · 173	복합공격 · · · · · · · · · · · · · · · · 181
	복합동작 · · · · · · · · · · · · · · · · 182

부심 · · · · · · · · · · 182
비디오판독위원 · · · · · · · 182
비틀어차기 · · · · · · · · 183
뻗어치기 · · · · · · · · · 183

▶ 찾아보기 　ㅅ

사범 · · · · · · · · · · · 184
사범지도자 · · · · · · · · 184
사범지도자자격 · · · · · · 185
사실주의 태권도사 · · · · · 187
산틀막기 · · · · · · · · · 188
삼일신고 · · · · · · · · · 188
살보호대 · · · · · · · · · 189
생활체육지도자자격 · · · · 189
서기 · · · · · · · · · · · 195
서든데스 · · · · · · · · · 196
서든데스와 우세판정 · · · · 196
서울선언문 · · · · · · · · 196
섞어차기 · · · · · · · · · 197
선수 위치의 색깔 청·홍 · · · · 198
세계대회 4연패 보유자 · · · · 198
세계대회 5연패 보유자 · · · · 198
세계반도핑규정 · · · · · · 199
세계청소년 태권도캠프 · · · 199

세계태권도연맹 · · · · · · 200
세계태권도연맹 창립 · · · · 202
세계태권도연맹 평화봉사재단 · · · 203
세계품새대회 4연패 기록 · · · · 205
소청 · · · · · · · · · · · 205
속도 · · · · · · · · · · · 205
속임동작 · · · · · · · · · 206
손 · · · · · · · · · · · · 207
손과 팔 사용부위 · · · · · · 207
손기술 · · · · · · · · · · 208
손날 · · · · · · · · · · · 208
손날(얼굴)바깥치기 · · · · · 209
손날금강막기 · · · · · · · 209
손날등 · · · · · · · · · · 210
손날등몸통막기 · · · · · · 210
손날등몸통헤쳐막기 · · · · 211
손날막기 · · · · · · · · · 211
손날목치기 · · · · · · · · 212
손날아래막기 · · · · · · · 212
손날아래엇걸어막기 · · · · 213
손날아래헤쳐막기 · · · · · 213
손날외산틀막기 · · · · · · 214
손바닥 · · · · · · · · · · 214
손바닥거들어몸통바깥막기 · · · 214
솟음주먹 · · · · · · · · · 215
솟음지르기 · · · · · · · · 215

479

송무관 · · · · · · · · · · · · · · · 216	아래부위 · · · · · · · · · · · · · · · 243
수기수상작 만화 · · · · · · · · · · 217	아시아무도대회 · · · · · · · · · · 243
수련 · · · · · · · · · · · · · · · · · · 217	아시아태권도연맹 · · · · · · · · · 244
수박 · · · · · · · · · · · · · · · · · · 217	아프리카태권도연맹 · · · · · · · · 245
숙련도 · · · · · · · · · · · · · · · · · 219	안정성 · · · · · · · · · · · · · · · · · 245
숙련성 · · · · · · · · · · · · · · · · · 219	안쭉서기 · · · · · · · · · · · · · · · 245
스포츠 · · · · · · · · · · · · · · · · · 219	안쭉주춤서기 · · · · · · · · · · · · 245
스포츠어코드 · · · · · · · · · · · · 220	안차기 · · · · · · · · · · · · · · · · · 246
스포츠어코드 무술 및 격투기스포츠대회 · 222	안팔목거들어몸통바깥막기 · · · · 246
승품·단 심사위원 · · · · · · · · · 222	안팔목몸통비틀어막기 · · · · · · · 247
시·공간 · · · · · · · · · · · · · · · 223	안팔목몸통헤쳐막기 · · · · · · · · 247
시간 · · · · · · · · · · · · · · · · · · 224	앞굽이 · · · · · · · · · · · · · · · · · 248
시범 · · · · · · · · · · · · · · · · · · 224	앞꼬아서기 · · · · · · · · · · · · · · 248
시선 · · · · · · · · · · · · · · · · · · 226	앞서기 · · · · · · · · · · · · · · · · · 249
시작 · · · · · · · · · · · · · · · · · · 227	앞차기 · · · · · · · · · · · · · · · · · 249
신체 사용부위 · · · · · · · · · · · · 227	앞축 · · · · · · · · · · · · · · · · · · 250
실격승 · · · · · · · · · · · · · · · · · 236	얼굴막기 · · · · · · · · · · · · · · · 250
실전성 · · · · · · · · · · · · · · · · · 236	얼굴바깥막기 · · · · · · · · · · · · 251
심리훈련 · · · · · · · · · · · · · · · 237	얼굴반대지르기 · · · · · · · · · · · 251
심판자격 · · · · · · · · · · · · · · · 238	얼굴부위 · · · · · · · · · · · · · · · 252
	엇걸어아래막기 · · · · · · · · · · · 252
	엇서기 자세 · · · · · · · · · · · · · 252

▶ **찾아보기** ㅇ

아귀손 · · · · · · · · · · · · · · · · · 242	에너지 · · · · · · · · · · · · · · · · · 252
아래막기 · · · · · · · · · · · · · · · 243	에듀미디어 · · · · · · · · · · · · · · 253
	연계동작 · · · · · · · · · · · · · · · 253
	연습 · · · · · · · · · · · · · · · · · · 253

옆겨룸새 · · · · · · · · · · · 255	용구 · · · · · · · · · · · 267
옆차기 · · · · · · · · · · · 255	용어와 품명(완성용어) · · · · · · 267
예술성 · · · · · · · · · · · 256	운동강도 · · · · · · · · · · · 272
예의규범 · · · · · · · · · · · 256	월드태권도 투어 2009 멕시코 · · · 272
예절 · · · · · · · · · · · 257	위력격파 부문 · · · · · · · · · 273
오금서기 · · · · · · · · · · · 257	위험한 상태 · · · · · · · · · · 274
오도관 · · · · · · · · · · · 258	유니버시아드 · · · · · · · · · · 274
오른겨룸새 · · · · · · · · · · 259	유단자품새 '태극인' · · · · · · · 275
오른서기 · · · · · · · · · · · 259	유럽태권도연맹 · · · · · · · · · 278
오른자세 · · · · · · · · · · · 259	유연성 · · · · · · · · · · · 278
오세아니아태권도연맹 · · · · · · · 260	음악성 · · · · · · · · · · · 279
오행 · · · · · · · · · · · 260	이대순 · · · · · · · · · · · 280
올림피즘 · · · · · · · · · · · 261	이미지훈련 · · · · · · · · · · 282
올림픽게임 · · · · · · · · · · 262	이어섞어차기 · · · · · · · · · · 283
올림픽 기술위원회 · · · · · · · · 262	이어차기 · · · · · · · · · · · 283
올림픽 솔리더리티 · · · · · · · · 262	이원국 · · · · · · · · · · · 283
올림픽운동 · · · · · · · · · · 263	2009 제1회 세계태권도시범공연대회 · · 286
올림픽 태권도 · · · · · · · · · 263	2009 태권도의 날 및 태권도공원 기공식 · 287
완성 제정용어 · · · · · · · · · 264	2012 세계태권도대학선수권대회 한국 유치 · 288
외국인태권도사범지도자 수련생 수기 수상작 · 265	2013 지중해게임 '태권도' 종목 채택 · · · 288
	2016 리우데자네이루 올림픽 28개 종목결정 289
외다리서기 · · · · · · · · · · 266	2017 U대회 '태권도' 기본종목 채택 · · 289
외산틀막기 · · · · · · · · · · 266	인증 · · · · · · · · · · · 290
왼겨룸새 · · · · · · · · · · · 266	일리미네이션 로빈방식 · · · · · · · 290
왼서기 · · · · · · · · · · · 267	일자차기 · · · · · · · · · · · 290
왼자세 · · · · · · · · · · · 267	입례 · · · · · · · · · · · 291

▷ 찾아보기 ㅈ

자크로게 IOC위원장, 명예 10단 · · · · · 292
작은돌쩍귀 · · · · · · · · · · · · · 293
잡고차기 · · · · · · · · · · · · · · 293
잡기 · · · · · · · · · · · · · · · · 293
잡힌손목빼기 · · · · · · · · · · · · 294
장골능 · · · · · · · · · · · · · · · 294
장애인 사범지도자자격 · · · · · · · 294
전략 · · · · · · · · · · · · · · · · 295
전술 · · · · · · · · · · · · · · · · 295
전자호구 · · · · · · · · · · · · · · 296
전통무도 · · · · · · · · · · · · · · 297
전통무예 · · · · · · · · · · · · · · 298
전통무예진흥법 · · · · · · · · · · · 298
전통주의 태권도사 · · · · · · · · · 299
정강이 · · · · · · · · · · · · · · · 300
정관장배 2009 KTA격파왕대회 · · · · 300
정도관 · · · · · · · · · · · · · · · 302
정리운동 · · · · · · · · · · · · · · 303
정신 · · · · · · · · · · · · · · · · 303
정신집중 · · · · · · · · · · · · · · 303
정확성 · · · · · · · · · · · · · · · 304
제1회 세계장애인태권도선수권대회 · · · 305
제1회 유스올림픽대회 · · · · · · · · 305
제21회 세계농아인올림픽대회 · · · · · 306

제비품목치기 · · · · · · · · · · · · 306
조선연무관 권법부 · · · · · · · · · 307
조정력 · · · · · · · · · · · · · · · 308
조정원 · · · · · · · · · · · · · · · 308
조합 · · · · · · · · · · · · · · · · 311
조화 · · · · · · · · · · · · · · · · 311
주먹 · · · · · · · · · · · · · · · · 311
주심 · · · · · · · · · · · · · · · · 311
주심수신호 · · · · · · · · · · · · · 312
주심직권승 · · · · · · · · · · · · · 312
주춤새몸통지르기 · · · · · · · · · · 312
주춤서기 · · · · · · · · · · · · · · 313
준비 · · · · · · · · · · · · · · · · 317
중심이동 · · · · · · · · · · · · · · 317
중앙기독교청년회(YMCA) 권법부(창무관) · 319
중앙선 · · · · · · · · · · · · · · · 321
즉시 비디오판독 · · · · · · · · · · 321
즉시 비디오판독절차 · · · · · · · · 321
지도자(관장 및 사범)의 자세 · · · · · 322
지르기 · · · · · · · · · · · · · · · 323
집게주먹 · · · · · · · · · · · · · · 324
짓기 · · · · · · · · · · · · · · · · 324
찌르기 · · · · · · · · · · · · · · · 325

▷ 찾아보기

- 차기 · · · · · · · · · · · · · · · · 326
- 차기 복합기술 · · · · · · · · · · · 326
- 차등점수제 · · · · · · · · · · · · 327
- 차렷·경례 · · · · · · · · · · · · · 327
- 착지 · · · · · · · · · · · · · · · · 327
- 창작성 · · · · · · · · · · · · · · · 327
- 창작 품새 · · · · · · · · · · · · · 328
- 천부경 · · · · · · · · · · · · · · · 328
- 청.홍 선수위치 · · · · · · · · · · 329
- 청도관 · · · · · · · · · · · · · · · 330
- 체급 · · · · · · · · · · · · · · · · 331
- 체력 · · · · · · · · · · · · · · · · 332
- 체육 · · · · · · · · · · · · · · · · 333
- 체중 · · · · · · · · · · · · · · · · 334
- 쳇다리지르기 · · · · · · · · · · · 334
- 초기 태권도관별 창설자 및 원로 태권도인 영상 기록제작 · · · · · · · · · · · · · 334
- 최초교본 · · · · · · · · · · · · · 336
- 최초의 박사논문 · · · · · · · · · 336
- 최초의 석·박사 학위과정 · · · · · 336
- 최홍희 · · · · · · · · · · · · · · · 337
- 추첨 · · · · · · · · · · · · · · · · 341
- 치기 · · · · · · · · · · · · · · · · 341

▷ 찾아보기

- 칼재비 · · · · · · · · · · · · · · · 342
- 컷오프방식 · · · · · · · · · · · · 343
- 케이오승 · · · · · · · · · · · · · 343
- 코리아오픈국제태권도대회 · · · · 343
- 코치 · · · · · · · · · · · · · · · · 344
- 큰돌쩌귀 · · · · · · · · · · · · · 345

▷ 찾아보기 ㅌ

- 태권도 · · · · · · · · · · · · · · · 346
- 태권도 경기의 채점 · · · · · · · · 346
- 태권도공원 기공식 및 태권도의 날 기념 우표 · · · · · · · · · · · · · · · 348
- 태권도공원 스토리텔링 수상자 · · 348
- 태권도 9대관 마크 · · · · · · · · 349
- 태권도 기념관 · · · · · · · · · · · 349
- 태권도 기념우표 · · · · · · · · · 350
- 태권도 대학원 · · · · · · · · · · · 350
- 태권도 문화연구소 · · · · · · · · 351
- 태권도문화 콘텐츠 · · · · · · · · 352
- 태권도 뮤지컬 · · · · · · · · · · · 352
- 태권도 비석 · · · · · · · · · · · · 353
- 태권도 사관 · · · · · · · · · · · · 353

태권도수련인의 신조 · · · · · · · · · 354
태권도시범경연대회 평가방법 · · · · · 354
태권도 신문 · · · · · · · · · · · · 355
태권도 영문표기 · · · · · · · · · · 355
태권도와 올림픽 화보집 · · · · · · · 356
태권도의 기본 · · · · · · · · · · · 356
태권도의 날 · · · · · · · · · · · · 357
태권도 이름의 상징 · · · · · · · · · 358
태권도 이름의 유래 · · · · · · · · · 358
태권도이즘 · · · · · · · · · · · · 366
태권도인의 밤 · · · · · · · · · · · 366
태권도전문출판사 상아기획, 오성출판사 · 367
태권도정신 · · · · · · · · · · · · 368
태권도진흥 및 태권도공원조성 등에 관한 법률 · · · · · · · · · · · · · · · 368
태권도진흥재단 · · · · · · · · · · 380
태권도참고문헌 · · · · · · · · · · 383
태권도평화봉사단 · · · · · · · · · 384
태권도표어 · · · · · · · · · · · · 385
태권도학과 · · · · · · · · · · · · 385
태권도학회 · · · · · · · · · · · · 386
태권도한마당 · · · · · · · · · · · 387
태권무 · · · · · · · · · · · · · · 388
태권 소프트 · · · · · · · · · · · · 388
태권에어로빅 · · · · · · · · · · · 389
태권체조 · · · · · · · · · · · · · 389

태극 · · · · · · · · · · · · · · · 390
태산밀기 · · · · · · · · · · · · · 393
택견 · · · · · · · · · · · · · · · 393
토너먼트 · · · · · · · · · · · · · 395
통밀기준비서기 · · · · · · · · · · 396
통일성 · · · · · · · · · · · · · · 397
트레이너 · · · · · · · · · · · · · 397
특수막기 · · · · · · · · · · · · · 397
특수차기 · · · · · · · · · · · · · 398
특수품 · · · · · · · · · · · · · · 398
특수품서기 · · · · · · · · · · · · 398
특수품서기의 종류 · · · · · · · · · 398

▷ 찾아보기 ㅍ

판정 선언 · · · · · · · · · · · · · 400
판정승 또는 우세승 · · · · · · · · · 400
판정의 책임 · · · · · · · · · · · · 401
팔 · · · · · · · · · · · · · · · · 401
팔각경기장 · · · · · · · · · · · · 401
팔괘 · · · · · · · · · · · · · · · 401
팔굽 · · · · · · · · · · · · · · · 402
팔굽돌려치기 · · · · · · · · · · · 402
팔굽옆치기 · · · · · · · · · · · · 403
팔굽올려치기 · · · · · · · · · · · 403

팔굽표적치기 · · · · · · · · · · · 404	품새의 기합 · · · · · · · · · · · 415
팔 · 다리보호대 · · · · · · · · · · · 404	품새의 내용 · · · · · · · · · · · 417
팔목 · · · · · · · · · · · 404	품새의 연성 · · · · · · · · · · · 418
팬암태권도연맹 · · · · · · · · · · · 404	품새의 유형 · · · · · · · · · · · 418
페어플레이 · · · · · · · · · · · 405	품새 '태극' · · · · · · · · · · · 418
편손끝 · · · · · · · · · · · 406	품새팔괘 · · · · · · · · · · · 420
편손끝세워찌르기 · · · · · · · · · · · 406	품위 · · · · · · · · · · · 420
편손끝엎어찌르기 · · · · · · · · · · · 407	
편손끝젖혀찌르기 · · · · · · · · · · · 407	
편주먹 · · · · · · · · · · · 408	
편히서기 · · · · · · · · · · · 408	▷ **찾아보기** ㅎ
평형성 · · · · · · · · · · · 408	하계올림픽국제경기연맹연합회 · · · · 422
표적지르기 · · · · · · · · · · · 409	하단전 · · · · · · · · · · · 424
표적차기 · · · · · · · · · · · 409	학다리돌쩌귀 · · · · · · · · · · · 424
표현 · · · · · · · · · · · 409	학다리서기(오른학다리서기) · · · · · · · 424
표현성 · · · · · · · · · · · 410	한계선 · · · · · · · · · · · 425
품 · · · · · · · · · · · 411	한국국제교류재단 · · · · · · · · · · · 425
품격 · · · · · · · · · · · 411	한국국제협력단 · · · · · · · · · · · 426
품명 · · · · · · · · · · · 412	한국대학태권도연맹 · · · · · · · · · · · 427
품새 · · · · · · · · · · · 412	한국스포츠 · · · · · · · · · · · 428
품새 단어 · · · · · · · · · · · 413	한국실업태권도연맹 · · · · · · · · · · · 429
품새선 · · · · · · · · · · · 414	한국여성태권도연맹 · · · · · · · · · · · 429
품새선 방향기호 · · · · · · · · · · · 414	한국의 문화이미지, 태권도 · · · · · · · 430
품새선의 상징 · · · · · · · · · · · 414	한국중 · 고등학교태권도연맹 · · · · · · · 430
품새 수련 시 유의사항 · · · · · · · · · · · 414	한국초등학교태권도연맹 · · · · · · · 431
품새의 경기방식 · · · · · · · · · · · 415	한국태권도문화연구원 · · · · · · · 432

485

한국태권도컨설팅 · · · · · · · · · 433
한국페어플레이위원회 · · · · · · · 433
한무관 · · · · · · · · · · · · · · 434
한손끝 · · · · · · · · · · · · · · 435
한손날몸통막기 · · · · · · · · · · 435
한손날몸통바깥막기 · · · · · · · · 435
한손날비틀어막기 · · · · · · · · · 436
한손날아래막기 · · · · · · · · · · 436
한손날얼굴막기 · · · · · · · · · · 437
한손날얼굴비틀어막기 · · · · · · · 437
해외한인사범 태권도수기수상자 · · · · 438
허리선 · · · · · · · · · · · · · · 438
헤쳐산틀막기 · · · · · · · · · · · 438
호신술 · · · · · · · · · · · · · · 438
호흡 · · · · · · · · · · · · · · · 439
환단고기 · · · · · · · · · · · · · 440
황소막기 · · · · · · · · · · · · · 440
후려차기 · · · · · · · · · · · · · 441
훈련 · · · · · · · · · · · · · · · 441
휘둘러막기 · · · · · · · · · · · · 442
휘둘러잡아당기기 · · · · · · · · · 442
히잡 착용규정 · · · · · · · · · · · 443

▷ **찾아보기**

IOC선수위원 · · · · · · · · · · · 444
TPF, WTA 태권도 커리큘럼개발 국제심포지움 · · · · · · · · · · · · · · 445
WTF로잔사무소 · · · · · · · · · · 447
WTF트레이닝센터 · · · · · · · · · 448
WTF랭킹제 · · · · · · · · · · · · 449
WTF-ITF 통합논의 · · · · · · · · 449

주요 분야별 찾아보기

부록❸ Index

❖ 인명(人名)
❖ 약어(略語)

▷ 찾아보기 — 인명

가브리엘 메르세데스 · · · · · · · · 273
강동권 · · · · · · · · · · · · · · · 302
강민수 · · · · · · · · · · · · · · · 217
강병권 · · · · · · · · · · · · · · · 438
강서종 · · · · · · · · · · · · 285, 331
강석재 · · · · · · · · · · · · 448, 452
강성철 · · · · · · · · · · · · · · · 452
강원식 · · · · · · · · · · · · 217, 386
강창진 · · · · · · · · · · · · · · · 438
거발환 · · · · · · · · · · · · · · · 328
계연수 · · · · · · · · · · · · · · · 329
고광래 · · · · · · · · · · · · · · · 363
고동준 · · · · · · · · · · · · · · · 259
고영경 · · · · · · · · · · · · · · · 217
고용재 · · · · · · · · · · · · · · · 446
고은애 · · · · · · · · · · · · · · · 349
고재천 · · · · · · · · · · · · 285, 331
고정철 · · · · · · · · · · · · · · · 452
고홍명 · · · · · · · · · · · · · · · 308
곽근식 · · · · · · · · · · 331, 413, 420
곽병오 · · · · · · · · · · · · · · · 259
권나현 · · · · · · · · · · · · · · · 349
구민관 · · · · · · · · · · · · · · · 388
김경래 · · · · · · · · · · · · · · · 383

김경지 · · · · · · · · · · · · 383, 387
김광성 · · · · · · · · · · · · · · · 383
김기동 · · · · · · · · · · · · · · · 302
김대기 · · · · · · · · · · · · 204, 287
김덕순 · · · · · · · · · · · · · · · 308
김동휘 · · · · · · · · · · · · · · · 320
김득환 · · · · · · · · · · · · · · · 320
김명곤 · · · · · · · · · · · · · · · 221
김명환 · · · · · · · · · · · · · · · 303
김명회 · · · · · · · · · · · · · · · 203
김병수 · · · · · · · · · · · · · · · · 16
김복남 · · · · · · · · · · · · · · · 307
김봉식 · · · · · · · · · · · · · · · 331
김서종 · · · · · · · · · · · · · · · 331
김서희 · · · · · · · · · · · · · · · 349
김석규 · · · · · · · · · · · · 259, 331
김석영 · · · · · · · · · · · · · · · · 41
김석준 · · · · · · · · · · · · · · · 340
김선구 · · · · · · · · · · · · · · · 320
김성삼 · · · · · · · · · · · · · · · 349
김수기 · · · · · · · · · · · · · · · 259
김수련 · · · · · · · · · · · · · · · 383
김수진 · · · · · · · · · · · · · · · 308
김순배 · · · · · · · · 15, 320, 366, 413, 420
김영삼 · · · · · · · · · · · · · · · · 93
김영은 · · · · · · · · · · · · · · · 348

김완주 · · · · · · · · · · · · · · 287
김용기 · · · · · · · · · · · · · · 438
김용덕 · · · · · · · · · · · · · · 162
김용옥 · · · · · · · · · 314, 383, 387
김용채 · · · · · · · · · · · · · 16, 74
김운용 · · 40, 43, 74, 75, 77, 78, 79, 80,
　　　　 92, 202, 349, 353, 383, 449, 451
김은창 · · · · · · · · · · · · · · 162
김익환 · · · · · · · · · · · · · · 302
김인석 · · · · · · · · · 161, 162, 366
김일상 · · · · · · · · · · · · · · 217
김재기 · · · · · · · · · · · · · · 302
김재준 · · · · · · · · · · · · · · 162
김정길 · · · · · · · · · · · 221, 431
김정행 · · · · · · · · · · · · · · · 94
김종대 · · · · · · · · · · · · · · 144
김종웅 · · · · · · · · · · · · · · 446
김종찬 · · · · · · · · · · · · · · 450
김종필 · · · · · · · · · · · · · · · 51
김주갑 · · · · · · · · · · · · · · 320
김중영 · · · · · · · · · · · · · · 367
김찬권 · · · · · · · · · · · · · · 349
김찬용 · · · · · · · · · · · · · · 446
김창국 · · · · · · · · · · · · · · 336
김창룡 · · · · · · · · · · · 361, 363
김창진 · · · · · · · · · · · 161, 162

김철 · · · · · · · · · · · · · · · 383
김철준 · · · · · · · · · · · · · · 452
김충렬 · · · · · · · · · · · · · · 431
김태상 · · · · · · · · · · · · · · 301
김택수 · · · · · · · · · · · · · · · 38
김풍천 · · · · · · · · · · · · · · 162
김학근 · · · · · · · · · · · · · · 302
김해동 · · · · · · · · · · · · · · 162
김현우 · · · · · · · · · · · · · · 349
김홍빈 · · · · · · · · · · · · · · 216
나바레트, 토레스 · · · · · · · · · 203
남궁민 · · · · · · · · · · · · · · 348
남삼현 · · · · · · · · · · · 161, 162
남태회 · · · · · · · 258, 259, 285, 331
낫 인드라파나 · · · · · · · · 308, 343
노병직 · · · · · · · · 51, 74, 216, 330
노효영 · · · · · · · · · · · · · · 366
닉슨 · · · · · · · · · · · · · · · 333
데니스 오스왈드 · · · · · · · · · 447
도기현 · · · · · · · · · · · · · · 395
도야마 간켄 · · · · · · · · · · · 319
량금송 · · · · · · · · · · · · · · 452
레오 바그너 · · · · · · · · · · · 203
로랜드 데마르크 · · · · · · · · · 203
류성일 · · · · · · · · · · · · · · 452
리선유 · · · · · · · · · · · · · · 394

마르코 사일라 · · · · · · · · · · · 278	박운영 · · · · · · · · · · · · · 308
마리오 바스케냐 라샤 · · · · · · · · 221	박익수 · · · · · · · · · · · · · 438
마투젝 게오르그 · · · · · · · · · · 203	박정태 · · · · · · · · · · · · · 340
막스 하인즈 · · · · · · · · · · · · 203	박정희 · · · · · · · · · · · · 42, 75
문대성 · · · · · · · · · · 287, 444, 445	박제가 · · · · · · · · · · · · · 166
문대식 · · · · · · · · · · · · · · 320	박종태 · · · · · · · · · · · · · · 74
문대원 · · · · · · · · · · · · · · 438	박진 · · · · · · · · · · · · · · 204
문상필 · · · · · · · · · · · · · · 367	박차석 · · · · · · · · · · · · · 405
문세영 · · · · · · · · · · · · · · 394	박천욱 · · · · · · · · · · · · · · 91
문순선 · · · · · · · · · · · · · · 162	박철희 · · · · · · · · · · 15, 71, 320
미셸 마다 · · · · · · · · · · · · · 200	박태현 · · · · · · · · · · · · · 302
미야기 쵸준 · · · · · · · · · · · · 307	박해만 · · · · · · · · 173, 366, 413, 420
민경호 · · · · · · · · · · · · · · 438	박현종 · · · · · · · · · · · · · 307
민운식 · · · · · · · · · · · · · · 331	배영기 · · · · · · · · · · · 307, 413
박건석 · · · · · · · · · · · · · · 203	배영상 · · · · · · · · · · · · · 383
박경선 · · · · · · · · · · · · · · 303	백동수 · · · · · · · · · · · · · 166
박규응 · · · · · · · · · · · · · · 320	백재현 · · · · · · · · · · · · · 352
박균석 · · · · · · · · · · · · · · 438	백준기 · · · · · · · · · 258, 259, 331
박기태 · · · · · · · · · · · · · · 320	백학권 · · · · · · · · · · · · · 285
박동영 · · · · · · · · · · · · · · 302	버락 오바마 · · · · · · · · · · · 179
박무승 · · · · · · · · · · · · · · 203	범기철 · · · · · · · · · · · 383, 388
박선재 · · · · · · · · · · · · · · 201	복희 · · · · · · · · · · · · · · 392
박수남 · · · · · · · · · · · · · · 296	사리아 사피 · · · · · · · · · · · 244
박영진 · · · · · · · · · · · · 161, 162	사미 무달랄 · · · · · · · · · · · 287
박영환 · · · · · · · · · · · · · · 438	서영애 · · · · · · · · · · · · · 205
박용하 · · · · · · · · · · · · 161, 162	서장원 · · · · · · · · · · · · · 288

세이크 아매드 · · · · · · · · · · · · · 77
손덕성 · · · · · · · · 285, 320, 330, 331
송덕기 · · · · · · · · · · · · · · · · · 395
송상근 · · · · · · · · · · · · · · · · · 287
송석주 · · · · · · · · · · · · · · · · · 320
송용고 · · · · · · · · · · · · · · · · · 362
송태학 · · · · · · · · · · · · · · · · · 216
스테인하우스 · · · · · · · · · · · · · 441
스티븐 로페즈 · · · · · · · 198, 199, 205
시톨레 · · · · · · · · · · · · · · 200, 447
신소희 · · · · · · · · · · · · · · · · · 349
신익희 · · · · · · · · · · · · · · · · · 338
신재균 · · · · · · · · · · · · · · · · · 438
신철욱 · · · · · · · · · · · · · · · · · 349
신초식 · · · · · · · · · · · · · · · · · 362
신한승 · · · · · · · · · · · · · · · · · 395
신현군 · · · · · · · · · · · · · · · · · 200
신호철 · · · · · · · · · · · · · · · · · 302
심동영 · · · · · · · · · · · · · · · · · 336
심명구 · · · · · · · · · · · · · · · · · 303
심창유 · · · · · · · · · · · · · · · · · · 38
아론 큭 · · · · · · · · · · · · · · · · 273
아베 · · · · · · · · · · · · · · · · · · 284
안경원 · · · · · · · · · · · · · · · · · 349
안근아 · · · · · · · · · · · · · · · · · 286
안용규 · · · · · · · · · · · · · · 300, 383

안태성 · · · · · · · · · · · · · · · · · 217
안토니오 가르시아 · · · · · · · · · · · 278
안학선 · · · · · · · · · · · · · · · · · 286
안해욱 · · · · · · · · · · · · · · · · · 431
앤드류 라이언 · · · · · · · · · · · · · 447
양동자 · · · · · · · · · · · · · · · · · 404
양진석 · · · · · · · · · · · · · · · · · 452
양택식 · · · · · · · · · · · · · · · · · · 38
어윤대 · · · · · · · · · · · · · · · · · 287
엄기윤 · · · · · · · · · · · · · · · · · 307
엄운규 · · · 40, 43, 51, 203, 285, 302, 330,
331, 335, 365, 366
엄은상 · · · · · · · · · · · · · · · · · 349
에듀어드 러셀 · · · · · · · · · · · · · 203
오경호 · · · · · · · · · · · · · · · · · 288
오부웅 · · · · · · · · · · · · · · · · · 302
오세준 · · · · · · · · · · · · · · · · · 162
오스카 스테이드 · · · · · · · · · · · · 76
오용균 · · · · · · · · · · · · · · 161, 162
오원일 · · · · · · · · · · · · · · · · · 452
오현승 · · · · · · · · · · · · · · · · · 383
우종림 · · · · · · · · · · · 258, 259, 331
우징궈 · · · · · · · · · · · · · · · · · 200
웅커 나자르딘 · · · · · · · · · · · · · 203
원세창 · · · · · · · · · · · · · · · · · 452
원용범 · · · · · · · · · · · · · · · · · 162

유명환 · · · · · · · · · · · · · · · 204	이등자 · · · · · · · · · · · · · · · 430
유응준 · · · · · · · · · · · · · · · 331	이명박 · · · · · · · · · · · · 179, 204
유인촌 · · · · · · · · · · · · · · · 357	이반 디보스 · · · · · · · 200, 287, 296
유화영 · · · · · · · · · · · · · · · 162	이병로 · · · · · · · · · · · · · · · 307
윤병인 · · · · · · · · · · · 15, 319, 320	이복성 · · · · · · · · · · · · · · · 162
윤상화 · · · · · · · · · · · · · 350, 351	이봉 · · · · · · · · · · · · · · · · · 44
윤영구 · · · · · · · · · · · · · · · 450	이사만 · · · · · · · · · · · · · · · 331
윤쾌병 · · · · · · · · · · · · · 307, 365	이상대 · · · · · · · · · · · · · · · 287
윤현 · · · · · · · · · · · · · · · · · 40	이상묵 · · · · · · · · · · · · · · · 434
이가이 · · · · · · · · · · · · · · · 442	이상일 · · · · · · · · · · · · · · · 428
이강익 · · · · · · · · · · · · · · · 162	이상진 · · · · · · · · · · · · · · · 301
이강희 · · · · · · · · · · · · · · · · 16	이상희 · · · · · · · · · · · · · · · · 51
이경명 · · · 203, 278, 351, 359, 383, 385,	이석희 · · · · · · · · · · · · · · · 340
413, 452	이성우 · · · · · · · · · · · · · · · · 51
이계훈 · · · · · · · · · · · · · · · · 51	이성지 · · · · · · · · · · · · · 393, 394
이교윤 · · · · · 307, 366, 413, 420, 434	이성호 · · · · · · · · · · · · · · · 431
이규석 · · · · · · · · · · · · · · 44, 452	이승만 · · · · · · · · · · · · · 361, 362
이금홍 · · · · · · · · · · · · · · · · 16	이승완 · · · · · · · · · · · 258, 286, 355
이기완 · · · · · · · · · · · · · · · 348	이승환 · · · · · · · · · · · · · 167, 334
이기하 · · · · · · · · · · · · · · · 340	이영덕 · · · · · · · · · · · · · · · 308
이기형 · · · · · · · · · · · · · · · 438	이영섭 · · · · · · · · · · · 216, 413, 420
이남석 · · · · · · · · · · 15, 51, 203, 320	이용복 · · · · · · · · · · · · · · · 395
이대순 · · · · 217, 244, 265, 280, 281, 287,	이용우 · · · · · 285, 302, 320, 331, 366
334, 366, 445, 448	이원국 · · · 258, 283, 284, 285, 286, 330
이덕무 · · · · · · · · · · · · · · · 166	이유희 · · · · · · · · · · · · · · · 362
이둘리오 이슬라스 · · · · · · · · · 273	이응삼 · · · · · · · · · · · · · · · 259

이재황	434	자크 로게	292, 451, 452
이정후	16	장연진	308
이종관	452	장용갑	302
이종오	303	장 웅	451
이종우	51, 203, 296, 307, 365, 413, 434	장위국	203
이종주	320	장주호	433
이주호	320	장철균	447
이준구	331	장태익	259
이찬용	320	장택상	285
이태신	41	잭 황	203
이태은	217	전상섭	307
이태희	143	전성용	303
이학선	430	전영근	303
이형근	361	전익기	432
이회순	216	전인문	438
이효철	302	전일섭	307
이휴원	203	전철우	349
이희섭	259	정경화	395
이희진	216	정국현	198, 199, 205
임명순	162	정근식	51
임복진	16	정병국	204
임수정	273	정성현	162
임원섭	340	정세균	287
임일혁	384	정조	166
임한택	447	정진영	308
자오 레이	200	정찬모	387

정창영 · · · · · · · · · · · · · · · 162	최기용 · · · · · · · · · · · · · · · 331
정화 · · · · · · · · · · · · · · · · · 16	최낙덕 · · · · · · · · · · · · · · · 383
제검홍 · · · · · · · · · · · · · · · 203	최덕신 · · · · · · · · · · · · · · · 258
제재신 · · · · · · · · · · · · · · · 438	최동희 · · · · · · · · · · · 217, 258
조경규 · · · · · · · · · · · · · · · 361	최만식 · · · · · · · · · · · · · · · 452
조규창 · · · · · · · · · · · · · · · 216	최상진 · · · · · · · · · · · · · · · 287
조근종 · · · · · · · · · · · · · · · 387	최석남 · · · · · · · · · · · · · · · 336
조성일 · · · · · · · · · · · · · · · 331	최연 · · · · · · · · · · · · · · · · 285
조원규 · · · · · · · · · · · · · · · 253	최영년 · · · · · · · · · · · · · · · 394
조정아 · · · · · · · · · · · · · · · 349	최영렬 · · · · · · · · · · · · · · · 383
조정원 · · 43, 144, 196, 201, 203, 204, 221, 287, 297, 308, 343, 385, 445, 446, 447, 448, 451	최일환 · · · · · · · · · · · · · · · 452
	최중하 · · · · · · · · · · · · · · · 340
	최지호 · · · · · · · · · · · · · · · 405
조하리 · · · · · · · · · · · · · · · · 51	최창열 · · · · · · · · · · · · · · · 308
존 M. 머피 · · · · · · · · · · · · · 203	최치원 · · · · · · · · · · · · 97, 329
주계문 · · · · · · · · · · · · · · · 302	최혜진 · · · · · · · · · · · · · · · 349
주렴계 · · · · · · · · · · · · · · · 391	최홍희 · · 43, 51, 53, 74, 258, 330, 336, 337, 340, 358, 359, 360, 363, 364, 365, 383, 449
지상섭 · · · · · · · · · · · · 161, 162	
진덕영 · · · · · · · · · · · · · · · 259	
진중의 · · · · · · · · · · · · · · · 387	최희석 · · · · · · · · · · · · · · · 162
차수영 · · · · · · · · · · · · · · · 338	치아트 우스칸 · · · · · · · · · · · 203
차수용 · · · · · · · · · · · · · · · 258	카미라딘 헤이다로프 · · · · · · · · 448
찰스 퍼머 · · · · · · · · · · · · · · 76	켈리 페어웨더 · · · · · · · · · · · 447
채명신 · · · · · · · · · · · · · · · · 74	큐리톤 · · · · · · · · · · · · · · · 333
채이문 · · · · · · · · · · · · · · · · 41	크리스토프 두비 · · · · · · · · · · 447
척계광 · · · · · · · · · · · · · · · · 55	탕 치 유엔 · · · · · · · · · · · · · 203

토레스 라바레트	203	후안 안토니오 사마란치	77, 78, 434
피에르 꾸베르탱	49, 261	A. Seo-Dornbach	265
필립 월터 콜스	260, 287	Aexander Popov	444
하인 베르부르겐	221, 447	Ahmed EL-Fouly	245
하태은	338, 383	Athanasios Pragalos	278
한교	166	Bruno Grandi	424
한삼수	340	Clauder Bokel	444
한상민	216	Denis Oswald	422, 424
한상진	384	Els Van Breda Vriesman	424
한승수	287, 288	Francesco Ricci Bitti	424
한승희	349	Franjo Prot	445
한영태	162, 413	Gerrit Eissink	278
한인숙	331	Hassan Moustafa	424
한정일	16	Hein Verbruggen	424
한차교	51, 258, 331	Heya Q. Karadseh	265
허용	259	J A 에티마	203
현종명	161, 259, 331, 420	Ken Min	445
홍낙표	287	L. 라코스트	203
홍영찬	217	Mamine Diack	424
홍정표	15, 320	Muhktar Kadiril	265
홍종수	51, 161, 162, 203	Nikolaidis Alexandros	445
홍준표	287, 343	Roberto Beltran Ramonetti	405
홍창길	307	Russell Ahn	445
황기	161, 336, 365	Seck Dame	265
황진태	162	Walther Troeger	451
황홍용	452	Yumilka Ruiz-Luaces	444
후나고시 기친	283, 330		

▷ **찾아보기**

AFTU	아프리카태권도연맹	245
AIPS	국제체육기자연맹	76
ALOWF	국제동계올림픽종목협의회	220, 221
ANOC	국가올림픽위원회연합회	37
ANOCA	아프리카국가올림픽위원회연합	37
ASOIF	하계올림픽국제경기연맹연합회	220, 422, 423, 447
ATU	아시아태권도연맹	244
CIE	국제학생연맹	47
CISM	국제군인체육연맹	46, 52, 76
CSB	경기감독위원	25
EOC	유럽올림픽위원회	37
ETU	유럽태권도연맹	278
FIFA	국제축구연맹	45
FISU	국제대학스포츠연맹	47, 274, 290
GAISF	국제경기연맹총연합회	45, 75, 76, 220, 221, 447
GCS	밝은사회클럽	205
IAAF	국제육상경기연맹	45
ICFP	국제페어플레이	433, 434
ICSPE	국제체육, 스포츠평의회	405
IF	국제경기연맹	44, 263, 422, 423, 447, 449
IOA	국제올림픽 아카데미	281
IOC	국제올림픽위원회	37, 38, 45, 49, 75, 77, 78, 80, 101, 200, 220, 221, 244, 260, 262, 263, 281, 289, 292, 309, 348, 357, 405, 423, 434, 444, 447, 449, 451, 452

ISF	국제스포츠연맹	38
ISU	국제학생연합	47
ITF	국제태권도연맹	50, 51, 52, 53, 75, 76, 280, 338, 355, 364, 449, 450, 451
ITO	국제기술위원회	262
KITF	한국실업태권도연맹	429
KJTF	한국중·고등학교태권도연맹	430
KOC	대한올림픽위원회	75
KOICA	한국국제협력단	426
KTA	대한태권도협회	25, 51, 95, 238, 239, 301, 343, 431
KUTF	한국대학태권도연맹	427
KWTF	한국여성태권도연맹	429
NCAA	국립대학선수연합	47
NOC	국가올림픽위원회	37, 38, 50, 262, 263
NTO	국가기술위원회	262
OCA	아시아올림픽평의회	37, 77, 243, 244
OCOGS	올림픽조직위원회	263
ONOC	오세아니아국가올림픽위원회	37
OUT	오세아니아태권도연맹	260
OVEP	올림픽가치교육프로그램	196, 197, 200, 309
PASO	범아메리카스포츠조직	37
PATU	팬암태권도연맹	404, 405
RJ	비디오판독위원	182
RIT	국기원태권도연구소	44
SLOOC	서울올림픽조직위원회	77
TD	기술대표	70
TPC	태권도평화봉사단	203, 384

TPF	태권도진흥재단	199, 280, 305, 380, 445
UNESCO	국제연합교육과학문화기구	405
WADA	세계반도핑기구	101, 447
WTA	세계태권도아카데미	281, 287, 382
WTF	세계태권도연맹	25, 28, 31, 42, 43, 48, 65, 70, 75, 79, 80, 91, 99, 101, 102, 142, 144, 179, 196, 199, 200, 201, 221, 260, 262, 273, 280, 296, 297, 305, 321, 335, 343, 350, 355, 357, 382, 384, 434, 445, 447, 448, 449, 450, 451, 452
WUC	세계대학선수권대회	47
YMCA	중앙기독교청년회	319, 320